THE ART OF BUSINESS WARS

Battle-Tested Lessons for Leaders and Entrepreneurs from History's Greatest Rivalries

by

David Brown

Translated by
Rikako Tsukisawa

First published 2023 in Japan by
Hayakawa Publishing, Inc.
This book is published in Japan by
arrangement with
Wondery, Inc. c/o United Talent Agency, LLC
through The English Agency (Japan) Ltd.

装幀／國枝達也

ビジネスの兵法

――孫子に学ぶ経営の神髄

デイヴィッド・ブラウン　月沢李歌子［訳］

ビジネスの兵法

孫子に学ぶ経営の神髄

The Art of Business Wars

Battle-Tested Lessons for Leaders
and Entrepreneurs
from History's Greatest Rivalries

David Brown

早川書房

忠実なるポッドキャストのリスナーへ。また本書で紹介した起業家、企業の重役や従業員へ。彼らは真に戦う者である。

目次

※訳者による注は小さめの〔　〕で示した。
※『孫子』の訳は『新訂　孫子』（金谷治訳注　岩波文庫　二〇〇〇年）によった。

イントロダクション

利に非ざれば動かず、得るに非ざれば用いず、危うきに非ざれば戦わず。

『孫子』火攻篇

ビジネスは戦いだ。いかに利益をあげたとしても、同じことをさらに速く、安く、よりうまくやろうと待ち構えている者がいる。ライバルは貪欲で、必死で、いつでも飛びかかろうと狙っている。どうすれば彼らに勝てるだろうか？

大きな賭けだ。もちろん、ライバルとの競争は戦争とは異なり、少なくとも理論上は流血は伴わない。だが、命がかかっていることには変わりがない。自分も従業員も自分の家族も食べていかなければならない。もし、失敗すれば、どうやって家賃を払えばいいのだろうか。ビジネス戦争に負けても国が滅びることはないが、どん底の暮らしをすることになれば、戦争の犠牲者になる。適者生存の理論は会議室や、ともすればコワーキングスペースにおいて真実であるように、戦場においても真実だ。生活がかかっているとなれば、戦いも現実味を帯びる。あとは勝ちたいか、そうでないかに尽きる。

二〇〇〇年以上前から、相手をしのごうとする兵士たちは、古代中国の武将である孫子の軍事的な助言と思想から学ぼうとしてきた。孫子は熾烈な戦いが止むことのなかった春秋時代に生きた。二〇世紀以降のアメリカのビジネス環境とそっくりだ。その書『孫子』は英語圏で *The Art of War*〔兵法〕と呼ばれるが、孫子はおもに「いかに戦わずにすむか」に関心を寄せている。過酷な戦場を経験してきた彼は、戦争は金がかかり、荒廃をもたらし、あまりにもリスクが大きいことを直に体験した。そのため、戦争はつねに最後の手段だった。「戦うべきと戦うべからざるとを知る者は勝つ」〔謀攻篇〕と孫子は言う。戦うのではなく、戦いを回避し、同盟を結び、敵を威嚇し、欺く。どんな手法を用いてもうまくいかなければ、そのときだけは仕方なく刀を振るう。それでも勝算があり、勝利が確実になるまで待たなければならない。戦争が膠着状態に陥るのは、何よりも貴重な資源を無駄にすることだからだ。

『孫子』はチャリオットが用いられた時代の書物で多少は古めかしいところもあるが、その教えのほとんどは二五〇〇年前と同じように、今の時代にも通用する重要なものに思える。助言の多くは、大きなものを賭けた競争に適用できる。忍耐の精神を養うにしても、将来の計画を立てるにしても、ライバルの弱みを探るにしても、孫子は平均的なマッキンゼーのコンサルタントやハーバード・ビジネス・スクールの教授に負けず劣らずの助言をくれるのだ。だからこそ、わたしたちは世界でもっとも人気のポッドキャスト「ビジネスウォーズ」にもとづいて本書を書くのを決めたとき、この不滅の名著を核にしようと思った。

　わたしたちのポッドキャストは、実に単純な構成になっている。各シリーズは、象徴的な企業同士の戦いを取りあげる。たとえば、ウーバー対リフト、フェデックス対ＵＰＳ、スターバックス対ダンキンドーナツなどだ。こうした企業の過去の戦いを詳しく見ていくことで、企業のリーダーたちが何を考えたかを探り、何が勝利をもたらすのかを理解したい。孫子は、経験が偉大な師であることを知っていた。自分自身の経験がないときには、歴史から学ぶことができる。ウィンストン・チャーチルは言った。「より長く後ろを振り返れば、より遠く前方が見える」本書の目的は、並外れた物語をいくつも語ることではなく、ポッドキャストではできなかった細部に分け入り、それぞれの競争の核心を探り、そこから価値ある教訓を得ることにある。

企業の成功と失敗は、関係者だけでなく、その企業の仕事に触れた人々にとっても、個人的なものになる。本書で取りあげるブランドは、わたしたちの人生の指標でもある。たとえば、わたしは仕事からひと息つくとき、レスポールのギターを鳴らして、やっぱりギブソンは最高だ、と感じて安らぎを得る（もちろん、フェンダーもそれなりに好きだが）。また、ウィンドウズではなく、アップルユーザーであることの利点を家族の前で主張することもあるかもしれない。ハーレーダビッドソンのライダーは、トライアンフに乗るわたしを追い抜くときに「ヤエー」の挨拶さえしてくれないかもしれない。

それでいい。何に愛着を感じるかは人それぞれだ。

わたしが育ったアメリカ南部の小さな町では、コカ・コーラが王様で、ペプシの栓を抜こうものなら、不忠者と非難されかねなかった。はじめてピザハットの店舗を見たときは、まるで異国のもののように感じたことを覚えている（当時、世界はもっと小さかった）。ジャーナリストとして、ジョージア州の州都で選挙の開票作業が混乱に陥った夜に現場にいたときは、ドミノ・ピザを注文した。真夜中に記者たちが注文できるのはそれだけだった。最近は、ドミノ・ピザの看板の前を通るとき、短いあいだに多くのことが変わったのを思わずにいられない。はじめてウーバートリップを使った人は誰でも、知らない土地への旅がこれから大きく変わることを実感したのではないだろうか。

ビジネスの世界は社会の構造に組み込まれているため、はっきりとは目に見えない。だからこそ興味がわく。わたしたちの日々の暮らしのあらゆる面に大きな影響を及ぼす秘密に満ちている。ジャーナリストとして、好奇心に突き動かされる。この秘密の世界を知りたくてたまらない。公共ラジオ放送の番組「マーケットプレイス」、その後「ビジネスウォーズ」のアンカーを務めるようになったのもそのためだ。

ビジネスジャーナリストになる以前からずっと、わたしは商取引に興味を持っていた。子ども向けの百科事典を本棚から取り出して、わたしのような子どもには少し難しい項目のところを開き、企業のロゴとその企業がどんな仕事をしているのかを一致させていた。兄は、オールステート保険とウェスティングハウスの違いを得意そうに話すわたしのことを、頭がおかしいやつだと思っていたが、わたしにとってはこうした企業ロゴは物語へのきっかけだった。子どもの頃から、テレビの放送局、不動産開発企業、シアーズなど、どんな企業についてでも何時間も楽しく読んでいた。それらは物語の裏にある物語であり、広告やブランド名に彩られたわたしの子ども時代のアメリカの風景だ。

結局のところ、ビジネス戦争は血も涙もない冷酷なものではない。ひらめきをもつ人々の物語である。そのひらめきがときには世界を変えるかもしれない。本書で紹介するそれぞれの戦いには、新しいものへの抵抗、新興企業の撃退、責任を負うこと、戦うこと、大変革、そしてしばしば自分の能力を超えることについての教訓がある。そういうときは、思いがけない逆転や、シェイクスピアばりの悲劇によって成功や失敗が生まれることがわかる。本書で紹介する企業のリーダーたちはそのタイプこそ違えど、そうならないように気持ちをひとつにしている。戦略を用い、必要なリソースを揃えようとする。勝利はほんの小さなことで決まる。ひとつの戦術的な失敗が帝国全体を揺るがすこともある。勝者も敗者も同じように貴重な教訓を得る。さあ、読者のみなさんも同じことをしてみようじゃないか。倒産したり、世間の笑い者になったりするリスクをおかす必要はない。

そこが書物のいいところだ。

こんにち、たくさんの媒体があるなかで、一ヶ月に四〇〇万の人々がわたしたちのポッドキャストをダウンロードしてくれることをありがたく思う。さらに驚くのが、リスナーの九五パーセントがそれぞれのエピソードを最後まで聴いてくれていることだ。リスナーのなかには、世界中の企業のリーダーや管理者や学者や起業家たちがいる。なぜ彼らは番組を聴いてくれるのだろうか。それは何世代ものリーダーたちが『孫子』を読んできたのと同じ理由だろう。時を超えても色あせない教えがあるからだ。

わたしはポッドキャストでビジネス戦争について語るのを楽しんでいるが、本書はそれをさらに深める機会になった。いくつかの企業はすでにポッドキャストでも取りあげているが、多くの企業は新たに取りあげたものであり、すべての資料が新しい視点を与えてくれた。異なる企業や業界や時代の物語を比べたり、結びつけたりするはじめての機会にもなった。

各章は、『孫子』の各篇に準じてテーマ別にまとめた。たとえば、孫子が斥候や軍の機密情報を活用するよう助言する篇では、注意をそらすこと、嘘、破壊行為などビジネスの世界で行われる後ろ暗い手段について論じている。ただし、すべての篇と完全に一致しているわけではなく、『孫子』が一三篇から成るのに対して、本書は九章だ。だが不朽の名著から刺激を得られたことに感謝している。

すぐれたビジネスの戦いは、ケーススタディというよりは冒険譚のようでもある。勇気あるヒーローが敵を負かす壮大な物語だ。あるいは怒りや傲慢さといった欠点によって敗北する悲劇の物語かもしれない。こうした物語を、まずはポッドキャストで、そして今度は本書で語ることはわたしにとって生涯最高の冒険だ。

第一章　戦場に参入する

算多きは勝ち、算少なきは勝たず。

『孫子』計篇

すぐれたビジネスはすべて同じところ、つまり何もないところからはじまる。あるのはおおまかなアイデア、漠然としたビジョンだけ。それは設計図かもしれないし、紙ナプキンに殴り書きしたものかもしれないし、競合相手からヒントを得たものかもしれない。突然のひらめきでも、長年の調査研究を経て開発されたものでも、ビジネスの新しいアイデアは地図上にXという目的地を定めたにすぎない。その地を攻め落とし、勝たなければ意味がない。戦いは、起業家がアイデアの種を手に入れ、それを現実にするときからはじまる。市場では、どんな場所もあっさりと明け渡してはもらえない。いかにすばらしいイノベーションでも、現状を揺るがすことなく成功するのは不可能だし、ライバルたちは悠々と待ち構えている。

神話となった有名な起業家の自叙伝は鵜呑みにしないほうがいい。自分が身を立てた物語を語るときは、運やタイミングが果たす役割を軽視しがちだ。いつも、どこでも変わらない真実を見極めるには、歴史上の異なるいくつかの例を比べてみるのがいい。起業の成功に見られる共通点、繰り返し見られる点は何だろうか。また、すばらしさにもかかわらず、根づくことがなかったアイデアにも重要な教訓がある。時期がもっと良いときに、あるいは、もっとスキルのある起業家がそのアイデアを戦場に持ち込んでいたら、と考えさせられる。

新しいアイデアを成功させる戦いは、はるか昔からある。活力をくれる霊薬であるコーヒーを広めるのにも最初は苦労があった。ヴェニスの植物学者プロスペロ・アルピーニがエジプトからヨーロッパにコーヒーを持ち込んだときは、ローマ教皇庁から悪影響があるとして禁じられた。ところが、教皇クレメンス八世がこの異国の飲み物を試しに飲んだところ大変気に入ったため、コーヒーの飲用が認められるようになった（結果、イタリア人は大のコーヒー好きになった）。

野心的なアイデアがあり、それをどうしても実現させたいとしても、温かく受け入れられることを期待してはいけない。変化はどんなものでも、体制にとって脅威になる。変化が大きいほど抵抗も大きい。だからこそ先を読むべきだ。中心的なプレイヤーは誰か？　自分が利を得たら不利になるのは誰か？　新しい商品がどんな反響を引き起こすかを予想するのは難しいだろう。想像さえしなかった結果につながる可能性もある。足を踏み入れる前に、戦場を徹底的に調べよう。はじめようとする戦いの規模をしっかりと理解しておかなければならない。

ヘンリー・フォードはより大きな視野でとらえた——モデルT

一八九六年六月四日午前一時三〇分、ヘンリー・フォードはあくびをし背筋を伸ばして、目の前にある機械を眺め、首の凝りをほぐした。作業場として使っている小さなレンガ作りの車庫を見渡し、満ち足りた気持ちで思った。できた。二年にわたって試行錯誤を続けた結果、母からいつも言われていたように全力で取り組んできた仕事を、ついに完成させた。疲れているのかどうかさえ自分ではわからなかったが、当然、疲れているのだろう。今夜もまた、エジソン電気照明会社の技術者として一日中働いたあと、新しい発明品の最後の仕上げをしたからだ。妻のクララと息子のエドセルは、もうぐっすり眠っているに違いない。ふたりが、おやすみ、と言いに来たかどうかも思い出せなかった。このプロジェクトを手伝ってくれているジェームズ・ビショップも疲れているらしく、近くの椅子に腰掛けてうとうとしている。長い夜だ。

車庫のなかは静まりかえっている。フォードの目の前には、「四輪自動車《クワドリサイクル》」と名づけた二〇〇キログラムを超える機械式の乗り物が、名前の通りに四つの自転車のタイヤに支えられていた。余計な飾りはなく機能のみ。すべてがこうあるべきだ。そうすれば、修理も、再現もしやすい。

二気筒の内燃機関を持つ複雑な機械だが、フォードはこのふたり乗りの乗り物を単純なものとして見ていた。製品というよりも試作品だ。新しいアイデアを生み出そうとするときは、あらゆる要素をできる限り単純にしておくのがいい。フォードは少年の頃から、このアイデアを生み出そうとしてきた。農夫の荷馬車が蒸気を動力にした車に引かれて道を行くのを見たときから。それは「馬のない馬車」のようなものだった。今それを自分で作ったのだ。言うなれば。

つい先日、友人のチャールズ・キングが自作の木製の四気筒の車でデトロイトを走った。時速八キロ。「四輪自動車」はこれを超えられるだろうか？　町ではほかにも似たようなプロジェクトが進んでいる。また、ヨーロッパからの興味深い話もフォードの耳には届いていた。そうした機械が最終的にどんな形状になるのか、日常生活にどのように適合するのかは誰も正確に思い描くことはできない。今は趣味の域にすぎないが、フォードは意識の奥底にある直感で、いつまでもこの状態ではいられないことがわかっていた。これまでのところ、機械好きの者たちのあいだには仲間意識があり、キングはフォードが「四輪自動車」を作るのに手を貸してくれている。こうした寛大で協力的な姿勢は長くは続かないだろう。なすべきことがあるのだから。「四輪自動車」は馬車の代わりにはならない。だが、改善を繰り返した結果、あのモデルを作り上げた起業家は世界を変え、当時のライバルたちを悔しがらせることになる。

　フォードは車庫のなかを見渡す。とんでもなく遅い時間で、とんでもない騒音を立てるだろう。だが、どうしても試運転をしたかった。

　ヘンリー・フォードは一八六三年七月三〇日にミシガン州で生まれた。父ウィリアムは安い農地を求めてアイルランドからやって来た移民だった。ウィリアムと妻メアリは、デトロイトの中心から少し離れたところに四〇万平方メートル超の農地を見つけた。ヘンリーは長じてのち七人の弟や妹とともに農場の仕事を手伝ったものの、農業にはまったく関心がなかった。勉強にも苦労したが、数学は得意だった。小さい頃から機械に興味を持った。弟や妹のゼンマイ仕掛けのおもちゃを分解したり、手に入るあらゆる機械装置を細かく調べたりして、いつも何かをいじくりまわしていた。

　土曜日になると、フォード一家はデトロイトに買い物に出かけた。ヘンリーは、川を進む外輪船や、街に近づくにつれてだんだん増えてくる蒸気で動くものに驚き、魅了された。デトロイトはすでにアメリカのイノベーションの震源地であり、変革の空気が流れていた。だが、買い物が終われば、一家は揃って農場に戻る。ヘンリーにとって、タイムトラベルのように感じられたに違いない。

遠い過去への逆戻りだ。

ヘンリーの無類の機械装置好きを知って、一家の友人が壊れた古い腕時計をおもちゃとして持ってきてくれた。ヘンリーは削った釘をねじ回しとして使い、時計を分解して、それぞれの部品がどのように機能するのかを理解してからふたたび組み立てて、動くようにした。それを聞いた近所の人たちから、修理を求めて、壊れた時計が持ち込まれるようになった。ヘンリーは、編み針や家にあったもので間に合わせの工具一式を作り、それを使って小遣い稼ぎをはじめた。おかげで農場での骨折り仕事は免除されたのだろう。

ヘンリー・フォードの機械装置への強い関心は一三歳になってさらに深まった。その年、ヘンリーを「生まれながらの職人」としていつも誇りにしていた母が出産で命を落とした。母は、自分の得意なものを見つけて全力でそれに打ち込むようにと、ヘンリーをつねに励ましてくれた。母を亡くしたヘンリーは、この教えを前に進むための使命とした。ちょうどその頃、ある農夫が蒸気エンジンを使った荷車で農作物をデトロイトに運ぶのを目にした。石炭を燃やすうるさい奇妙な装置は、馬車とは違うはじめて見る車だった。蒸気機関はすでに農具を動かすのに使われていたが、エンジンによって動くこうした荷車は、速さや距離に基本的に限界がなく、ある場所から別の場所へと疲れることなく運搬ができる可能性を秘めていた。それがヘンリーの想像力に火をつけた。「わたしを自動車の世界に引き込んだのはあのエンジンだった」と、ヘンリーはのちに語っている。農夫はヘンリーの質問に親切に答え、エンジンそのものを調べるのを許してくれた。もちろん、道端で荷車を解体することはできなかったが。

ヘンリーは一六歳になると、機械工の職を探しに街へ出た。機械工場で働きながら、夜は腕時計の修理をして少ない収入を補った。一年もたたないうちに機械工場を辞め、造船会社の見習いとして働きはじめた。造船会社ではさまざまな種類の動力装置を扱う機会があった。三年間、ほぼ一日中エンジンやその他の装置に没頭した。その後、実家の農場に戻ったが、隣人に雇われて、トウモロコシの収穫、木の伐採など、たくさんの人手を必要とする農作業を代わりに行う蒸気機関を動かす仕事をした。ヘンリー・フォードの蒸気機関に関する才覚を聞きつけたウェスティングハウス・エンジン・カンパニーは、一九歳の彼を雇い、ミシガン州南部一帯の製品修理を担当させた。

一八九一年、フォードは妻のクララとデトロイトのアパートメントに引っ越し、ジョージ・ウェスティングハウスのライバルであるトーマス・エジソンが作ったエジソン電気照明会社で技師として働きはじめた。一八九三年、長男エドセルが生まれたすぐあとに技師長に昇進した。職場や家庭に対する責任は重い。だが、夜遅くまで自分の開発に取り組みたいという衝動を抑えることができなかった。ランサム・オールズ、デヴィッド・ダンバー・ビュイック、ジョンとホレスのダッジ兄弟など同時代の人々と同じように、ヘンリー・フォードは内燃機関を使った自家動力の乗り物、大規模な生産ができる乗り物を作りたかった。

「四輪自動車」はフォードが開発した内燃機関で走るはじめての乗り物だった。明け方の四時に試運転が成功に終わると――助手のビショップは自転車で「自動車」に先行し、早起きの通行人に、フォードがいつバラバラになってもおかしくない車を時速三〇キロ超で走らせることを触れ回った――次の試作品を作ろうと決めた。その後も、より大きく、より頑丈なものを目指して開発を繰り返し、五〇キロ離れたミシガン州ポンティアックへ行き、帰ってくるのに成功した。この実演のおかげで資金的援助を得て製造会社を作ったが、一九〇〇年に会社は倒産した。再度、会社を立ち上げたものの、投資家と対立して会社を去った（投資家たちは、会社に残されたエンジンの設計と工場を活かしてキャデラックを設立した。社名はデトロイトの開拓者であるフランス人にちなんだものである）。一九〇三年六月一六日、フォードはついにフォード・モーター・カンパニーを設立した。

一九〇三年当時、路上を走る車は八〇〇〇台に届かなかった。自動車はまだ富裕層の趣味にすぎず、高価で、手作業によって一台ずつ、用心深く組み立てられた。フォードの工場でも構成部品をひとつも作っておらず、一二人の従業員たちは、エンジンも含め、町の機械工から買ってきた部品を組み立てるだけだった。修理をする際は部品が統一されていないため、新しい部品を作って交換することもよくあった。自動車はほぼすべての人の必需品になるとフォードは信じていたが、そのためには、短時間で一貫性をもって製造されなければならない。これを達成した最初の起業家は、ライバルに対してとてつもなく大きな差をつけることができるだろう。フォードにはビジョンがあった。だが、それを実現するには、馬車産業や他の初期の自動車製造者と戦わなければならない。アメリカの道路の未来を賭けた戦いだった。

フォードの新会社の一番の出資者である石炭ディーラーのアレクサンダー・マルコムソンは、馬のない馬車という考え方から抜け出せなかった。マルコムソンにとって、自動車は金持ちのための馬車に代わる贅沢で高価な乗り物でしかなかった。フォードの考えは違った。フォードは、ライバルたちが想像することもできないほど大規模な生産をしたいと思っていた。誰もが購入できる、軽量で信頼性のある車を作りたかった。誰もが自動車を所有する？　当時、これは衝撃的な考え方だった。だが、フォードは一九〇六年までにそれを前進させた。その年、フォード・モデルNが完成した。価格は六〇〇ドル。モデルNは、耐久性があり、機械加工をしやすいバナジウム鋼を使用したことと、最低限必要なものだけで設計するというフォードのこだわりによって、より高価格なものをしのぐ軽量で頑丈な自動車となった。自動車には必要なものだけが備えつけてあれば十分だった。

「構造を単純にすることだけでなく、価格の問題も解決できた」とフォードは報道陣に語った。

だが、フォードの構想が実現に近づこうとする一方で、マルコムソンは会社を別の道に向かわせようとし続けた。部品を他者に頼っている限り、成功はあり得ないとフォードは考えた。そこで、一九〇五年にふたつの問題を一挙に解決する新しい戦略を用いた。垂直統合だ。自動車の製造で優位に立つには、強引にでも断固たる態度で、生産のあらゆる段階を完全に管理する必要がある。それを達成するために、エンジンを独自に製造するフォード・マニュファクチャリング・カンパニーを別会社として立ち上げた。これにより、モデルNの利益をマルコムソンに渡さずにすみ、マルコムソンの権利を買いあげることもできた。会社の完全な支配権を得たフォードは、エンジン製造会社を吸収し、さらに製鉄会社を買収することで、車軸やクランクケースといった主要な部品も製造できるようになった。見事な動きだ。フォードは、いまや自動車のすべての部品を自分の設計通りの仕様で、また適切だと思える方法で作れるようになった。

今になってみれば、組立ラインという発想は当然のことのように思えるかもしれない。すぐれたイノベーションの多くも、あとから考えるとそう思える。だが、戦場に赴くリーダーにとって、状況はただ複雑で混沌としている。そこでは、わかりきったように思える解決策でさえ特定するのが難しい。ライバルたちがそれぞれどんな動きをしているかをじっくり観察して、欠陥を見抜き、より良い方向に進むための並外れた才覚が必要になる。

フォードが直面した問題は、複雑さそのものだった。自動車会社は、組立工の訓練に大きな努力を費やしてきた。車一台を作り上げるには、何百もの部品を手作業で正しい位置に取りつけなければならない。機械に対する適性が求められる仕事だ。それをいとわない従業員もいるが、探し出すのは容易ではなかった。たいていの者は作業に苦労し、組み立ても遅く、安定しなかった。ねじの締め具合を誤るといった些細なことでさえ、誤作動や事故につながりかねない。工場主ができるのは、問題の箇所により多くの人員を投入するか、従業員一人ひとりにそれまで以上に働けと迫ることだけだった。

フォードは自動車の組み立てを根本的に変える必要があることに気づいていた。だが、何を？　発明家が新しい枠組みを探し出すときは、しばしば類推からはじめる。フォードもそうした。機械時計はとても複雑に作られているが、驚くほど効率的に動く。何百もの小さな部品がそれぞれ一定の動きで作用し合い、ひとつのことを達成する。つまり、チクタクと時を刻む。繰り返し、繰り返し、ほぼ完璧に、規則正しく。フォードは考えた。自動車工場を時計のように動かしたらどうだろう。相互に嚙み合う歯車の歯のように、製造工程の各段階を次につなげたら？　工場のフロアを時計のように設計すれば、従業員は製造工程の一段階だけに責任を持てばよくなる。必要最低限の訓練さえ受ければ、誰でもひとつの作業を習得でき、同じ方法で繰り返し作業できるだろう。製造工程のある段階に変更が必要になっても、時がたつにつれてほぼすべての段階に微調整が必要になったとしても、全工員ではなく、担当者ひとりに新たな訓練をするだけでいい。工場を時計のように設計すれば、正確さ、安定、速さを達成できる。とても速くできるかもしれない。工程を「自動化」すれば、加速するのはより簡単になる。自動車と同じように。

フォードが最終的に「動く集中組立ライン」と称したものを作り出すのは、一筋縄ではいかなかった。はじめに青写真があったわけでもなかった。完璧なものを考え出すまで待っていたら、はじめることはできなかっただろう。フォードが行ったのは、製造ラインを研究し、原材料がフォードの自動車として十分に機能するようになるまでの工程を一秒でも短縮する方法を探ることだった。工場の広さに限りがあったので思い通りにはいかなかったものの、こうした「時間動作研究」は製造の流れを最適化するのに役立った。

フォードが細部にまでこだわったことは従業員を苛立たせたに違いないが、それは以前からよくあることだった。真夜中に町で「四輪自動車」の試運転をはじめる前から、フォードは近所の人たちから頭がおかしい修理工だと思われていた。フォード自身も、自分が工場で成し遂げようとしていることは誰にも理解されないし、ましてや尊敬などされないことを受け入れていた。それまで存在したことがないものを作ろうとしているのだから。一世紀後、ジェフ・ベゾスが次のように言ったことはよく知られている。アマゾンは「長いあいだ、誤解されることに甘んじる」ヘンリー・フォードも同じだった。

一九〇八年一〇月一日、フォードは成功したモデルNの後継としてモデルTを発表した。モデルTによって、何百万ものアメリカ人が自動車を買えるようになったうえ、移動の手段がすっかり変わった。モデルTは、車の設計の効率性と信頼性を大きく飛躍させた。だが、フォードのまれに見る偉業は、自動車作りそのものの技術だけでなく、製造工程を作る技術と深く関わっている。フォードは組立ラインの改善を重ね、モデルTの価格を下げ続けた。当初は現在の価値に換算して二万四〇〇〇ドルだった価格が、一九二七年の製造終了時には四〇〇〇ドル以下になった。価格が下がるたびに、より多くの人が車を購入できたため、モデルTは一五〇〇〇万台という驚くべき販売数を達成し、アメリカのどこの道でも走っているのが見られた。

一九一〇年、フォードはハイランドパークに二五万平方メートルの生産工場を開設した。それにより、効率を最大化するために、工場の操業を一から自由に設計できるようになった。よく知られているように、現代の大量生産はこのハイランドパークの工場で実現され、長年にわたるその取り組みはフォーディズムと呼ばれている。フォーディズムが進化するにつれ、車一台の生産にかかる時間は一二時間超からわずか九三分にまで短縮され、それにつれて必要な人手も減っていった。「部品を置く人は、それを締めません」フォードは工場の見学者に説明した。「ボルトをはめ込む人は、ナットを被せる作業をしません。ナットを被せる人はそれを締めません」。工場内のどの部品も動きます」ついに時計が時を刻みはじめた。一九一二年にベルトコンベアーを導入したことによって、工場はまさに時計のごとく「動く」ようになった。フォードが組立ラインに施した数多くの小さな改良は、貯蓄の複利に似ている。短縮された一秒の価値は、新車が工場から出荷されるたびに何倍にも増えた。わずかなことの繰り返しも、やがては大きな利益につながる。生産力は、ライバルのように一次関数のグラフのような緩やかな成長をするのではなく、指数関数的に急成長した。一九一四年には、フォードの生産台数は業界他社のすべての生産台数の合計を上回った。

製造ラインの従業員にとって、作業は技術を要する組み立ての仕事に比べて、耐え難いほど単純なものだった。それに耐えられるよう、当時の工場労働者の二倍の賃金が支給された。業界最高レベルの福利厚生も提供され、就労時間は一日につき同業者よりも二時間短かった。大量生産とは「労働者が考える必要と自分が考えることを最小限まで減らす」ことだとフォードにはわかっていた。ここが重要だった。ある意味、フォードの工場は、彼のアイデアや手腕を測る道具だった。だからこそ、思い描いた通りの車を作り、その構想に求められる膨大な生産台数を達成できたのだ。

ヘンリー・フォードを勝利に導いたのは、実際に生きているのとはまったく違う世界を想像し、そのビジョンを実現して成功させる能力だ。それが、フォードの真にたぐいまれな才能だった。自動車が八〇〇〇台しか路上を走っていない時代に、フォードだけが「生産が可能になれば、年間一〇〇万台は売れる」と考えた。一九二二年、フォードはそれを達成した。他社のように新しいデザインの自動車を売るのではなく、同じモデルをより速く、より効率良く生産することによって。戦術にもまして重要なのが、ビジョンと集中だ。それが良きリーダーと偉大なリーダーとを分ける。

理想の家を建てる——バービー人形とマテル

一九五六年の夏のある晴れた日、ハンドラー一家はスイスで休暇を楽しんでいた。バーバラとケンは楽しそうにしているものの、母親のルース・ハンドラーは気もそぞろだ。いつものように、自分の会社であるマテルのことが頭から離れない。ルースと夫のエリオットはずっと前からこの旅行を計画していたが、今になってみると、なぜ十代の子どもふたりを連れたヨーロッパ旅行をのんびりと楽しめると考えたのかが思い出せなかった。

もちろん、与えられるべき休暇だった。マテル社はいくつかのヒット商品のおかげで、ここ何年か好調だ。だが、おもちゃ業界に休みはない。つねに次のシーズンのことを考える必要がある。ルースの頭のなかにはさまざまな思いが駆けめぐっている。クリスマス商戦の準備はうまく進んでいるだろうか。夏休みをもっと前倒しにしたほうがよかったのではないだろうか。たとえば一月にとか。

不安を抱えながら家族そろってヨーロッパのすばらしい街並みを歩いているとき、ルースは小さな店をちらりと見て、急に立ちどまった。ショーウインドーに小さなビニルの人形が飾られている。どれも、おしゃれなスキーウェアを着た金髪のきれいな女性だ。

ルースの娘バーバラは、小さなときから子ども用の人形にはあまり興味を示さなかった。いつも、パーティーや母親が日々職場で開いている会議の場面を想像して、大人の人形で遊んだ。とはいえ、おもちゃメーカーは大人の人形を作っていなかったので、グッド・ハウスキーピング誌やマッコール誌などにある紙人形を切り抜いた。きれいな色で印刷されたそうした人形には、切り抜くことができる服もついていた。

ルースは、ずっと以前から、女の子たちがみんなお母さんごっこをしたいと思っているわけではない、大人の女性の人形という市場もあるかもしれない、とマテルの他の役員たちを説得しようとしてきた。紙人形はきれいだがすぐに破けるし、着せ替え用の服も簡単にはずれてしまう。だが、残念ながら役員たちは納得しない。女の子はお母さんごっこをしたがるものだと決めつけている。おそらく、ビニルの女性の人形が意味するものを、自分が認める以上に恐れているのだろう。ヨーロッパの人々はそれよりも進んでいるようだ。いや、そうなのだろうか。この店はおもちゃ店には見えない。

このときルースは知らなかったが、ウインドーに飾られているのはビルド・リリだった。リリは、西ドイツの新聞ビルド紙に連載されている漫画に登場する、アメリカのベティー・ブープをさらにきわどくしたようなセクシーな女性だ。ウインドーの人形は、実は、たくさんの「リリ崇拝者」、すなわちビルド紙の男性読者向けの受け狙いのギフト商品だった。それにもかかわらず、ドイツの女の子たちはリリと遊んでいる。アメリカでバーバラが紙人形で遊ぶように。これはチャンスだ、とルースは気づいた。自分の意見を疑うマテルの男性たちにこれを成功例として見せればいい。ルースは店に入り、リリ人形を三体買った。これで見本は手に入れた。あとは名前を考えるだけだ。バーバラならいい案があるかもしれない。

おもちゃメーカーは、生き残るために、新しい世代の顧客を獲得しなければならない。前年のクリスマスギフトの定番商品も、秋になれば見向きもしてもらえなくなる。ところが、こうした変化の速さにもかかわらず、おもちゃメーカーは他の製造業者と同様に、新しいアイデアには及び腰だ。成功するおもちゃは子どもを驚かせたり喜ばせたりするものなのに、おもちゃを設計して売り出す大人は、他の実用的な製品の業界と同じように安全策をとりたがる。

子どもを対象にしているとはいえ、この業界はつねに残酷なまでに競争が激しく、無慈悲でさえある。クリスマス商戦に勝つために、恥知らずの模造や非情な妨害まで、あらゆる手段が使われる。おそらく、新規性が劇的に、しかも予測できないほどに報われるからだろう。商品が当たれば、高波のように国中の注目をさらい、プレゼント選びに必死の親たちに、バレエの技のように巧みな大量消費の術をかける。消費者は店の棚をくまなく調べ——現代であれば、インターネットの閲覧ページを絶え間なく更新して——残っている商品を手に入れようとする。だからこそ、おもちゃ業界は多くのアイデアを持ち、他者を押しのけられる独創的な起業家をつねに魅了してきた。

斬新なアイデアを持って戦場に乗り込めば、必ず反対に遭う。大半の人は新しいアイデアを受け入れない。おもちゃ業界でも、その他の業界でも、新参者はより経験豊富な人々からの抵抗に向き合い続ける度胸が必要だ。アイデアに対する疑念はライバル企業からのものかもしれないし、社内の疑い深い同僚からのものかもしれない。皮肉なことに、おもちゃ業界では経験がベテランの目を曇らせる。業界だけでなく、子どもの遊び方まですっかり変えてしまうような新しいおもちゃの可能性を見出すには、新鮮な目が必要なのに。

ルース・ハンドラー、旧姓ルース・モスコーは一九一六年一一月四日、コロラド州デンヴァーで、ポーランドの反ユダヤ主義を逃れてきたユダヤ人移民一家の一〇番目の子どもとして生まれた。母親が病弱だったため、子ども時代の大半は一番上の姉とその夫に預けられ、しばしば姉夫婦が営むドラッグストアの手伝いをした。そうしているうちに、ビジネスのコツを学んだのだろう。十代のときに、ダンスパーティーでエリオット・ハンドラーに出会い、ふたりは恋に落ちた。ルースは一九歳でロサンゼルスに移ると決め、エリオットもそのあとを追った。ルースはパラマウント・ピクチャーズの速記課で働き、エリオットはアートセンター・カレッジ・オブ・デザインに通った。ふたりは一九三八年に結婚した。

経済的に苦しかったので、エリオットはその頃、手に入るようになったルーサイトなどのプラスチックで、ふたりが暮らす狭いアパートメントで使うための照明器具や小物を作りはじめた。この趣味が、ルースの勧めで徐々に仕事になっていった。エリオットが作ったものを、ルースが昼休みにロサンゼルスの高級店に売り歩いたからだ。「わたしは売り込みをするのが好きだとわかった。サンプルを持って店に入り、注文を取って店を出るたびに、アドレナリンが体中に放出された」とルースはのちに語っている。そうしているうちに、ダグラス・エアクラフト社との大口契約をエリオットに結ばせるのに成功した。ギフト用のダイカストの飛行機を作るというこの仕事のために、エリオットは、工業デザイナーの「マット」ことハロルド・マトソンを雇って手伝わせた。次に、ルースはふたりにフォトフレームを作ってはどうかと提案し、すぐに写真店からいくつも注文を取ってきた。第二次世界大戦がはじまると、プラスチックが軍需品にだけしか使えなくなったので、プラスチックを木に切り替えた。すると、注文は二倍になった。一九四二年、ふたりは会社の名前をマテルと決めた。「マット」と「エリオット」を組み合わせたもので、ルースの名前を入れようなどとは考えもしなかった。

マテルはドールハウスの家具も作るようになった。商品は、エリオットがフォトフレームのプラスチックの残材を使って生産した。この事業の成功が他のおもちゃの誕生につながった。マテルの最初のヒット商品はおもちゃのウクレレ、ウケアドゥードルだった。その頃、マトソンが健康を害したので、ルースとエリオットはマトソンの権利を買い取った。一九五一年までにマテル社の従業員は六〇〇人になり、手回し式オルゴールの販売数は何百万個にも及んだ。マテルが成長できたのは、おもにマーケティングと経営担当の副社長としてルースが会社を巧みに運営していたからだ。男性が国内ビジネスの前線に戻り、女性が不本意ながら家庭に戻った時代のアメリカにおいて、ルースは男性主導の過酷なおもちゃ業界で成功した、特異で野心的な企業幹部だった。ルースはつねに多様性をであれば当然、ルースが現状に甘んじることなどあるはずもなかった。

重んじた。ルースの伝記『バービー・アンド・ルース』の著者であるロビン・ガーバーは「ルースとエリオットは開かれた雇用方針を採用」し、ルースは「才能ある者を雇った」と述べている。工場には女性や有色人種の数が平均よりも多く、一九五一年には雇用慣行に対してアーバン・リーグ・アワードが贈られた。

一九五五年、ルースは「ミッキーマウス・クラブ」のスポンサーとなり、マテルを大きな市場に押し出した。当時、おもちゃは、たいていルック、ライフ、サタデー・イブニング・ポストのような雑誌の広告で子どもの親に向けて宣伝されていた。大人がおもちゃ店に行き、子どもが喜びそうなものを選んだ。ルースは、こうした親の仲介なく、直接子どもに売り込もうと決めた。そこで、ディズニーの新番組と一二ヶ月という画期的な契約を結び、子ども向けテレビコマーシャルをはじめて放映した。

「ミッキーマウス・クラブ」との契約は五〇万ドル、マテル社の純資産にほぼ相当する額だった。リスクを負ったこの決断は、マテルのバープガン〔マシンガンを模したおもちゃ〕が、その年のクリスマスのマストバイ商品になったことで報われた。この商法の成功によって、マテルだけでなく、おもちゃ業界全体が大きく変わった。親がどんなおもちゃを買うかについて、子どもがより強い決定権を持つようになったからだ。おもちゃ会社は、子どもの代わりに商品を買う大人でなく、子どもの立場で考えなければならなくなった。

時間があるときにはポーカーのテーブルでタバコをふかしている根っからのギャンブラーだったルースは、リスクを負う腹が据わっていただけでなく、ビジョンを持っていた。起業家にとって重要なふたつの要素だ。商品を発明するのはおもにエリオットだったが、時代を特徴づける洞察力でマテル社を変革したのはルースだった。業界を動かす男性たちが、女の子はお母さんごっこにしか興味がないと考え続ける一方で、ルースは消費者が抱える典型的な悩みに気づいた。自分の娘のバーバラのように、多くの女の子が「将来を夢見て」大人の女性の実際の暮らしを真似して遊びたくても、ハサミと折り紙しかない。ビニル製品の技術を使い、ポーズがとれる、本物の人間のような大人の人形を作れないだろうか。赤ん坊を揺りかごに寝かせたり、哺乳瓶からミルクを飲ませる真似をしたりするのではなく、自分の将来を想像して、いろいろな服を着せて遊べる人形を作れないだろうか。その将来は、豪華なパーティーへ行くことや、異国情緒あふれる場所への旅、あるいは、女の子であったことがないにもかかわらず、女の子のことは誰よりもよく知っていると思い込んでいる懐疑的な男性幹部が並ぶ取締役会に対峙することかもしれない。

ルースは、エリオットや他の男性幹部に、このアイデアの可能性を納得させることができずにいた。リアルな女の子の人形は高すぎて作れないとも言われた。だが、抵抗の理由は「おもに人形に乳房をつけなければいけないことから来ているのではないか」とルースは述懐している。ルースは正しかった。後年、マテルの広告代理店の幹部がドキュメンタリー番組でこう語った。「大人の姿のおもちゃを子どもに与えようとは誰も考えませんでした。正しくないように思えました。長い脚や乳房のある美しい女性というコンセプトすべてが、子どもが遊ぶおもちゃではないと考えられたのです」

めったに屈することがなかったルースも、自分の思いつきをどうやって同僚たちに納得させればいいかがわからなかった。だが、スイスの店のショーウインドーでリリを見つけた。成人向けの商品ではあるが、女の子が遊べる大人の人形の見本を手に入れた。おかげで、自分のアイデアを試してみるよう、幹部たちを説得できた。リリをアメリカの女の子用商品に変え、自分の構想を実現するために、ルースはマテルの巨大な研究開発部門に指示を出した。肌のビニルはもっと柔らかく、髪の毛はもっとハリをもたせ、顔は美しく、だが親しみのあるようにと。

こうした立ち上げの時期をあとから振り返って、成功に向かってまっしぐらに進んだと見るのは簡単だ。ところが、現実には、戦いははじまったばかりだった。女の子向けの大人の女性の人形は新しいコンセプトだったが、ごっこ遊びの領域は、赤ちゃんやよちよち歩きの幼児などの人形を売る伝統的な人形のメーカーが固く守っていた。はじめは社内から、のちには社外から、発案から実現までのあらゆる段階で、猛烈な抵抗が起こった。アイデアを実現させたのは、まさにルースの尽きることのない熱意と献身だった。

マテルは、この新しいタイプのおもちゃに対して、親たちが抱く不安を懸念した。リサーチの結果、母親たちが人形の大人の体型を心配していることがわかったので、心理学者を招き、おもちゃ業界（とくに男の子向け）の誰にとっても衝撃的な人形の胸の膨らみは、少女の成長を示す教育上のモデルに役立つとして、母親たちを安心させた。それどころか、試作品を見せて少女や母親たちにインタビューをした結果、人形の胸をもっと大きくすべきだと心理学者に強く提案された。人形のもっとも大きな負の側面と思われていたものが、結局は最大の強みとセールスポイントになった。人形の女性らしい姿を見た少女たちが、大人になる過程を想像できるようになったからだ。

三年にわたる開発を経て、ルースは娘の名にちなんでバービーと名づけた人形を、業界でもっとも重要なニューヨークおもちゃ見本市で発表した。高さ二九センチのビニルの人形は、原型となるリリの設計を改良し、手足の関節を曲げて魅力的なポーズをとらせることができた。ルースにとっては、品質と現実味がもっとも重要だった。思い描く魅力的で活気のある将来の生活を、少女たちが思う存分、真似をできるようにしたかった。バービーの髪の縫いつけや爪のマニキュアは手作業で行われた。デザイナーを雇って豪華な衣装も作った（当初、バービーは十代のファッションモデルという設定で販売する計画だった）。経営面から、人形は日本で生産された。アメリカで作るよりもコストをずっと低く抑えられたからだ。より多くの子どもの手に届くようにするために、三ドルで販売される予定だった。バービーのファッションショー用の着替えの服のなかには、パリ発の最新ファッションをもとにしたものもあった。そうした服も一着一ドルほどが望ましかった。

すべての努力とあらゆる可能性を考えて準備をしたにもかかわらず、一九五九年三月九日のバービーのデビューはまったくの失敗に終わった。ニューヨークのフラットアイアン地区にある国際おもちゃセンターの通路には、有望なおもちゃの開発者たちのブースが並んだ。だが、小売業者たちはバービーに関心がないらしい。それがはっきりしてくるにつれ、マテルのブースにいたルースは絶望感に襲われた。バイヤーはみな男性で、ちらりと目を向けるだけで通り過ぎていく。彼らは人形の魅力を理解しなかった。女の子はお母さんごっこをしたいだけだと考えていた。それどころか、マテルのブースのファッションモデルの人形を見るだけでも落ち着かないようだった。曲線が強調された人形は不健全だ。女の子はファッションショーでランウェイを歩く準備ではなく、お母さんたちがやっているようにきちんと家事を仕切る準備をしなければいけない。そう考えていたのだろう。

おもちゃ見本市の最大のバイヤーであるシアーズがバービーを仕入れるつもりがないとわかると、ルースはどん底に突き落とされた気持ちになった。大口のバイヤーがみなバービーに興味を示さなくても、日本では大きな受注を見込んで毎週二万体のバービー人形が作られている。仕方ない。小売業者がバービーを仕入れないのならば、バープガンのときと同じように子どもたち自身がバービーを欲しがるようにしよう、とルースは考えた。

マテルは方針を切り替え、バービーが見られる販売促進用のビューマスター〔立体画像が見える望遠鏡型おもちゃ〕をおもちゃ店に送るなど、できるだけ多くの手段で商品が直に少女たちの目に触れるようにした。おもちゃ見本市からわずか数週間後、マテルはバービーの初のテレビコマーシャルを流し、おもちゃの核心を宣伝した。

わたしは、いつかあなたみたいになる。それまで、真似っこするの。バービー、きれいなバービー。わたしはバービーよ。

ルースは、少女たちの好みを知るために高額な給料を受け取っている経験あるプロたちには理解できなくても、少女たちは一目見ただけでバービーの魅力がわかるはずだと信じていた。ルースはまたもや正しかった。バービーはテレビを通じてアメリカの少女たちに直接紹介され、人気になった。クリスマスを迎える頃には、日本の工場での生産が追いつかなくなった。最初の年に三五万体超が売れ、需要に追いつくまでに丸三年かかった。「カウンターに並んだとたんに売れた」とルースはのちに語っている。ほかの多くのおもちゃとは異なり、バービーの人気はそこからさらに高まった。バープガンのような本物を真似たおもちゃと違って、バービー人形のシリーズは限りなく自由な世界を開いた。そこでは、幼い子どもたちが遊びながら、自分たちのほぼあらゆる形の人生を安全に想像できた。

バービーのデビューから一年後の一九六〇年、ハンドラー夫妻はマテルの株を公開した。評価額は一〇〇〇万ドルに及び、やがてマテルはフォーチュン500社へとのぼりつめた。一九六三年には世界中で販売が開始され、ドイツ生まれのバービーはやがてアメリカのアイコンになった。一九六〇年代の終わりまでに、売り上げは二億ドルを超えることが見込まれた。バービーを製造する何千人もの日本の従業員や、マーケティングや販売を担う何百人ものカリフォルニアの社員のほかに、バービーには毎週届く二万通ものファンレターに返事を書く専属秘書もいた。一九六八年までにバービーのファンクラブの会員は、アメリカだけでも一五〇万人を数えた。

バービーの大人の姿が最大の強みとして少女たちを引きつけたのなら、男性の人形が大人の世界を完成させる格好の助けになるだろう。一九六一年、マテルはバービーのボーイフレンドであるケンの人形を発表した。ハンドラー夫妻の息子と同じ名前だ。その後何年にもわたりバービーの友だちとしてさまざまな人形が作られ、一九六七年には有色人種の女性も登場した。また、パイロット、医師、スポーツ選手、政治家のバービーも導入された。一九八〇年には黒人のバービー人形が販売された。どんなパターンであっても、ルースは決してバービーに子どもを産ませなかったのは注目に値する。子育てを想起させるのは、バービーのベビーシッター・セットくらいだった。

後年、フェミニストたちがバービーに関心を向け、冷笑の的にするようにさえなった。理由のひとつは、若い女性にバービーのような現実離れした体型になるべきだと暗に思わせるからというものだ。しかし、ルースの当初からの意図は、少女たちにほかで見るよりもずっと現実に近い女性の姿を示すことだった。多くの人がバービーを誹謗したとしても、それよりずっと多くの人がバービーに感謝している。「バービーは自分にとって人形以上だ、自分の一部だ、とたびたび女性たちに言われた」ルースはそう記者に述懐した。

一九七〇年、ルースは乳がんと診断された。当時、マテル社も景気低迷、工場火災、港湾労働者のストライキに直面していた。どんなリーダーにとってもこれらを同時に乗り切るのは厳しかったに違いない。ましてや乳房切除手術を受けたばかりだ。マテルが株価を維持するために不正な経理操作を行ったのはこのときだった。一九七二年、株主たちがマテルに対して訴訟を起こし、ルースとエリオットは辞職を迫られた。ルースは野心が強すぎて「それを抑えきれなかった」と、エリオットはルースの伝記の著者に向けて語っている。一九七八年、ルースは連邦政府に共謀罪を申し渡され、これに対して不抗争の申し立てをしたため、罰金と社会奉仕活動を科された。それに応じるために、恵まれない若者に職業訓練を行う基金を立ち上げた。

ルースは持ち前の性格から、快適で本物に近い人工乳房を製造する会社を立ち上げ、力を注いだ。今度も、自分の経験から消費者が探し求めているものを見つけ出し、それを製品にした。また、会社を売却するまでの一〇年以上のうちに、乳がんであることを表明するのがはばかられた時代だったにもかかわらず、早期発見を提唱するようになった。大統領夫人であるベティ・フォードが乳房切除をしたときは、夫人に人工乳房を作った。

一九八九年、ルースとエリオットはおもちゃ業界の殿堂入りを果たした。ルースは二〇〇二年にロサンゼルスで亡くなり、その九年後の二〇一一年にエリオットもこの世を去った。バービー人形は一九五九年から世界中で一〇億体以上が販売され、今では、文化的アイコンであると同時に業界の伝説になっている。おもにバービーとその友だちの人形のおかげで、マテルはデンマークのレゴに次ぐ世界第二位のおもちゃメーカーとなり、その製品は世界のほとんどの国で販売され、四〇億ドルを上回る年間収益をあげている。

「バービーについてのわたしの哲学は、人形を通して女の子が何にでもなりたいものになれること。バービーはつねに女性には選択肢があるという事実を示してきた」と、ルースは自伝のなかで語っている。マテルにとっての幸運は、大人の女性の姿をした人形が市場で成功すると主張し、頑固で、しかも恐ろしく不愉快な男性たちを説得する熱意がルースにあったことだ。可能性のある発想に対して、体制派の人たちが大きな抵抗を示すことはよくある。

抵抗を激励の印ととらえるようになる起業家もいる。抵抗が激しいほど、その発想が成功する可能性は高い。火が起こるときは、火花が散るものだ。

延滞料——ブロックバスター対Netflix

一九九七年のある晴れた夏の朝。ここ何ヶ月かの平日はいつもそうしているように、リード・ヘイスティングスとマーク・ランドルフは、地元カリフォルニア州サンタクルーズ郡の郊外にあるスコッツバレーの駐車場で落ち合った。車の相乗りをし、州道一七号を走ってシリコンバレーに向かうためだ。テクノロジー業界には、大きな興奮とチャンスが訪れていた。ふたりの周りでは、誰もがドットコムブームに乗ろうとしている。まさにゴールドラッシュだ。シリコンバレーは、サンタクルーズとサンフランシスコのあいだに広がる平原で、地域の主要なベンチャーキャピタリストが集まるサンドヒルロードがある。新しいテクノロジーを早くから取り入れているそうした人々は、自分たちがメールを開く程度のきわめて原始的なことをしていると感じている。

ランドルフは、自身が立ち上げた会社が前年にヘイスティングスのソフトウェア開発会社であるピュア・アトリアに買収されて以来、サニーベールにあるピュア・アトリアの本社で働いている。ヘイスティングス自身は、ピュア・アトリアと他の企業との合併という、シリコンバレー史上最大の合併の渦中にいた。ふたりとも、合併後の企業では余剰の人材となるので、何か新しいことをはじめようと朝の通勤の車中で構想を練っていた。まず、決まっていることはひとつ。まだ勢いのあるドットコムブームに乗ることだった。だが、実際、何をはじめるかとなるとなかなか決まらない。ふたりとも可能性に限界のあるアイデアに身も心も捧げる気にはなれなかった。

「アマゾン・ドットコムのようなものを作らなければ」とヘイスティングスは言った。

ランドルフは、毎朝、車のなかで、シャンプーの宅配、それぞれの犬の好みに合わせたドッグフード、サーフボードの注文製作などのウェブサイトを作る提案をした。ヘイスティングスはそのたびに答えた。「うまくいかないだろう」ランドルフもそのたびに新しい案を練った。

こうして何百もの可能性を探ったのち、ランドルフが有望な案を示した。ビデオを郵送して貸し出すビジネスだ。ヘイスティングスは興味をそそられたものの、少し調査をしてから却下した。VHSテープの往復の送料と手数料が高すぎるためだ。その後、家庭でのビデオ鑑賞用にデジタル・ビデオ・ディスク（DVD）という最先端の形態が日本で開発されたという情報が得られた。DVDはコンパクトディスク（CD）ほどの大きさだが、映画一本を高解像度で収録できる。VHSやレーザーディスクに代わって、家庭用ビデオの標準の形態になると期待されていた。

もしDVDが一般的になったら、一〇〇グラム程度のプラスチックを借りるためにわざわざブロックバスターまで行く必要がなくなるのではないだろうか。理論的には、安く手軽に郵便で送ることができるはずだ。何千もの店舗を借りる必要もなく、配送は郵便制度に任せればすむ。広い倉庫が二、三棟あれば、在庫はすべて保管できるだろう。アマゾンもそうしている。しかも、アマゾンのように、顧客が次に何を求めるかは販売情報を見ればわかる。

ヘイスティングスは乗り気だったが、ランドルフは懐疑的だった。ランドルフには、過去二〇年も直接販売に携わり、多くの商品を郵送した経験があった。サンノゼの中央郵便局の裏側も経験している。

「郵便は時速二五キロの速さで機械にかけられるし、角が曲がったり、いろいろなことがある」とランドルフは指摘した。届いたＤＶＤは粉々になっているのではないか？　確かめる方法はひとつしかない。

ＤＶＤを手に入れることはできなかった。アメリカではほんのわずかなテスト市場にしかなかったからだ。だが、形状はＣＤとほぼ同じだとわかっている。数日前に、ヘイスティングスの家から数ブロック離れたパシフィックアベニューにあるロゴス・ブックス・アンド・レコードで、パッツィー・クラインのベストアルバムＣＤを買ってあった。ジュエルケースからディスクを取り出し、ヘイスティングスの住所を書いた封筒に入れて、三二セント切手を貼り、近くのポストに投函した。

この朝、ヘイスティングスは消印が押された封筒を手にして出勤した。ふたりははやる思いで封を開け、ディスクに傷がないかを調べた。

ディスクは無傷だった。ぴかぴかだ。

駐車場に立ったまま、ふたりは顔を見合わせた。あまりにも簡単なことに思えた。だが、発売された映画をすぐに見たがる客が、ビデオが届くのを一日以上待ってくれるだろうか。それは人それぞれだろう。ブロックバスターに行くのがどれほど億劫に感じるかによる。

現代の終わりのない苛酷なビジネス戦争のひとつが、アメリカ人のカウチをめぐる戦いだ。こんにちアップル、Ｎｅｔｆｌｉｘ、ディズニーといった巨大企業が動画配信サービスの将来に大きな賭けをし、その過程でエンターテインメント業界全体を再編成している。将来の雲行きが怪しくなると、抜け目のないリーダーは、うまく使える似たようなものを過去から探し出す。

通常のインターネット接続では三〇秒足らずの切手大の映像を配信するのも大変だった頃、金曜日の夜になると、多くの人々が世界中に何千とある青と黄色の看板を掲げたブロックバスターの店に車を走らせ、これぞと思う映画を探して長い通路を歩いたものだ。今ではブロックバスターは、オレゴン州ベンドに一軒あるだけだ。かつてレンタルビデオ業界を支配した今はなき企業とは無関係の独立店である。

ブロックバスターは、全盛期には大型小売店の定石を踏み、地元の小さな競合相手を駆逐した。こうした家族経営のレンタルビデオ店は、フェイスブックやレディット以前の時代に、映画好きの人が集まるコミュニティとなっていた。ウィキペディアやインターネット・ムービー・データベースがまだなかったため、映画通の従業員が映画に関する知識の情報源だったからだ。だがビジネスとしては、ブロックバスターの効率と一貫性には敵わなかった。青と黄色のブロックバスターのシャツを着た従業員は、マーティン・スコセッシについてあまり知らなかったかもしれない。蛍光灯に照らされた、活気のない店では人との交流は生まれなかっただろう。ところが、数々のすぐれたイノベーションが新しいチェーンストアを業界の支配者に仕立てあげた。ブロックバスターの創設者デヴィッド・クックは、コンピューター上の洗練されたデータベースを使って、すべての店舗に人気ビデオの在庫が十分確保できるようにした。また、各店舗が地元の嗜好に合わせた品揃えができるようにするためにもコンピューターを使った。ニッチなジャンルの映画を並べるのをやめ、レンタルビデオの定番であるポルノビデオも置かず、棚一面に最新の話題作のＶＨＳを並べて、誰と訪れても、好みの映画ではなくても、みんなの意見が一致してビデオを借りて帰れる家族向けの環境を作った。

ブロックバスターの財政面での成功は、おもに人間の性質を巧みに利用したことによる。同社は低価格でビデオを貸し出してライバルから顧客を奪う一方で、映画を見終えるのにさらに一日か二日を要する客に、かなりの延滞料を課した。この巧妙な戦略が成功した。ブロックバスターは急成長し、ついに世界中に店舗網を広げた。二〇〇四年のピーク時には、従業員はアメリカの五万八五〇〇人を含め、九〇〇〇店以上で八万四三〇〇人になった。ところが、この時点で、すでに凋落の兆しが現れた。ブロックバスターはより破壊的なライバル、輝く金属性の円盤をもつ敵と戦っていた。この円盤は市場の支配を壊すほど鋭利なものだった。

一九九七年八月二九日、リード・ヘイスティングスとマーク・ランドルフはＮｅｔｆｌｉｘを共同設立した。会社に成功をもたらすビジネスモデルはまだできていなかった。翌年の四月にウェブサイトが開設され、顧客はＤＶＤを買ったり、ブロックバスターと同じようにレンタル料金を払ってＤＶＤを一枚ずつ借り出したりできるようになった。ブロックバスターとの大きな違いは、タイトルの多さだった。実店舗のような制限がなかったからだ。ＤＶＤの形態はすぐに受け入れられた。

それでも、Ｎｅｔｆｌｉｘのサイトには客があまり集まらなかった。そこで、ランドルフは宣伝効果を狙って、クリントン大統領とモニカ・ルインスキーのスキャンダルに関する大陪審証言のＤＶＤをわずか二セントで提供することにした。これにより、Ｎｅｔｆｌｉｘは必要としていたメディアの注目をいくぶんか集め、利用者を増やしはじめた。だが、ビジネスモデルはいまだ練りあげる必要があった。

一九九九年のある晩、ランドルフはサンノゼの倉庫で何十万枚ものＤＶＤに囲まれながら、ヘイスティングスに向かって大声で言った。「ここで保管しなくちゃいけないのかな？」

「利用者に好きな期間だけ保管してもらうのはどうだろうか」と、ヘイスティングスは答えた。「一枚返ってきたら、次のを送るようにしたら？」延滞料を取らない――これはまさにセールスポイントになる。さらにふたつのアイデアが浮かんだ。ひとつは、月額定額料金を払えば何度でも借りられるシステムだ。一度に借りられるのが一枚かそれ以上かは段階的な利用料金から選べる。もうひとつは、便利な順番待ちのシステムで、次に見たいビデオを指示しておけば、それが返却され次第送られてくる。

Ｎｅｔｆｌｉｘは小企業でありながら、ブロックバスターにとって深刻な脅威となりはじめた。確かに、客はＤＶＤが届くまで一日か二日待たなければならないが、品揃えは通常の店よりも多いし、好きなだけ借りていられるので、自分のペースで視聴あるいは再視聴ができる。視聴が終わったら、送られてきたときの封筒に入れて返送すれば、また別のものが送られてくる。すべてが手頃な月額料金だけですむ。延滞料を心配したり、夜更かしをして映画を一挙に見終えたりしなくてもいい。家族揃って車でブロックバスターに行き、どの映画にしようかと一時間以上もめる必要もない。延滞料金といううまみのある収益のかわりに、Ｎｅｔｆｌｉｘは月額料金の徴収による安定した予測可能な収益を得られた。大型小売店のような高額な賃料も払う必要がなかった。必要なのは、戦略的に置かれたいくつかの格安な倉庫だけだった。

二〇〇〇年には、映画を視聴した会員の評価をもとに、推奨作品を提示する「レコメンド機能」のサービスを開始した。かつて、家族経営のレンタルビデオ店の従業員がやっていたようなことだ。これは、ブロックバスターの顧客が体験するような、借りる作品を探して長時間通路を歩かなければならないという問題に対処したものだった。だが、この頃Ｎｅｔｆｌｉｘは、ブロックバスターとは無関係の思わぬ困難にぶつかった。ドットコム・バブルの崩壊である。社名に「ドットコム」とついていれば、とてつもなく高額な買収や市場を破壊するほどの新規株式公開が行われた日々が、突然、終わりを告げた。

ブロックバスターはランドルフとヘイスティングスとの話し合いに応じた。まさに「ダビデとゴリアテ」が対峙する瞬間だ。Ｎｅｔｆｌｉｘの収益は五〇〇〇万ドルにようやく届こうとする一方で、ブロックバスターのその年の収益は六〇億ドルである。不運なことに、ランドルフとヘイスティングスは、前夜の社員旅行で大騒ぎをして戻ったばかりだった。急遽、決まったミーティングに二日酔い気味で現れ、ランドルフにいたっては絞り染めのシャツに短パン、サンダル履きという出で立ちだった。その時点で、業界の支配的プレイヤーによる買収は奇跡と感じられてもよかったはずだ。ところが、だらしない格好をしたランドルフとヘイスティングスは、Ｎｅｔｆｌｉｘを「ほんの」五〇〇〇万ドルで買ってほしいと提案した。ブロックバスターのＣＥＯであるジョン・アンティオコは笑いをこらえているようだった。恥をかかされたヘイスティングスとランドルフは話し合いを辞し、自力で危機を乗り越える方針に切り替えた。このときブロックバスターがＮｅｔｆｌｉｘを五〇〇〇万ドルで買っていたら、ビジネス史上、最高のお買い得となっていたことだろう。

ハーバード・ビジネス・スクールの教授であるクレイトン・クリステンセンが、いまや古典となった著書『イノベーションのジレンマ　増補改訂版』（玉田俊平太監修、伊豆原弓訳、翔泳社、二〇〇一年）で説明したように、破壊的革新は、ひとつあるいはそれ以上の主要な領域の現状を超えて、現存するカテゴリーを再編成する。こうした革新は往々にして、既存のプレイヤーによって、いくつかの点で同等のレベルではないという理由から最初は却下されてしまう。デジタルカメラの可能性を、画像の品質を理由に退けたカメラとフィルムの製造業者を考えてみるといい。スタートアップ企業とは異なり、確立された既存の企業が新技術を追い求めれば、既存の事業の売り上げを減らしてしまう可能性に直面する。このジレンマで身動きが取れなくなり、既存の企業はイノベーションがどんどん大きな脅威になっていくのを見ているしかなくなる。ブロックバスターにとって脅威となったイノベーションは、ＤＶＤの郵送、延滞料を取らないこと、顧客が次に見るビデオをインターネットで選べるというアイデアだった。いずれ、新しいビジネスモデルや技術が成功すれば、既存の企業はそれまでと同じやり方を続けることができなくなる。だが、そのときはもう遅すぎて適応できないことも多い。

さて、ブロックバスターは、まだ採算の合うビジネスモデルに全力でしがみつき、これまで通りに事業を続けて最善の結果を期待することもできたし、これまで築いてきたものをすべて危険に晒して新しい戦場に挑むこともできた。独自のＤＶＤ郵送サービスをはじめてＮｅｔｆｌｉｘに対抗しようとすれば、不利な状況に追い込まれるだろう。世界中の小売店のために何十万平方メートルもの敷地を高い賃料で借り、実店舗で働く訓練を受けた何万人もの従業員を抱えている。実店舗を離れ、延滞料金で儲けることもやめて、新しい顧客基盤に移行するためにマーケティングに費用を投じたとしても、Ｎｅｔｆｌｉｘによって減少した最終利益がさらに減るだけだろう。Ｎｅｔｆｌｉｘが先んじている新しい領域で支配権を握る前に、ブロックバスターは、ビジネスモデルの隙間をうまく埋めて、最終的には数店あるいはすべての小売店を閉めることができるのだろうか。

孫子は、ブロックバスターが直面しているこの問題を紀元前六世紀に理解していた。Ｎｅｔｆｌｉｘは自分の戦場でブロックバスターを攻めた。「敵の一鍾を食むは、吾が二十鍾に当たる」と孫子は述べている〔作戦篇〕。荷車一台分の食料を自分の陣地から運んでくるのは莫大なコストがかかる。同様に、より良いものを提供して既存の顧客基盤を奪うほうが、まったく新しい商品やサービスを人々に売り込むよりずっと容易だ。

これはまさにＮｅｔｆｌｉｘがしていたこと、すなわち敵の領域を漁ることだ。ブロックバスターは二〇年近くかけて、ビデオを借りるという行為をアメリカ人の習慣にした。ランドルフとヘイスティングスは、ほぼすべての面でより良い体験ができるモデルに乗り替えるように人々を説得していただけだ。この方法で、Ｎｅｔｆｌｉｘは何のリスクも負わずに市場をますます拡大していった。

一方、ブロックバスターはより大きな課題に直面した。自分たちの顧客を新しいモデルへ移行させるのは、ある意味、自分の領域を略奪し、既存のビジネスを行き詰まらせるのと同じだった。孫子はこうした行為に警鐘を鳴らしたが、革新を求める大企業はみな直面することだ。リーダーは大きな変化に順応するために、幾度となく既存のビジネスの売り上げを減らさなければならない必要に直面するが、幾度となくそれを躊躇する。ブロックバスターの幹部が戦略の失敗に気づいたとき、Ｎｅｔｆｌｉｘを五〇〇〇万ドルで買収するチャンスははるかに遠のいていた。二〇〇二年、ランドルフとヘイスティングスは六〇万人の会員を獲得し、Ｎｅｔｆｌｉｘを上場させた。同社の株はすぐにＳ＆Ｐ５００のうちの優良株のひとつになった。

ブロックバスターのＣＥＯであるジョン・アンティオコと経営陣が好機を逃したことを責めるのは簡単だが、彼らは当時の親会社であるバイアコムのせいで身動きが取れなかったのも事実だ。バイアコムはオンラインによるレンタル事業の実験に断固として反対した。にもかかわらず、二〇〇四年にブロックバスターを別会社として独立させ、経営の行き詰まったブロックバスターが独自のＤＶＤ定額サービスをはじめるのを許した。だが、すでに手遅れだった。Ｎｅｔｆｌｉｘは、いまや二〇〇万の会員を有し、確立されたブランドとサービスを備えた資金力のある企業になっていた。巻き返しは無理だっただろう。それでも、ブロックバスターは五〇〇〇万ドルをはるかに超える巨額を投じて、独自のビジネスを一からはじめようとした。だが、Ｎｅｔｆｌｉｘのやり方を模倣するにしても、Ｎｅｔｆｌｉｘが何年もかけて育てた技術系の人材、とくにＤＶＤを発送したり、顧客の好みを予測したりするための「バックエンド」のソフトウェアの専門家がいなかった。守りに入ったブロックバスターは、次々と失策をおかした。Ｎｅｔｆｌｉｘを意識した「延滞料なし」キャンペーンもそのひとつだ。だが、その結果、四〇州で虚偽宣伝として訴訟を起こされた（延滞料免除とうたいながら、裏では八日たっても返却しない客にはそのＤＶＤの正規の価格を請求した）。

失敗を重ねたものの、ブロックバスターにはこの戦いに勝てる大きな見込みがあった。現に、ヘイスティングスは、もし公平な条件であったなら、店舗と、より多くの作品を選べる郵送と両方で制限なしにビデオを借りられるブロックバスターのトータルアクセスというプランはＮｅｔｆｌｉｘを叩きのめしていたかもしれない、と認めている。だが、それは公平な条件であったならばの話だ。当時、ブロックバスターは一〇億ドルの負債を抱えていた。「もしブロックバスターに負債がなかったら、Ｎｅｔｆｌｉｘはやられていたかもしれない」と、二〇〇九年にヘイスティングスはある記者に語った。さらに悪いことに、ブロックバスターは適切な時期に独自のビジョンを描くことができなかった。幹部の許しがたい過ちだ。

二〇〇七年、ジョン・アンティオコは報酬をめぐってブロックバスターの取締役会と対立し、社を去った。代わって舵を取ったのは、セブン‐イレブンで五年にわたって社長兼ＣＥＯを見事に務めたジム・キーズだった。ブロックバスター内部では、トータルアクセスは正しい方向への一歩だと見られていたが、キーズはこれを白紙に戻すことにした。その代わりに、ストリーミングビデオのスタートアップ企業であるムービーリンクを買収した。ちょうど、アップルがダウンロードした映画を自宅のテレビで視聴するためのアップルＴＶを発表したときだ。ウォルマートも独自のビデオ・ストリーミング・サービスを提供するために買収先を探していた。ストリーミングには未来がある。キーズは初期のうちにその分野に参入したかった。当時、Ｎｅｔｆｌｉｘはまだ、キオスク端末〔コンビニなどにあるタッチパネル式の情報端末〕を使った競合相手であるレッドボックスと同様に、郵送によるＤＶＤのレンタルに徹していた。「競争相手として、レッドボックスもＮｅｔｆｌｉｘもレーダー画面には映っていない」とキーズは述べた。「ライバルはウォルマートとアップルだ」ところが、二〇〇八年に金融市場が暴落し、ブロックバスターは膨大な借金のせいで、キーズのまちがいなく先見の明のあるビジョンを進めることができなかった。

生き残りには敵のひとつをかわすだけでは不十分だ。結局、ブロックバスターがみずから演じたい役割を決められずにいるうちに、レンタルビデオ店は過去のものになった。自分たちが衰退しているという否定し難い事実を受け入れるのにあまりに時間がかかったために、戦略を変更する努力は性急で、後手後手の対応になっていた。最期を迎えるまでには時間がかかり、ニューヨーク証券取引所から上場廃止されたのは二〇一〇年に入ってからだったが、避けられないことだった。

ＤＶＤの郵送レンタルがブロックバスターを揺るがせたあと、Ｎｅｔｆｌｉｘはイノベーターのジレンマに陥った。ジム・キーズが予見していたように、オンラインビデオは、顧客が映画を即座に見られるため、Ｎｅｔｆｌｉｘの事業を破壊する恐れがあった。この脅威を無視することもできただろう。一日か二日の遅れはあるものの、画質、帯域幅制限、ＤＶＤになった映画のすべてがラインナップされていること、より良い選択肢としての新しいブルーレイディスクなどはＤＶＤ郵送レンタルの強みだ。だが、ヘイスティングスとランドルフは経験ある技術者として、ストリーミングの拡大を押しとどめているこうした要因のそれぞれが、静かに、徐々に均衡に達し、「突然」自分たちのビジネスモデルをひっくり返すときが間近に迫っていることがわかっていた。まさに時間の問題だった。

「映画をインターネットで見る時代が来る。それはいつか大きなビジネスチャンスになる」と、ヘイスティングスは二〇〇五年、ユーチューブが設立された年にビジネス雑誌「インク」で述べている。「年間収益の一から二パーセントをダウンロード事業に投資しはじめた。わくわくするね。基本的に郵送よりずっとコストを抑えることができる。ビデオ・オン・デマンドにも備えておきたい。基社名はＤＶＤ郵送レンタルではなく、Ｎｅｔｆｌｉｘなのだから」

Ｎｅｔｆｌｉｘは、デジタルの面では脅威にはならないとキーズに無視されてからまもなく、独自のストリーミング事業をはじめ、イノベーションの溝《キャズム》を飛び越え、新たな戦場で支配的な地位を獲得した。その一方で、従来のＤＶＤ定額サービスも提供し続けている。技術の破壊的革新に果敢に応じながら、イノベーターのジレンマは克服が難しいだけで、不可能ではないことを証明した。だが、そのためには、ビジョンを持つリーダーと、より動きの速い新興企業にチャンスを奪われる前の早い段階から必要なリスクを負う姿勢が必要である。

ヘンリー・フォードは二〇世紀はじめにライバルに先行した。ルース・ハンドラーは数十年前にビニルのアイコンを作り出した。ヘイスティングスとランドルフは二一世紀への変わり目に青と黄色の巨人を倒し、すでに次の戦いをしている。それぞれの場合において、戦いの核となる破壊的技術は大きく異なるが、成功への戦略には驚くほどの類似が見られる。こうしたリーダーたちはそれぞれ、戦いの混乱のなかから高額な車、薄い紙の人形、映画のラインナップの制限と延滞料金といった、明らかな弱みを取り除いた。より良いものを提供して、この弱みを打破するというビジョンを抱いていた。また、その秘めた可能性が明らかであろうとなかろうとも、現状を脅かす新しいアイデアが必ず直面する大きな抵抗を乗り越えた。

戦場に入るときは、大胆なビジョンを描き、それをあきらめてはいけない。偉大なリーダーは、他の者より大きな夢を抱き、声高にそして繰り返しあきらめるよう言われても、絶え間なく外部の状況を整え、その夢を見続ける。地図上の一画を手に入れても、それで満足はせず、領土を広げようと一層努力する。「好機をつかむことによって、好機は倍増する」のだ。

　もちろん、戦場に入ることは戦いのはじまりにすぎない。新しいアイデアでライバルを揺さぶったとしても、勝利が保証されるわけではない。勝利を決定づけるには、その新しい領土を掌握し、そこを足場にしなければならない。次章では、ビジネス戦争における次の段階、新しい事業を長く存続させることについて考える。これはどんなリーダーにとっても困難な局面である。起業家を成功させた特性が、成功した企業のCEOとしての名声を傷つけることも多い。株主と何百万もの顧客を抱えた企業は、ひとりの本能的直感だけで急に戦略を変更することはできない。より慎重な動きが必要になる。リーダーは、合意を形成し、同盟関係を築き、多くの人々をひとつのもっとも重要な目標に向かわせなければならない。最初の事業から別の事業への移行には、重大な変革が求められる。すべての起業家が成功するわけではない。

第二章　戦いは続く

兵は勝つことを貴ぶ。久しきを貴ばず。

『孫子』作戦篇

ビジネスにおいては、緩慢で着実な者は勝てない。市場は大胆で果敢な者に褒美を与える。二〇世紀を支配した自動車メーカーの多くは、フォード、ランサム・オールズ、ダッジ兄弟のような自動車の先駆的発明者によって設立された。彼らは迅速に動き、地歩を固めた。ルース・ハンドラーは、スイスの店のウインドーでリリ人形を見たとき、ためらうことなく人形三体を鞄に詰めた。ヘイスティングスとランドルフは、着想と実験のあと何ヶ月もたたないうちにＮｅｔｆｌｉｘをスタートさせた。しかし、企業は大胆にはなれない。なれるのはリーダーだけだ。リーダーはチャンスを見抜き、積極的な戦略を考え、他の者たちを戦いに向けて元気づける。

「先行者利益」の考え方はわかりやすい。新しい価値あるものを最初に提供した企業は、ライバルを寄せつけないほど先行することができる。最初の企業のブランド名がその製品名になる。固定客ができれば、代替品が現れたとしても、そちらに簡単に乗り換えられることもなくなる。

先行者利益が約束してくれるものは確かに魅力的だが、大きなリスクがある。ＫＯパンチを決めようと急いで製品を売り出しても、多くの企業は準備が不十分だったことを痛い目をみて知る結果になるだけだ。ブック・スタックス・アンリミテッドの例を見てみよう。あまり知られていないが、同社こそが最初のオンライン書店だった。一九九二年、ジェフ・ベゾスがアマゾン・ドットコムを発表する三年前に創業した。だが、時期尚早だった。インターネットに不安を抱く人が多く、潜在顧客の数がクリティカル・マスを超えられなかった。ベゾスは市場が大きくなってからアマゾンを設立したので、そのビジネスモデルが成功を収めた。こんにち、アマゾンの成功の要因はオンライン小売販売における先行者利益にあるとされているが、実際の話はもっと複雑だ。そういうものである。

この章ではソリッドボディのエレキギター、出会い系アプリ、商用コンピューターの三つの主要製品の画期的成功の裏にある話を見ていく。成功するのは必ずしも新技術を最初に利用する会社ではなく、適切な時期、つまりチャンスを最大限に活かせるときに、少しも遅れることなく攻撃を仕掛けた企業だ。早期に、だが巧みに動く者が勝つのは、ビジネス戦争の歴史が示している。

拙速では勝てない。

フィードバックループ——ギブソン対フェンダー

レス・ポールは自分の目や耳が信じられなかった。手にしている光沢のあるエレキギターが夢のような音を奏でている。その形状も夢のようにスタイリッシュで曲線が美しい。現実のものとは思えないほどすばらしかった。

ポールは、ウィスコンシン州ウォキショーで育った子ども時代から、本格的にギターを弾いていた。その間ほぼずっと、ギターを大きく響かせようとしてきた。必死で練習した。自分の演奏を聴いてもらえるようになりたかった。何年ものあいだ、音を増幅させるために楽器に手を加えた。ティーンエイジャーの頃、ギターにくくりつけたレコード針とラジオのスピーカーを針金でつないだ。感電死しなかったのが幸運だった。それでもハウリングのせいか、音の歪みのせいか、音質は良くなかった。一九五一年の時点でも、大手メーカーはまともなエレキギターを作れなかった。少なくとも、ポールはそう考えていた。だがこの夜、テッド・マッカーティがやって来た。

持ち込んだ試作品をポールがいじっているのを、ギブソン・ギターズの社長であるマッカーティは、そばに立って見ていた。この頃、レス・ポールはジャズ、ブルース、カントリー音楽のヒットチャートの上位に名を並べる有名なギタリストになっていた。マッカーティはポールにギブソン初のソリッドボディのエレキギターを見せにきたのである。すでに人気のあるフェンダーのモデルに対抗するつもりだった。

どう思っているんだろう？　マッカーティは、ポールがギターをかき鳴らすのを見ながら考えた。ポールは気まぐれだ。ずっと以前からソリッドギターを支持しているものの、この試作品を気に入ってくれるかどうかはわからない。音色だけでなく、楽器の美しさも大事にする人だ。デザインはこれで良かったのだろうか。この試作品には多くがかかっている。これ以上待てない。マッカーティはその夜のもっとも大事な質問を切り出した。この製品を推薦してもらえるだろうか？

ポールはしばらく考えてから同意した。だが、条件がふたつあった。

その一——ギブソンはギターの設計者として彼の名を示すこと。結局のところ、ソリッドボディの構造は、何年か前に自分がギブソンに提案したデザインなのだから。それに、プレイヤーに対して、演奏家であり、楽器製造者である自分の評判は大きな影響力を持つだろう。いいでしょう、とマッカーティは言った。良かった、とポールは答えた。

その二――この楽器を金色にできるか？

ミュージシャンたちは、電気が発明されて以来、電気を使って音を増幅させることを試みてきた。最初にエレキギターが市販されたのは一九三〇年代、アメリカの家庭のまだ七〇パーセントにしか電気が通っていないときだった。需要はイノベーションを推し進める。エレキギターの需要は最初から高かった。その時代のビッグバンドは、どんどん規模が大きくなり、どんどん音量が大きくなっていたので、ギターの音がかき消されてしまう。音の増幅による将来性は、楽器メーカーにとって無視できないほど大きかった。順応できなければ、消え去るしかない。

だが、電気増幅には特有の問題があった。ハウリングである。ピックアップがみずから増幅した音を拾ってさらに増幅するのを繰り返すためにハウリングが何重にも起こり、耳をつんざくような鋭い音を立てる。アンプの音が大きくなるほど、ハウリングの問題は悪化した。

起業家にとって、正しいアイデアがうまく実行されないときは、理想的なビジネスチャンスとなる。誰かが親切にも進む道を示しながらも途中でつまずいたなら、大きなチャンスだ。そのあとを追えばいいのだから（だがより慎重に）。基礎となる技術革新、すなわち、電気増幅の技術は確立されている。潜在的な市場があるのも確かだ。あとは、ただうまくいくようにすればいい。しかし、重要なのは、ハウリング問題を最初に解決した者が褒美を得られるわけではないということだ。戦いに参加し、なおかつ獲得した領土を守り続けるには、顧客の悩み《ペインポイント》を解決しようとしつつ、すぐれた製品、すなわち大観衆の前でステージに立つプロのミュージシャンの役に立つものを提供しなければならない。ギターには聴衆の耳も目も向けられる。形と機能の両方が重要だ。技術だけでは解決できない。この戦いに勝つには、楽器に電気を流すだけでなく、演奏者と聴衆のつながりも刺激する必要がある。

そこにレス・ポールが現れた。彼はハウリング問題に取り組んでいることでも知られていた。ギタリストであり、すぐれたギターを作るだけでなく、自作のギターの音をしばしば電気で増幅しようとした。聴衆に自分の演奏を聴いてもらいたかったが、キーキーいう音はごめんだ。アコースティックギターについては十分理解していたので、問題はギターのボディのせいだとわかった。電流を利用するピックアップがあれば、ギターの内部の空洞は必要ないので、まずは空洞のないエレキギターを作ろうとした。一九四〇年、簡素な外観にちなんだ「ザ・ログ」〔丸太の意味〕ができた。言うなれば、板切れにギターの弦がついたようなものだったが、ハウリングを起こさずに、大きな音を出すことができた。

ポールはログをギブソンに持ち込んだ。ところが、役員たちは笑って相手にしなかった。ハウリング問題は解決されたものの、ログはあまりにも奇妙で大衆には受け入れられない。また、ギブソンは、三年前にエレキギターを売り出したばかりだった。ログは時代を先取りしすぎた。ギブソンの役員たちには、顧客がギターらしく見えないものを買うことが想像できなかった。役員のひとりは、ほうきに弦がついたみたいだとさえ言った。

ポールのログが最初のソリッドボディのエレキギターとして記憶されているものの、それよりも早くソリッドボディを作った（そして消え去った）新興企業もいくつかある。たとえば、ギブソンの元設計者のひとりが共同設立したヴィヴィトーンは、一九三四年にソリッドボディのギターの販売をはじめ、失敗に終わった。これら初期のソリッドボディのモデルが直面した問題のひとつは、見慣れない形状だった。ポールのログはほうきのようだったし、ヴィヴィトーンのギターはベニヤ板のボートのパドルに似ていた。だが、必ずしも形状だけが問題だったわけではない。過去に使われた製品に似せるために広く使われるスキューモーフィズムというデザイン技法があるからだ。デジタル画面には押すとカチッと音を立てる「ボタン」があるし、電気自動車は内燃機関を冷却するための空気の流れを必要としないのにフロントグリルがある。ジーンズのリベットは縫い糸が十分に強くなかった時代の名残だ。スキューモーフィズムが発する馴染みの合図は、顧客が不慣れな新技術に適応するのに役立つ。ヴィヴィトーンは、もし通常のギターのような形のソリッドボディのギターを作っていたなら、市場を獲得していたかもしれない。空洞があるべきだったところに黒い丸を描いただけでも、演奏者が変化を受け入れるのに役立ったかもしれない。ポールがログをギブソンに持ち込んだときに直面したのも同じ問題だった。結局、顧客の期待に合致しなかったということだ。

新技術を大衆市場の製品に組み込むには、時間と努力が必要になる。問題を解決するために、試作を重ね、テストをし、ユーザーからのフィードバックを得ることを繰り返さなければならない。コンピューター・ソフトウェアのような分野では、実用最小限の製品、つまりＭＶＰを売り出すのは比較的容易で、消費者が実際に使っている最中に改良することさえできる。それに比べて、時間とコストのかかる製造業の世界では、第一印象を作る二度目のチャンスはまずない。よって、戦略的に戦場に臨む必要がある。最初に市場に持ち込まれる製品は、早すぎることが多い。製造者が性急すぎて、試作を重ねなかったからだ。よって、獲得した市場は、細部に気を配る根気強い人たちに簡単に奪われる。同様に、顧客が受け入れる準備ができていないものを売ろうとして市場に突入すれば、失敗しやすくなる。賢明な、あるいは幸運なリーダーは、製品と市場の準備ができたときに、大事な新製品とともに戦場に参入する。

レス・ポールは、ギブソンに拒絶されたのちも、ログに手を加え続けた。だが、第二次世界大戦が起こり、ギブソンのような企業の生産力は軍需産業に流用され、ポールはＡＦＲＳ〔一九四二年開局。米軍の海外に駐留する兵士とその家族への放送を業務とする。一九九七年ＡＦＮに改称〕に派遣されて働いた。イノベーションは待たなければならなかった。

戦争が終わり、ポールはロサンゼルスに移り住んだ。市民生活が復活し、彼の運勢は音楽の面でも、楽器の開発の面でも上昇し続けた。夜は、ガレージを転用したレコーディング・スタジオでジャムセッションを催した。それは当時ではユニークな発想で、街中の音楽家を引きつけた。クラレンス・「レオ」・フェンダーと出会ったのは、こうしたセッションを通じてだ。フェンダーはラジオの修理店を営み、副業としてエレキギターの製造と修理をしていた。ポールのログをはじめて見たとき、ソリッドボディのデザインの可能性に気づいた。

フェンダーとポールは親交を深め、スタジオの討論会で何時間も意見を交わした。ポール・ビグスビーなど、他の初期のエレキギターの先駆者も参加した。ビグスビーがマール・トラヴィスの注文で特別仕立てのソリッドボディのギターを作ったと知り、フェンダーはトラヴィスが演奏するのを見に行った。ビグスビーのギターの音色と透明性や、わずかなハウリングさえないことは、フェンダーを驚かせた。トラヴィスのグループの演奏が終わると、フェンダーはギターを貸してほしいと思い切って頼み、トラヴィスは親切にもそれに応えた。フェンダーは、ビグスビーのデザインのリバースエンジニアリング〔逆行分析。製品の品質を向上させるため、他社の製品を研究したり、分析したりすること〕に着手した。

一九四九年までに、エレキギターの販売成績は、ハウリング問題にもかかわらずこれまでにないほど伸びた。ギターの音を大きく響かせる必要があったからだ。まもなくロックンロールが大人気になることは誰にも予測できなかったが、フェンダーのような抜け目のない起業家は、成長のチャンスがあることを見越していた。それは、フェンダーが経験豊富で活動的な弦楽器製作者であると同時に、音楽家とともに多くの時間を過ごしてきたおかげだ。これからも何度も見ていくが、起業家にとって専門知識はもっとも価値のある力になる。イノベーションを成功させるには、関連する分野について徹底的に知る必要があるからだ。

エレキギターの発明と販売は、ギター産業の画期となった。新技術は椅子取りゲームのようなものだ。限られた企業しか繁栄する余地がなく、フェンダーは自分の椅子を欲した。ビグスビーのデザインを再現するのにとどまらず、よりシンプルに、より安価にし、大規模に製造できるようにするための開発をはじめた。ついに、エスクワイヤーができあがった。ボディとネックをボルトによって固定したエナメル光沢の木の厚板という代物だったが、フェンダーの代表的な楽器であるハワイアン・スチール・ギターの澄み切った、突き抜けるような音を奏でた。フェンダーはすぐにこのソリッドボディのギターを世に出すべきだと結論を下した。

フェンダーは、初の大量生産によるソリッドボディのエレキギターとして、エスクワイヤーを産業展示会に出展した。レス・ポールがギブソンの役員にログを見せてから丸一〇年がたっていたが、業界の人々はほとんど準備ができていなかった。だが、展示会には、エスクワイヤーの奇妙な形状に当惑しなかった人物がひとりいた。ギブソンの新社長テッド・マッカーティだ。マッカーティは、ライバルに対して強みがあった。ギターにそれほど精通していなかったことだ。ギブソンに職を得る前は、オルガンや自動演奏機能付きピアノのメーカーであるウーリッツァーで働いていた。大手ギターメーカーのトップではあるものの、エレキギターの見た目がどうあるべきかについて、とくに強い考えは抱いていなかった。マッカーティがフェンダーのエスクワイヤーに見出したのは、ハウリング問題に対する潜在的な解決法だった。顧客からはハウリングがペインポイントだと聞かされていた。フェンダーのデザインは風変わりだが、磨きをかければこの分野を独占できるかもしれない。

マッカーティがギブソンの研究開発部門を独自のソリッドボディのデザインに取り組ませたのに対して、フェンダーは、新製品に対するユーザーからの多くの不満に直面した。コスト削減のためにエスクワイヤーではネック補強用のトラスロッドを装備しなかったため、ネックが反ってしまう。これもまた、起業家が性急に製品を市場へ出したために、有望な新しいアイデアを台無しにしてしまった事例だ。フェンダーはすぐにトラスロッド入りモデルのブロードキャスターを発売した。だが、この名称がライバルの商標を侵害していることがわかったため、テレキャスターに改名した（当時「テレビ」は最先端と同義語だった）。

フェンダーのテレキャスターは一九五一年に発売されて支持を得たものの、スタートでつまずいたために、ギブソンに絶好のチャンスを与えてしまった。ギブソンには別の幸運な利点もあった。

フェンダーは旧友のレス・ポールに、彼の名をテレキャスターにつけさせてほしいと頼んだのだが、断られた。レス・ポールはすでにギブソンのホロウボディのエレキギターを推薦し、観客の前では必ずそれを使って演奏していたので、テレキャスターのような実用本位のものに乗り換えるつもりはなかった。レス・ポールと妻のメアリー・フォードは一流のコンビだった。ふたりでアメリカ中のジャズバーやコンサートホールで演奏している。テレキャスターの外観は、そうした会場の水準にまったく合わなかった。ポールは、ギブソンの品格とテレキャスターのソリッドボディのデザインを併せ持つギターを求めた。

テッド・マッカーティがやって来て、ギブソンの優美なソリッドボディの試作品を見せられたのはそんなときだった。マッカーティがポールを設計者として認め、ゴールドトップを作ることに同意した結果、ギブソン・レスポールが誕生した。この魅力的な新しい楽器のせいで、フェンダーの製品は、翌年の展示会で影が薄くなった。ギブソンとフェンダーのビジネス戦争が本格的にはじまっていた。

いまや伝説となったギブソン・レスポールは、ギブソンの「先行者利益」として記憶されているが、実際は、それ以前にも多くの参入者が何年も作ろうとしていたものだ。もちろん、市場の準備が整うのを待つ必要はあったが、技術と設計の両面が卓越していなければ、おそらくうまくいかなかっただろう。勝つためには、音色にすぐれ、演奏中も格好良く見える必要があった。

地歩を守り抜くのは、プロセスであって目的ではない。フェンダーは、ギブソン・レスポールに対抗してストラトキャスターを発売し、一九五七年、エド・サリバン・ショーでバディ・ホリーがそれを演奏したときに、ギブソンから支配的地位を奪回した。ホリーは人気が高まりつつあったロックンロールの最先端にいた。ビッグバンド時代には奇妙に映ったストラトキャスターの外観は、ロックンロールの新しいサウンドによりふさわしかった。むしろ、テッド・マッカーティの市場調査で明らかになったように、ストラトキャスターの購入者のなかには、チャック・ベリーがストラトキャスターを弾いていると考えていた人もいたようだ。チャック・ベリーが弾いていたのはギブソンだったのだが。ストラトキャスターが奏でる鋭い音はまさにロックだった。

フェンダーに後れをとったのを感じたマッカーティは、フェンダーと同じ罠にはまった。波に乗りそこなうのを恐れて、ポールを直接関わらせることなく、レスポール・ギターの改良を急いだ。時代の潮流をつかもうとする最後の努力は失敗した。さらに、レス・ポールの支持も失った。ギブソン・レスポールは製造中止に追い込まれた。

ところが一九六〇年代に入ると、キース・リチャーズ、エリック・クラプトン、ジミー・ペイジらが、新しいフェンダーよりも古いレスポールを好んで弾くようになった。それは、レオ・フェンダー自身に問題があったせいだ。フェンダーは内向的で、リーダーの役割が苦手だったため、すでに大きくなった企業の経営をするよりも、ずっと長い時間をひとりで作業場で過ごすことが多かった。その結果、製品の質が低下した。一方、マッカーティは、レスポールのビンテージ市場が拡大するのを見て、チャンスをとらえた。新たにレス・ポール自身の承認を取ったギブソン・レスポールが、ふたたび製造された。

いずれにしても、ギブソンとフェンダーは、ロックンロールの台頭において中心的な役割を果たした。こんにちに至るまで、ギタリストが選ぶのは、ふたつの象徴的なブランドのどちらかだ。耳の肥えたリスナーも、どちらの音が好きかを語る。どちらのメーカーが優勢であるかはときによって変わったものの、ギブソンとフェンダーの何十年かにわたる戦いでは、先行者利益という考えが否定されている。地歩を守り続けるには、リーダーはタイミングよく、すぐれた製品を市場に出さなければならない。一度でなく何度も。二社のうち、顧客が求めるものを求めるときに提供したほうが、つねにライバルに差をつけることができた。

顧客は、問題を解決してくれる企業の製品を買う。単純なことだ。いかに作られたか、誰が最初に同様の製品を出したのかは気にしない。先行者よりも顧客のことを理解している製品に切り替える。他社よりもうまく問題を解決し続ける企業の製品からは離れない。顧客のように考える企業、顧客が何を望んでいるかを真に理解する企業が、市場のシェアを確保する。出会い系アプリを提供する企業を共同で設立して成功を収め、その後、もっとも手ごわいライバル企業を設立することになった起業家についても見てみよう。

右へスワイプ――バンブル対Ｔｉｎｄｅｒ

ホイットニー・ウルフは、自分の耳が信じられなかった。オンラインデートをまったく違うものに変えたアプリであるＴｉｎｄｅｒを大学生や二十代の人々に普及させるために、二年間、へとへとになるまで国内を駆け回った。ところが、いまやもっとも注目されるスタートアップ企業のひとつになったＴｉｎｄｅｒの同僚たちは、ウルフをもはや共同創業者と呼べないと言ってのけた。

熱い関係が壊れるときは、たいていごたごたが起こるものだが、それがプレッシャーの大きい、狭苦しい環境のテクノロジー系スタートアップで起こると大騒動になる。この騒ぎの背景には、共同創業者のひとりであるジャスティン・マティーンがウルフの元恋人だったという事実があった。のちにウルフが司法の場で主張したように、マティーンはウルフに、二四歳の女性共同創業者がいては「会社がジョークのように見える」し、その「価値を下げる」と言った。一方、二八歳で最年長の自分は事業に正当性を加える、と。「フェイスブックやスナップチャットには女性の創立者はいない」とも言ったそうだ。「Tinderが単なる偶然だったように思われる」とも(偶然ではなかったことを、ウルフはもっとも劇的な方法でのちに証明することになる)。

ジャスティン・マティーンとホイットニー・ウルフの交際期間は短かった。だが、破綻後、Tinderの歴史を書き直そうとするマティーンの試みは、個人攻撃へと変わった。ウルフの法的申し立てによると、マティーンは、性差別、人種差別、その他の口汚い言葉をウルフに向かって発し、メールで送った。TinderのCEOであるショーン・ラッドなど他の従業員の前で、ウルフをなじりさえした。

このときラッドは、シリコンバレーの多くのテクノロジー系スタートアップにある「男性優越」的文化によく見られる反応を示し、ウルフに、忘れろ、「芝居がかっている」、「うっとうしい」と言ったらしい。マティーンに抗う行為は企業のブランドを傷つけ、投資家を動揺させるだけだとラッドは考えた。

おおやけの手段がなくなったため、ウルフは、解雇手当とTinderの株式付与と引き換えに辞職を申し入れた。それに応えて、ラッドはウルフを解雇した。マティーンの行動を許し、その犠牲者を代わりに罰するラッドの決定は、個人的にも彼が経営する会社にとっても、途方もなく大きな戦略上の失敗だとのちに証明される。

何ヶ月かのち、ウルフはオースティンにある、新しいボーイフレンドの家族の家に滞在していた。ロサンゼルスの個人的および法的な大騒動から離れてゆっくり考えてみると、自分がＴｉｎｄｅｒで経験したことと、Ｔｉｎｄｅｒの女性ユーザーの経験に類似点があることに気づいた。Ｔｉｎｄｅｒのアプリを使う女性の多くは、一方的な性的メッセージや望まないヌード写真を送りつけられるという、男性からの不快な行動に対処しなければならない（二〇一七年のピュー研究所の調査で、女性の五三パーセントが、合意していない性的画像をオンラインで受け取ったことがわかった）。ウルフは真のペインポイントを突き止めた。「この悪意ある文化の広がりは……世界中の女性の精神的健康と自尊心を崩壊させる」

ウルフはこの問題に、新しい企業を作って取り組むことにした。他のＳＮＳが他人を中傷するのを促すように作られているかのように見えるのとは異なり、敬意と相互支持のみを目的とした女性のためのＳＮＳを提供する企業である。そのとき、潜在的な投資家が提案をした。女性を大切にした前向きな出会い系サイトは？　新しい製品とともにこの市場における女性蔑視に取り組むには、ウルフは申し分のない位置にいる。新しいベンチャーであるバンブルは、単にＴｉｎｄｅｒのライバルになるだけではない。その解毒剤になるだろう。

ウルフはそのアイデアを試すことに同意した。のちに、復讐が第一の動機ではないと言っている。「現実の世界の問題を解決しようとしたのです」だが、Ｔｉｎｄｅｒでの功績を事実に反して主張した、というメディアのストーリーに反論する良い機会であることは確かだった。「Ｔｉｎｄｅｒを去ったあと、わたしは何も知らなかったという記事が多く出た。わたしを否定する人たちがまちがっていると証明するには、もう一度やる以外になかった」とウルフはのちにエル誌に語った。

出会い系サイトは、Ｔｉｎｄｅｒやバンブルのようなアプリが登場する以前から、結婚相手を探すために何百万もの人々に使われてきたが、つねに後ろ指もさされてきた。初期の頃から、ユーザーの大半は、現実の友人や家族に対して、そういったサイトを利用していることを認めるのすらためらった。デートの相手を見つけるためにテクノロジーを使うのは、あまりに必死で格好悪いと思われていた。だが、新世代のユーザーたちが出会い系アプリを使い、その数が爆発的に増えたことによって、そうした汚名はほとんど消えた。こんにち「右にスワイプ」して、デートの相手や、手軽なセックスの相手を見つけることは社会的に受け入れられているし、必要だとさえされている。

コンピューターを使った出会いの仲介の歴史は、コンピューターと同じくらい古い。コンピューターが冷蔵庫と同じくらい大きかった頃でさえ、独身者のリストを取り込み、ロマンチックな結びつきを予測するために、ソフトウェアのアルゴリズムが書かれた。たとえば、一九五九年、ふたりのスタンフォード大学の学生がハッピー・ファミリーズ・プランニング・サービスを設立した。アンケートの回答をもとに、嗜好や関心にもとづいて四九人の男性と四九人の女性を結びつけようとした。驚くべきことではないだろう。孤立した端末を使って作業していたふたりが、考える機械が人間の相互作用といった複雑な問題を解決してくれるのではないかと思うようになるまでそれほど時間はかからなかっただろう。コンピューターが月への打ち上げ軌道を計算できるなら、膨大な数の選択肢の組み合わせから「理想的な」カップルをあっという間に選び出すことができるのではないだろうか。

コンピューターによる男女の仲介の可能性を見出したのは、その孤独なスタンフォード大学の学生たちだけではなかった。世界中のプログラマーたちが愛、幸福、充足感を見つける最適なアルゴリズムを作ろうとしていた。だが、コンピューターでデートの相手を見つけるのは、ワールド・ワイド・ウェブが登場するまではニッチなビジネスだった。ウェブは、写真などの重要で必要なデータを獲得し、共有するのに理想的な媒体であり、カップルを作る助けとなった。

最初の出会い系サイトであるキス・ドットコムは、ウェブの登場からわずか一年後の一九九四年に誕生した。その一年後、連続起業家であるゲイリー・クレメンがこんにちでも盛んに活動をしているマッチ・ドットコムを創設した。まもなくいくつもの出会い系サイトが現れた。特定のグループにアピールすることで差別化を図るところも多く、同じ宗教の信者（一九九七年設立のジェイデート）から婚外関係（二〇〇二年設立のアシュレイ・マディソン）の相手を求めるものまであった。

コンピューターが冷蔵庫の大きさだったり、パンチカードを使っていたりした頃から、テクノロジーは大きな進歩を遂げたが、相手の写真を見るなど、コンピューターデートは基本的には一九六〇年代と変わらなかった。アンケートに答えると、ソフトウェアがそれを地域の独身者の答えと組み合わせる。サイトによって異なるのは、どのような質問がされ、その回答が組み合わせを導き出すのにどのように使われるかということだけだった。

一方、Ｔｉｎｄｅｒは、オンラインデートが何十年も抱え続けてきた弱点を利用した。最先端のテクノロジーを使ってデートの相手を見つけようとするときでさえ、わたしたちはもっとも人間的な習慣を捨てきれない。それは第一印象だ。

ホイットニー・ウルフは、典型的な連続起業家だった。ダラスのサザンメソジスト大学でグローバル・スタディーズを専攻しているときに、最初の事業を立ち上げた。二〇一〇年のメキシコ湾石油流出事故の被害者を支援する資金を稼ぐために、友人と組んで竹製のバッグ「ヘルプ・アス・バッグ」を販売した。すぐにケイト・ボスワース、レイチェル・ゾー、ニコール・リッチーなどのファッション・アイコンがそのバッグを持っているのが目撃され、ウルフらのプロジェクトに対する関心が集まった。その事業の成功は、次のテンダーハートにつながった。テンダーハートは絞り染めの洋服の販売で、人身売買に対する意識を向上させることを狙った。卒業後は、東南アジア周辺の孤児院でボランティア活動を行い、その後、アメリカに戻った。

社会貢献活動を通して学んだのは、商業活動の力は、より高い目的に利用できるということだった。前向きな社会的影響力を拡大する最大の可能性があるのはテクノロジー業界だと判断し、ハッチラボでマーケティングの仕事に就いた。ハッチラボはロサンゼルスのテクノロジー系インキュベーターで、所有者はマッチ・ドットコムの親会社であるＩＡＣだった。ウルフはそこでカーディファイと呼ばれる小企業向けの顧客ロイヤルティプログラムを担当した。仕事は、業者を説得して新しいサービスを試してもらうことだった。二〇一二年、プロジェクトは難航したが、その過程でウルフは新規の顧客と会って関係を築くスキルに長けていることを示した。それはテクノロジー業界に欠けているものだった。チームリーダーのショーン・ラッドは、ウルフに開発中の別のプロジェクトを手伝うよう求めた。それがオンラインの出会い系サービスだった。

初期の出会い系サイトの創設者とは異なり、ラッドと共同研究者は、ソーシャル・メディア時代に育ち、デートをしてきた世代だった。彼らはナンパ目的のメールを送ったり、自撮りのポーズをうまくとったりする方法を知っていた。それは専門知識だった。レス・ポールがギターのことを知っていたように、ラッドと新しい出会い系アプリに取り組むミレニアル世代の若者たちは、二一世紀のデートや出会いの文化を理解していた。その知識によって、オンラインによる出会いのモデルの弱みは、コンピューターそのものにあることがわかっていた。

デートをしたいと思うかどうかはすぐにわかるのに、なぜわざわざ人間の嗜好を推測するプログラムを書かなければならないのだろうか。本当に必要なのは写真だけだ。知りたいのは、どんなすてきな人に会えるか、相手も自分に興味があるのかだ。初期のゲイ専用のアプリであるグラインダーから着想を得た新しいアプリによって、ユーザーは付近の独身者の写真をすぐに見ることができた。そのインターフェイスは、こんにち、デートをしようとする世界中の何百万もの人々によく知られている。相手の候補が示されたとき、ユーザーは、関心があれば右にスワイプ、そうでなければ左にスワイプする。ふたりがそれぞれ相手の写真を右にスワイプすれば、ふたりはメッセージを送り合い、互いに連絡することができる。すぐに満足感が得られるし、一方的に関心をもたれて困惑する恐れもない。専門知識によってペインポイントを知り、そこから生まれて成功した製品の事例のひとつである。

ブルームバーグ・ニュースによると、チームの最初の目標は、「ミレニアル世代を引きつけ、のちにIACの収益性の高い、出会い系サービスであるマッチ・ドットコムにお金を落としてもらうために」若者向けの無料出会い系アプリを作ることだった。ウルフの初期の貢献は「Tinder」という名前をつけたことだ。「たくさんの言葉遊びをした」とウルフは述べている。「Tinderは火を起こす火口《ほくち》のことです」その名が約束することをウルフはやってのけた。Tinderは人と人とのあいだに火をつけた。ウルフは、正式にマーケティングをした経験はなかったが、製品を市場に出し、気乗りしない小企業のオーナーにカーディファイを採用するよう説得して成功し、その気概を証明したことがあった。そのためウルフからＴｉｎｄｅｒのユーザー基盤を拡大することを課された。

マーケティング担当のバイスプレジデントとして、ウルフはＴｉｎｄｅｒの福音を広めるために大学のキャンパスをひとつひとつ回り、全国的な女子学生クラブ《ソロリティ》のつながりを頼って、若い女性のあいだにＴｉｎｄｅｒが広まるよう弾みをつけた。「母校を訪れ、それから全米のソロリティを回った」とウルフは述べている。「飛び込んでいって、基本的にはみんなに無理矢理（Ｔｉｎｄｅｒを）ダウンロードさせて……やるだけやったという感じ」カーディファイのときと同じように、ウルフは積極果敢なプロモーターだった。ウルフ自身が市場の一員だったために、市場を理解していた。Ｔｉｎｄｅｒのようにイメージが重要なアプリでは、若く、美しい人々に使ってもらうのが成功のカギだった。「ウルフは男子学生社交クラブ《フラタニティ》のテーブルに立って、アプリでは二〇〇人のホットなソロリティの女の子たちが男性たちの登録を待っていると言い、次にソロリティでは逆のことを言ったのだろう」とＧＱ誌の記者は書いている。「彼らは、キャンパス内のもっとも良いバー、もっとも高級なナイトクラブにステッカーを置いていった」

無料、使いやすい、すぐに満足感を得られることが理由で、Ｔｉｎｄｅｒは野火のように広がった。「右にスワイプ」は文化的なキャッチフレーズになった。すると、これまでの出会い系テクノロジーの躍進と同様に、一部のユーザーがサービスを濫用した。懸念は、サービス開始とほぼ同じ頃から広がりはじめた。「Ｔｉｎｄｅｒは、愛する人を探す行為を浅薄なビデオゲームに貶めるという批判がある」とテレグラフ誌は論じた。女性のユーザーは、ログインするたびに受け取る大量のヌード写真や積極的で露骨な誘惑に傷つくようになっている」だが、そういった反発にもかかわらず、Ｔｉｎｄｅｒは大成功を収めた。

二〇一三年四月、Ｔｉｎｄｅｒはハッチラボから分離独立し、法人化してグループのメンバーで株式を分けた。その後、ウルフと直属の上司であるジャスティン・マティーンとの短い関係は、不愉快な破局を迎えた。ウルフによると、マティーンは支配的で暴力的になり、ウルフに六ヶ月間、他の男性とつきあわないようにとすら要求した（ウルフはマティーンに従うつもりはなく、その後
すぐに、現在の夫である石油ガス企業の後継者のマイケル・ハードと出会った）。

二〇一四年七月、ウルフは、ラッドに解雇されたのち、Ｔｉｎｄｅｒと親会社の両方をセクシャルハラスメントで提訴し、マティーンとラッドから「きわめて性差別的で、人種差別的で、不適切なコメントやＥメールや携帯メール」を送られた、と主張した。ウォールストリート・ジャーナル紙は、その訴訟をもとに次のように要約した。

ジャスティン・マティーンは（ウルフを）繰り返し「売女《ばいた》」と呼び、彼女が「若い女性」という理由で「共同設立者」という肩書を外した、と述べる。訴訟は、次に「フラタニティのような」雰囲気を説明する。そこでは男性幹部が人種差別的で性差別的な言葉を使うことがよくあった。ＴｉｎｄｅｒのＣＥＯであるショーン・ラッドもこのような言葉を使い、彼女の苦情を無視したかどで訴えられた。

マティーンは、Ｔｉｎｄｅｒの親会社から内部調査が終わるまでの停職処分を受けた。調査によ

って明らかになったことのひとつは、マティーンが「ミス・ウルフに不適切な内容を含む個人的なメッセージを送った」事実だった（後日、マティーンは辞職し、その直後にラッドも辞任を求められた）。二〇一四年九月に示談が成立し、ウルフは一〇〇万ドル以上の和解金に加えてTinder社の株式を受け取ったとされる。「訴訟はお金が目的ではなかった。お金はわたしにとって動機にならないし、充足感を与えてくれるものではない」とウルフはガーディアン紙に語っている。「けれど、わたしはTinderで重要な役割を果たしたと思っているのに、彼らは会社の歴史からわたしを消そうとした。わたしがやったことを認めてもらえるかどうかが重要だった」

成長に寄与した会社を去らなければならないことに、ウルフは動揺した。「二四時間休みなしに働いた二年間、尽きない情熱、仕事、ストレス、あらゆること、興奮、そのすべてが……もうそこにない」と記者に語った。「本当につらかった」その一方で、テクノロジー業界の性差別に対して声をあげた他の著名な女性たちと同じように、メディアやその他の場で、中傷者たちから詮索され、批判された。人格を否定され、信用が傷つけられた。状況をほとんど知らない多くの人々に、Tinderの成功における役割を過小評価された。殺害予告を含め、ネット上の嫌がらせも経験した。「まったく知らない人からひどいことを言われ、わたしについてあらゆることが議論された」とウルフは言った。「わたしは選挙に立候補していたわけじゃない。リアリティ番組に出ていたわけじゃない。どこかを去ろうとしているだけだった」

ウルフは新しい前向きなSNSというコンセプトを持つメルシーを開発しているときに、ロンドンを拠点とする起業家アンドレイ・アンドリーブに会った。アンドリーブにはTinderで働いているときに紹介されていた。「わたしはウルフの情熱とエネルギーにすぐにほれ込んだ」とアンドリーブはのちに語った。アンドリーブは、出会い系に特化したSNSのバドゥを共同設立したことがあった。バドゥは世界中に二億五〇〇〇万のユーザーを有していた。最初の出会い以来、ウルフのキャリアを注意深く見ていたため、ウルフがフリーになった今、バドゥの最高マーケティング責任者（CMO）として採用したいと思った。だが、ウルフはアンドリーブの申し入れを断り、逆にアンドリーブにメルシーを売り込んだ。アンドリーブは妥協案を提示した。女性中心の出会い系アプリに方向転換することだ。なるほど、とウルフは思った。Ｔｉｎｄｅｒの女性会員の多くが不満を抱き、不愉快な経験さえしたことを知っていたからだ。女性を第一に考える出会い系アプリを作るのはいいかもしれない。

二〇一四年一二月、ウルフはバンブルを設立した。アンドリーブは、一〇〇〇万ドルを出資して七九パーセントの株式を取得した。一方、バンブルはバドゥのインフラや技術ノウハウも利用できることになった。ウルフは、創業者、CEO、共同オーナーとして、これまでとは異なる企業を、組織内もユーザー間も、より健全で、より前向きな文化をもつ企業を自由に作ることができた。

大手のテクノロジー企業の従業員は男性七〇パーセント、女性三〇パーセントとたいがい比率が偏っている。ウルフは、Ｔｉｎｄｅｒでの経験から、こうしたアンバランスが有害な職場文化を促進することを知っていた。そこで、できるだけ多くの女性を採用することに重きを置いた。どの業界も、男女の不平等と戦うためにできることはすべてやっていると主張しているにもかかわらず、多くの女性の人材が見つかった。アプリについては、Ｔｉｎｄｅｒの弱点を研究した。Ｔｉｎｄｅｒのアプリは、初期に大きなイノベーションを起こしたおかげで支配的な地位にあったが、ユーザーをしっかりとつかみ続けるには十分でないことをウルフは知っていた。

「Ｔｉｎｄｅｒのようなプラットフォームでは、五〇件のマッチングがあっても何も起こらない」とウルフは言った。「ただぼんやりと座っているだけ。そうじゃなければ、厄介なメッセージがいっぱい来る。ときには、欲しくもないものや、悪意のあるものや、がっかりするものや、場合によっては押しつけがましかったり、攻撃的だったり、退屈だったりするものもある」ウルフは、バンブルで最初から異なる環境を作ろうとした。Ｔｉｎｄｅｒ使用の経験とユーザー間の行動は、アプリの設計者（大半は男性）の選択の影響を受けていた。ユーザーの行動をより良いものに変えたいなら、より良いルールを作る必要があった。「男性にはわたしの電話番号がわからないけれど、わたしは男性の番号がわかるという形にしたいとずっと思っていた」とウルフはアンドリーブに言った。「女性が最初に動いてメッセージを送るようにするのは？　女性が動かなければ、マッチングはシンデレラのカボチャの馬車のように二四時間後に消えるようにする」（この制限はもちろん、異性間の関係を求める人たちにのみ適用される）。この独自のオンラインデートの方式は、Ｔｉｎｄｅｒを使う女性の多くが抱く不満の核心をついたものだった。

「わたしは強くて自立した女性だけれど、デートに関しては、欲しいものを追い求めることが許されないと思っていた」ウルフは、自分自身がまさにターゲットの顧客層のひとりだったために、このチャンスに気づいた。右にスワイプを考案したのは最初ではなかったが、ウルフの専門知識は、何百万もの独身女性のためのすぐれたサービスを作るのに役立った。そして、それは、結局、何百万もの異性愛者である男性にとってもより良いものになった。「ルールを変更して、マッチングに障壁を設けたり、時間制限によってははかない感情を起こしたりすれば、もっと上手に人とつきあえるようになる」とウルフは言った。「女性が最初に声をかけるようになったことで男性にとってのプレッシャーもなくなった。男性もそれを喜んでいる」最初に声をかけるのが女性になったため、Ｔｉｎｄｅｒや他の出会い系サイトにつきものの、男性ユーザーから求めてもいない性的写真が送られてくることもなくなった。

「女性はこれを待っていた」と業界コンサルタントのデイヴ・エヴァンスは言う。「これまで女性は不安を抱いていた。それはずっと昔のことになった」一方、エスクワイヤー誌の調査では、自分が最初に行動を起こすべきだと信じている男性はわずか四パーセントであることがわかった。「男性たちもバンブルを気に入っている。はじめて自分たちが追うのではなく、追われる立場になったから」とウルフは言う。「女性も大量のメッセージを受け取らなくていいので、バンブルを気に入っている」

バンブルはロケットのように飛び立った。Ｔｉｎｄｅｒがウルフを不当に扱ったというメディアのストーリーへの同調や、Ｔｉｎｄｅｒに代わるフェミニスト的な位置づけにも少なからず助けられた。最初のひと月で一〇万回というダウンロード数は、Ｔｉｎｄｅｒの初期の人気を上回った。初年度の決算期末までに三〇〇万の登録ユーザーを獲得し、八〇〇〇万のマッチングを達成した。

バンブルは、男女両方にとってより安全で友好的な環境を構築するために、絶えずルールを変更している。たとえば、シャツを着ていない自撮り写真を禁止した。Ｔｉｎｄｅｒの女性ユーザーはこうした写真をよく見せられて、たいがい左にスワイプしていた。また、なりすましを防ぐための写真確認を行い、不快で猥褻《わいせつ》な写真を防ぐために、すべての写真にユーザーの名前の透かしを入れた。「他の出会い系サービスは午前二時のナイトクラブにいるようなもので、男性たちは積極的に女性を誘うものだと考えられている」とウルフは言った。「バンブルはそんなにがつがつしていない」

二〇一六年、バンブルは、女性に出会いの会話をはじめるかどうかを決める追加時間を付与するなどのプレミアム・オプションつきのサービスに課金をしはじめた。二〇一七年までに、ウルフは一億ドルの収益を達成し、ＩＡＣの一部門であるマッチ・グループからの四億五〇〇〇万ドルの買収申し込みを蹴って溜飲を下げたに違いない。ＩＡＣは、マッチ・ドットコム、オーケーキューピッド、その他多数の出会い系サイトに加え、Ｔｉｎｄｅｒの親会社だからだ。買収が失敗に終わったとき、ＩＡＣは企業秘密を盗んだとしてバンブルを提訴した。バンブルは反訴した。

ウルフにとって、この争いは個人的なものではなかった。「わたしは、何に対しても、どこに対しても、誰に対しても少しも憤りを抱いていない」とウルフはフォーブス誌に語った。「忙しくてそれどころじゃないから」ウルフはＴｉｎｄｅｒに追いつくのに忙しかった。ユーザー登録数はＴｉｎｄｅｒの四六〇〇万人に対して二二〇〇万人だったが、成長率は前年比でＴｉｎｄｅｒの一〇パーセントに対して七〇パーセントとすばらしい躍進を続けていた（とはいえ、結婚できないほど忙しかったわけではなかった。二〇一七年、ボーイフレンドのマイケル・ハードと結婚した）。

バンブルは二〇一九年までに一五〇ヶ国で七五〇〇万人のユーザー登録を獲得し、その過程で「友達を探す」とプロフェッショナルのネットワーキング機能を追加した。同年一一月、バンブルの親会社でバドゥの所有者でもあるマジックラボは、未公開株式投資会社に売却された。アンドリーブは全株式を手放し、ウルフはマジックラボのＣＥＯに任命され、総額三〇億ドルの企業の株式の一九パーセントを与えられた。同じ頃、息子を出産した。

ウルフは、自分が成功したのはバンブルの前向きな文化のおかげだと考えている。「週に一度は誰かに、もっと強くなれ、もっと鋭い切れ味を身につけろ、と言われる」とウルフは語る。「でも、わたしはそうしません」ウルフは起業家として多くの栄誉を得た。フォーブス誌の「三〇歳以下の三〇人」とタイム誌の「一〇〇人」の両方に選ばれた。フォーブス誌の「自力で成功したもっとも裕福な女性」八〇人では、七二位にランクされている。

Ｔｉｎｄｅｒは今でもナンバーワンの出会い系アプリであり、先行者利益があることを示している。だが、年々、人気を失いつつある。そのすぐ後ろで着実に成長している出会い系アプリがバンブルだ。

さらにＴｉｎｄｅｒとバンブルは、両方ともマッチ・ドットコムやオーケーキューピッドのような出会い系サイトの初期世代より有利な立場にある。マッチ・ドットコムとオーケーキューピッドは、質問表にもとづくマッチングアルゴリズムが時代遅れになったことを認識するのがあまりにも遅かった。ようやく自分たちが時代に合っていないことを受け入れたときは、ただついていくのに必死になるしかなかった。次に見る商業コンピューターの戦いが示すように、新しい領域を獲得するには、今、確保している基盤をいつ捨てるかを知ることが重要だ。

電子頭脳――ＩＢＭ対ユニバック

「みなさん、こんばんは。ニューヨーク市のＣＢＳテレビ選挙本部からウォルター・クロンカイトがお届けします」一九五二年一一月四日、伝説のニュースキャスターであるクロンカイトは、騒然とするニュースルームの中央にある自分のデスクの前に座る。戦争の英雄として敬愛されるドワイト・アイゼンハワーが共和党の大統領候補だ。民主党の対抗馬は、イリノイ州知事のアドレー・スティーブンソン。評論家と世論調査による予想では接戦になりそうだった。

クロンカイトは挨拶をしたあと、大半の視聴者がそれまで見たことのない驚嘆すべきテクノロジーを披露した（実際にまだ見ているわけではなかったが）。それはクロンカイトが「現代の奇跡、電子頭脳ユニバック」と呼ぶ奇妙な機械装置だった。映像は、点滅する光に覆われた大きなパネルの前に座るチャールズ・コリングウッドに切り替わる。パネルの上部には「ユニバック電子コンピューター」という表示があった。実際には、本物のユニバックは何百キロメートルも離れたレミントンランド社のフィラデルフィア本社にある。これはスタジオ用に作られた偽物だった。ランダムに点滅するのはクリスマス用の豆電球だ。もしユニバックが本当にニュースルームに持ち込まれていたら、他のものを置くスペースはなかっただろう。そう、「アメリカでもっとも信頼できる男」がアメリカの国民をだましている。

スタジオのユニバックは偽物だったが、表示される情報は現実的なものだった。「ユニバックは勝者を予測して、できるだけ早く結果がわかるようにしています」とコリングウッドは説明する。家でニュースを視聴している人たちには、はっきりと知ってほしかった。「これは冗談でも、ペテンでもありません。実験です。うまくいくと思っています。わかりませんが。うまくいくことを願っています」これも単なる見せかけだった。少なくともクロンカイトとプロデューサーは、アイデア全体が馬鹿げていると思った。ただ、コンピューターがお決まりの選挙日の夜の報道を活気づけてくれると期待した。

ユニバックは特殊な任務を与えられた。つまり、期日前投票にもとづいて大統領選の結果を予測することだ。フィラデルフィアでは、ユニバックのチーフ・プログラマーであるグレース・ホッパーが、ユニバックの予測をニュースルームへ、ひいては、そこから全米へと伝える責務を担うチームを率いている。ホッパーは不安で仕方がなかった。それもそのはずだ。CBSの報道が流される直前、ユニバックはわずか五パーセントの投票にもとづき、スティーブンソン九三票に対して、アイゼンハワーが四三八票で圧勝すると予測したからだ。ホッパーはあわててチームに再計算をさせた。アルゴリズムがどこかまちがっているに違いない。

一方、コリングウッドは、マイクに向かってユニバックに予測を問う振りをした。だが、カメラに映らないところで、レミントンランド社が最初の結果を何百万もの視聴者に伝えたがらないことを知るだけだった。「どうしたんでしょう」とコリングウッドはしばらく間を置いてから言う。「ユニバックは正直な機械で、多くの解説者よりもずっと正直だから、わたしたちに知らせることはあまりない、と考えているのかもしれません。彼にはまたあとで聞いてみましょう」

多少の調整ののちに、ユニバックはアイゼンハワーの勝利について比較的控えめの予測を示し、その結果が伝えられた。だが、夜半までには、アイゼンハワーが四四二対八九という地滑り的勝利に向かっていることが明らかになった。ユニバックがわずかな投票にもとづいて割り出した本来の予想とほとんど変わらなかった。人間の頭脳が電子頭脳を疑ったのはまちがいだった。

夜半を過ぎてから、レミントンランドの代表が映し出され、ユニバックの当初の予測を発表しなかったことを直々に謝罪した。「開票が進むにつれて勝率が回復してきて、そもそも、わたしたちが機械を信じていなかったようです」まるで視聴者ではなく、ユニバックに謝っているようだった。「ユニバックは正しかった。わたしたちがまちがっていた。来年はユニバックを信じる」

「電子頭脳」が選挙予想をする以外に何をするのかがわからないままの視聴者もいたが、その夜、何が起こったのか、そして、ライバル会社のレミントンランドにどれほど激しい一撃をくらわされたかを正確に理解した人物がいた。トーマス・ワトソン・シニアだ。機械式会計機の一流メーカーであるIBMの社長兼CEOである。何年ものあいだ、電子コンピューターは、IBMの中核事業である紙の「パンチカード」を使ってデータを収集し、処理することとは無関係だと考えてきたが、つい先日、息子のトーマス・ワトソン・ジュニアに、電子コンピューター化は避けられないと説得された。現在、IBMはユニバックに対抗するIBM701の開発に取り組んでいるが、生産ラインから出荷されるのは翌月まで待たなければならない。一方、ユニバックは生放送を通じて、一夜にしてほぼ全米に並外れた能力を示すというPR上の大成功を収めた。朝には、アメリカの人々にとって「ユニバック」が「コンピューター」と同義語になるだろう。

レミントンランドが最初に動いた。IBMははたして追いつくことができるのか。ワトソンは心配せずにはいられなかった。

コンピューターの時代は、七〇年以上前にペンシルベニア大学で本格的にはじまった。同大学のジョン・モークリー教授と研究員のJ・プレスパー・エッカートというふたりの電気工学者が、真空管が電気スイッチとして使えることに気づいた。真空管のスイッチは、当時データを計算処理するために会計機で使われていた電気機械式のものよりずっと速いスイッチングができた。つまり、計算処理が何千倍も速くできるということだ。ふたりは、自分たちが作ったコンピューターを「電子式数値積分器および計算機」と呼んだ。略してENIACだ。一九四五年、その三〇トンの電子コンピューターがお目見えしたとき、タイム誌は、ＥＮＩＡＣの「敏捷な電子」は計算において現存の工学技術を超える並外れた早業を成し遂げられる、と述べた。

当時、インターナショナル・ビジネス・マシン（ＩＢＭ）社は、コンピューターの分野で支配的地位を占めていた。同社の機械は、紙のパンチカードに穴として保管されるデータの集計を含めて、人間よりもずっと速く重要なビジネス機能を果たすという驚異的な成果を収めていた。パンチカードが、比較的大量の情報を迅速に処理し、整理した。当時、他社も人間よりもずっと速く一定の数学的計算作業を行うハーバード・マークⅠのような大型の電気機械式計算機を作っていたが、そうした機械の能力には、可動部品による限界がある。長方形の厚紙を吸いあげて吐き出す、ナット・ギア・ボルトから成る機械では、できることと速さに限界があった。ＥＮＩＡＣは真空管が温まるのに時間がかかり、故障しやすく、頻繁にメンテナンスが必要だったが、砲弾が目標に到達するまでの軌道を計算することができた。ただし、まだ開発サイクルの最初の段階にある。欠陥が解決されれば、可能性は無限だった。

ＩＢＭのトーマス・ワトソン・ジュニアは、自社のビジネスがＥＮＩＡＣに破壊されかねないことを理解した。自伝に記したように、ＥＮＩＡＣには「可動部品がない。真空管内を光速に近い速度で飛ぶ電子だけ」だった。機械的制約がないので、コンピューターの可能性は底が知れなかった。

これらの回路が実際に行ったのは一と一を足すだけだったが、必要なのはそれだけだった。科学とビジネスのもっとも複雑な問題は、しばしば足したり、引いたり、比較したり、リストを作成したりするような、算術と論理の単純なステップに分解される。だが、そうしたステップを何百万回も繰り返す必要があり、コンピューターが登場するまでは、どの機械も速さが十分でなかった。わたしたちのパンチカード機械で最速の中継メカニズムは、一秒につき四回の足し算しかできなかった。一方、ＥＮＩＡＣは、もっとも初期の電子回路でさえ五〇〇〇回できた。

残念なことに、ワトソンの保守的な父親の意見は違った。トーマス・ワトソン・シニアは、自社のパンチカード機械を電子コンピューターとはまったく別の分野のものだと考えた。ＥＮＩＡＣのようなものは科学の分野では役に立つかもしれないが、通常の企業は帳簿を扱ったり、在庫を管理したりするのにつねにＩＢＭの機械を使うだろう。

このとき、ワトソン・シニアは、凋落前の多くのリーダーに特有の失敗をおかした。自分のやり方によってＩＢＭは支配的企業になったため、同じやり方を続ければその地位を確保し続けられるという錯覚に陥っていた。しかし、新しい分野では新しい戦術が必要だ。「ＩＢＭは成功によって視野が狭くなるという典型的な状況にあった」とワトソン・ジュニアは述懐している。「同時期に、映画業界はテレビへの参入機会を失おうとしていた。自分たちは映画を作っているのであり、娯楽を作っているのではないと考えていたからだ。鉄道産業はトラック産業と航空産業への参入機会を失うところだった。自分たちは輸送産業ではなく、鉄道産業だと考えていたからだ。ＩＢＭのビジネスはデータ処理で、パンチカードを作るだけではなかった。だが、理解する賢明な人は社内にいなかった」

ワトソン・シニアは、電子コンピューターを拒否したわけではなかった。ただ、まちがってはいたが、会計や他の管理業務を扱うＩＢＭとはまったく異なる領域のものだと考えていた。一九四七年には、科学的コンピューターであるセレクティブ・シークエンス・エレクトロニック・カルキュレーター（ＳＳＥＣ）を作るために、ハーバード大学でマークⅠの開発に取り組んだエンジニアを採用している。それは科学的な使用を意図していたので、主張すれば、面倒な真空管を使用することもできた。それでも、ＳＳＥＣはパンチカードを使い続けなければならなかった。結局、それがＩＢＭだった。

半分は真の電子コンピューターであり、半分はパンチカードで動く機械である、価格一〇〇万ドル、長さ約三六メートルの巨獣は、ワトソン・ジュニアいわく「技術の恐竜」だった。だが、制御盤、パネル、点滅するライトなどは、革新的に見えた。ワトソン・シニアは、それを五七番通りにあるＩＢＭのマンハッタン本社一階の、歩道からよく見える場所に据えつけさせた。次に、「純粋に科学的」な用途であれば、誰でも無料で使用できることにした。その機械は、戦争中、航海表を見事に計算し、アメリカがドイツの潜水艦と戦うのを助けたものの、その雑種的な性質のせいで、若い電子エンジニアたちは現実離れした企業を敬遠した。ＩＢＭは急速に時代遅れのものになっていた。

戦後、エッカートとモークリーはペンシルベニア大学を去り、フィラデルフィアの通りに面した店舗でコンピューター・ビジネスをはじめた。ワトソン・シニアはその企業が成功するとは思っていなかった。だが、ふたりがＩＢＭの二大顧客である国勢調査局とプルデンシャル保険会社を説得して後ろ盾にしたことを知ると激怒した。ふたりが首尾よくＩＢＭの顧客に食い込んだからだけでなく、彼らが提案した製品であるユニバーサル・オートマチック・コンピューター、すなわちユニバック（ＵＮＩＶＡＣ）が、データの保管にパンチカードではなく磁気テープを使うからでもあった。ワトソン・シニアにとって、パンチカードはＩＢＭのアイデンティティの中核だった。磁気テープがパンチカードにとってかわると考えるだけでぞっとする。だが、勝つのは難しかった。磁気テープはパンチカードよりもデータの出入力が速いし、一リールでカード一万枚と同量のデータを保管することができる。しかも、パンチカードが時代遅れなら、ＩＢＭも時代遅れになってしまう。ワトソン・シニアはそう考えた。その結果、磁気テープに対する不信感を強めた。息子であるワトソン・ジュニアがのちに記したように、ワトソン・シニアはパンチカードを「永遠に失われない情報」だと考えていた。「目で見て、手でつかむことができる。保険会社が保有する膨大なファイルでさえ、事務員がいつでも抽出し、手作業で確認できた。しかし、磁気テープの場合、データは、消去し、再利用するのを意図して設計された媒体に目に見えない形で保管」された。ワトソン・シニアは現在の枠組みでしかものを見ることができなかった。自社でも電子装置を提供してふたりを叩きのめすことも考えたが、磁気テープを使わなければならないのは受け入れがたかった。

ワトソン・シニアが重い腰を上げようとしない一方で、ワトソン・ジュニアは、来たる電子革命について、ますます多くの情報を得ることになった。一九四八年、友人から聞いたところでは、少なくとも一九の重要な電子コンピューターの開発が全米中で進行していて、それらはおもに磁気テープに依存しているらしい。一方、顧客は、増え続ける膨大な量のパンチカードを保管し、管理するのがますます煩わしいと感じていた。磁気テープは、欠点もあるものの、抵抗できないほど魅力的になりつつあった。タイム社の社長からは切り替えを懇願された。タイム誌やライフ誌の郵送先リストを管理するのにＩＢＭの機械を使うと、ひとりの購読者につき三枚のパンチカードが必要だった。何百万もの購読者とさらに毎月、何千もの新規の申し込みに対して、ＩＢＭの機械も、そのためのスペースも限界だった。「御社の機械で建物が一杯だ」と社長は言った。「これ以上は無理です。新しいものを約束してもらえないなら、他の方法に移行せざるをえません」送付先リストを管理することは、ワトソン・シニアが電子コンピューターの領域と考えていた科学的機能ではなかった。それどころか、ＩＢＭが提供する価値の中核にある事業活動だった。

ワトソン・ジュニアは、パンチカードが過去のものだということを説明しても父親が納得しないことを知っていた。そこで、一九四九年に磁気テープの問題に取り組むタスクフォースを社内に結成した。ところが、タスクフォースの結論は、パンチカードを残すべき、というものだった。ＩＢＭの営業部隊は、ＣＥＯの父親を喜ばせるのと同じ保守的な回答を、ワトソン・ジュニアに対しても示した。「大半の人たちは、たとえ業績が優秀な者でも、いつ行動を起こすべきかを尋ねるべき相手ではないことをわたしは学びはじめた」とワトソン・ジュニアは記している。「世界で何が起こっているかを感じ、自分で行動を起こさなければならない。それは直感でしかない。わたしは強く主張する自信を持てずにいたが、コンピューターと磁気テープの分野に参入しなければならないことは感じていた」ＩＢＭの技術文化は上から下まで機械の製造であり、タイムレコーダーからタイプライターまでなんでも作った。そのため、社員たちは、まったく新しい枠組みに移行することに興味を示さなかった。「ＩＢＭには、電子コンピューターの開発に対する本質的な抵抗があったので、単にエッカート・モークリー社を買い取ったほうが良かったのかもしれない」とワトソン・ジュニアは述べている。

そのとき、ＩＢＭにチャンスが到来した。ＩＢＭのもっともすぐれた従業員たちがパンチカードこそが未来だとワトソン・ジュニアに断言した頃、エッカートとモークリーは、主要な支援者を飛行機事故で失い、急遽、資金を必要としていた。ふたりは切羽詰まってIBMを頼った。不幸なことに、モークリーはきちんとした昔気質《むかしかたぎ》のパートナーとは違って反逆児だった。だらしない格好で会議に姿を見せ、ワトソン・シニアのコーヒーテーブルに足を載せた。上品ぶったビジネス界の大物に良い印象を与えるためだけに身なりを整えるつもりはないことを、最初から明確に示したかったからだ。自分の会社を救うためでさえ、そうだった。ワトソン・シニアは、営業マンの靴下留めに至るまですべてに厳格で統一的なドレスコードを定めていたため、ふたりの若い革新者たちを気に入らなかった。投資のチャンスを拒絶したのを反トラスト法に触れる可能性があるからだとしたが、ユニバックを自社の製品とすることを拒否する意思決定に、個人的な感情が大きな役割を果たしたのはまちがいない。

数ヶ月後、エッカート・モークリー社は、IBMのライバルであるレミントンランドに買収された。CEOのジェームズ・ランド・ジュニアは、業務用機械の市場を長年支配してきたIBMに追いつく真のチャンスだととらえて、ユニバックに賭けた。ワトソン・シニアが乗り気でなかったおかげで、レミントンランドは新しいコンピューターの時代において有利なスタートを切ることができた。だが、これはビジネスを超えた意味があった。このビジネス戦争は、他の多くのものと同じように個人的なものだった。ジェームズ・ランドは、IBMの独占的な力を直接経験していた。何年か前、市場での影響力と特許を利用したワトソン・シニアに、自分の会社のひとつを潰されたのだ。それゆえ、ユニバックは、将来への健全な投資であると同時に、復讐のチャンスでもあった。機械式会計機におけるIBMの揺るぎのないリードを追うのではなく、ランドはそれを飛び越えようとした。

しかし、ワトソン・ジュニアは、大打撃を未然に防ぐ努力に最終的に成功した。ＩＢＭは、財務部の調査によると、ＲＣＡやゼネラルエレクトリックのような同業他社と比較して、研究開発費が大幅に少ないらしい。それを知ったワトソン・シニアの競争心が刺激され、研究開発部門の大幅な拡大が命じられた。つまり、先例のない規模で電子産業に参入するということだ。次の六年間で、ＩＢＭのエンジニアは五〇〇人から四〇〇〇人以上に増えた。この転換はきわめて幸運なタイミングで行われた。一九五〇年六月、朝鮮戦争が勃発し、ＩＢＭは防衛用途の汎用電子コンピューターの開発を政府に要請されたからだ。「防衛計算機」は、同社の歴史において桁違いに大きな費用のかかるプロジェクトになるだけでなく、コンピューター開発に弾みをつけた。ワトソン・シニアも、全米中の防衛研究所からその費用を相殺できるほどの注文があることを息子から示されたため、プロジェクトに同意した。「防衛計算機は、わたしが経営者として負った最初の大きなリスクだった」とワトソン・ジュニアは書いている。

そして、二度目の思いがけない幸運が訪れた。今回は逆境が転じたものだった。一九五二年一月二一日、司法省はＩＢＭを反トラスト法違反で起訴した。政府の見解では、同社はパンチカード式会計機の市場を事実上独占し――市場占有率は九〇パーセントだった――競争を阻害していた。当時、濃紺のスーツを着て、ウィングチップの靴を履いたＩＢＭの伝説の営業部隊はいたるところで見られた。彼らは世界中のどのオフィスにも、どの政府庁舎にもいた。ワトソン・シニアは、政府の行動にショックを受けた。一九一四年にゼネラルマネジャーに指名されて以来、何十年もＩＢＭの支配的地位を固めるために取り組んできた。苦労して獲得した地位を手放さなければならないことを考えると、暗澹たる気持ちになった。ワトソン・シニアにとって、パンチカードの機械を作ってこそＩＢＭだった。だが、ワトソン・ジュニアの見方では、反トラスト法により訴えられた以上、電子機器事業に賭けるしかなかった。この新しい分野で新境地を開いて勝つか、あるいは馬車製造業者と同じ運命を辿るのか。先行者利益は誇張かもしれないが、動かない者が不利なのは否定できなかった。

ワトソン・シニアは保守的だが、目がくらんでいたわけではなかった。転換のときがきた。一九五二年四月、ＩＢＭはＳＳＥＣより二五倍速い商業用電子コンピューターを発表した。ＩＢＭ７０１と名称を変えた防衛計算機は、同社の標準製品ラインの一部となり、他のＩＢＭの機械と同様にレンタルやサービスの提供が行われることになった。

７０１の発表は大きな一歩だったが、一方、一八八〇年代に最初にパンチカードを使った国勢調査局は、専用のユニバックを持っていた。ＩＢＭ内部では、パーティーに遅れた、動きが遅すぎて追いつけないのではないかという不安が大きくなっていた。７０１の価格は製造コストにもとづいて設定されたが、驚くことにすべての顧客はその二倍の価格で注文をとっていることがわかった。電子コンピューターの需要は天井知らずにもかかわらず、ＩＢＭはまだ製品を市場に出していなかった。

ユニバックは、広く事務作業に使えるように設計された最初のコンピューターだった。パンチカードでなく磁気テープにデータを保管することによって、電子的にデータを取り込んで計算し、ＩＢＭのどの機械よりも、近く販売される７０１よりも速く結果を出力することができた。７０１は依然としてパンチカードからデータを取り込むことになっていた。ただし、問題は残っていた。７

01が発売されようとしている今、レミントンランドは、どのようにしてユニバックをIBMの伝統的なビジネス顧客に売り込むのか。電子コンピューターは抽象的な概念だった。どのようにしてアメリカのビジネスリーダーへ、その潜在的な利益を伝えることができるだろうか。そこで、一九五二年一一月、レミントンランドは夜の選挙報道でCBSニュースと手を組んだ。

その夏、レミントンランドは、CBSニュースのチーフであるシグ・マイケルソンに会い、ユニバックが選挙結果を放送中に予測することを提案した。マイケルソンとアンカーのウォルター・クロンカイトは、誰が次のアメリカ大統領になるかもわからなかったし、機械が何でも予測できることに懐疑的だったが、放送は面白くなるだろうと考えた。今、レミントンランドが必要とするのは、投票の初期段階のデータと前回の選挙の投票パターンを組み合わせて勝者を推定するアルゴリズムだけだった。だが、モークリーは共産主義者としてブラックリストに載せられ、もはやレミントンランドのオフィスに足を踏み入れることはできない。そこで、同社は、ペンシルベニア大学の統計学者であるマックス・ウッドベリーを採用してモークリーの家に送り込み、そこで秘密裏に予測アルゴリズムを作らせた。

モークリーとウッドベリーが作ったアルゴリズムを使い、ユニバックはテレビの生中継中に即時に勝者を予測した。それはあまりにもリスクが大きかったが、注目を集めた。飛躍が成功するかどうかは、着地次第である。レミントンランドは、一九五二年の選挙の夜にすべてを賭けた。予測がまちがったとしてもコンピューター革命の到来が立ち消えることはなかっただろうが、ユニバックの評判は、良いところを見せつけたいと狙ったビジネス社会では決して回復しなかっただろう。だが、その夜の終わりまでに、ユニバックの最初の予測が、数パーセント以内の誤差で正しいことが証明された。コリングウッドは最初の正しい予測を視聴者に伝えずにいたことを認めた。レミントンランドの代表が放送中にコンピューターに謝罪するという大胆な行為も成功した。「ユニバック」は、一夜にして「コンピューター」と同義語になった。

全米の視聴者の前で実演デモをするというリスクを負ったことが、これまでに例を見ないPR上の大成功につながった。レミントンランドは馴染みのない新技術と、少なくともいくつかの驚くべき可能性を一挙に理解しやすいものにした。もし先行者利益が本当ならば、現在、ユニバックのロゴがどのラップトップやスマートフォンにもついているはずだ。だが、この上げ潮は、すべての船を押し上げた。レミントンランドの実演のおかげで、すべてのメーカーが、電子コンピューターで何ができるかを容易に伝えられるようになった。一二月、IBM701がついに出荷されたとき、報道機関はそれをIBMのユニバックと呼んだ。IBMにとっては屈辱的なことだったが、顧客は701の可能性をすぐに理解することができた。

701はユニバックよりも計算が速く、時間を節約できたが、ワトソン・シニアが磁気テープではなくパンチカードの使用を主張したせいで、コンピューターからのデータの出入力に、それ以上の時間を費やした。だが、スタートの遅れと時代遅れのパンチカードの使用という不利な状況にあったにもかかわらず、701は競争力を維持した。同社が他の誰よりも顧客を知っていたからだ。電子コンピューターは飛躍的進歩を遂げたが、顧客と彼らが抱える問題は変わっていなかった。IBMは、TinderやバンブルをY有利にしたのと同じような、重要な領域の知識を持っていた。その強みを用いて、熟知した市場に繰り返し適応した。

ユニバックは技術的に洗練されていたものの、当時の職場をよく知らない学者による設計だったために、ビジネスにはまったく向いていなかった。部品の状態で出荷され、顧客のオフィスで一週間あるいはそれ以上の日数をかけて、注意深く組み立てなければならなかった。一方、701はオフィスの実情を念頭に設計され、貨物用エレベーターに載せることができるように、冷蔵庫サイズのモジュールからできていた。IBMのエンジニアは、木枠からモジュールを取り出してつなぎ、数日のうちに顧客が使えるようにした。

一九五三年七月、IBMはより小ぶりの650を売り出した。650は、企業にとって既存の業務に組み入れるのがより容易であり、ワトソン・ジュニアが書いたように、「IBMのイメージを『IBMのユニバック』の製造者から業界のリーダーに変えた」九月、IBMは、701をより大衆市場向けにした702を発表し、わずか八ヶ月のあいだに五〇件の注文を獲得した。ユニバックの磁気テープはIBMの商品に対して技術的な優位性があるのは変わりなかったが、一件ごとに特注に応じてコンピューターを組み立てる手法は、時代遅れになっていた。生産規模も拡大できなかった。IBMはレミントンランドよりも領域の専門知識にすぐれ、顧客の事情に沿った対応をし、きわめて優秀な営業部隊を有していた。それにより、有利なスタートを切ったレミントンランドから決定的なリードを奪った。

IBMはプールに最初には飛び込まなかった。プールに入るときも、けたたましく水しぶきをあげなかった。だが、領域をよく知っていて、顧客のニーズに焦点を合わせた。これが、最後には勝利に結びついた。レミントンは好機をつかむことができず、一九五五年に別の会社に買収された。一方、一九五六年からトーマス・ワトソン・ジュニアに率いられたIBMは、ビジネス、政府、科学目的に向けた電子コンピューターにおいて、パンチカード機械の時代以上に市場を支配した。後年、フォーチュン誌は、先見の明のあったワトソン・ジュニアを「前例のない偉大な資本家」と呼んだ。

新しい技術の導入にはひとつのパターンがある。最初は熱心なマニアが、新しいアイデアを既存の問題に適用する実験をする。次に、起業家がその可能性に気づき、大規模に生産して、あわてて大衆市場で売り出す。競争に直面する前に、その領域で先行者利益を獲得しようとする人たちがいる。だが、それは失敗に終わることが多い。すると、その後に激しい競争が起こる。競争をリードするのは、たいがいは顧客をもっともよく知る企業だ。そして、より新しい技術が到来すれば、そのサイクルがふたたびはじまる。

孫子は、繰り返し、迅速に行動するように告げてくれている。「其の戦いを用《おこ》なうや久しければ則ち兵を鈍《つか》らせ鋭を挫く」〔作戦篇〕。どのチャンスも果敢に追い求めるべきだ。だが、それを捕まえる準備が十分にできてからでなければいけない。もし準備ができる前に攻撃すれば、チャンスを失うだろう。

次の章では、適切な戦略を用いて圧倒的なリードを奪い、それを維持した企業を考察する。

第三章　勝利のための戦略

百戦百勝は善の善なる者に非ざるなり。戦わずして人の兵を屈するは善の善なる者なり。
『孫子』謀攻篇

軍隊の成功は、どのような戦略を選択したかにかかっている。戦術は、どんなにすばらしいものでも、ひとつでは足りない。美しい響きのエレキギターや、やみつきになる新しい出会い系アプリといったすぐれたアイデアが、戦場に参入するきっかけになることもある。しかし、有利な立場を維持し、拡大を続けていくには長期的な戦略が必要だ。

孫子は、どんな要素よりも堅実な兵站を優先した。軍隊の強さは、刀剣や弓矢の技術よりも、補給線次第だと信じていた。力強い演説や強力な武器による包囲攻撃は一時的な効果があるかもしれないが、長期にわたって戦うには食べ物や水や薬、そして、何よりも健全な計画が必要だ。リーダーには軍を導くビジョンがなければならない。やみくもに事を進めても勝利にたどり着くことはできない。

絡み合う網　パート一——モザイクを作る

一九九四年。ある日曜日の午前七時。二二歳のコンピュータープログラマーであるマーク・アンドリーセンはなんとか目を覚ました。この時間に起きているのは珍しいことではない。よく徹夜でコードを書くからだ。だが、今朝はシリコンバレーの中心地パロアルトにある人気レストラン、イル・フォルナイオで朝食ミーティングがある。この重要なミーティング、つまり就職面接のために、数日前から夜は少しずつ早く寝るようにしてきた。

大学を卒業したばかりのアンドリーセンとテーブルをはさんで向かい合ったのは、四九歳のジム・クラークだった。クラークは伝説的な技術者で、みずから創業したシリコングラフィックス社を辞めたばかりだ。その成功を収めた企業よりもさらに大きな企業を作りたいと考えていた。アンドリーセンに会うのはそのためだった。

アンドリーセンはきわめて優秀だった。大学時代に急成長中のワールド・ワイド・ウェブ（WWW）にアクセスする、画期的な「ブラウザ」を友人と共同開発した。だが、働いていた米国立スーパーコンピューター応用研究所（NCSA）が、彼を「モザイク」と呼ばれるそのソフトウェアの開発者として認めてくれなかったために、そこを辞めた。つまり、気まずそうに向かい合う初対面のふたりは起死回生のチャンスをつかもうとしていたということだ。クラークが質問した。ウェブ・ブラウザのビジネスに見込みはあるのか。アンドリーセンはそう思っていなかった。自分が開発したものの権利を奪われたことをいまだに苦々しく思っていたため、WWWには関わりたくないと断言した。新しく創業するなら、ビデオゲームの会社にするべきだ。ビデオゲームはみんなが好きだから。

だが、クラークは言った。ＮＣＳＡは学術機関だ。大衆市場で成功する才覚はない。最高のブラウザを持っていても、チャンスをつかむことはできないだろう。それは、たぶんアンドリーセンにもわかっていた。だが、そんなことはどうでもよかった。

クラークは不愛想で、才気あふれるアンドリーセンを気に入った。一緒に何かを作ろうと決めたが、何を作るかは決まらないまま、その日はレストランを出た。しかし、クラークが植えつけたアイデアは、アンドリーセンのなかに残った。ＷＷＷの見た目と操作性、生まれ出ようとしているこの胸が躍るような手段に命を吹き込むことを戦略的にあらためて考えた。自分の発明がもたらす可能性を実現するチャンスを、自分はあきらめるつもりなのだろうか。ＮＣＳＡにいるのは官僚のような人ばかりだ。彼らは自分たちが持っているものを理解していない。ジム・クラークと一緒なら、ＷＷＷを普及できるようになるかもしれない。

テクノロジーに取りつかれた現代の経済では、自宅のガレージで次の大ブームを起こそうと奮闘している頭脳明晰な若い発明家が称えられる。ところが、現実には、孤独な発明家が、巨額の資金を有した良心の痛みなど持ち合わせない大企業に潰されることがよくある。インターネットブラウザを市場に出すという冒険の旅は、まさにゴリアテに立ち向かうダビデの物語であり、アンドリーセンはテクノロジー業界で、もっとも力のある無慈悲な人々と戦うことになった。ビジネス戦争で勝つリーダーは、法律や規制を倫理的な掟ではなく、勝つためには都合よく歪曲したり、破ったりすることができるゲームのルールのようにとらえている傾向がある。規制当局から罰則を科されることもあるかもしれないが、利益は生ぬるい処罰をものともしないくらいに大きくなることが多い。

アメリカ政府も地元企業の成功例を台無しにするのは嫌がる。

マーク・アンドリーセンは一九七一年にアイオワ州で生まれ、ウィスコンシン州で育った。一〇歳のときに図書館の本を借りて独学でコーディングを覚え、学校のコンピューターを使って計算プログラムを書き、数学の宿題に役立てた。用務員が不意に電源を切ってしまったため、書いたプログラムが消えてしまったこともあった。その損失があまりに大きかったため、両親がコモドール64のコンピューターを買うことを認めてくれた。アンドリーセンはイリノイ大学アーバナ・シャンペーン校でも、コンピューター科学を専攻した。在学中に、大学のコンピューター研究機関であるNCSAのためにコンピューター・グラフィックスをデザインするパートタイムの仕事を得た。

NCSAに入ったのは実にタイミングがよかった。コンピューターの新しい時代がはじまろうとしていたからだ。インターネットは、核攻撃後の軍事通信を維持することを目的のひとつとして、一九六〇年代に国防総省高等研究計画局のネットワーク（アーパネット）として開発されたが、そこから急速に進化しつつあった。さらに、そのネットワークは軍事用途のみならず教育の場へ、また、研究者や科学者など民間の一部に広がり、ファイルの共有や、電子メールを使ったコミュニケーションが行われるようになった。一九八〇年代後半には、初期採用層《アーリーアダプター》たちがコンピューターのモデムを使って特定のメンバー間で情報を共有する、プロディジーやコンピュサーブといったユーザー志向のオンラインサービスに電話で接続できるようになった。こうした「情報ポータル」は天気予報や株価のような基本情報を提供し、電子メールを送ったり、同好の人たちがフォーラムでチャットをしたりするのを可能にした。一方、オープンなインターネットは、そこにアクセスできる技術を持った人には魅力的だったが、一般の人々には、まだ扱いにくく、専門的すぎるものだった。

一九九〇年、欧州原子核研究機構（ＣＥＲＮ）の研究者であるティム・バーナーズ＝リーが、自身がＷＷＷと名づけたもののためのソフトウェアと規格を作った。バーナーズ＝リーのハイパーテキスト・マークアップ・ランゲージ、すなわちＨＴＭＬにより、インターネット上で公開する文書に「ハイパーリンク」を挿入して、インターネット上の他の場所にある文書や他の種類のファイルへの移動が可能になり、それによって、コンピューターの専門家でなくてもインターネット上の資料にアクセスすることができるようになった。ウェブはインターネットに接続できる人であれば、誰でも自由に無料で使え、多くのデジタル情報を共有できるよう設計された。料金も使用許可も不要で、接続するための中間業者も必要なかった。可能性は無限大だった。だが、当時、それを想像できる人はほとんどいなかった。

アンドリーセンはそれが想像できた数少ない者のひとりだった。バーナーズ＝リーがＷＷＷの基本ツールとプロトコルを発表したとき、二一歳だったアンドリーセンは、すぐにウェブには大きな可能性があることに気づいた。バーナーズ＝リーたちが作った初歩的なブラウザよりももっと使いやすいツールを作れば、ウェブはアメリカ・オンライン（ＡＯＬ）やプロディジーといった独占的な有料ポータルにとってかわるかもしれない。ＨＴＭＬは誰でも学べて使える単純な共通ルールだった。前世紀の工業化の進展には標準化された度量衡が必要だったように、特定の企業の管理下にない情報プロトコルを標準化することで、インターネットは転換点《ティッピングポイント》を迎えることができるとアンドリーセンは考えた。情報化時代の到来を早めることにさえなるかもしれない。

アンドリーセンはＮＣＳＡの常勤プログラマーである友人のエリック・バイナに声をかけ、ＷＷＷブラウザを開発する提案をした。バイナは興味をそそられ、協力することに同意した。アンドリーセンがユーザーインターフェイスを設計し、バイナが基本的な機能をプログラミングした。アル・ゴア上院議員が提唱した議会法案（ゴアが「インターネットの開発を推進した」と言われるのはそのため）による資金を得て、イリノイ大学はプロジェクトを承認した。

アンドリーセンとバイナは、ブラウザ開発のプロジェクトにひとつの大きな目標を掲げた。それは、ウェブをユーザーにも作成者にも使いやすいようにすることだった（もちろんウェブはユーザーが作成するので、線引きはあいまいだ）。ブラウザはキーボードだけでなくマウスでも操作できるようにする。ユーザーが画像を一枚ずつ選択して開くのではなく、雑誌のように画像と文字列を並べて配置する。もっとも重要で、しばしば見落とされがちなのは、ウェブページにエラーがあってもブラウザに読み込めるようにしたことだ。従来、コンピューターは、エラーに遭遇するとプログラムを実行しなくなる。だが、アンドリーセンとバイナは、HTMLで書かれたウェブページはプログラムのコードのように見えるものの、そうではないことを知っていた。人間が読めるように、構造と書式を整えるための「タグ」でテキストを囲んだ文書にすぎない。誤字や脱字があっても本が読めるように、たとえ作成者がまちがえたとしても、機能するウェブページを作りたかった。この戦略的決断は、新しい発信形態を取り入れるのを妨げる障壁を取り除いた。ふたりの戦略は、WWWを視覚的に魅力のある、クリック可能な文章や画像やアイコンの集まりにすることだった。そうは言われていないが、「モザイク」という名がつけられたのは、こうした理由からだったのかもしれない。

ふたりは何週間も、大学の石油化学棟の地下にこもり、食事代わりのペパリッジ・ファームのクッキーと牛乳（アンドリーセン）、マウンテンデューとスキットルズ（バイナ）を頼りにしながら、コードを書き続けた。一九九三年一月、ＵＮＩＸコンピューター用にモザイクの最初のバージョンが完成し、無料でダウンロードできるようになった。それがいくつかの電子掲示板で発表されると、人々がダウンロードをして使いはじめた。

　モザイクの魅力は、はじめから明らかだった。ジョン・マーコフはその年遅くニューヨーク・タイムズ紙に次のように書いた。「モザイクが登場する前は、世界中に散らばるコンピューターのデータベースから情報を探し出すには、一部の人にしかわからないアドレスや『Telnet 192.100.81.100』といったコマンドを正確に打ち込む必要があった。モザイクによって、ユーザーはマウスでコンピューターの画面上にある文字や画像をクリックするだけで、モザイクと連動するように設定されたインターネット上の数多《あまた》のデータベースから、文字、音声、画像を呼び出すことができる」。もちろん、「モザイクと連動するように設定」されていたわけではない。モザイクは、ティム・バーナーズ＝リーが開発した自由で開かれたエコシステムを活用したものだった。だが、この概念は多くの人にとって、はじめは理解が難しかった。技術系ジャーナリストも理解していなかったのだろう。

　モザイクのダウンロードはますます増えていった。利用者からの意見や評価が押し寄せるようになり、アンドリーセンとバイナは猛烈な速さで不具合を修正し、機能を追加した。このようにユーザーのニーズに応えたおかげで、ユーザーの忠実度が強化され、普及がさらに進んだ。まもなく月に何千人もがモザイクをダウンロードするようになった。アンドリーセンとバイナは、ＮＣＳＡの支援を受けて自分たちのチームを作り、ほどなくしてウィンドウズやＭａｃ用のモザイクの提供を可能にした。一般の家庭にあるコンピューターで使えるようになると、モザイクのユーザーは爆発的に増えた。

生まれたばかりのウェブに「ネットワーク効果」というポジティブなフィードバックループが働きはじめた。ネットワークに参加する人が増えると、一人ひとりにとってネットワークの価値は高まる。電話を持つ人が増えることで電話の価値が急激に高まったように——電話はかける相手がいなければ価値がない——モザイクを使ってウェブサイトを作る人が増えれば、他のモザイクユーザーがより多くのホームページを見つけることができる。モザイクの普及により、ゴーファー（Ｇｏｐｈｅｒ）など、インターネット上の情報共有のために作成されていた他のプロトコルがウェブから締め出されるようになりはじめた。バーナーズ＝リーの規格が、まさにインターネットの規格になりつつあった。

まだ学生であるアンドリーセンが、ニューヨーク・タイムズ紙の言葉を借りれば、「インターネット上のデータ通信の渋滞」を引き起こした。一九九三年一二月、経済欄の一面に掲載された記事はこのツールについて、今にして思えば、驚くべき表現をした。モザイクはわずか数ヶ月で「情報化時代の埋もれた宝を探し出す地図」になった、と。

マウスをクリックすると、太平洋上空の人工衛星から送られたＮＡＳＡの気象動画が表示される。さらに何度かクリックすると、誰かがミズーリ大学でデジタル保存されたクリントン大統領の演説を読んでいる。クリックを続けると、今度はＭＴＶが編集したデジタルミュージックの録音サンプルが聴ける。もう一度クリックすると、小さなデジタルスナップ写真が表示され、英国ケンブリッジ大学のコンピューターサイエンス研究室にあるコーヒーポットが空なのか満タンなのかがわかる。

モザイクを使って検索できるデータベースには、米国議会図書館、国内外の数百の大学図書館、連邦政府の保存記録、ＮＡＳＡのさまざまなコンピューター資料やカリフォルニア大学バークレー古生物博物館などのカード目録も含まれている。

モザイクの記事は増えたが、ひとつだけ問題があった。記事に引用されるのはＮＣＳＡのラリー・スマー所長の言葉だけだった。アンドリーセンとバイナは名前さえ言及されなかった。記事からはずされて憤ったアンドリーセンがスマーに会ってわかったのは、ＮＣＳＡがアンドリーセンとバイナに使用料を払わずにソフトウェアを商業化しようとしていたことだった。その慰めとしてアンドリーセンは、奇妙なことに、モザイクに関わる仕事ではなくＮＣＳＡの管理職に就くことを提案された。アンドリーセンは激怒し、即座にＮＣＳＡを辞め、卒業証書も受け取らずにイリノイ大学からベイエリアへ向かった。

日曜日の朝にシリコンバレーのイタリアン・レストランでジム・クラークと会ったのは、その後まもなくのことだった。アンドリーセンは、ＮＣＳＡで苦い経験をしたことから立ち直っておらず、クラークに「ＷＷＷはうんざりだ」と告げた。しかし、わずか数ヶ月後の一九九四年三月には、気持ちが変わっていた。不満を募らせた当初からのモザイクチームをＮＣＳＡから引き抜き、自分たちのブラウザを作るべきだ、とクラークに伝えた。

クラークはすぐに同意し、カリフォルニア州マウンテンビューにモザイク・コミュニケーションズを設立し、三〇〇万ドルを拠出した。夏のあいだ、ウィンドウズ、Ｍａｃ、ＵＮＩＸの三つのチームが「モザイク・キラー」の立ち上げを競った。秋までに、彼らは成功した。新しいブラウザはモザイクよりも安定し、ウェブページをよりうまく作成でき、そして何よりも、実験ではモザイクより一〇倍も速く動いた。また、インターネット上の買い物に使うクレジットカード情報も暗号化できるようにした。いつか、誰かがインターネットで何かを売りたいと思うようになるかもしれないからだ。

販売に際して、ソフトウェアの価格を決める必要があった。バーナーズ＝リーは研究者としてHTMLを世に出すことができたが、モザイク・コミュニケーションズは営利目的の企業だ。マーケティング責任者は九九ドルを提案した。だが、価格を設定すれば、広く普及を促すというアンドリーセンの戦略に反する。それでも、企業は収益を得なければならない。アンドリーセンはもはや研究者ではいられなかった。妥協案として、ブラウザを「無料だがタダではない」ものにすることを提案し、学生と教員には無料で、他の人には三九ドルで提供し、加入を義務づけない九〇日間の試用期間を設けることにした。そうすれば、企業は支払いをしてくれる。それで十分だ。

一九九四年一〇月一三日、ベータ版が公開された。すべての面でモザイクを超えた新しいブラウザは、何時間かのうちに一万件がダウンロードされ、その数はさらに増え続けた。まもなく、NCSAは知的所有権の盗用だとしてアンドリーセンを非難し、一回のダウンロードにつき五〇セントの特許権使用料を請求した。モザイクは大半の人が無料で使っているため、その要求は筋が通らないとして、クラークはソフトウェアに関する法律家を雇い、新しいソフトウェアは、機能は似ているものの、コードがまったく異なることを確認した。クラークはこれに勇気づけられ、会社名をモザイクとは関係のないものに変えること、また現金三〇〇万ドルを支払うか、あるいは新会社の株式五万株を提供することを提案した。NCSAは、今となってみればあまりにも不運な決断をして、現金を受け取った。クラークとアンドリーセンの会社はネットスケープ・コミュニケーションズ、ブラウザはネットスケープ・ナビゲーターと名前を変えた。一九九五年三月には、同社は六〇〇〇万人のユーザーを獲得し、七〇〇〇万ドルの収益を得た。宣伝やマーケティングを一切せず、ユーザーのほとんどが使用料を払っていなかったにもかかわらず。

八〇〇マイル〔約一二八七キロメートル〕北の、ワシントン州シアトルでは、ネットスケープの出現を不安に駆られながら見ていた、もうひとりの野心に満ちた、先見の明がある技術者がいた。すでに億万長者であり、一年以内に世界一の大富豪になろうとしている、マイクロソフトの共同創立者であり、CEOであるビル・ゲイツだ。ゲイツもウェブに可能性を見出していた。その可能性はマイクロソフトに被害をもたらすかもしれなかった。熱心にネットスケープのブラウザを使う何百万もの人々は、マイクロソフトのユーザーのほんの一部でしかないが、ブラウザの機能と性能が向上すれば、マイクロソフトワードなどのデスクトップ・ソフトウェアにとってかわるようになるのではないだろうか。それどころか、ワードについて言えば、ウェブによって将来、伝統的な書類が完全に不要になるかもしれない。

ビル・ゲイツは「インターネットの潮目」と題する社内メモで、マイクロソフトの最初の二〇年の成功は「コンピューター能力の飛躍的な向上」に乗じたものだが、今は状況が大きく変わったと記している。「次の二〇年は、通信ネットワークの飛躍的向上がコンピューターの処理能力の向上を上回るだろう」つまり、マイクロソフトは戦略を変えなければならない。「ウェブを閲覧すると、マイクロソフトのファイル形式は見当たらない。一〇時間かけても、ひとつも見つからなかった」これが問題の核心だった。

マイクロソフトにとってウェブは脅威だったが、チャンスでもあった。マウンテンビューでアンドリーセンのチームがネットスケープ・ナビゲーターを作っていたとき、NCSAはモザイクを収益化するために、スパイグラスという企業と契約して、同社にコードの商業的使用を許可した。スパイグラスは商業化のために独自のコードで書いたモザイクを作った。マイクロソフトはそのコピーの使用許可を得て、同社のブラウザであるインターネット・エクスプローラー（IE）を開発した。

絡み合う網　パートニ――ネットスケープ対マイクロソフト

新たな戦場には新たな交戦規定がある。ゲイツは「インターネットの潮目」のメモにおいて、最大の懸念は「インターネット上に『生まれた』あるブラウザとの競合だ」と述べている。

（ネットスケープ・ナビゲーターは）市場を独占している。七〇パーセントのシェアがあるため、どのネットワーク拡張機能が受け入れられるかを判断できる……ネット上のファンが議論しているおそろしい可能性のひとつは、協力してパソコンよりはるかに安価で、ウェブ閲覧に十分な性能を持つものを作るべきではないか、ということだ。

ゲイツはインターネットがもたらすチャンスを得られないことを心配しているだけではない。この未熟な新技術が、いつかマイクロソフトの主力製品や、さらにはウィンドウズのOSそのものにとってかわるのではないかと考えていた。

ネットスケープを負かすには、ＩＥに優先的に取り組む必要があった。「ネットスケープに対抗し、勝たなければならない」簡単なことではないだろう。一九九五年夏には、ネットスケープはウェブブラウジングの同義語になった。ユーザーは一〇〇〇万。当時の世界中のネットユーザーの五分の一かそれ以上だ。その頃はまだアメリカ人の半分はＷＷＷについて聞いたこともなかった。誰もがウェブを使うようになったら、ネットスケープのユーザーがどれほどの規模になるかを、ゲイツは想像するしかなかった。

ゲイツが最初に考えたのは、ネットスケープを丸ごと飲み込むことだった。六月二一日にネットスケープ本社で行われた四時間の会議で、マイクロソフトはネットスケープに出資し、ウィンドウズのこれまでのバージョンにネットスケープをデフォルト・ブラウザとして搭載することを提案した。そのかわり、次のＯＳであるウィンドウズ95とその後のバージョンにはネットスケープではなく、ＩＥを搭載する。確かに、当時はこれまでのバージョンのウィンドウズで動くコンピューターのほうが圧倒的に多かったが、ウィンドウズ95がマイクロソフト社が覇を唱える未来を象徴していることは、誰が見ても明らかだった。取引に同意すれば、ネットスケープに未来はなくなる。

ネットスケープは申し出を拒否し、会議は驚くべき展開を見せた。のちに裁判の証拠として提出された会議メモに、アンドリーセンはこう記している。

　ＮＳ〔ネットスケープ〕が望むなら、特別な関係を築けばいい。ＭＳ〔マイクロソフト〕がＷｉｎ〔ウィンドウズ〕95のクライアント市場を独占するので、ネットスケープは近づくな、という脅しだ。

アンドリーセンは、のちにマイクロソフトの代表者の振る舞いを映画「ゴッドファーザー」の「ドン・コルレオーネの訪問」にたとえている。もちろん、アンドリーセンはまだ二三歳だった。だが、同席した、より経験豊かな人たちでさえ、ゲイツの下劣な脅しにショックを受けた。「三五年間、この業界で働いてきましたが、会議でライバル企業から、競争をやめろ、そうしなければ潰す、とこれほどあからさまにほのめかされたのははじめてです」ネットスケープの新しいCEOであるジム・バークスデールは言った。「わたしの長年のビジネスにおいて、このような露骨に市場を分断する提案を聞いたことも、経験したこともありません」

ネットスケープが引き下がらなければ潰す、と断言したことは、のちに法廷でゲイツを苦しめることになる。だが、それによってネットスケープの資金問題がすぐに解決するわけではなかった。提携を拒否する以上、レドモンド〔マイクロソフトの本社がある〕のゴリアテと戦う軍資金が必要になる。バークスデールは緊急役員会議でベンチャーキャピタルの出資を受けることを主張した。それに対して、アンドリーセンはネットスケープの株式公開を望んだ。まだ利益も出していない、創業一五ヶ月目の新興企業にとっては型破りな戦略だ。投資家のジョン・ドーアも「勝負に出よう」と強気だった。意見は分かれ、決定はジム・クラークに委ねられた。クラークは以前、シリコングラフィックスでベンチャー投資家と争ったことがあるので、できることなら二度とそれはやりたくないと思った。前例のないことだったが、ネットスケープは株式公開に踏み切ることになった。

ネットスケープの新規株式公開（ＩＰＯ）の話がウォールストリートに流れると、投資家たちは強い関心を示した。チャールズ・シュワブやモルガン・スタンレーのような銀行が、問い合わせへの対応で電話の回線を増やさなければならなかったほどだ。一九九五年八月九日、ネットスケープはグーグルよりも、eＢａｙよりも、アマゾンよりも早く新規株式公開を行った。フォーチュン誌がのちに記したように、それはまさに「インターネットブームの火付け役」となった。株価は二八ドルから七五ドルに急騰し、初日は五八ドルで引けた。ネットスケープの多くの従業員は形だけの大金持ちとなった。アンドリーセンの出資額だけでも五九〇〇万ドルになった。

ネットスケープはマイクロソフトに反撃できる資金を手に入れた。「ブラウザ戦争」がはじまっていた。

歴史上、ウィリアム・Ｈ・ゲイツ三世ほど戦いの場で攻撃的なビジネスリーダーはいない。ゲイツは、弁護士のウィリアム・Ｈ・ゲイツ二世とすぐれた実業家であるメアリー・アン・ゲイツの息子として、シアトルで育った。同時代の多くの技術者たちとは対照的に、生まれたときから恵まれた環境にあった。彼のビジネスに対する容赦のない姿勢は、初期のパーソナルコンピューター産業をずたずたに破壊した。ゲイツは多くの敵を作り、地球上でもっとも裕福な人になった。

コンピューター産業は、学究的世界と一九六〇年代の反体制文化に深く根ざしてきた。一九七〇年代から一九八〇年代にかけて、コンピューターを熱心にいじった人たちの多くは、アップル社の共同創業者であるスティーブ・ウォズニアックのように、テクノロジーをユートピア的で、万人が共有するものとしてとらえていたが、趣味が商業的な成功につながった時点でそうした姿勢を変えた。だが、ゲイツは違った。ゲイツは最初から、パーソナルコンピューターのビジネスも他の産業と同じように熾烈なルールのもとで行われるべきだと考えていた。はじめから真剣勝負を挑み、共同経営者や販売業者も含め、他者に対して非情に振る舞った。マイクロソフトの共同創業者であるポール・アレンは、がんの診断を受けたのちに解雇された（ゲイツはアレンに、自分の負担が大きくなっているため、アレンのマイクロソフト株の一部を自分に譲渡するよう要求したことがあった）。

そうしたゲイツさえ、今度の新たな戦いに勝つにはあらゆる攻撃を仕掛けなければならない。幅広い層に使ってもらうというアンドリーセンの戦略の結果、ネットスケープは大きく先行していた。ウェブユーザーの圧倒的多数はすでにネットスケープを使っていて、この言葉自体が、「ウェブ・ブラウザ」の総称になる恐れがあった。一九九六年、ネットスケープの収益は三億四六〇〇万ドルに達し、玉座に腰掛けたアンドリーセンはタイム誌の表紙になった。

それでもゲイツは、自分がきわめて優位にあることを知っていた。マイクロソフトのウィンドウズOSは、アップル社以外のほぼすべてのメーカーのパソコンにあらかじめインストールされている。確かに、ネットスケープのユーザーは何百万もいるが、それはウェブの潜在的ユーザー層のごく一部にすぎない。インターネット・ブラウジングの未来は、まだこれからだった。新しいパソコンすべてにIEがあらかじめインストールされるなら、ユーザーがネットスケープを使う必要はなくなる。

ゲイツは、ネットスケープの「無料だがタダではない」戦略を内心笑っていた。あいつらは「コミュニスト」だ、と。それだけでなく、ネットスケープを潰したいがために、マイクロソフトのウィンドウズをプレインストールしているすべてのコンピューター・メーカーに最後通告を出した。

販売するすべての商品にＩＥをデフォルト・ブラウザとして抱き合わせで売らなければならない。そうでなければ、ウィンドウズを提供する認可を与えない。

次にゲイツが注目し、市場への影響力を利用したのが、主要なインターネット・サービス・プロバイダーだった。プロバイダーは、通常、ユーザーがインターネットに接続し、基本的な情報にアクセスするためのソフトウェアを提供している。あるとき、ゲイツはＡＯＬの幹部に尋ねた。「ネットスケープを潰すにはいくら払えばいい？」その答えがどうであれ、ＡＯＬはＩＥをデフォルト・ブラウザにした。他のプロバイダーも追随した。

マイクロソフトのブラウザは、最初はあらゆる点でネットスケープより劣っていた。遅いし、バグが多いし、ウェブページも正しく読み込めなかった。だが、マイクロソフトは改良にいくらでもつぎ込むことができた。ネットスケープとは異なり、主力製品によってすでに安定した巨額の収益を得ていたからだ。ＩＥから儲けなくても、品質差がなくなるまで改良を続けることができた。あるいは、少なくともほとんどの消費者が、デフォルトのＩＥから乗り換えようと思わないほど、差を詰めればいい。戦争は長く続き、より多くの人が、おもに画像が豊かで、没入感のある、ハイパーテキストを駆使したＷＷＷの魅力に惹かれて、はじめて新しいパソコンを手に入れた。新しいユーザーは誰でも、はじめてウェブにアクセスするのに、当然のように青いＩＥのアイコンをクリックする。こうして、ネットスケープは新しい顧客を得る機会を失った。アンドリーセン、クラーク、バークスデールに勝ち目はなかった。マイクロソフトの規模の大きさとゲイツの非情さを前に防御の術すらなかった。

ゲイツは確かに反トラスト法に違反していた。しかも、きわめて巧みにそれを行った。歴史を通して、規制当局は成功した起業家をあまり抑制しようとはしない。米国政府はとくにそうだ。司法長官のジャネット・リノがマスコミにせきたてられ、マイクロソフトに対して反トラスト法訴訟を起こすことを公表したのは、三年後の一九九八年五月だった。

公判中のゲイツにとって、法廷も他の戦場と同じだった。宣誓証言で「はぐらかし、答えていない」と言われながらも、IEはウィンドウズに組み込まれているので取り除くことはできない、とテクノロジーの専門知識がなくても、法廷にいる誰もが簡単に反証できるような主張をした。ブラウザは簡単に削除することができるし、それでもコンピューターは問題なく動くことは裁判中に証明された。一九九九年遅く、裁判所はマイクロソフトによるパソコン支配は独占に相当するという判決を下した。マイクロソフトは、この独占的な支配を利用して、競合他社、直近ではネットスケープを不当に抑えつけたとされた。二〇〇〇年六月、裁判官はマイクロソフトに事業の分割化を命じた。しかし、マイクロソフトは反訴して勝った。裁判官が裁判中に、マイクロソフトの経営陣を「麻薬密売人」や「犯罪組織の殺し屋」に例えるなど、不適切な発言を記者たちに対してしたことにも少なからず助けられた。マイクロソフトは、商慣行を要求されたように大きく変えることもなく、問題を決着させた。

結局、ゲイツが攻撃的な戦術の結果として失ったのは、評判だけだった。もちろん、弁護士費用もかかったが、マイクロソフト社は利益をほとんど減らさなかった。それどころか、存亡に関わる脅威との戦いに勝った。ゴリアテはダビデを叩きのめした。ネットスケープは窮地に追い込まれ、IEは世界でもっとも人気のあるブラウザとなった。

マーク・アンドリーセンが開発した初期の革新的なブラウザであるモザイクとネットスケープ・

ナビゲーターはすでに存在しないが、彼のウェブに対するビジョンは実現した。こんにち、ウェブを閲覧する人は、アンドリーセンが思い描いていた通り、テキスト、画像、他のメディアのモザイクを直感的に操作している。一九九八年、ＡＯＬがウェブから排除されるのを逃れようと四二億ドルでネットスケープを買収したとき、アンドリーセンは一億ドル近くを手に入れ、アンドリーセン・ホロウィッツを共同設立した。同社はスカイプからフェイスブック、さらにエアビーアンドビーまであらゆる事業に初期投資を行う伝説のベンチャーキャピタルとなっている。アンドリーセンは、今なおインターネットに対するみずからのビジョンを追求し続け、二〇年以上も前にみずからが作り上げた波に乗る、積極的で理想主義的な創業者たちの努力から利益を得ている。

隠し味――レイ・クロック対マクドナルド

レイ・クロックは潜在顧客と電話で話し中だった。今回はこちらから売り込む必要はない。電話はまたも向こうからかかってきた。奇妙だ。いつもならこちらがドライブイン・レストランやドラッグストアのソーダファウンテンやデイリー・クイーンに電話をする。何年か前から、クロックは一度に五つのミルクセーキを作ることができる、ステンレス製のぴかぴかの機械「マルチミキサー」を独占販売していた。この製品は、はじめて見たときからずっと気に入っている。高速で効率的なマルチミキサーは忙しいレストランの厨房を一変させる、奇跡のような文明の利器だ。この機械が動いているのを一度でも見た客は、何も言わずとも買ってくれる。そのため、クロックは車にデモ機を積んで、全米を回っている。

ところが、今、客のほうから電話がきている。そのうえ、みんなが同じことを言う。サンバーナーディーノにあるミキサーと同じものが欲しい。そうした注文をもうひとつ受けて電話を切ったあと、クロックは興味をそそられ、そののどかなカリフォルニア州の町の記録簿を開く。サンバーナーディーノには顧客がひとりいるだけだった。だが、そのレストランの注文履歴を見て、クロックは目を丸くした。

え、まさか？　台帳をもう一度確認する。八台も？　一台一五〇ドルの機械が？　いったい誰が一度に四〇杯ものミルクセーキを作る必要があるのだろうか？　クロックは店の名前を再確認したあと、旅行業者に電話をし、翌日の航空券を予約した。マクドナルド兄弟が頭がおかしいのか、単に愚かなのかはわからないが、自分の目で彼らのハンバーガー・レストランを見なくては、と考えた。

フランチャイズの考え方がどこでまず発展したかについては、多くの相反する主張がある。一八世紀から一九世紀にかけて、イギリスやドイツのパブは、リベートを受け取るのと引き替えに、ビールをすべて特定の醸造所から買うことに合意した。アメリカでは、コカ・コーラが問題解決のために、同様の構想を打ち出した。ジョン・S・ペンバートンがモルヒネの代用品として砂糖、糖蜜、香辛料、コラノキの種子から作った飲料は多くの人に好まれた（南部連合国の大佐であったペンバートンは、南北戦争で負傷したのちにモルヒネ依存症になり、その習慣をやめるためにコーラのレシピを作った）。だが、ガラス瓶いっぱいに詰めた飲料を鉄道で長距離輸送するのには費用がかかり、困難を伴った。ペンバートンには国中に工場を建てる資力はなかったので、自分のかわりに厳しい指示に従ってコカ・コーラを用意し、瓶詰めできる他の企業に濃縮シロップを出荷しはじめた。このシステムによって、全米に販売を拡大し、フランチャイズに加盟する企業には、イノベーションもリスクもなく利益を得られるシンプルで信頼できる方法を提供した。コカ・コーラはあらゆる場所で商品の宣伝をしたので、地元の瓶詰め企業は、高まる需要に応えられるよう十分に商品を作るだけでよかった。

フランチャイズは、二〇世紀はじめの何十年かのあいだに、少しずつ現代の形態に変わってきた。こんにち、フランチャイズ本部は加盟者に、ブランドやトレードマークから手法やレシピまであらゆる要素を複製する権利を与えている。加盟者のほうはある程度の料金を支払い、本部の戦略を守ることに同意する。思いつきで何かをすることはない。フランチャイズは一貫性、そして絶え間ない成長によって勝利を収める。

フランチャイズモデルは、うまく働けば、どんな戦略よりも大きなリターンがあることが多い。アメリカでは少なくとも七分の一のビジネスが、フランチャイズに属している。成功が見込まれる刺激的な新しいチャンスがあっても、資金や地理的な距離のせいで、成長が遅れることがある。だが、フランチャイズならその問題を解消できる。親会社は、最小限の投資をするだけで、フランチャイズを通して規模を拡大し、その規模によって競争相手を潰すことが可能になる。それが本当かどうかは、レイ・クロックに聞いてみるといい。

マクドナルドはファストフードの世界的な帝王であり、そのブランドには確固たる一貫性がある。商品は、アメリカの郊外でも、ノルウェーのクルーズ船の上でも、二〇一六年に中央アジアではじめてフランチャイズ店ができた旧ソ連構成共和国のカザフスタンでも、まったく同じ方法で調理される、提供される。もちろん各地の嗜好に合わせた小さな変更は許される。たとえば、一九九四年の映画「パルプ・フィクション」で知られるようになった通り、オランダでは、フライドポテトと一緒にマヨネーズが提供される。企業全体としては、手法を改善し続け、新しいレシピを試しているものの、フランチャイズの規模や数を考えれば、一貫性が世界の標準となっている。

マクドナルドの土台となるレシピは、もちろんハンバーガーだ。ハンバーガーそのものが「戦術」が完璧に成功した事例であり、それが引き継がれて広がった。実は、ハンバーガーの起源は、モンゴル帝国の騎兵たちが、馬肉を鞍の下に詰め、熱と摩擦で押し潰し、食料として軽く調理したものだとされている。その後、こうしたすり潰した肉のパテがロシア侵攻とともに持ち込まれたとき、ロシア人はケッパーと玉ねぎを加えて、タルタルステーキを作った（タタール人はモンゴル人と同盟関係にあった）。一七世紀にロシア船がハンブルクの港にタルタルステーキを運んだときも、それが人気になり、現地の必需食料品となった。二世紀後、ドイツの政情不安によって、人々はハンブルクからニューヨークへと逃れた。やがて、街のレストラン経営者たちはハンブルク風アメリカンフィレといった挽肉料理を提供し、新しい客を得ようとした。肉挽き器の発明のおかげもあり、牛肉のパテ、すなわちハンバーグステーキがアメリカ中で流行した。ハンバーグをパンにはさんで持ち運べるようにするすばらしいアイデアについては、誰の提案なのかはわからない。

ハンバーガーはちょうどいい時期にアメリカにやって来た。道路が整備され、車が手頃な価格で生産されるようになったため、車の運転をする人がますます増えつつあった。長距離のドライブでは、沿道で買うことができる、早く、安く、食べ応えのあるものが求められた。一九三七年にパトリック・マクドナルドと息子のモーリスとリチャードが、カリフォルニア州モンロビアで、近くの飛行場に行き来する旅行者のために、ホットドッグを提供する屋台をはじめた（メニューにハンバーガーが入ったのはあとになってからである）。一九四〇年、リチャード（「ディック」）とモーリス（「マック」）は国道六六号線の東に進んだサンバーナーディーノに店を移し、店名をマクドナルズ・バーベキューに変えた。南カリフォルニアでは、ビーフやポークやチキンのバーベキューを呼びものにする、このようなドライブイン・レストランの人気が一九三〇年代から高まっていた。給仕たちはほとんどが俳優の卵で、生活費を稼ごうと、オーディションの合間を縫って車内で食事をする客のために料理を運んだ。

一九四八年に、兄弟は店の収入のほとんどが、バーベキューではなく、ハンバーガーによるものだと気づいた。そのため、ハンバーガーの調理や販売をできるだけ効率化できるよう、一時的に店を閉めて簡素化することを決めた。まず、給仕をなくした。客は、レストランに入ってきて注文すればいい。次に、メニューをハンバーガー、ポテトチップス、コーヒー、アップルパイに絞った（翌年にはフライドポテトとコカ・コーラが加えられた）。厨房は工場の組立ラインと化したが、車やトースターではなく、同一のハンバーガーが次から次へと作られた。

現在、「マクドナルド」と呼ばれているこのレストランは繁盛した。だが、兄弟はそこで終わりにはしなかった。効率化をすれば利益が増えることがわかったのだから、当然だろう。一九五二年、ふたりは建築家を雇い、新しいレストランの設計を特注で依頼した。厨房は効率を最大化するために、テニスコートに大規模な設計図の概略をチョークで描いた（兄弟はハンバーガーを作る振りをしながら、一日中、テニスコートで過ごした。そのあと予期せぬ雨が降り、スケッチが消えてしまった。だが、ふたりは翌日も同じことを繰り返した)。究極のハンバーガー工場が完成すると、新しいレストランの前に置いた約八メートルの黄色いMを輝かせるネオンのスイッチを入れた。道路を走る車が、このゴールデンアーチを見逃すことはなかっただろう。

ハンバーガー、清潔で効率の良い厨房、ぴかぴかのステンレス、紅白のセラミックタイル、ゴールデンアーチ。これらはマクドナルド兄弟が戦後の時代の幕開けに作った包括的な黄金の戦略だった。料理も、一貫性も、スピードもみんなに好まれた。マクドナルドのハンバーガーには、わざわざ車を降りる価値が十分にあった。その評判はすぐに広まった。

バーガーキングやホワイトキャッスルなど、他のハンバーガーレストランは、この「ファストフード」モデルから、可能な限りの戦術を取り入れた。だが、勝利の公式を丸ごと手に入れることはできなかった。独自のマクドナルド・レストランを合法的に開店できなかっただけでなく、使われている材料や手法の多くは兄弟以外にはわからなかったからだ。固い決意を持った模倣者たちが成功したとしても、いずれはうまくいかなくなっただろう。兄弟は価値と個性の両方を備えたものを作り上げた。すぐに動けば、先行者としての優位性を維持したまま、成功の波に乗ることができる。

翌年、兄弟は事業のフランチャイズ化をはじめた。兄弟が作ったものを再現するための指導を最初に受けたのは、石油会社の裕福な重役であるニール・フォックスだった。フォックスは一〇〇〇ドルの定額料金を払って、アリゾナの州都フェニックスで、兄弟を成功させたのと同じレシピ、同じデザイン、同じ工程を使うレストランの開店を許された。兄弟は、フォックスが店にマクドナルドの名をつけたことに驚いた。ノースハリウッドに開店した、もうひとつのフランチャイズ店は「ピークス」の名で営業が行われた。だが、店にマクドナルドの名をつけるのはすぐに標準になっノを越えて広がっていった。レストランにフォックスの名をつけるよりも、マクドナルドの名をつけるほうが価値があった。マクドナルドの名は、成功するフランチャイズ店が増えるにつれて、さらに価値を高め、その結果、フランチャイズ店出店の価値が高くなるという好循環を作った。

マクドナルドの噂を耳にして、その真の重要性を理解したのがレイモンド・クロックだった。一九〇二年にシカゴ近郊で生まれた彼は、子どもの頃、学校から帰ってきては、レモネードスタンドをはじめるとか、小さな楽器店を経営するとかいった起業家のような計画を言い出したために「ダニー・ドリーマー」と呼ばれた。新しいことをはじめるのも、働くのも大好きだった。こんなことを書いている。「『勉強ばかりで遊ばないと、子どもはだめになる』という古いことわざがある。わたしはそう思わない。なぜならわたしには仕事が遊びだったから」重要なのは、クロックが革新的なことを思いつく人というよりは、働く人だったことだ。いかに仕事をするべきかは知っていた。必要としたのは心から支持できる手法、つまり確実な成功法だった。

クロックは高校を中退し、リリー・チューリップ・カップ・カンパニーで紙コップの営業の仕事に就いた。当時、紙コップは、一日のうち、洗うのにとてつもない時間と労力を要するガラスのコップの衛生的で便利な代用品となる、画期的な新製品だった。クロックは最新の製品を扱えることが嬉しくてたまらなかった。「紙コップは、アメリカが向かう道の一部であることを最初から感じていた」だが、営業職として出世をしても、「ダニー・ドリーマー」は新しいチャンス、すなわち必ず勝てる公式を見つけようとした。

老舗のレストランに紙コップを売るのは難しかったが、流行の飲食店には可能性があった。ドラッグストアのソーダファウンテンはとりわけ紙コップを好んだ。ガラスのコップはお湯で洗う必要があるので、アイスクリームが溶けてしまうからだ。このように紙コップを販売することにより、クロックはレストラン業界の最先端に関わり続けた。顧客であるプリンスキャッスル・アイスクリームチェーンの共同創立者であるアール・プリンスが、一度にいくつものミルクセーキを作ることができる機械を発明したとき、クロックはそれを新たなチャンスととらえた。そして、リリー・チューリップを辞め、マルチミキサーの独占販売代理店の仕事をはじめた。

独立したクロックは、各地のドラッグストアのソーダファウンテンやレストランにミキサーを売った。第二次世界大戦後、デイリークイーンのようなソフトクリームの店が次々にできたので、チャンスはこれまでにないほど拡大した。まもなく、一年間に、何千台ものマルチミキサーが売れるようになった。紙コップと同様、この仕事で、クロックはレストラン業界の内側を垣間見ることができた。「自分は厨房の専門家だと思っている。マルチミキサーを売るために、何千という厨房に入ったのだから」と、のちに書いている。

一九五〇年代に入ると、ドラッグストアのソーダファウンテンの時代が終わろうとしているのが、クロックの目には明らかになった。戦後のアメリカは新しいものを求めていた。クロックは、それがなんであれ、売りたかった。そんなときに全米中の潜在顧客がこう言い出した。「カリフォルニア州サンバーナーディーノのマクドナルド兄弟が持っているのと同じミキサーが欲しい」クロックは不思議に思った。マルチミキサーはアメリカ中にあるのに、なぜみんなカリフォルニアの小さな街にあるレストランが持っているミキサーを欲しがるのだろうか。マクドナルド兄弟がミキサーが一八台買ったことに気づいたとき、クロックは調べにいこうと決めた。「八台のマルチミキサーが一度に四〇杯のミルクセーキを作ることは、想像するのも難しかった」とクロックは記している。一九五四年、五二歳のクロックは、飛行機でロサンゼルスに行き、そこから約一〇〇キロメートル離れたサンバーナーディーノまで車を走らせた。

はじめはとりわけ際だったところはないように思えた。午前一〇時、レストランの外に駐めた車のなかから見たマクドナルドは、駐車場にごみが落ちていないこと以外は、他のドライブイン・レストランとそれほど変わらなかった。やがて、従業員が出社しはじめた。彼らはよくある作業着や油で汚れたエプロンではなく、清潔で真っ白な制服を着て、白い紙の帽子を被っていた。クロックははっとした。男たちは倉庫からジャガイモや肉、牛乳などをせっせと荷車に積み込み、レストランまで運んだ。まもなく駐車場はいっぱいになった。客は給仕を待つのではなく、車から出てきた。客の列がレストランに入っていき、一人ひとりがハンバーガーでいっぱいの袋を抱えて自分の車に戻っていった。クロックは、途切れることのない客の列を見て「本当に八台のマルチミキサーが一度に大量のミルクセーキを作っているのかもしれないと思うようになってきた」と述懐している。クロックは車を降りると、通りかかった客にこの店で食べる理由を尋ねた。「一五セントで最高のハンバーガーが食べられるから」という答えが返ってきた。「それに待たされることもないし、ウェイトレスへチップを払う必要もない」

レストランに入ると、クロックはさらに感心した。すぐに気づいたのは、暑い日なのにハエがいないことだった。一九五〇年代当時は、いつもおいしくて安い料理を出すだけでなく、清潔な店はあまりなかった。客がマクドナルドに群がるのは、手頃な一五セントの価格のハンバーガーが気に入っているからだけでなく、レストランが快適で信頼できる体験をさせてくれるからでもあった。

マクドナルドのきめ細かな顧客へのサービスは、現代のファストフードを生み出しただけでなく、サービス業を中心としたあらゆる小売業はもちろんのこと、レストラン全般の水準を引き上げた。マクドナルドのおかげで、人々はより多くを期待するようになった。

クロックは、その日にハンバーガーを食べたかどうかを思い出せなかった。興奮を抑えきれないまま、昼の混雑が終わるのを待ち、マクドナルド兄弟に自己紹介をした。マックとディックは、クロックを「ミスター・マルチミキサー」と呼び、一緒に夕食をとりながら、導入した簡素で効率的なシステムについて説明した。「限られたメニューの調理は、どの工程も無駄なく、かつ最小限の努力で行われていた」とクロックは記している。クロックがその晩、モーテルのベッドに入って数えたのはヒツジの数ではなかった。「頭のなかでは、全国の交差点に点在するマクドナルドの店舗が見えた」これらのレストランを所有する想像はしていなかったが、それぞれのレストランで「八台のマルチミキサーが絶え間なく働き、着実に現金を作り出す」ことを思い描いていた。

翌日、クロックはふたたびレストランを訪れ、兄弟が説明してくれた手順や作業を念頭に、より注意深く観察した。厳密に言えば、どうすればマルチミキサーをもっと売れるかを考えるためだったが、もっと大きな思いを抱かずにはいられなかった。料理人がどうやって驚くほどカリカリでおいしいフライドポテトを調理するのかを記憶しようとさえした。クロックは書いている。「自分の頭で完璧に理解しているのだから、その通りに個々のステップをたどれば誰にでもできるはずだ、とわたしは確信していた。これは、マクドナルド兄弟との取引でわたしがおかした数多くのまちがいのひとつにすぎない」

フライドポテトは、理論的には、フランチャイズにこだわらなくても、ライバルが取り入れることができる革新的な戦術の好例だ。多くの競合するチェーン店が試してみたことだろう。だが、マクドナルドのフライドポテトを真似するのは難しいことだった。それはマクドナルド兄弟が丹精込めて作り上げたものの一部にすぎないからだ。経営構造、企業文化、食材の発注や保管などの物流、厨房設計の最適化、細部への注力など、戦略全体を取り入れずに、フライドポテトをパリッとさせることはできない。一回分がパリッとさせられないなら、時間がたてばさらにだめになるし、複数のレストランで行うことも無理だろう。

クロックは、天性の売り込み上手を武器に、フランチャイズをマクドナルド兄弟がすでに築いた一〇店舗から、さらに自分に拡大させてもらえるように説得した。既存の店舗はそのまま営業を続けるが、そこから先はクロックが引き受ける。契約の交渉で兄弟が強く主張したのは一貫性だった。どの店舗も、建築計画、看板、メニュー、もちろんレシピも、同じものを使わなければならない。クロックはそれを全面的に受け入れた。全体的な一体感が大事だと考えたからだ。だが、決まったやり方を変更する場合は書面にし、兄弟が署名をしなければならないという、頭が痛い条件をつけたことをのちに悔やんだ。一方、ディックとマックは、フランチャイズ店に対する失望を幾度となく経験したため、支配を維持したかった。クロックがそれを飲んだので、ふたりは契約書に署名をした。それによると、クロックは、新しい加盟店に九五〇ドルの手数料を課して経費を賄うと同時に、売上総額の一・九パーセントを受け取り、その四分の一を兄弟に配分することになった。

マクドナルドが巨大企業になったのち、クロックはよくこう聞かれた。なぜ、マクドナルドの仕組みを内部から知っていながら真似をしなかったのか、と。フライドポテトひとつとってもわかるように、成功した事業を真似るのは、フランチャイズの枠組みのもとでも簡単ではない。クロックが、マクドナルドの戦略を兄弟の全面的な支持のもとに再現しようとしたとき、特殊加工されたアルミ製の鉄板から、厨房機器を正確に、手順の無駄なく使うことまで新しい公式があるのを次々に知った。新しいレストランをはじめるときの通常の苦労に加えて、アドバイスも得られず経験もない者がひとつひとつを正しく行うのはとてつもなく難しかったはずだ。それから店の名だ。「わたしは直感的に思った。マクドナルドという名はまさにぴったりだ。あの名前ばかりはパクるわけにはいかなかっただろうね」とクロックは述懐している。

マクドナルドの形態《ゲシュタルト》はその時代と場所にとって理想的だ、とクロックは直感した。リバースエンジニアリングをしたとしても、成功より失敗する可能性のほうが大きい。フランチャイズ化ははじめから取り決めが難航したものの、それによって「ダニー・ドリーマー」は自分の強み、つまり大きな視野で考えることに専念できるようになった。そこで、イリノイ州デスプレーンズにモデル・レストランを作り、フランチャイズの加盟者を探す前に、不備な点を直しはじめた。

クロックとマクドナルド兄弟の最初の打ち合わせはうまくいったものの、関係はすぐに悪化した。クロックはモデル・レストランに地下室を作りたかった。ジャガイモは、サンバーナーディーノのような乾燥した土地であれば外の小屋でうまく保存できるが、湿度の高い夏のイリノイ州ではうまくいかないだろう。ところが、兄弟はクロックの要望を口頭では受け入れたのに、書面にしたときに断固として拒否した。契約上、このステップは必須だったため、クロックには不利だった。兄弟はクロックに対し、今後、法的手段に出るという選択肢も考えているようだった。クロックは運を天に任せ、一九五五年四月一五日に、自分のマクドナルド第一号店をオープンした。

クロックは一年かけて、デスプレーンズのモデル・ストアを微調整した。カリフォルニアのレストランを中西部の気候に合わせるには、いろいろと修正が必要だった。たとえば、苦労して兄弟のフライドポテトを再現したものの、クロックのポテトは他の店舗と同じように味気なく、ドロドロになってしまった。兄弟も困り果てた。クロックは数ヶ月かけて、金網で囲った屋外の小屋にジャガイモを保管し、空気にさらしていたのが原因であることを突き止めた。ジャガイモを地下で保存し、扇風機で空気がつねに流れるようにすることで、問題は解決した。人々はすぐに違いに気づいた。「もはやハンバーガーを売っているんじゃないね」のちに納入業者のひとりに言われた。「売っているのはフライドポテトだ。街で一番うまいフライドポテトだ」このようにして、クロックは、どこのフランチャイズ加盟店でも採用できるような多くの調整を行った。

その後、クロックは新たな問題にぶつかった。マクドナルド兄弟との関係はふたたび悪化した。兄弟が、すでにカリフォルニアやアリゾナに開いたフランチャイズ店に加えて、どういうわけか、クロックのモデル・レストランがあるイリノイ州クック郡にマクドナルドのフランチャイズ店を作ったのだ。クロックはそのライセンスを買い戻すのに、二万五〇〇〇ドルという大金を支払わなければならなかった。このゴタゴタは意図的であってもなくても、クロックのなかに残っていたディックとマックのマクドナルド兄弟に対する友情の念をすべて消し去った。

クロックは、モデル・レストランに関する問題を解決したあと、フランチャイズ化の準備を進めた。カリフォルニア州、そしていまやイリノイ州での売り込みはより簡単だった。にぎわっているレストランを見せて、潜在的な加盟者を夢中にさせればいい。他の場所では、設計図一式と笑顔で宣伝するしかなかった。それでも、一九五六年の終わりには、新しく八店舗をオープンすることができた。一九五七年にはさらに二五店舗を作った。勢いがつくと、好循環がはじまった。マクドナルドは、「一店舗や一経営者の質ではなく、システムの評判に根差したリピート客を生み出しはじめた」とクロックは記している。

クロックは、この時点で、経営の資金面を任せるために、アイスクリーム・チェーン店テイスティ・フリーズの元財務担当副社長だったハリー・ソナボーンを雇い入れた。マクドナルドの成功に不可欠となる土地の所有を提案したのはソナボーンだ。クロックは、「ソナボーン・モデル」のもと、マクドナルドの不動産を保有するための事業体として、フランチャイズ・リアルティ・コーポレーションを創設した。同社は国中の空き地を借りてマクドナルドのレストランを建て、土地と建物に抵当権を設定した。そのためのコストは水増しされ、加盟店に転嫁された。このシステムのもとで、マクドナルドのフランチャイズは潜在的な経営者にとってますます魅力あるものとなった。各店舗はすぐに操業可能な状態にあった。クロックの企業が土地を見つけてレストランを建設し、その後、オーナーに引き渡して運営を任せた。オーナーは引き換えに、毎月最低限必要な金額、あるいは収益に応じた支払いをした。こうした支払いはマクドナルドの利益になるとともに、ローンの返済と諸経費にあてられた。

クロックが作り上げたモデルはほぼ無限に拡大が可能であり、拡大されるにつれてさらに強化された。チェーンが大きくなれば、納入業者に対する力も増す。おかげで、個々のレストランは食材を最安値で手に入れることができた。コストが低く抑えられるため、マクドナルドの経営は、加盟店に他のチェーンよりも高い収益をもたらした。

クロックは、効率を最大化し、さらにコストを下げるために、あらゆる面でモデルの改良を続けた。彼が描いた壮大なビジョンは、新しい州間高速道路のおかげもあり、急速に現実になりつつあった。一九六〇年代に入り、クロックは二〇〇番目の店舗をオープンした。サンバーナーディーノのマクドナルド兄弟のところにもたらされる収益もどんどん増えた。それにもかかわらず、クロックと兄弟の関係は悪化の一途をたどった。あるとき、クロックは部下をカリフォルニアに行かせ、自分の権限外で兄弟が創業したフランチャイズの事業の状況をチェックさせた。そうした店は、ブランドで結ばれているにもかかわらず、宣伝や仕入れでクロックの店舗と協力することを拒んだ。また、勝手にきまりを緩め、ピザやエンチラーダ〔メキシコ料理。トマトチリソース付きの肉を詰めたトウモロコシパン〕などの料理を提供し、クロックや、それ以前に兄弟が設定した基準をはるかに下回る水準で営業していた。マクドナルド兄弟は、一貫性を保つために完全な管理をすることにこだわっていたのだが、いまや兄弟自身がそれをきちんと行っていなかったことが明らかになった。

クロックはカリフォルニアの状況に苛立った。もし兄弟が契約上の責任を果たすつもりがないなら、自分が苦労して有名にしたレストランチェーンを、すべて自分の管理下に置きたいと思った。だが、兄弟が売ってくれるだろうか。クロックは兄弟が引退したがっていることを知っていた。最近、マックの健康状態が良くなかったからだ。そこで、ふたりに電話をして、単刀直入に希望の値段を聞いた。一日たって、ふたりは驚いたことに、二七〇万ドルを提示した（クロックは、重要な投資として企業の五分の一以上の株を一五〇万ドルで買い取ったばかりだった）。マクドナルド兄弟にとってその金額は妥当なものだった。「わたしたちは三〇年以上商売をやってきて、毎週、週に七日働いてきた」だが、クロックはどうやってその資金を調達すればいいのだろうか。最後には、きわめて複雑な方法を考え出した。現在の売り上げだと、一九九一年には返済できるだろう。

クロックは兄弟から権利をすべて買い取った。ブランドも手法も。ついにマクドナルドを思うように管理できる。だが、いつものように最後に問題が起こった。口頭では合意をしたはずの一号店の譲渡を取り消す、と兄弟が言い出したからだ。その動機が郷愁であろうと、まったくの気まぐれであろうと、クロックは応酬した。通り向かいにもう一軒マクドナルドをオープンし、一号店を倒産に追い込んだ。

ベストセラー作家で未来学者のジョン・ネスビッツは「フランチャイズはこれまでもっとも成功したマーケティング概念」だと言っている。マクドナルドはまさしくそれを証明した。クロックのリーダーシップのもと、マクドナルドは大きく成長した。一九六三年、すべての店舗のゴールデンアーチの上に設置されたスコアボードには、マクドナルドのハンバーガーが一〇億個以上売れたという宣伝が掲げられた。一九六五年に、クロックはマクドナルドの株式を上場した。一号店のオープンからわずか一〇年だった。翌年、はじめて、テーブルについて食べられる店舗をオープンした。これはすぐに標準となった。客はもう、車のなかで食事をするのを望まなくなった。一九七二年、クロックは、マクドナルド兄弟から事業を買い取ったローンを予定より二〇年早く完済した。四年後、マクドナルドの収益は一〇億ドルを上回った。「ダニー・ドリーマー」は夢を実現したのだ。

たとえ大企業でも、トップの座を守るには勝つための戦略が必要だ。さらに、その戦略も情け容赦なく実行されなければならない。戦術は変わっていくものだが、健全な戦略は日々の取り組みを決定づける。

著作家であり、ハーバード・ビジネス・スクールの教授でもあるデヴィッド・マイスターは、「戦略とは『ノー』と言うことだ」と述べている。すぐれた戦略は、利用可能なすべての選択肢をふるいにかけ、管理可能なものにすることによって意思決定を導く。リーダーが新しい戦術を考えるときは、まず「自分たちの戦略に合っているか」を問うべきだ。戦略に合わないものにノーと言うことが、品質を作り上げ、一貫性を確保する。マイクロソフトがネットスケープに対抗した手法や、マクドナルドの模倣者への対応からわかるように、大手企業が重点的に取り組めば、柔軟で活力のある新興企業よりも有利になる。

戦略は厳しい選択を求める。こうした選択を行うのがリーダーの仕事だが、選択をしたがらないリーダーもいる。次章で見ていくように、事業の成功のために別の事業を犠牲にしなければならないこともあるからだ。そうした決断は簡単ではないが、成長には犠牲が伴うものだ。

第四章　ポジショニング

善く戦う者は不敗の地に立つ。

『孫子』形篇

「万能な人間になろうとすれば、結局、何にもなれない」アル・ライズとジャック・トラウトは、いまやビジネス書の古典である『ポジショニング戦略［新版］』（川上純子訳、海と月社、二〇〇八年）でそう述べた。企業をポジショニングするには、市場を理解しなければならない。ライバルが提案する価値があいまいなところはどこか？　ライバルの既存顧客は何に不満を感じているか？　対応していないニーズはあるか？　市場を独占しているライバルと戦ったり、二番手に甘んじたりするのではなく、敵が弱いところ、あるいは存在しないところに自分の場所を作り出して差別化するべきだとふたりの著者は唱える。有利な場所を見つけて、そこを自分のものだと主張せよ、と。

ふたつの場所を狙うのは何も狙わないのと同じ。一度に作り出せるのはひとつの場所だけだ。ひとつの場所を守り通すには、もう一方をあきらめなければならない。だから、賢い選択をしよう。本章でわかるように、ポジショニングで成功するには、リーダーは価値ある領域をあえて手放すという犠牲をいとわず、もっとも大事な場所をしっかり守ることが必要だ。

ポケットというポジション――iPhone対ブラックベリー

二〇〇七年一月九日、サンフランシスコ。アップル社のCEOスティーブ・ジョブズは、年次総会が開かれるマックワールドエキスポの舞台裏にいた。共同設立した会社をふたたび率いるために戻ってから一〇年。ジョブズは、製品のドラマチックな発表の仕方と発表した製品の驚くべき成功によって、かつてないほど有名になっている。iMac、iPod、MacBook Pro。一〇年かけて、ジョブズはアップルを立て直し、世界でもっとも話題の、そして、もっとも儲かる企業にした。

それでも、今年のイベントはいつもと違うように感じられた。舞台袖で待つジョブズのポケットには、長方形の黒い小型の機器があった。

「ときとして、すべてを変えてしまう革命的な製品が現れることがあります」ジョブズはステージに立つと、期待でいっぱいの聴衆に向かって語りかけた。それから、機器を取り出した。最初のiPhoneだ。ジョブズは正しかった。それはまさに世界を変えた。アップルはiPhoneによって、ひとつの新たなカテゴリーを作り上げた。iPhoneは、人間とテクノロジーの関係を根本から変えるパーソナルコンピューティングとモバイルコミュニケーションの新しい枠組みの象徴となった。それは新しい戦いのはじまりでもあった。

iPhoneは二〇世紀に発展したイノベーションに根ざしているが、その物語はスティーブ・

ジョブズが共同設立した会社から離れていた一九九二年にはじまる。その年、アップルは、最初の個人用情報端末であるニュートン・メッセージパッドを発表した。デスクトップ・コンピューターから離れていても、ニュートンを使えば、プラスチックのペン一本でカレンダーやアドレス帳やその他の情報を管理できた。人それぞれの異なる手書きの文字を認識しなければならないので、最初は使いづらいものの、反復によって認識度は高まる。ニュートンは広くは普及しなかったが、熱烈なファンを獲得した。ところが、一九九七年、ジョブズはアップルに戻ると、この有望な製品の製造中止を決めて社内外のファンを残念がらせた。この決断は痛みを伴うものだったのはまちがいないが、パーソナルコンピューターのリーダーという重要なポジションを取り戻すには、ニュートンのようなより小さなポジションを犠牲にする必要があった。

そもそもアップルは、当時のコンピューター業界の支配者であるＩＢＭとは対照的に、ビジネス向けではなく個人向けのコンピューター・メーカーであることを強調して、ポジショニングに成功していた。アップルのコンピューターは、手頃な値段と使いやすさが評判だった。しかし、この際だったポジショニングは、ジョブズが不在のあいだに失われていた。同社は新しいリーダーのもとで次々と新製品を発表して手を広げ、自分たちがどんな企業であるかをあいまいにしてしまった。その結果、ゲートウェイやデルなど、革新的で、貪欲で、焦点を絞ったパソコンメーカーに対して地歩を失った。

戻ってきたジョブズは、再編成をしなければならない時期だと決断した。ニュートンを含め、どんなに有望でも、パーソナルコンピューター以外の製品はすべて犠牲にしなければならない。そこで、製品ラインをデスクトップ二機種とラップトップ二機種のたった四つにまで大幅に削減した。

初の消費者向けデジタルカメラや初のレーザープリンターのひとつであった製品などが消し去られたが、ジョブズが払った犠牲はその目的を果たした。一〇年がたった頃、アップルは最初に同社を有名にしたパーソナルコンピューターの分野で画期的な製品を提供しはじめた。

ポジショニングに欠かせないのが犠牲だ。ふたつ目の製品を試す前に、まずは最初のひとつで名を知られなければならない。こうして製品を容赦なくふるいにかけた結果——古今を通じて進んでそうしたリスクをおかすCEOはほとんどいないだろう——アップル社は、流行を作り出す強力な企業としてのポジションを取り戻した。業界のライバルたちはそのあとを必死で追いかけた。

二〇〇一年までに、ジョブズはアップルが新たなリスクを負うことができるポジションにいると考えた。そこで、デジタル音楽プレイヤー、iPodを発売した。その種のプレイヤーはすでに存在していたが、ストレージの量、洗練されたデザイン、使い勝手の良さで、iPodはその名を知られるようになった。

数年後、iPodが世界中の何億もの人々のポケットに収まるようになったため、ジョブズは設計者やプログラマーや技術者の部隊を次の重要なポジションに導くことにした。二〇〇七年、いまや伝説となったマックワールドエキスポのプレゼンテーションで、ジョブズは聴衆に向かい、初代のマッキントッシュのように革新的なものとして、ひとつではなく三つの新商品を紹介すると言った。「iPod、電話、インターネット通信機器」と言い、また繰り返した。「iPod、電話……わかったかな？　三つの機器ではなくて、ひとつの機器。iPhoneだ」ジョブズがそう紹介すると、どよめきが起こった。その電話は「あまりに美しく、エレガントで、神によって設計されたかのようだ」とニューヨーク・タイムズ紙は報じた。iPhoneは従来のスマートフォンのような簡易版ではなく、デスクトップ・コンピューターと同じようにウェブ閲覧が可能になったことを含めて、完璧とまではいかないものの、それまでの電話ではできなかったことを実現した。発売時には、ｉＰｈｏｎｅを手に入れようとする人々が、何日間も列を作った。ｉＰｈｏｎｅはまさに文化的現象だったし、今でもそうである。

　こんにち、ウェブ閲覧から高画質の動画編集まで、かつてはコンピューターに求めていたあらゆる仕事を「電話」で行うのが当たり前になっている。しかし、二〇〇七年当時は、いわゆる高機能《スマート》電話《フォン》でも、できることはきわめて限られていた。ジョブズはプレゼンテーションで、市場の他の機種に対してｉＰｈｏｎｅの位置づけを見事に表現した。「最先端の電話をスマートフォンと呼ぶそうです。たいていは、電話にＥメール機能がついていて、ベビー・インターネットとでも言うようなインターネットに接続ができるらしい。それにプラスチックの小さなキーボードがついている。問題はスマートでないこと、使いづらいことです」ｉＰｈｏｎｅは、携帯電話ほどの小さな機器でありながら、ガラスの画面を直感的に指で操作する「マルチタッチ」インターフェイスによって、本格的なウェブ閲覧ができた。

　プレゼンテーションのなかで、ジョブズはＥメールと限定的なインターネット閲覧の機能がある「プラスチックの小さなキーボード」がついた既存のスマートフォンについて語った。「いつもの《ユージュアル》容疑者《サスペクト》」として、ブラックベリーの名も挙げられた。

　ｉＰｈｏｎｅが登場する以前、リサーチ・イン・モーション（ＲＩＭ）社のブラックベリーは、企業ユーザーから、のちには一般消費者からも愛されるスマートフォンの主役だった。フルキーボードがついていて、安定したＥメールの送受信が可能であり、ブラックベリーメッセンジャー（Ｂ

BM）を使えば、当時のSMSテキストメッセージとは違ってグループチャットもできた。

初代iPhoneにキーボードがなかったことは、当初、物議を醸した。ところが、ジョブズはブラックベリーや同様の機器には「キーボードがついているが、必要であるのかないのかはわからない」と一撃を浴びせ、批判をかわした。ジョブズが表現したように、キーボードがないことはiPhoneにとって強みだった。「今から六ヶ月後にすばらしいアイデアが出てきても、あわててボタンをつけ足すことはできない。出荷後なのだから」と説明した。iPhoneのガラスのタッチスクリーンは、この機器がすべてのアプリに応じられるよう、ユーザーインターフェイスをカスタマイズできるということだ。

自宅でジョブズのプレゼンテーションを見ていたRIMの創設者であり共同CEOのマイク・ラザリディスは、最初はそれほど心配していなかった。RIMの製品は、多くがビジネスパーソンである長年のブラックベリーユーザーから支持されている。彼らは小さなキーボードを使って、驚くほど速く、正確に文字を入力できた。消費者市場に固執するアップルとは異なり、RIMは将来を企業向け市場に賭け、ブラックベリーを、企業や政府機関が必要とする十分な安全と信頼を備えた唯一のスマートフォンと位置づけていた。市場にあふれる薄い折りたたみ式携帯電話とは異なる、そうした抜け目のないポジショニングにより、ブラックベリーは大企業を独占していた。RIMは企業向け市場を握っているのだから、気まぐれな消費者の好みなど心配する必要はないと考えた。RIMは普通の人々は、現代のポケベルであるブラックベリーをステータスシンボルとして持ちたがるだろう。ブランドの未来は安泰だった。

やがてAT&Tが所有する通信事業者シンギュラーのCEOがステージに現れ、アップルとの独占契約を発表した。まさか、とラザリディスはあざ笑った。電話で完全なウェブ閲覧が可能な容量と速度のデータプランを提供できる携帯電話ネットワークがあるはずがない！

ポジショニングは野蛮なスポーツのようなものだ。半端な真実や拒絶の余地はない。iPhoneに突きつけられた脅威を認めたがらなかったことが、RIMが直面した最大の脅威だった。


アップル社とその競争相手であるカナダのRIMとの戦いほど、互いが根本的に違うビジネス戦争はそう多くはない。RIMは、一九八四年にラザリディスと大学で一緒に工学を学んだダグラス・フレジンによってカナダのウォータールーで設立され、携帯電話やページャー〔日本ではポケベルと呼ばれる〕などの情報機器だけでなく、LED照明システム、コンピューターネットワーク機器、画像編集システムまで、さまざまな製品を開発しはじめ、当初は市場におけるポジションを模索していた。

一九九二年、創業八年目で従業員が一四人になり、どうしても現金が必要になった。ラザリディスがジェームズ・バルシリーに出会ったのはこのときだった。バルシリーは意欲的な起業家であると同時に生来の営業マンで、オンタリオ州で育ち、トロント大学を卒業して、ハーバードでMBAを取得した。RIMに可能性を見出した彼は、買収を提案した。ところが、ラザリディスは共同CEOとして彼を雇い入れ、経営面を任せた（バルシリー自身も自宅を抵当に入れて一二万五〇〇〇ドルをRIMに投資した）。バルシリーは挑戦的で、専制的でさえもあったが、世界中の携帯電話会社と協力関係を構築するにあたってRIMになくてはならない存在となった。

ラザリディスは子どもの頃から「スタートレック」のファンで、登場人物が使うポケットサイズの通信機器を見て想像を膨らませた。大学時代、先見の明がある工学部の教授に、無線でメッセージを送受信することがコミュニケーションにおける次の真なる飛躍的な進歩になるだろうと言われたことがあった。ある電話会社が、ページャーのネットワークに関わる仕事でＲＩＭと契約を結ぶと、ラザリディスはページャーの技術を学び、飛躍的な進歩をみずから実現する機会を得た。

　ページャーは一九四九年にはじめて特許が認められたが、最初は一方向の通信しかできなかった。ごく初期のもののひとつが「テルアンサーフォン」で、送信機のある塔から四〇キロメートル以内にいる医師に無線で新しいメッセージがあることを通知した。トランジスタが年々小さくなり、ページャーはさらに洗練されていき、ついに着信の電話番号が表示されるようになった。この小さな黒い箱は、医師や企業のＣＥＯやその他の地位の高い職業に就く人たちがベルトにつけるようになるにつれて、ステータスシンボルになっていた。これを身につけるのは、呼び出しがかかるほど重要な人物であることを意味したからだ。

　一九九六年九月一八日、ＲＩＭは画期的な「インタラクティブページャー」を発表した。こうした機器としてははじめて、双方向でのメッセージのやり取りが可能になった。伝言を受け取るだけでなく、親指でキーボードを押して伝言を送ることもできた。一年もしないうちに、何十万もの人がこれを使いはじめた。バージョンが新しくなるたびに、機能が追加されていった。二〇〇〇年に発売されたＲＩＭ９５７は、インターネット経由でＥメールの送受信が可能になった。史上はじめて忙しいビジネスパーソンがデスクトップ・コンピューターに届いたメールを、出先ですぐに読んで返信できるようになったのだ。ファイル添付やウェブ閲覧はできなかったが、９５７は企業や政府機関に大きな変革をもたらした。

そして二〇〇二年、アップルがiPodで別の分野からポケット型電子機器の市場への拡大を図った頃、RIMは初代ブラックベリーを発表した。ブラックベリー5810は、双方向型メッセンジャーであり、Eメール機器であり、さらに電話だった。RIMはついに、暫定的ながらも携帯電話事業に参入した。ブラックベリー5810には内蔵マイクがなく、電話として使うときはマイク付きヘッドホンが必要だったが、ユーザーはふたつの機器を持ち歩く必要がなくなった。翌年、RIMははじめて本格的なスマートフォンを発表した。カラー画面、内蔵マイク、スピーカーに加えて、ウェブ・ブラウザが特色だった。双方向型メッセンジャーとしてだけでなく、電話としての仕様も揃ったことになる。

テクノロジーセクターでは、新製品や新サービスはたいてい、消費者向けか企業向けかというポジショニングが行われる。ページャーがつねに企業向けであったように、ブラックベリーも最初から企業向けだった。企業や政府機関といった組織を対象にするB2Bのビジネスは、一本の電話で大口顧客を獲得できる。大企業と契約がまとまれば、その企業は、契約した製品を中心にシステムや手順を組み立てる。研修や乗り換えの費用は膨大になるので、組織の基本的なニーズに応えている限りは、消費者向けの製品よりも多少使い勝手が悪くてもなんとかなる。その結果、企業相手に取引をする企業は、実際に何を売っているかよりもセールストークに焦点を置きがちだ。ジェームズ・バルシリーはセールストークの達人だった。

RIMは、企業向けスマートフォン市場で支配的なポジションを得ただけでなく、その市場をみずから開拓した。金融業界や政府の主要人物やインテルのような部品供給業者に直接、働きかけ、企業ユーザー特有のニーズに応えた。大企業が膨大な数の電話を従業員に提供しはじめると、機器にも弾みがついた。二〇〇五年までに、ブラックベリーは「スマートフォン」の同義語になった。市場に敵はいなかった。二〇〇七年に収益は三〇億ドルに達した。機器とそれが即座にもたらす満足感にとりつかれたユーザーたちは、この機器にクラックベリーとあだ名をつけた〔ｃｌａｃｋ《クラック》には「麻薬」の意味がある〕。

当初ｉＰｈｏｎｅへの評価は必ずしも良くはなかった。初代の機器にはよくあることだが、ソフトウェアの動きが遅くてバグも多く、評論家から怒りの声さえあがった。だがアップルには自信があった。アップルのリーダーも、ＲＩＭのリーダーも傲慢で知られている。両者ともトップの座に慣れていた。その頃までに、ジョブズはＩＢＭ、マイクロソフト、アドビを相手にずっと戦ってきた。それだけでなく、リーダーとしてのジョブズには、ＲＩＭに勝る決定的な利点があった。ＲＩＭにはラザリディスとバルシリーというふたりのＣＥＯがいる。リーダーがふたりという体制は平時には良いことだったが、アップルとの戦いで、内在する欠陥が浮き彫りになった。

共和政ローマでは、ふたりの執政官が権力と役割を分け合った。ところが、危機が起こると、脅威にすばやく、断固として立ち向かうために、元老院はひとりの独裁官に絶対的な権力を与えた。ＲＩＭの社内規定では、そうしたことが許されなかった。ｉＰｈｏｎｅが勢いを増すと、ラザリディスとバルシリーの関係が悪化し、緊張が生まれた。オフィスを分け合う仲だったふたりは、ほとんど口をきかなくなった。ＲＩＭの取締役会に近いひとりが、この緊張を間近で見ている。

試練のひとつは、ＲＩＭが傲慢になりはじめたことだ。その傲慢さは成功から来ていた。マイクよりもジム〔バルシリー〕のほうがその影響をより強く受けたと言える……やがて、ジムは話を聞かなくなった。億万長者で、ほかの誰よりもわかっているので、自分自身の声を聞くのが好きだし、ほかの人の話を聞いたり、フィードバックを受けたりしたくはないのだ。どんな競争圧力に対しても、提案に対しても「いったい何を言っているんだ。われわれはブラックベリーだ。それをわかっているのか？」……この傲慢さが本当に、本当に会社を痛めつけたのだと思う。

さらに悪いことに、ＲＩＭの取締役会は、必要なときにどちらのＣＥＯにも抵抗できなかった。傲慢で知られるジョブズでさえ、取締役会の声には耳を傾け、助言を受け入れることもしばしばあったと言われる。

ＲＩＭが内輪の小競り合いに明け暮れる一方で、アップルは着々とｉＰｈｏｎｅを改善していった。発表当時に欠けていたのは、サードパーティーのソフトウェアを使える機能だった。ジョブズが、ソフトウェア開発者がｉＰｈｏｎｅ用のネイティブアプリケーション〔パソコンやスマホなどで、その機種の端末に直接アクセスし、実行可能なプログラムによって作成されたアプリ〕を作成できるようにするキットを公表すると、水門が開かれた。ｉＰｈｏｎｅの特徴と広いユーザー基盤を利用しようとするソフトウェア開発者によって、多くの独創的で便利なアプリケーションが生まれた。

二〇〇八年七月、アップルは、マイクロソフトエクスチェンジのサポートを導入し、ブラックベリーの企業向け市場のポジションを狙いはじめた。マイクロソフトエクスチェンジは「プッシュ通知」を可能にする。つまり、新しいメッセージが届くとすぐにｉＰｈｏｎｅに通知が来るので、メールの着信を確認するためにわざわざアプリケーションを開く必要がなくなるということだ。マイクロソフトエクスチェンジは企業向けサーバーに標準として組み込まれ、すべての従業員の携帯電話とのあいだで確実にメールの送受信ができるようになっていた。iPhoneがマイクロソフトエクスチェンジをサポートしたことにより、突然それまでの均衡が破れた。いまや企業が従業員に持たせる電話をiPhoneに替えることを妨げるものはなくなった。RIMはかつて企業向けの重要なセールスポイントであった信頼性と安全性において、もはや第一線にはいないことが調査でも示された。

二〇〇八年一一月、RIMはかつての地位を失ったことを認めざるを得なかった。社内には大きな抵抗があったが、タッチスクリーンをはじめて採用したブラックベリー・ストームを発表した。それまで、ブラックベリーのキーボードは最後の砦だった。キーボードはどうしても必要で、物理ボタンがないという考えを受け入れられないユーザーが何百万もいた。ストームにキーボードをつけなかったことにより、ブラックベリーはアップルの縄張りに戦いを移した。そこは、とうてい太刀打ちできない場所だった。ニューヨーク・タイムズ紙のテクノロジー系コラムニストであるデヴィッド・ポーグは、誤作動が多く、使いづらいRIMの機器を「いらついて頭がおかしくなりそう」だと言った。ストームはRIMにとって大失敗だった。「どういうわけでこのような製品が市場に出てきたのだろうか？」とポーグは述べている。「関係者はみなあまりに恐ろしくて、緊急ブレーキを引けなかったのだろうか」その通りだった。バルシリーの攻撃的な姿勢は、電話会社や大企業と大きな取引をするときは役立ったが、RIMの社員は、社内で彼の考えに逆らうのは危険であることを身をもって知っていた。バルシリーとラザリディスが公然とライバルの製品を無視し続けていたため、社員たちはあまりに恐ろしくて、何も気づいていない権力者たちに真実を伝えることができなかった。

だが、ＲＩＭの取締役会はついに行動を起こし、いかにアップルを撃退するかについて助言をもらうために、外部のコンサルタントを招いた。バルシリーはコンサルタントと取締役たちの前で怒りを爆発させた。「わたしの対応は攻撃的だったのだろうか？」とのちに述べている。「そうだったのだろう。だが、倒産するよりはマシだ」取締役会は、ＲＩＭがトップの座にあったときはバルシリーの振る舞いに寛容だったが、さすがにどうにかするべきときが来たと決断した。「わたしは取締役会に負けようとしていた。それはわかっていた」とバルシリーは言った。ビル・ゲイツは、早いうちに脅威を感じ、攻撃的な対応によってネットスケープを食い止めた。ＲＩＭは、アップルがすでに重要な領域を占領していることを潔く認めなかったせいで、みずからを見当違いの場所に導いてしまった。

戦いに勝ち続けていても、形勢はゆっくりと変わることがある。初代ｉＰｈｏｎｅが発売されてから二年、ブラックベリー・カーブは新しいｉＰｈｏｎｅ3ＧＳを上回り、アメリカのスマートフォンの売り上げの首位を維持していた。ブラックベリーの他の三機種もトップテン内にあった。ＲＩＭは、まだアメリカのスマートフォン市場の五五パーセントの占有率を保っていた。第1四半期の売り上げは五三パーセントの伸び、出荷台数七八〇万台、アクティブユーザーは世界に二八五〇万人。調整後利益はウォールストリートの予測を四セント上回った。こうした数字を見ると、アップルはＲＩＭにとって脅威ではない、とラザリディスとバルシリーがひたすら信じたのも理解できる。ところが、アップルは、たったひとつの機種ですぐにこれに追いついた。その秋、ｉＰｈｏｎ eの売り上げが七四〇万台を記録し、四半期の売り上げが過去最高になったのだ。

世界は変化していた。業界内の人にも、業界外の人にも、仕事用の電話と個人用の電話との境目が消えつつあることが明らかになってきた。やがてみんな一台だけを持ち歩いて、それですべてをこなすようになる。ＲＩＭは古いモデルにとらわれ、いくつものポジションを一度に守り続けようとして努力を分散させてしまった。

ｉＰｈｏｎｅがブラックベリーに勝利した要因はいくつも挙げられるが、もっとも重要なのは、ＲＩＭがモバイルデータ通信の速度の発達に適応できなかった点だ。ブラックベリーはＥメール機能にはすぐれていたし、多くのユーザーがメッセージ送受信にキーボードやソフトウェアを使うのを好んだ。問題は、モバイルデータ通信の速度が上がれば、電話でウェブを閲覧するのが苦にならなくなることだ。フェイスブックに新しくプロフィール写真をアップロードしたり、ウィキペディアの記事を調べたり、グーグルマップでホテルを見つけたりするには、タッチスクリーンとさまざまなアプリのおかげで、ｉＰｈｏｎｅのほうがずっと向いていた。二〇〇八年三月に行われたスマートフォン利用者に関する調査では、ブラックベリーの利用者は、Ｅメールやメッセージの送受信ができることに満足し、インターネットの速さと質を経験するために、つねに機器を鳴らし続けた。一方、ｉＰｈｏｎｅの利用者は、音楽、Ｅメール、地図、天気予報、メッセージ、電話など、使いたいものがすべて境目なく統合されていることに満足感を得ていた。ｉＰｈｏｎｅがあればすべて手のひらのうえで使えるからだ。

二〇一〇年には、ＲＩＭは危機に瀕していた。消費者市場で成長することができず、アップルがいまや、ｉＰｈｏｎｅ、さらに新しいタブレット機器ｉＰａｄを自分たちの領域である企業向け市場に推し進めてきた。

一〇月のカンファレンスコールでアップルの四半期決算が発表され、アナリストたちはｉＰｈｏｎｅが販売台数でブラックベリーを上回ったことを知った。ブラックベリーの一二一〇万台に対してｉＰｈｏｎｅは一四一〇万台だった。しかもＲＩＭの数字はアップルとは違い、販売店に出荷された台数であり、必ずしも末端の消費者に売られた数ではなかったため、実際の差はもっと大きかった。ジョブズは素っ気なく言った。「予測可能な将来に彼らに追いつかれるとは思わない」ＲＩＭにとって大きな障害は、すでに巨大になっていたｉＰｈｏｎｅのソフトウェアのエコシステムだった。「アップルのアプリストアには三〇万のアプリがあり、ＲＩＭの行く手には越えなければならない高い山がある」アップルの数字は、その年の残りの四半期ごとに伸び、売上台数はＲＩＭの出荷台数を五〇〇万台上回った。

ＲＩＭとの戦いは落ち着きつつあったが、アップルには新たな敵が待ち構えていることをジョブズは熟知していた。二〇〇八年に、グーグルの新しいＯＳであるアンドロイドに対応した機器が発売されたからだ。アップルのモバイル用ＯＳとは異なり、アンドロイドは無償で誰にでも提供されるオープンソースだ。どんな製造者も無料で自由に使え、改造することもできる。不備が解決されれば、アップルのスマートフォン市場の支配を脅かしはじめるだろう。世界的に今後の大きな成長が見込まれる低価格帯ではとりわけそうなる。不幸なことに、スティーブ・ポール・ジョブズは、この戦いを最後まで率いることはできなかった。一年後、がんが彼の人生を絶った。世界は非凡な革新者であり、リーダーである人物を失った。

のちにＢｌａｃｋＢｅｒｒｙに社名を変更したＲＩＭは二〇一二年、ラザリディスとバルシリーにかわる新しいCEOに、ハードウェア部門のトップであったトルステン・ハインズを指名した。その年、同社は、売り上げが前四半期と比べて二一パーセント減と大幅に落ち込み、一億二五〇〇万ドルの損失を報じた。五年前、ジョブズがマックワールドのステージに上がり最初のiPhoneを発表したとき、RIMは世界のスマートフォン市場の半分を支配し、一九億ドルの利益を上げていた。ところが、いまや五八億ドルの赤字を抱えている。ブラックベリーはふたたび企業向け市場に特化し、消費者向け市場での地位獲得をあきらめることを明らかにした。のちにその言葉を撤回し、他の製造業者とOSのライセンス契約を結んだものの、行き詰まりは目に見えていた。コンピューターのラインナップを四機種に絞り込んだその瞬間から、犠牲を払って良いものだけを残すことが、ジョブズによるアップルのポジショニング戦略だった。犠牲を通して、アップルはすべての人のための最高の電話というポジションを獲得した。

勝利の美酒——バイオコン

一九七八年、インドのバンガロール〔現在のベンガルール〕。二五歳のキラン・マズムダルは苛立っていた。企業向け融資の助けで借りた三〇〇平方メートルに満たない古い倉庫で、一日中、新しい企業で働いてくれる従業員の面接をしていた。残念なことに——驚きはしないが——誰もが言った。女性の下では働けない。

ある程度は予想していたことだった。マズムダルがインドを離れたのは、オーストラリアの大学院に通うためだったが、正確に言えば、働く女性に対する国の姿勢のせいだった。だが、起業家として故郷に戻った以上、良い仕事のチャンスを提供できる見込みがあれば、どんな偏見も乗り越えられるだろうと期待していた。ところがその日の面接では、インドの女性でさえも同じように答えた。マズムダルの気持ちは萎えた。

落胆しつつも、マズムダルは固い決意で面接を続けた。これまでも簡単にあきらめたことはない。従業員集めは、インドに設立しようとする新会社バイオコンの前に立ちはだかる、数ある障害のうちの最初のひとつにすぎなかった。ほかにも安定した電力、綺麗な水、最先端の設備などが必要だった。

とうとう仕事に興味を示す候補者が現れた。マズムダルは驚いたのがわからないように努めた。候補者は化学分野の経験はなく、機械工だった。しかも引退している。だが、役に立つに違いない。何よりも自分のために働こうとしている。マズムダルは今あるものではじめようと考えた。

インドでは、女性が家庭のほかにポジションを得るのは難しい。徐々に進歩はしているものの、この世界第二位の人口大国では、いまだに男女の別による役割が固定されている。二〇一六年になっても、P&G(プロクター・アンド・ギャンブル)の広告キャンペーンは、専門的職業に従事するインドの女性が増えることを認めるものだとして反感を買った。P&Gの洗剤アリエールの#ShareTheLoad(家事分担)キャンペーンでは、成長した娘が部屋の掃除や孫の世話をしながら仕事の電話をしているのを高齢の父親が見ている。かたや、娘の夫はテレビの前から動かない。父親は、夫にも家事の一部をやらせるべきだと娘に教えなかったことを深く後悔している、とナレーターが語る。父親は家に帰って自分も妻の洗濯を手伝おうと決心する。「なぜ洗濯は母親だけの仕事なの？」というタグラインが最後に流れる。

こんにちでさえ男女が家事を分担しようという提言にインドの人々が眉をひそめるのなら、キラン・マズムダルが自分の会社をはじめた四〇年前のインドがどのようなものだったかは想像できるだろう。マズムダルが会社と自分自身のポジショニングをするには、亜大陸をすっぽり覆うガラスの天井を破るという並外れた胆力が必要だった。

一九五三年にマハーラーシュトラ州プネーで、ベンガル人の両親のもとに生まれたマズムダルは、不可能なものは何もないと当たり前のように考えながら育った。両親にこの信念を早くから植えつけられてきたからだ。父リーゼンドラは、キングフィッシャーやロンドンピルスナーのブランドを持つインドの複合企業ユナイテッド・ブルワリーズの醸造長であり、娘に輝かしい未来があることを願った。マズムダルはこう述べている。「（父は）女性であっても、男性を超えずとも、同じくらいのことは成し遂げられる、とわたしに信じさせてくれた」両親は裕福ではなかったが、一流の教育が大切だと強く主張して、娘をバンガロールの私立女子高校に通わせた。そこで、マズムダルはさらに勇気づけられた。「先生たちは……自分自身で考え、自分が行うすべてのことに秀でるための方法を教えてくれた」大学で学んだことも、将来待ち受ける戦いの支えになった。「何人かの教授から……異なるやり方で、創造的に行うことに着目するのを学んだ」最初は医学に関心を抱いたが、奨学金を受けられなかったので、父親から自分と同じようにビール醸造長になってはどうかと勧められた。これは大胆な考えだった。ビール醸造はインドに限らず、当時は男性が支配する領域だった。だが、マズムダルはその道を進もうと決心した。「（父は）わたしに困難に屈してあきらめるのではなく、失敗から学び、新しい方法を見つけさせようとした」とマズムダルは言う。

「ある意味、わたしは父から差別化の重要性を教わり、それがのちにわたしのビジネスの特徴になった」

他人とは違う行動をすることがマズムダルの最大の強みになる。女性ながら醸造者になるというのも、市場の隙間を利用するというひとつのポジショニングだった。

一九七四年、マズムダルはオーストラリアに渡り、メルボルン大学で醸造の管理者《マスターブリュワー》の学位をとり、クラスで一番の成績で卒業した。比較的進んでいたメルボルンにおいてさえ、マズムダルはプログラムで唯一の女性だった。その後数年間、さまざまな醸造所で醸造と麦芽製造の修行をした。だが、身につけた技術を故郷に持ち帰ろうとすると、突然、不快な現実に襲われた。一流の教育を受け、父親が醸造長であったのにもかかわらず、女性であるためにすべての扉が閉ざされた。「男の仕事だ」と雇用者たちから言われた。「インドの醸造業界から抵抗や性別による偏見を受けるとは考えてもいなかった」とマズムダルは述懐している。

故郷には残された選択肢がなかったため、マズムダルはスコットランドの醸造所に職を見つけた。ところが出発前、バイオテクノロジー企業であるバイオコンの創設者、レスリー・オーキンクロスから電話があった。バイオコンはアイルランドのコークに本拠地を置き、化学反応を引き起こすタンパク質である酵素を生産していた。酵素には多くの工業用途があり、醸造でも使われている。だが、オーキンクロスはマズムダルを雇おうとしたわけではなかった。マズムダルと提携したかったのだ。インドには大きな可能性が眠っている。市場は大きく、人件費はほかより安い。インドから原材料を仕入れてはいたものの、今度は現地拠点を置きたかった。インドの法律では、どんな業種も外国資本比率は三〇パーセントまでと定められていたので、インド人のパートナーが必要だった。

求めていたのは、発酵についての深い知識と新しいことをはじめたいという冒険心に富んだ人材だ。「わたしは、経営者としての経験も投資する資金もないので、その役割にはとうていふさわしくない、と答えた」とマズムダルは述べている。オーキンクロスの注意をそらすために、麦芽製造業界のトップを紹介することとさえした。しかし、オーキンクロスは言った。「彼と提携するつもりはない。わたしが必要なのは起業家であって、あなたにその起業家になってほしい」マズムダルは、どんな挑戦もあきらめる必要がないことを子どもの頃から教えられてきたため、ついに申し出を受け入れた。コークでバイオコンの事業の一部始終を学んだあと、ただひとつの使命を果たすためにバンガロールに戻った。バイオテクノロジー企業を立ち上げるために。

一九七八年、二五歳のマズムダルは、借家の車庫でバイオコン・インディアを設立した。創業資金は一万ルピー。こんにちの三〇〇〇ドル足らずだった。挑戦のはじまりだ。「絶対に成功させるということしか考えていなかった。わたしは簡単にあきらめるタイプではなかった。経済自由化［一九九一年の漸進的経済再編成］の前であれば、インドのスタートアップ企業のどれもが直面したような最初のちょっとしたつまずきも、障害も、成功への決意を一層強くしただけだった」と語った。

マズムダルは、海外にいるあいだに、安定した電力、きれいな水、最先端の機器、高度に訓練された労働力などを、先進国の企業家たちと同じように当然のものだと考えるようになっていた。ところが、こうしたものがインドでは何ひとつとして簡単には見つけられそうになかった。一方、人件費やその他のコストは大幅に低く、生産がはじめられさえすれば、企業にとって大きな競争力になるだろう。だが、工場がなければどうにもならない。ベンチャーキャピタルという選択肢はなく、銀行だけが頼りだったが、インドの銀行が女性に金を貸すとは思えなかった。ところが、たまたま運良く社交の場で銀行家をつかまえ、なんとか説得して融資を取りつけた。この創業資金で三〇〇平方メートルにも及ばない貯蔵庫に、最低限の設備を備えた工場を作ることができた。

インドでは、人を雇うのは簡単ではなかった。醸造に必要な知識を持つ男性は女性の下で働くのを嫌った。しかも、その女性はまだ真価がわからないビジネスをはじめようとしている。バイオコンが行う酵素の生産は、インドではまだ目新しかった。それでもマズムダルはあきらめず、ついに数人の従業員を集めた。

バイオコン・インディアは、まず醸造に使われるアイシングラスと肉を柔らかくするためのパパインを製造した。アイシングラスは海産魚から、パパインはパパイアから作られ、どちらの原材料もインドで調達できた。一年もしないうちに製品はヨーロッパとアメリカに輸出され、マズムダルは工場を拡張するために八万平方メートル超の土地を手に入れた。この時点で酵素の製造により多くの労力を投入することもできた。だが、マズムダルは自問した。将来もこのビジネスを守っていけるのだろうか? 酵素の製造は確かに儲かるが、わずかな事業資金の融資があれば一年足らずでうまくいくなら、他の製造者に容易にやり方を真似られて利益を奪われかねない。

マズムダルは、学校で「科学は好奇心に導かれて学ぶものだ」と教えられてきた。そのため、企業が革新を起こすには、科学的な好奇心を企業文化のなかに最初から埋め込まなければならない。そうでなければ停滞し、崩壊するだろう。現状に甘んじれば、当然インドの他の企業が同じ酵素をより低価格で提供しはじめ、バイオコンの事業は脅かされる。インドの知的所有権の規制は緩く、拘束力も弱いため、成功したアイデアをうまく利用し続ける機会も限られると思われた。

恐れ知らずのマズムダルは、故国インドでバイオケミカル企業を立ち上げた女性、という明確で価値あるポジションを築いた。だが、いつまでそれを維持できるだろうか。リーダーは企業独自の強みを理解し、それを最大限に活かさなければならない。強みのプラスにならないものは、たとえ成功した製品であっても、手放さなければならないこともある。つねに革新が必要であり、そうでなければ地歩を失うこともマズムダルにはわかっていた。

一九八四年、マズムダルは、会社設立後わずか六年目に研究開発の特別チームを作り、そのチームに新しい酵素の発見と新しい発酵技術の開発を命じた。「先行者であることの利点を活かして差別化を図れば、バイオコンを成功させられる。持っていないもののせいで行く手をふさがれるのではなく、持っているものを強みに、独自のイノベーションを通して最大限の結果を出そうとした」とマズムダルは語った。

短期間のうちに、バイオコン・インディアは、酵素の製造会社から本格的なバイオケミカル企業へと方向転換を図った。研究プログラムに堅実な投資をしたため、がん、糖尿病、乾癬や関節リウマチなどの自己免疫疾患に効果のあるさまざまな薬を開発した。「ビッグ・ファーマ」と呼ばれる欧米の大手製薬会社と正面からぶつかることはできなかったので、生体細胞やタンパク質を原材料とする薬剤「バイオ医薬品」に焦点を絞って、守りの堅いポジションを作り上げた。バイオ医薬品は、さまざまな疾患を治療できる大きな可能性があるにもかかわらず、開発の費用やリスクが大きい。そこを狙ったのが決定的な強みになった。「手の届くイノベーション」というのがマズムダルのモットーだった。インドの製薬会社は、比較的安い費用で、欧米のライバルたちよりもずっと多くのリスクを負うことができた。

「『イノベーションとは』破産に追い込まれるほど無謀なリスクを負うことではない。リスクを管理し、リスクを負うためのコストを抑えること。欧米よりも基本的なコストが小さいために、インドではより大きなリスクを負える。欧米であれば、コストが一〇倍はかかり、失敗は最終利益を縮小することにつながるため、業績回復が難しくなる」とマズムダルは述べている。

バイオ医薬品は発酵の過程を経て生産されるため、その開発は、バイオコンの強みとマズムダルの専門知識を活用することを意味した。バイオ医薬品の開発が成功すれば、従来の薬と同じ効果を持つものがかなりの低価格で生産できるようになる。たとえば、インドはかつて高価な輸入のインスリンに頼っていた。だが、バイオコンは、インスリンの新しい製造方法を開発して国内の需要に低価格で応えたうえに、世界の市場に向けて輸出も行うようになった。完璧な薬であっても、患者が購入できなければ意味がない。また、発展途上国の何十億もの人が、突然、その薬を購入できるようになれば、莫大な利益につながる。「世界人口のかなりの割合の人々が必要な薬を買うことができない。医療は存在しても、高くて手が届かない」とマズムダルは言う。こんにち、バイオコンは世界でもっとも低い価格でインスリンを製造しており、二〇一九年の時点でも、低コストあるいは中コスト国で、一日一〇セントというさらなる価格引き下げに取り組んでいる。

W・チャン・キムとレネ・モボルニュは著書『[新版]ブルー・オーシャン戦略』（入山章栄監訳、有賀裕子訳、ダイヤモンド社、二〇一五年）において、成功するために、過酷な競争に加わる必要はないと主張し、「サメであふれるレッド・オーシャン……あるいは血で血を洗う熾烈な競争の市場」と「広く開放的なブルー・オーシャン、あるいは競争のない新しい市場」とを比較している。生き残るための単純な原則は、「創り出せ、戦うな」だ。マズムダルはつねに「ブルー・オーシャン」を追ってきた。そこでは違う角度から考えることができるし、新しいポジションも確保できる。バイオコン・インディアは、ファイザーやメルクのような十分な資金力のある欧米の巨大製薬会社と、彼らの得意分野で戦っても勝てないのはわかっていた。発展途上国向けの手頃な価格のバイオ医薬品が、マズムダルの「ブルー・オーシャン」だった。

バイオコンはインドで最初のテクノロジー系スタートアップ企業のひとつであり、マズムダルはだんだんと「生まれたばかりの産業だけでなく、「インドにおける」イノベーション主導ビジネスのブランド大使になっていった」と伝記作家が書いている。マズムダルの揺るぎなく途切れることのない研究への投資によって、創設時とは大きく異なり、バイオコンに入社することはインドの理工学系の人々にとっての目標となった。「当時バイオ技術を理解していた人々はみな、わたしに引き寄せられてきた」とマズムダルは語っている。一九八七年にバイオコンがはじめて大掛かりな事業拡大をしたときは、ベンチャー企業投資によって二五万ドルを確保した。これを研究開発のさらなる推進にあて、新しい最先端の発酵設備を建設した。二年後に、イギリスとオランダを本拠地とする巨大多国籍企業ユニリーバが、レスリー・オーキンクロスからバイオコンの親会社を買い取った。バイオコン・インディアはこのあと一〇年間、ユニリーバの一部署に共同所有された。

一九九〇年代のはじめに、マズムダルはパーティーでスコットランドの実業家ジョン・ショウと出会い、ふたりは婚約した。その後まもなく、ユニリーバがバイオコンを抱える部署を売却したため、マズムダルが立ち上げた会社を完全に支配するチャンスが生まれた。だが、問題がひとつあった。「わたしには株を買い取るだけの資金がなかった。でも、ジョンがイギリスに土地を持っていた」ふたりがバイオコンの残りの株を二〇〇万ドルで買い取ってからまもなく、マズムダルは正式にキラン・マズムダル・ショウとなった。ほどなく、ショウは自分の仕事を辞めて、バイオコンの副会長になった。「ショウはいつもあれこそが本当の愛だと言うの。そして、これまでで最高の投資だと感じたらしいわ」とマズムダル・ショウは語った。

二〇〇四年、マズムダルは、研究プログラムをさらに拡大する資金を得るために、バイオコンの株を公開した。一九七八年当時の投資家たちの興味のなさとは対照的に、バイオコンの新規公開株は募集枠の三三倍となり、市場価格一一億一〇〇〇万ドルの値をつけた。インドで過去に取引初日で一〇億ドルを超えたのは、バイオコンが二社目だった。

純資産三〇億ドルを得たマズムダル・ショウは、インドで唯一の女性の億万長者となり、ビル＆メリンダ・ゲイツ財団の「寄付誓約宣言」に賛同して、資産の多くを慈善事業に寄付すると誓った。女性としてはじめて、インドではふたり目だった。「わたしは、がんなどの衰弱性疾患が貧しい国々の患者に与える耐え難いほどの経済的負担をとくに憂慮している。また、世界の人口の三分の二が、許容できる質の医療をほとんど、あるいはまったく受けられないことも認識している。そうした医療を受ければ、経済的な負担で貧困に追いやられる」とマズムダルは言う。そこで、経済的に困窮する人々が受けられなかったような最先端の治療を受けられるよう、インドの多くの病院に遠隔医療設備を寄贈した。また、一四〇〇床のベッドを備えたがんセンターの建設など、がんの研究と治療にも資金を投じた。

つまるところ、マズムダル・ショウは、不可欠な薬を多くの人々に安価で提供するというバイオコンの活動が自分の最大の貢献だと考えている。「わたしは、手の届くイノベーションを通して世界の医療を変えた人物として、人々の記憶に残りたい」二〇一〇年は、タイム誌の世界でもっとも影響力のある一〇〇人のひとりに、翌年はフィナンシャル・タイムズ紙の、世界の女性経営者トップ五〇のひとりに選ばれた。必要な犠牲を払うことをいとわず、勝者のポジションを獲得して守り通したからこその功績である。マズムダルは、醸造者としての安定した地位をあきらめて一九七八年にバイオコンを創設したときからこんにちまで、余剰資金のすべてを研究に投じるという主義を貫いている。それは「手の届くイノベーション」を産むために必要なリスクだ。

マズムダル・ショウは、科学への好奇心を企業の核となる強みとして最大限に活かし続け、買収と提携だけでなく、積極的な研究開発を通して、バイオコンをつねに勝者のポジションに留めてきた。バイオコンは一〇〇〇に近い特許を有し、収益の一〇パーセントを研究開発にあてている。この比率はインドのどの創薬企業よりもはるかに高い。最高のポジションはつねに一歩先にある。

制空権——ビーチ・エアクラフト対向かい風

一九四〇年六月。ヨーロッパでは戦争が繰り広げられていた。アメリカは戦いに巻き込まれていなかったが、国内では、争いに関わるべきではないと主張する孤立主義者と、フランクリン・デラノ・ルーズベルト大統領をはじめ枢軸国の脅威に対抗するアメリカの同盟国を支援すべきだとする者とが対立していた。日本との通商条約を破棄したり、連合国に武器を供与したりしていくつかの段階を踏んできたものの、アメリカ国民はおおむねこれらを中途半端だと見ていた。戦争へ突入することは避けられそうになかった。奇跡が起きないかぎり、アメリカは二〇世紀二度目の世界大戦に加わることになるだろう。

その夏、状況はさらに悪化し、アメリカの企業リーダーたちは、戦争の大きな影響に備えて、慌ただしく備えをはじめた。だが、ひとりだけ例外がいた。アメリカでもっとも開発の進んだ航空機メーカーの会長兼社長であるウォルター・ハーシェル・ビーチは脳炎で入院していた。しかも、昏睡状態だった。

この戦争は、かつてなかったほどの空中戦になることが誰にもわかっていた。ビーチ・エアクラフトは、世界中からの需要に応えようとすでに奮闘していた。アメリカの同盟国からの注文が次々と入ってきていたからだ。たとえば中国は、日本の侵略を撃退するための爆撃機として、また救急搬送機として、ビーチ・エアクラフトの飛行機を転用しようとしていた。ビーチ・エアクラフトが迫り来る戦いに備えるには、大きな行動に出る必要があった。

ウォルター・ビーチが病院のベッドで生き永らえようと戦う一方で、妻のオリーブ・アン・メローは別のベッドで横になっていた。これはまったくの偶然だが、ふたり目の子どもの出産が迫っていたからだ。世のなかが戦争へとまっしぐらに進むなか、オリーブ・アンは陣痛が襲ってくる間隔を数えた。同時に資金も数えた。秘書兼会計係として、ビーチ・エアクラフトを戦争に向けて準備させていた。

それは、おもには必要な資金を確保することだった。工場の拡張、従業員の確保、新しい機械の購入など、兵器の大量生産に向けて早急に会社を一新しなければならない。必要な電話をかけられるように、ベッド脇に工場への直通電話も引いた。今、オリーブ・アンの指示で、ビーチ・エアクラフトの幹部たちは次の段階の打ち合わせのために病室に集まったところだった。オリーブ・アンは、スーツとネクタイ姿の男性に囲まれて病院のベッドに横たわっているのも一向に気にしなかった。むしろ男性たちのほうが居心地の悪さを感じていた。当時は、夫は妻の出産時には待合室にいるものとされていたからだ。あるいは、その場を仕切ろうとする幹部もいた。オリーブ・アンは女性であるだけでなく、周りの男性たちとは異なり、飛行機の飛ばし方も知らなかった。だが、そんなことは気にしていなかった。お金だけが問題だった。男性たちがうまくいかない理由を並べ立てるのを遮って言った。「解決策を考えた人以外は帰って。なぜできないのかは聞きたくない」

オリーブ・アンは出産がすむとすぐに飛行機でワシントンDCに向かい、復興金融公社の回転信用枠いっぱいの一三〇〇万ドルを借りた。夫が回復に向かうあいだに、さらに七〇〇〇万ドルの資金をかき集めた。ビーチ・エアクラフトが目前に迫った挑戦に立ち向かうには、一ペニーでも多く必要だった。

ウォルター・ビーチは重病を克服して、仕事に復帰した。オリーブ・アンは、その後一〇年間、表だってビーチ・エアクラフトの舵取りをすることはなかった。だが、世界大恐慌のただなかに創業し、彼女の指揮のもとで宇宙時代に突入するまで、有益な役割を果たしたことは否定できない。戦時から戦後へ、製品の移行を繰り返しながら会社を成功に導いたのは、オリーブ・アンの巧妙なポジショニングだった。それにより、同社の運命を決める政府と業界関係者の心に、ビーチ・エアクラフトの優位性をしっかりと刻みつけた。

オリーブ・アン・ビーチはいかに飛ぶかは教わっていなかったが、どこに立つべきかは正確に理解していた。

オリーブ・アン・メローは、一九〇三年カンザス州ウェイブリーの田舎の農家に、四人姉妹の末っ子として生まれた。父親は建設業者で、母親はブタ、ガチョウ、ニワトリ、ウシを飼い、卵とブタを売って家計の足しにした。家の切盛りは母親が行い、家財はすべて母親名義だった。重要なことはすべて母親が決めた。オリーブ・アンは幼い頃から、数字に、そして情熱を示すことに才能を見せた。それは両親も勧めていたことだった。七歳ではじめて自分の銀行口座を持ち、一一歳になると家計簿の記帳を手伝い、小切手を切ったり、出費を管理したりした。一四歳のとき、家族はウィチタに引っ越した。オリーブ・アンは高校には進まず、アメリカン・セクレタリアル・アンド・ビジネス・カレッジで学んだ。

二一歳のとき、ウィチタにある小さな航空機会社、トラベルエア・マニュファクチャリングに秘書兼簿記係として就職した。トラベルエアは、ウォルター・ビーチがクライド・セスナとロイド・ステアマンと共同設立した会社だ。三人は熟練したパイロットであり、航空技師だった。一二人の会社で唯一の女性だったオリーブ・アンは、秘書や簿記で力量を発揮したため、大きくなっていくオフィスの運営をビーチから任された。社内でひとりだけパイロット免許を持っていなかったため、飛行機の知識がないことをよくからかわれた。それにうんざりして、主任技師にすべての部品の名を書き入れた設計図が欲しいと頼んだ。そして、部品ひとつひとつの名前をすべて覚えた。それ以後、新入社員には、担当に関係なく全員に同じことをさせた。オリーブ・アンにしてみれば、パイロットでないからと言って会社の製品を徹底的に理解していないことは許されなかった。

のちに、オリーブ・アンは、一時期は主要航空機会社の社長を務めたにもかかわらず、なぜ実際に飛行機の操縦を教わろうとしなかったのかを尋ねられ、自分に教えようとした男性たちのことを指摘して言った。「教えるというのは、わたしを飛行機に乗せて曲芸飛行することでした。当時、飛行機は逆さまにでも飛ばない限り、意味がないと思われていましたから」

ウォルター・ビーチは営業マンのひとりで、根っから社交的であり、腕の良いパイロットだった。当時、飛行機を売る最良の方法は、レースに出て優勝することだった。同社の名は、一九二七年のドール・ダービーで、トラベルエア5000が優勝したことによって知られるようになった。この飛行機《エア》レースでは一〇人が亡くなり、六機が消息を絶ったり、損傷したりした。第一回トンプソン・トロフィー・レースで同社の「ミステリー・シップ」が当時最速の軍用戦闘機を破ると、トラベルエアの速さと信頼性の評価が高まった。この成功にもかかわらず、共同設立者ふたりがトラベルエアを去った。ステアマンはカリフォルニアの映画産業用に飛行機を作る会社を、セスナはのちのセスナ・エアクラフトとなる企業を創設した。

世界では大恐慌の嵐が吹き荒れていたので、オリーブ・アンは会社をカーチス・ライトに売却したほうが安全だとウォルターに提案した。トラベルエアのエンジンを製造していたカーチス・ライトは、ライト兄弟の流れをくむ企業だった。ウォルター・ビーチはこれに同意し、合併によってカーチス・ライトの株で一〇〇万ドルを手に入れ、同社の部門長と営業部門担当の副社長に就任した。その直後に、オリーブ・アンと結婚して、本社のあるニューヨーク市に引っ越した。

仕事では意気投合したふたりだったが、プライベートでは衝突が絶えなかった。あるとき、オリーブ・アンはウォルターに腹を立てたあまりグランドセントラル駅に向かい、ウィチタ行きの列車に乗った。しばらくすると、不意に列車が止まった。「どっかのバカが線路に飛行機を着陸させた」と乗客が騒いだ。ウォルターが車両に乗り込んできて、平身低頭でオリーブ・アンをなだめすかして席を立たせ、ニューヨークに連れ帰った。

ウォルター・ビーチは飛行機乗りであり、修理工でもあった。両方の仕事ができないと不満だった。カーチス・ライトでは日々の飛行機製造から遠ざかってしまったことに苛立ちを感じはじめ、一九三二年、不況がまだ深刻だったにもかかわらず、高い地位の職を捨てた（ウォルター・ビーチはギャンブラーでもあった）。貯金をかき集めたり、トラベルエア時代の投資家の支援を受けたりして、ウォルターとオリーブ・アンはビーチ・エアクラフトを創設した。トラベルエア時代の従業員を何人か連れてきて、ウィチタのトラベルエアの工場だった場所でどうにか操業をはじめた。ウォルターは社長に就任し、オリーブ・アンは秘書兼経理担当になった。その仕事は「財務に関わることが多く、大事な決定で主要な役割を果たすことができた」と、オリーブ・アンはアメリカ国立航空殿堂でのスピーチで述べている。ところが、ウォルターのほうは、創立初期の頃の話に、オリーブ・アンの貢献を挙げていない。オリーブ・アンは自分の夫とさえ戦わなければならなかったようだ。結局のところ、オリーブ・アンは戦いが上手だった。「夫にわたしの給料を払わせた。そうでなければ働く気はなかった。心血を注いだ仕事なのだから、正当に評価されるべきだと思った」と語っている。認められるのが力になることもわかっていた。何かをやりたければ、強いポジションが必要だった。

ビーチ・エアクラフトでウォルターは本領を発揮した。工場にもしばしば場違いなブルーのスーツ姿で現れ、自分が掲げた「禁煙」の張り紙を無視してパイプをふかした。スーツを油まみれにして、機械工の仕事を手伝うこともよくあった。オリーブ・アンが良く思わないのもかまわずに、機械工や技術者と親しくつきあい、酒を飲みに行き、ときには少額の賭け事をするときもあった。「ヘミングウェイのような、本物の人だった」とウォルターの甥ロバート・プライスは回想している。

ウォルターの最初の目的は、世界一すばらしい飛行機を作ることだった。最高時速約三二〇キロメートル、航続距離約一六〇〇キロメートル、客席は五つで豪華な内装の航空機を作るつもりだった。技術者たちは実現不可能だと思ったが、オリーブ・アンの経営面でのきめ細かい監督と報告のおかげで、ウォルターは通常では考えられない速さで開発を進めることができた。その年の一一月には彼の厳しい基準を満たす、最初の「ビーチクラフト」が出来上がった。この航空機モデル17スタッガーウイングは、すぐにテキサコ・トロフィー・レースで優勝した。

ビーチ・エアクラフトは、創立当初から空のリムジンとも言える快適で、高性能の航空機のトップメーカーとしての地位を確立した。しかし、オリーブ・アンは、注目されるのに必要な要素が欠けていると感じた。ビーチ・エアクラフト製の飛行機は確かに速くて快適だ。だが、より重要なのは、操縦がしやすいことだった。ウォルターは、第一次世界大戦でアメリカ陸軍航空隊のフライトインストラクターを経験してから、真にパイロットのための飛行機を作りたいと考えてきた。民間航空機ではコックピットからの視界などの要素がとても重要だ。戦時であればなおさらだろう。ビーチ・エアクラフトの飛行機はあらゆる面で、どのような条件下でも操縦しやすいように設計されていた。

オリーブ・アンは、この点を強調するために、一九三六年の大陸横断航空レース、ベンディックス・トロフィーで女性パイロットを起用するという宣伝活動を提案した。少なくとも航空機を購入するような男性たちに、並外れた操縦しやすさを強調することができると考えたからだ。ウォルターもそれに賛成した。その年の九月、ルイーズ・ターデンが、航法士のブランチ・ノイスとともにスタッガーウイングでアメリカを横断し、新記録を更新して、後続機よりも三〇分以上早くロサンゼルスに到着した（ターデンは一九二九年に「パウダー・パフ・ダービー」とも呼ばれるウィメンズ・エア・ダービーの第一回大会で、トラベルエアの飛行機を操縦して優勝し、すでに名が知られていた。今回は「女性パイロット向けの」低速のエンジンを使うようにとの指示はなかった）。

翌年、ビーチ・エアクラフトは伝説のツイン・ビーチを発表した。ツイン・ビーチはたちまち世界中で成功を収め、史上最長の三二年間にもわたって製造され続けた。最終的に九〇〇〇機以上が製造され、世界でもっとも人気の高い軽飛行機となった。

ところが、航空機の成功とは裏腹に、企業自体は一九三八年まで苦戦を強いられた。世界大恐慌は、アメリカのありとあらゆる企業に損害をもたらしていた。ビーチ・エアクラフトはこの年、オリーブ・アンが慎重に数字を管理したおかげで赤字は出さなかったものの、一九三九年には従業員を解雇せざるを得なかった。一九四〇年になるとアメリカが戦時体制に入ったため、事態が好転しはじめた。ところが、そのときウォルター・ビーチが昏睡状態に陥った。残された三六歳の妊娠中の妻は、従業員七五〇人を抱える会社を指揮することになった。

オリーブ・アンはひとりで動きがとれず、契約や陣痛と戦うだけではすまなかった。ウォルターの予後がどうなるかわからず、会社の日々の経営は幹部の一部が牛耳ろうとしている。オリーブ・アンは会社の支配を維持し、戦争にも備えるために病院のベッドで一日一二時間働きはじめた。ついには、長女と生まれたばかりの次女の世話をひとりでしながら、一四人の従業員を解雇して社内の反乱を抑えた。

ウォルターは、病に伏してから一年ほどたって会社に復帰した。だが、妻は意思決定をする役割を降りる気がないらしい。かつては会社に対する妻の貢献に言及することさえなかったが、今は喜んで妻を表舞台に出すつもりだった。健康は完全に取り戻したが、ウォルターは狩りだ、釣りだ、ただ単に散髪だと言っては頻繁にオフィスを離れ、ときには重役会議の最中に「これはアンに任せた」と言って部屋を出ることもあった。

アメリカが正式に参戦すると、ビーチ・エアクラフトの従業員は急増し、一九四一年には四〇〇〇人に、もっとも多いときは一万七二〇〇人になった。アメリカ空軍の前身であるアメリカ陸軍航空隊は、輸送機としてツイン・ビーチを頼りにした。ビーチ・エアクラフトは、戦時の金属不足に対応するために合板製の練習機ＡＴ‐10も設計した。ＡＴ‐10のおかげで、ほぼすべてのアメリカの航法士や爆撃手がビーチクラフトで飛行を学んだ。ビーチ・エアクラフトの名は、真にパイロットのための航空機のブランドとして位置づけられ、それは戦後も長いあいだ揺るがなかった。戦争が終わるまでに、同社は七四〇〇機超の軍用機を製造し、すぐれた製品を称える陸海軍Ｅ賞を五回受賞した。兵器製造に関わる八万五〇〇〇社超の企業のうち、この賞に与かれるのはわずか五パーセントだった。

戦争のために事業を拡大したのは、兵站上の成功であった。だが、戦争が終わる前からオリーブ・アンはさらに大きな未来を描いていた。平時への移行だ。同社の収益は、一九三九年のわずか一三〇〇万ドルから、終戦の年の一億二三〇〇万ドルまで急増した。会社も、何千人もの従業員も、軍需の急激な落ち込みにどう対応すればいいのだろうか。もちろん、商業市場で新たなポジションを確保しなければならないが、墜落せずに着地することができるのだろうか。

オリーブ・アン・ビーチには、その後、何十年もリーダーとしての姿勢を導くことになるモットーがあった。「ゆっくり進む」ことだ。ウォルターの向こう見ずなやり方とは正反対だったが、会社には良い結果をもたらした。終戦以前から、ビーチ・エアクラフトは戦後の市場にふさわしい新しいモデルの開発に力を入れはじめた。V字尾翼を特徴とする、全金属製の四人乗り単発機〔航空機でエンジンを一基だけ搭載したもの〕「ボナンザ」である。ボナンザは、一九四六年に発表され、三年後、同社の宣伝の一環として、アメリカ陸軍航空隊の元大尉ウィリアム・ポール・オドムがハワイからニュージャージーまでの無着陸飛行を成功させたことにより、一躍有名になった。オドムが三六時間という世界最長飛行時間の記録を達成してテターボロ空港に着陸したとき、タンクに残ったガソリンは一二ガロン〔約四五リットル〕だけだった。同機は発表されてから現在まで一万七〇〇〇機以上が製造され、もっとも長期間、製造され続けている航空機としての記録を保持している。

一九五〇年にウォルターが心臓発作で亡くなると、オリーブ・アンは悲しみを乗り越えて社長の職を引き継ぎ、大手航空機会社を率いる初の女性となった。ウォルターの兄弟にその座を追われそうになったが、かつて社内に反乱が起こったときと同じようにその企みを一掃して、ついには彼を辞職に追い込んだ。

署名の際は「O・A・Beech」と記して、書面上では性別がわからないようにした。当時の性差別、とりわけ航空機業界の風潮を相殺するような独自のリーダーとしてのスタイルも作り上げた。会議の席で男性取締役たちの話の種にされるのを嫌い、議論をするときは彼らを個別に部屋に呼んだ。みんなに会社の状況がわかるような簡単な方法も考案した。オフィスのドアに太陽が笑っている絵が描かれた旗がかかっているときは好調、嵐が描かれた旗のときは不調の印だった。

リーダーとしては、慎重で、形式にこだわり、厳格だった。「大の男も、彼女の部屋に呼ばれてブルーのカーペットに立つと、おどおどした。彼女は、ごくまれに声を荒らげて何をしてほしいか、あるいはどこがまちがっていたかをはっきりと伝えた」と伝記作家は記している。彼女のことを悪く言う人も良く言う人もみな同じく、オリーブ・アンのことを「女王」と呼びたくなった。ついに、自家用機の搭乗員たちは、彼女が駐機場に降りるたびに本当にレッド・カーペットを敷いた。

ときがたつにつれ、社内でも社外でも、オリーブ・アンを称賛する者が増えていった。彼女のリーダーシップのもと、ビーチ・エアクラフトは着実に成長した。だが、会社のポジションは決して盤石ではない。操縦しやすく信頼性の高い、すぐれた飛行機を製造しているが、すぐれているだけでは十分な防御にはならない。パイロットのための飛行機としてのポジションを強固にするために、融資を行うビーチ・アクセプタンス・コーポレーションが設立された。これにより、個人でも飛行機にずっと手が届きやすくなった。

夫が亡くなってから一〇年にわたり、オリーブ・アン・ビーチは大企業のCEOとしての気質を証明しただけではなかった。朝鮮戦争のあいだも企業の舵を取り、無人軍用ドローンやアポロ計画における与圧系統の開発といった新しい分野にも参入した。オリーブ・アンは、つねに市場の満たされない要求と自社の核となる強みとの共通点を見出して、新しいポジションを獲得した。ビーチ・エアクラフトは政府と良好な関係を築いていただけでなく、客室の与圧系統に関するすぐれた技術を有していたので、宇宙船の与圧系統は参入するにはうってつけの領域だった。

同社の成功は、もはやウォルター・ビーチのエンジニアや設計者としてのすぐれた才能だけによるものではなかった。もし投資家が、オリーブ・アンが指揮をとった一九五〇年に同社の株を買い、一九八〇年に同社がレイセオンに八億ドルで売却されたときにその株を売っていたら、平均で年間一八パーセントのリターンを得たことだろう。投資額が一万ドルだったとしたら、一二三万ドルになり、さらに気前のいい配当金がもらえたはずだ（S&P500に同額を投資したとしても、一五万九四〇〇ドルにしかならない）。クリスチャン・サイエンス・モニター紙は、オリーブ・アン・ビーチのことを「航空機のファーストレディ」と呼んだ。

それでも、アメリカ人は女性CEOという概念に強い違和感を抱いていたため、その違和感が不幸な形で表出した。一九五九年、ビーチ・エアクラフトの広報担当マネジャーが、いつもは寡黙なオリーブ・アンに、サタデー・イブニング・ポスト誌のインタビューを受けることを承諾させた。だが、記者を信頼したのがまちがいだった。詳細にわたるインタビューが「危険——職場の女ボス」という題のついた辛口の記事にされた。オリーブ・アンは以来ずっと、記者に対して不信感を持ち続けた。

一九九三年七月六日、オリーブ・アン・ビーチは心臓麻痺により、八九歳でカンザス州ウィチタの自宅で亡くなった。生涯にわたり、国際女性航空学協会などのいくつかの航空機関のリーダーを務め、アイゼンハワー、ジョンソン、ニクソン政権の数多くの委員会のメンバーに選任された。ビーチ・エアクラフトは所有者が何度か変わり、二〇一四年にセスナ社と合併した。オリーブ・アンとウォルターはこの皮肉を喜ぶだろう。ビーチとセスナは一世紀近くを経て、また一緒になったのだ。

ポジショニングはどんなリーダーにとっても、もっとも重要な仕事だ。誰の力になろうとしているのか、そしてより重要なのは、その人たちはなぜ自分たちが提供するものを選ぶのかを正確に理解しなければ、リーダーの指揮は混乱し、あいまいになり、効果もなくなる。

正しいビジネスチャンスにイエスと言うことは、まちがったチャンスにノーと言うことだ。それは、ひとつの顧客グループで成功する方法を犠牲にして、別の顧客グループでより大きな成功を得ることでもある。ポジショニングの真髄でもある勇気のいる選択だ。犠牲が大きいほど、ポジションは強固になる。こうして焦点を絞り込めば、容易に敗れることはない。良いポジションを進んで捨て、大きなポジションを獲得しようとするリーダーは、激動の時代を切り抜けることができる。

二つ目のポジションに手が出せるのは――コンピューターからモバイル機器に事業を広げたときのアップルのように――焦点を絞ることによって、トップの座の強みを確立してからの話だ。とはいえ、どんなポジションも永久のものではない。最良のリーダーは、新しい敵が固い決意で攻めてきた場合に守りきれなくなるポジションを捨て、新しい、より守りやすいポジションをつねに探し求める。戦場は絶え間なく変化しており、こうした慎重な作戦が必要になる。優位な立場が永遠に続くわけではない。

第五章　新しきを得る

其の無備を攻め、其の不意に出ず。

『孫子』計篇

ライバルにとっても、顧客にとっても、企業自身にとっても、それが当たり前に思えるほど一企業の支配が長く続くことがある。だが、賢明なリーダーは、永遠に続くものはないことを知っている。ビジネスで唯一避けられないのは破壊《ディスラプション》だ。

変化はときに、新世代の消費者とともにやって来る。新しい世代が、新しい価値や好みを市場にもたらす。技術革新によって変化が起こることもある。ひとつのイノベーションが他のイノベーションにつながり、現状が揺さぶられる。蒸気機関。電気。トランジスタ。インターネット。なくてはならないと思われていた多くの製品やサービスがあっというまにすたれ、新しい製品やサービスが不可欠なものになる。だが、何の変化も起こらず、企業が自己満足に陥って終わりを迎えてしまうこともある。貪欲なスタートアップ企業にとって、勝ち組企業は独善的で、意気地のない、容易な獲物だ。

この章では、急激な変化や混乱に対してトップ企業がどのように変化を乗り切ったか、あるいは行き詰まってしまったのかを見ていこう。スタートアップ企業が、新たな業界の重鎮になることもある。既存の大企業がスタートアップ企業を叩き潰したり、飲み込んだりして、脅威を消し去ることもある。役回りは固定されていない。かつての創造的破壊者が、破壊されることもある。現在の立ち位置がどうであれ、偉大なリーダーは敏捷であり続け、気を抜くことはない。

ライトなひらめき――アンハイザー・ブッシュ対ミラー

一九七二年夏、ビル・バッカーは勢いに乗っていた。サウスカロライナ州出身のバッカーのキャリアは、伝説的な広告代理店マッキャンエリクソンの郵便仕分け室ではじまった。その後、売れるコピーを作り出す非凡な才能を発揮し、出世の階段を駆け上がった。今は画期的なキャンペーン「世界中の人々にコークを」を大成功させたばかりだ。ひらめきは、飛行機の旅の途中、乗り継ぎで一泊しなくてはならなくなったときにやって来た。モーテルではよく眠れずに疲れてしまい、早く目的地に着きたいと苛立っていた。だが、同じ遅延した便の乗客が、世界には心配事などないかのように互いに笑い合い、コーラを飲んでいるのを見て、はっとした。さまざまな国の人たちがぎこちない英語で言葉を交わしつつ、まぎれもない連帯感を生みだしていた。コカ・コーラは「多様な人々に、一〇オンス〔二九六ミリリットル〕か一二オンス〔三五五ミリリットル〕の共通項」を提供しているとバッカーは気づいた。そして、ひらめいた。「世界中のみんなにコークを買ってあげたい」というフレーズを紙ナプキンに書きなぐった。このキャッチコピーをもとにCMソングが作られ、キャンペーンは大成功を収めた。CMソングは「愛するハーモニー」という曲になり、思いがけない大ヒットを生んだ。しかも二作だった。ふたつのグループによるこの曲のふたつのバージョンが世界のトップチャートをにぎわせた。

しかし、広告マンとして大事なのは次のプレゼンだ。クリエイティブ・ディレクターになったばかりのバッカーがミルウォーキーにいたのはそのためだった。バッカーは小脇に映像フィルムを抱えて会議室に入っていった。ミラー・ブルーイング・カンパニーのCEOであるジョン・A・マーフィーと経営陣がバッカーの新しいCMの試写を待っていた。ブロンクス生まれのマーフィーは、少し前にミラーを買収したフィリップモリスの指名でCEOに就任した。フィリップモリスの海外事業における功績を認められてのことだったが、マルボロを世界でもっとも人気のタバコに押し上げたマーケティング戦略を、今度は業界五位のミラー・ビールに用いなければならない。

マーフィーはミラー社のターゲット層を決めていた。酒好きのブルーカラーだ。このグループはビール消費者の三分の一を占めるだけだが、アメリカのビールの売り上げのなんと八割を担っていた。ビール会社にとって、これ以上のポジショニングはないだろう。だが、残念なことに、ミラー・ハイライフはつねに高級ビールの分野でポジショニングを続け、「瓶ビールのシャンパン」と呼ばれていた。パッケージまでシャンパンボトルを模している。

ブルーカラーの男性はシャンパンなんて飲まないし、シャンパンの真似もごめんだろう。ミラーがこの層の心をつかむには新しい方法が必要だ。「ミラー・ハイライフはシャンパンクーラーから飛び出して、労働者のランチボックスに飛び込まなくてはならない。一滴も漏らさずに」とマーフィーは力説した。そのためには、業界の重鎮であるバドワイザーからブルーカラーの消費者を引きはがす必要がある。簡単なことではないが、予算はマルボロの稼ぎのおかげで十分にあった。一九七二年に決定打となるキャンペーンを必要とする彼にとって、予算の問題がないのであれば、ビル・バッカーを雇わない手はない。

照明が消され、映写機が回りはじめた。バッカーのCMに、一日のきつい仕事を終えた建設労働者が映し出される。「仕事は終わりだ。ビールを飲みに行こう」次のシーンでは、ヘルメットをかぶったままの労働者がバーでミラー・ハイライフを飲んでいる。CMソングはミリオンヒットにはならないかもしれないが、メロディーがシンプルで覚えやすい。「時間ができたら、ビールで行こう」CMは心をつかみたいと思っているブルーカラー層を直接狙っていた。マーフィーはわくわくした。

一方、バッカーは、基本のアイデアは良いが「広告看板として映える」にはさらに絞り込みが必要だと感じた。そこで、仕事が終わったあとにビールを飲むブルーカラーについて短いエッセイをいくつか書きはじめた。そのエッセイのなかで、「『仕事あがりから寝るまでの時間』のゴールデンタイム」にぴったりの名前を見出した。「ミラータイム」だ。

ミラータイム・キャンペーンがはじまった。マーフィーも、バッカーも期待して待った。ところが、放送枠に何百万ドルも費やし、ゴールデンタイムのスポーツ中継でも流したのに、ハイライフの売り上げは伸びなかった。バッカーは落胆した。もちろん、すべてのキャンペーンが成功するわけはないが、クリエイティブ・ディレクターとしては厳しいスタートとなってしまった。すでに終わりのはじまりなのか？　広告業界ではクリエイターの栄華は長続きしないものだ。

バッカーは次にマーフィーと会うときのために新しいアイデアをいくつか用意していたし、ミラー社が広告代理店を変更すると言ったら、礼儀正しく応じるつもりでいた。ところが驚いたことに、マーフィーは話題になっていないミラータイムのCMを継続するつもりでいた。ミラーは、長年染みついたハイライフのブランドイメージと戦っているのだとマーフィーは考えた。しかも、国民的な飲み物ともいうべきバドワイザーの座を奪おうとしているのだ。そんな変化は一夜にして起こるものではない。

そちら様の予算ですからね。バッカーはそう思った。だが、どうなるかは気にかかる。制作中はヒットの予感がした。もう少し時間が必要なだけなのかもしれない。

何ヶ月も、何百万ドルもが費やされた結果、ジョン・マーフィーの人並み外れた忍耐力が報われた。バッカーのキャンペーンがついに効力を発揮しはじめた。ハイライフの売り上げは、ブルーカラー層の取り込みによって三〇パーセント増加した。マーフィーの戦略の第二弾を発動するときが来た。王国への鍵を握っているのは、業界トップのアンハイザー・ブッシュ社とその最大のライバルであるシュリッツ社だ。正面から向かっても巨人たちには追いつかない。活路を見出すためには市場を揺さぶらなくては。

マーフィーは低カロリービールが突破口となりうると考えた。買収した小さなシカゴの醸造所が作るビールで、その特徴通り、ライトという商品だ。ライトは人気がなかった。社内では、必死で獲得しようとしてきたブルーカラーがはたして「ダイエット」ビールに魅力を感じるのだろうか、という疑問の声があがった。しかしマーフィーの勘では、ライトは見かけ倒しで終わるはずのものではなかった。それどころか、まったく新しいビールのカテゴリーの代表商品となるかもしれない。ただ、フィリップモリスの子会社で新商品を発売するには直感だけでは足りなかった。

最初のうちは、市場調査の結果は懸念を裏打ちするだけだった。建設労働者はダイエット中などと思われたくないのだろう。しかし、インディアナ州アンダーソンのフォーカスグループのひとつが違う反応を見せた。このグループはライトを気に入った。しかも、かなり。なぜだろうか。通常のビールと比べて満腹にならないので、もっとたくさん飲めるからだった。

マーフィーにとって、エウレカの瞬間となった。ブルーカラーに提供する価値《バリュー・プロポジション》を発見したのだ。ライトを通常のビールよりも健康だと打ち出すのではなく、たくさん飲めるビールとしてポジショニングすればいい。マーフィーは、うきうきしてマッキャンエリクソンのバッカーに電話をした。新しいキャンペーンをはじめるときが来た。

一九七四年の早いうちに、ミラー社はライトの醸造方法を完成させ、新しい「お腹が張らない」ビールの製造を開始した。限定地域から徐々に先行発売が開始されると、バッカーの新しいCMが放送されはじめた。CMのひとつでは、テーブルの上にずらりと並んだミラー・ライトの空瓶を前に、ニューヨーク・ジェッツのランニングバック、マット・スネルが座っている。「想像してくれ。最高の味だが満腹にならないビール。一九〇・五センチメートル、一〇四キログラムの体をいっぱいにするのは大変だ」あいまいさはまったくない。別のCMでは、NBAの元審判メンディ・ルドルフとボストン・セルティックスの監督トム・ヘインソーンがバーカウンターに座っている。かつてルドルフの判定をめぐって何度も言い争いをしたふたりが、今はミラー・ライトの長所を議論している。

ルドルフ「一番はおいしさかな」

ヘインソーン「一番は満腹にならないことだ」
ルドルフ「いや、おいしさだ」
ヘインソーン「満腹にならないことだ」
ルドルフ「おいしさ」
ヘインソーン「満腹にならないこと。満腹にならないことだって。あんたはビールをわかってないな。バスケットもわかってなかったけど」
ルドルフ「そこまでだ、ヘインソーン！（ホイッスルを吹く）バーから退場！」

可能性を感じたマーフィーは先行発売期間を切り上げてすぐに全国展開し、過去に例のない一〇〇〇万ドルをこのCMに投じた。
ミラー・ライトの売り上げはロケットのように急上昇した。狙う先はバドワイザーだ。

日本の武道では、「残心」すなわち力を抜きつつも、周囲への意識を途切れさせない境地に到達しようと精進する。技を決めた瞬間も注意を継続し、新しい脅威を警戒する。市場においても、道場と同じように、残心の心構えは重要である。新しいものがどこから現れるかわからない。企業のリーダーは、敵がいかに大きな脅威に見えたとしても、それだけに集中するゆとりはない。攻撃はどんな方向からも、どんなときにもやって来る。
一九七〇年代はじめは、アメリカのビール市場で重要なのは二社だけだった。アンハイザー・ブッシュとシュリッツである。少なくとも、それがオーガスト・アンハイザー・「グッシー」・ブッシユ・ジュニアの持論だった。アンハイザー・ブッシュ社はグッシーの祖父と曾祖父が、セントルイスで一〇〇年ほど前に共同で興した会社だ。今ではグッシーの類いまれなリーダーシップによって、アメリカでトップのビール会社になっている。アンハイザー・ブッシュのペールラガーに「ビールの王様」と名をつけたのはグッシーの父親だったが、バドワイザーを王座に就《つ》けたのはグッシーだ。

　一九七〇年代の幕が開いた頃、業界五位のミラー・ブルーイングは、グッシーのレーダーにひっかかりもしなかった。市場シェア四パーセントしかない弱小企業だ。アンハイザー・ブッシュのシェアは一八パーセント。フィリップモリスがミラーを二億二〇〇〇万ドルで買収したばかりという事実も気にならなかった。大手タバコ会社がビールの何を知っているというのか。グッシーから見れば、バドワイザーにとってはシュリッツが長年のライバルであり、今ここにある危機だった。ミラーと同じミルウォーキーを本拠地とするシュリッツは、コストダウンを推し進めていた。大麦の麦芽をコーンシロップに変え、高温発酵を使い、醸造にシリカゲルまで添加するようになっていた。そうやってコストを下げてバドワイザーよりも安い価格設定をし、あらゆるところに広告を出した。グッシーは、シュリッツがまだおいしいビールを作っていた頃に稼いだリードを奪おうと努力していた。安酒に負けるつもりはなかった。

　アンハイザー・ブッシュで異なる視点を持っていたのは、グッシーの息子であるオーガスト・ブッシュ三世だった。シュリッツは近視眼的な戦略で利益を増やすかもしれないが、コストダウンを消費者に気づかれたら、一巻の終わりだろう。一方、精力的で野心的なミラーは、バドワイザーの王冠にとってより大きな脅威に思える。フィリップモリス社は醸造についてはあまり知らないかもしれないものの、消費者マーケティングに精通し、財源も大きい。今日の敵はシュリッツだとしても、明日の敵はまちがいなくミラーになる。ところが、父は息子の警告を無視した。息子の直感など信じたことはなかった。

アンハイザー・ブッシュも新しいＣＭを流していた。バドワイザーの良さを褒めちぎるのではなく、シュリッツのコストをカットした醸造法をからかうものだった。ＣＭのひとつでは、シュリッツの秘密の原料が汚れた洗濯物の山だったとするものもあった。アンハイザー・ブッシュ社内では、攻撃的な広告が若干の笑いもとったが、ＣＭを見る人々がどう思うかのほうが心配された。シュリッツを貶めても、バドワイザーが褒められるわけではない。シュリッツがそんなにひどいなら、みんな飲むのをやめるだろう。しかし、それは「ミラータイム」に、ハイライフよりもバドワイザーが選ばれるということではない。アンハイザー・ブッシュが取り組むべき問題は、なぜ消費者がバドワイザーを飲むべきかだ。アンハイザー・ブッシュはその理由をわかっているのか。そんなとき、ミラーがライトを発売した。

ビジネスで大切なのは、予想外のことにどう対応するかということに尽きる。行動するか、それとも受け身で応じるのか。グッシー・ブッシュはシュリッツだけに集中し、息子の警告を無視して、資金源が豊かで攻撃的なミラー・ブルーイングの脅威を顧みなかった。今、息子のオーガストの予測がすべて現実になった。父親がその事実を認めることは予測していなかっただろうが。ミラーは、消費者に愛されるまったく新しい種類のビールによって、アンハイザー・ブッシュや他のライバルたちの機先を制した。このまま成長すると、まもなくクアーズとパブストを抜き、アメリカ第三位のビールメーカーとなり、王者に近づく。アンハイザー・ブッシュはどう対応するのか。

七六歳のグッシー・ブッシュは反撃の体制を整える前に、家族に起こった悲劇のせいで、何もできなくなってしまった。一九七四年一二月、オーガストの異母妹である八歳のティナが自動車事故で亡くなったのである。最愛の娘を失い、絶望したグッシーは酒に溺れ、出社もしなくなった。オーガストは、来るべき父親の引退に向けて準備をはじめてはいたが、スケジュールを繰り上げる必要が出てきた。そこで、信頼できる経営陣のうち何人かと毎週土曜日の朝、社外でミーティングをし、社長に就任する計画を練った。「暁の偵察」隊〔戦時に敵のポジションや動きを観察するための早朝飛行隊のこと〕の次のミーティングで、オーガストはクーデターを決行することを宣言した。

グッシーが苦しみをジンで薄めようとしているあいだに、オーガストと仲間たちは乗っ取りのための戦略を立てた。チームスターズ労働組合が一番の不安材料だった。少しでも弱みを見せれば、労働組合はすかさずストライキを起こすだろう。経験の浅いＣＥＯの就任は、彼らが待ち望んでいたチャンスを差し出すようなものだ。そこで、ストライキに備えて、ビールの在庫を増やすことが決められた。

一九七五年五月、ミラー・ライトがアメリカ中で大きなうねりを起こしているさなか、オーガスト・ブッシュ三世は取締役会を招集し、自分をＣＥＯに任命するよう求めた。グッシーは両手に杖を持ち、足を引きずって会議に参加した。腹は立つが、自信は揺らがなかった。取締役たちは長年、自分に忠誠を尽くしてきた。自分が独力でアンハイザー・ブッシュを世界最大のビールメーカーに育て、一ヶ所しかない事業所を国内九ヶ所の醸造所へ拡大し、年間二六〇〇万バレル超を売り上げるまでにしたのを見てきた。自分が息子の経営能力を信用していないのだから、彼らが信じるはずがない。だが、オーガストの提案を支持する手が次々と挙がった。グッシーはひどく裏切られた気持ちになった。グッシー・ブッシュのおよそ三〇年にわたるアンハイザー・ブッシュの支配はついに終わった。古き者は去り、新しき者がやって来た。

オーガスト・ブッシュ三世は望んだものを手に入れた。しかし、世代交代だけでは迫りくる嵐を乗り切れない。今後のオーガストの選択によって、アンハイザー・ブッシュがトップに留まるか、その地位が奪われるかが決まる。オーガストはこれまで自分の意見が大事にされなかったので、いつも遠慮なく自分の意見を言っていた。だが、今は自分の意見は大事だ。どうするべきか。

暁の偵察隊が予測したように、チームスターズ労働組合は経営者交代を機に瓶詰工場のオートメーション化に反対するストライキを決行した。一九七六年三月までに、八〇〇〇人の労働者がスト入りし、醸造所はどこも稼働しなくなった。オーガストは、父親が労働組合に弱腰であることを長年にわたって非難してきた（グッシーはチームスターズ労働組合を怒らせるのをとりわけ恐れていた。一九五三年にシュリッツでストライキが起こったおかげで、アンハイザー・ブッシュはライバルのシュリッツを追い越すことができたからだ）。ストライキ開始から一ヶ月が経過し、オーガストは自分の思うがままに対処することに決めた。中間管理職、経理職、タイピストなど八〇〇〇人の従業員が、「スト破り」「裏切り者」などと罵声を浴びながらピケラインを越えた。その後まもなく、工場は操業を再開した。もちろん通常よりも速度はかなり遅かったが、オーガストは目的を果たした。チームスターズ労働組合は憤り、鉄道線路にピケラインを張り、トラックが出発できないように座り込みをし、バドワイザーの不買運動を全国的に展開した。オーガストは動じなかった。ストライキ前にビールの在庫を備蓄する決断をしたのは賢明だった。オーガストにはビールがあったが、組合員には生活費の請求書の支払いがたまっていた。

オーガストはもうひとつ正しい判断をした。シュリッツのビールには、新しいコストカット製法の影響が見られるようになっていた。味が落ちただけではなく、成分が凝固しはじめた。ジョッキに入れるとにごり、まだらになってしまう。社内調査によって新しい安価な安定剤が原因とされ、配合の変更が行われた。ところが、凝固はしなくなったが、炭酸も抜けてしまった。気の抜けたビールなど、シュリッツの忠実な愛飲者でもごめんだった。大量のビールが廃棄された。オーガストにとって唯一の問題は、シュリッツのファンがミラー・ライトに乗り換えていることだった。

危機はリーダーの気概を試す機会となる。オーガスト・ブッシュ三世は、CEOに就任してから一年もたっていないのにもかかわらず、ミラー社というエネルギッシュで才気あふれる新しい敵と、強く、決意が固く、ますます緊張を高めていく労働組合の両方に直面していた。だが、父親をCEOの座から引きずりおろした以上、最初に起こったトラブルで尻尾を巻くわけにはいかない。ビールの備蓄のおかげで、組合が一歩も引かないと言ったとしてもこちらは持ちこたえられる。準備と冷徹な決断が功を奏した。五月には、ニュージャージーの工場労働者がストライキ前に提示した条件を受け入れた。翌月までにはストライキが瓦解し、アンハイザー・ブッシュの全工場が通常通りの操業に戻った。オーガストは賭けに勝った。

だが、無傷の勝利ではなかった。九五日間のストライキによって何千万ドルもの損失を出し、マーケットシェアの四パーセントを失った。ミラー社の仕事を肩代わりしたようなものだった。さらに、予想されていたことだが、社内の士気が下がった。組合員はストライキ中にオーガストから冷遇されて強い疎外感を味わっていたし、スト破りをした同僚に裏切られたとも感じていた。オーガストも、組合員が仕事に戻るよう多くのことを行ってきたので、今は彼らに辞めてほしくはなかった。そこで、従業員をひとつの旗印のもとにふたたび団結させるべく、歴世の才覚あるリーダーたちにならった。分裂によって団結が揺らいだ組織に対し、共通の敵を倒すために再結成を促したのだ。

ストライキが終わって何週間かのちに、アンハイザー・ブッシュの従業員全員に「わたしはミラー・キラー」と書かれた白いTシャツが配布された。戦略は単純で、わかりやすく、そして非常に効果的だった。士気は回復し、生産性が向上した。タイミングも良かった。一九七六年一一月、シュリッツの会長であるロバート・ユーラインが急性白血病によってこの世を去り、同社にはダメージを受けたブランドと巨大な負債が残された。後継者の計画はなかった。シュリッツが沈み、ミラーが第二位に浮上した。ミラーの勢いにブレーキをかけるのは、同社の生産能力のみだった。アンハイザー・ブッシュは年間、膨大な量のビールを生産している。それに追いつくために、ミラーが新しい工場を建設するには時間がかかるだろう。それでも、ミラーはものすごい勢いで追いつこうとしていた。

オーガスト・ブッシュ三世は単純で直接的な解決策を好んだ。ミラーがライトビールで自分たちを脅かそうとしているなら、自分たちもライトビールを製造すればいい。一九七六年、アンハイザー・ブッシュはナチュラル・ライトを発売した。ミラー・ライトの劣化コピーとでもいうべき商品だった。ミラー・ライトのCMに出演していたスポーツ選手を、自分たちの商品の宣伝に使うことさえした。きわめて単純で直接的だ。あとは、ターゲットの消費者が見ているところにCMを流せばいい。何年も前から、ミラーはスポーツ広告に巨額の投資をし、野球のワールドシリーズからアイスホッケーのスタンレーカップまであらゆるスポンサー枠に飛びついてきた。アンハイザー・ブッシュは、長年スポーツには手を出さなかった。あまりに高額なのでコストに見合わないせいだったが、それは戦略的過ちだったと今、オーガストは考えた。スポーツ広告がブルーカラーのビール消費者にもっとも直接的な訴求力があるのは確かだ。オーガストは、マーケティング部門をフル回転させるために新しい最重要目標をひとつ与えた。失った陣地を取り戻せ。できるだけ多く、速く。そのために、ミラーの契約期間が終わり次第、スポーツの空いたスポンサー枠はすべてもぎ取れ。

ミラーは新工場建設に何億ドルもかけていた。一位の座を奪い取るという夢も現実味を帯びてきた。ジョン・マーフィーはその日が正確にいつになるかをひそかに算出した、と記者たちに向かって自信たっぷりに語った。だが、その自信はまちがっていた。マーフィーは並外れた業界破壊をはじめたものの、ライバルの気性を見くびっていた。オーガスト・ブッシュ三世が自分の父親を裏切ったのは、ミラーが自分のものに手を出そうとするのを指をくわえて眺めているためではない。ナチュラル・ライトに独自性がないことを消費者は気にしなかった。だから、ミラーの真似をすればいい。単純で直接的だ。商標登録されたイメージとキャッチコピーのほかは、バッカーが考えた宣伝戦略をミラーが法的に意味のある形で保護することはできない。だから、自分たちもミラーと同じことをすればいい。

一九七九年、ミラーがバドワイザーの背後に迫ったときに、新しいテレビCMが登場した。ミラーが大きな賭けに出て、ブルーカラーの消費者を獲得しようとしたCMが最初に放送されてから七年後、まったく同じようなバドワイザーのCMが流れた。長い一日を終えようとしている建設労働者のあとに、トラック運転手、農家、船長など、男性的で典型的なブルーカラーが次々と映し出される。ミラーのCMと違うのは「このバドをあなたに」というキャッチコピーだけだった。かなり似ているが、さすがに「バドワイザータイム」ではなかった。

コピー商品であるナチュラル・ライト、そして今度はコピーCMキャンペーンによって事態を混乱させたアンハイザー・ブッシュは、破壊的な競争相手の強みをほぼ無力化させた。「このバドをあなたに」のCMは「ミラータイム」とよく似ていたので、消費者には破壊者と既存勢力を区別することがほぼ不可能になった。ミラーは「ブルーカラービール」の守りを固めていなかったにもかかわらず、すでに守りを固めたかのように振る舞い、機敏性《アジリティ》を活かして新しい陣地を得ることもなく、満足してしまっていた。アンハイザー・ブッシュが急成長したミラーの勢いを止めて一位の座を維持するには、恥をかなぐりすてて真似をするだけでよかった。

ファストファッション――H&M対Zara

金曜日の早朝、マンハッタン。人々は一一月の寒さをものともせず、一ブロックにわたって行列を作り、雨のなかを辛抱強く待っていた。ファッションが好きな人たちは、一生に一度のチャンスをものにするためにはなんだってする。午前九時、三四丁目と七番街の角のH&M《エイチアンドエム》が開店すると、しびれを切らした買い物客がどっとなだれ込んだ。九時二分、店員たちが商品を棚に追加しはじめる。九時二〇分、ファッション・アイコンとして知られるデザイナー、カール・ラガーフェルドの限定コレクションは売り切れた。

状況は五番街の旗艦店でも同じだったが、こちらはもう少し多く在庫があった。開店時に三〇〇人の買い物客が押し寄せ、一時間もたたないうちに一五〇〇点が売れた。午前中は、一時間ごとにさらに二〇〇〇点が売れ、やがて旗艦店の在庫もなくなった。

ファッション業界日刊紙「ウィメンズ・ウェア・デイリー」では、後日それを「集団ヒステリー」と呼んだが、ラガーフェルドの限定コレクションは、世界中のH&Mの店舗のほとんどで同じような速さで売り切れた。「手に持っていたセーターを奪い取られたの！」と三〇歳の弁護士は言った。「みんな商品を見もせず、ただつかみ取っていった」とパティシエは言う。「商品を交換してる人たちもいた。サイズ四四のワンピースを違うサイズのシャツと交換するとか。ジーンズが二、三本残ってるだけだった。一瞬で全部なくなったから店を出た」ドイツの受付係は、ベルリンの壁の崩壊にたとえた。二〇〇四年のこの朝、世界各国の大都市でH&Mの店舗が開店すると、この現象が繰り返された。

一方、香港では、H&Mの主要なライバルであるZ《ザ》a r《ラ》aが二〇〇〇店舗目をオープンしようとしていた。スペインを本拠地とするZ a r aは、五つの大陸の五六の国と地域で販売をしている。Z a r aの旬のファッションは、パナマからラトビア、モロッコまで、どこでも買うことができる。H&Mは若い消費者向けの華やかなトレンド服をメインとしているが、Z a r aはほぼ全世代の女性に向けたしゃれたベーシックな服を売っている。それぞれの手法は異なるものの、「ファストファッション」を届けるという共通の傾向は業界を一新した。どちらも速さで互いに勝つことはできない。両社とも、通常の小売業者よりもかなり早く最新のファッションを売り出している。他の点で競わなくてはならない。

ファッションには「正しい」服はなく、「今、正しい」服しかない。流行に敏感な消費者はつねに、ファッションショーのランウェイやレッドカーペットで見た最新スタイルを手に入れたがる。

衣料メーカーは消費者の好みに追いつくことはできない。通常、既製服を売る企業は六ヶ月前に新作コレクションのデザインを作り、労働力の安い国の工場に送る。そうすると、毎年春と秋に、待ちかねていた新作の服が店舗に大量に入荷する。何シーズンものあいだ、消費者は、オートクチュールの新しいスタイルが大量生産にゆっくりと回ってくるのを受け入れていた。ところが、H&MとZaraは、この数ヶ月のサイクルを数週間の単位に縮めて、ファッションを永遠に変えてしまった。

一九八九年の大晦日、マンハッタンにファストファッションが到来し、ニューヨーク・タイムズ紙はまったく新しいファッションの「言語」と呼んで歓迎した。

予算は限られているが、口紅の色を変えるのと同じ頻度でファッションも変える……そんな流行を追う若者が理解している言語である。コーディネートされたスタイルでファストファッションを売る。

ファストファッションの「ファスト」は相対的なものだが、スペインからやって来たZaraは、ニューヨーク市レキシントン街に新店舗を立ち上げ、前代未聞のスピードで商品を市場に出し、ファッションを民主化した。新しいトレンドも、エリートのファッション・リーダーが飽きてから一～二シーズンして、やっと手に取りやすい価格帯のメーカーや古着ブティックに降りてくるのを待つ必要はなくなった。誰もがほとんど即時に、最新のスタイルを予算内で楽しめるようになった。「毎週、スペインから入荷があります」Zaraのアメリカ事業の責任者として、二月にニューヨークに来たファン・ロペスは言った。「店の在庫は三週間ごとに変わります。求めているのは最新トレンド。新しいアイデアは一五日で店舗に届きます」

表舞台に出たがらないことで有名なＺａｒａの創業者アマンシオ・オルテガ・ガオーナは一九三六年三月二八日に〔レオンで〕生まれ、スペインのガリシア地方の町、ラコルニャで育った。一四歳のとき、地元のシャツ裁縫店の配達係として雇われたのが、服飾業界でのキャリアのはじまりだった。最終的には店長になる過程で、仕立ての技術を学んだ。そのかたわら、姉の家のキッチンテーブルで婦人服を作りはじめた。人気のファッションを真似てパターンを裁断し、安価な素材を使ってドレスを作り、安く店に売りさばいた。一九六三年、妻のロザリア・メラとともに、貯金で小さな工場をオープンした。それが一〇年後には、従業員五〇〇〇人を雇うまでに成長した。

一九七五年、オルテガとメラはラコルニャに小売の一号店をオープンし、「Ｚ《ゾ》ｏｒ《ル》ｂａ《バ》」と名づけた。一九六四年の映画「その男ゾルバ」でアンソニー・クインが演じたギリシャの無骨者から取った名前だ。ところが、運悪く、近くに同じ名前のバーがあった。すでに看板の文字の鋳型が出来上がっていたので、それを良さそうな名前に並べ変えた。Ｚａｒａである。最新ファッションの低価格のコピーを売るというビジネスモデルは、卸売と同じように小売でも成功した。店に製品を供給するために、近くの工業地域アルテイショに新しく工場を建て、スペイン国内のあちこちに新店舗を設けはじめた。

工場も店舗も手に入れたオルテガは、自分の競争力は市場に商品を出す速さだと考えた。そこで、無駄をそぎ落とし、流行にすばやく反応する「インスタントファッション」というビジョンを描いた。サプライチェーンを掌握し、少数の製品を迅速に生産すれば、ライバル企業よりずっと速く新しい服を販売して流行に対応できる。実現には物流上の課題が残っていたが、そんなときに出会ったのがホセ・マリア・カステリャーノだった。カステリャーノはコンピューターに精通していて、オルテガが服のデザイン、製造、流通においてテクノロジー主導の新しい手法を築く手助けをした。工場から店舗まで、サプライチェーン全体の在庫と需要をコンピューターによって管理することで、数週間単位で変化する消費者の好みに合わせて少数を生産する体制を維持できる。最新の流行を何ヶ月も待つことに慣れていた消費者には、魔法のように思えたに違いない。

一九八三年までに、Ｚａｒａはスペインの主要都市に九つの店舗を構えた。どれも高級ショッピング地区にあり、一〇万平方フィート〔九二九〇平方メートル〕の流通配送センターをアルテイショに置いた。一九八五年、Ｚａｒａの持株会社としてインディテックスが設立された。一九八八年、インディテックスはポルトガルに店舗を開いて海外展開をはじめ、一九八九年にアメリカの一号店がニューヨーク・タイムズ紙で話題になったときには、Ｚａｒａは「インスタントファッション」の手法をすっかり身につけていた。同社は先例のない速さで成長した。過去二年間の売り上げは倍増し、三億八〇〇〇万ドルになった。大手の繊維企業は垂直統合が可能にしたＺａｒａのスピードに太刀打ちできなかった。業界が一変するほどのパラダイムシフトが起こっていた。だが、それはＺａｒａだけで成し遂げたことではない。Ｚａｒａは、同じように賢明で勢いに乗った起業家によって設立されたスウェーデンの企業Ｈ＆Ｍと激しく競っていたのだ。

第二次世界大戦終結後、三〇歳のアーリン・パーソンは、アメリカを訪れるためにスウェーデンを出発した。パーソンは、アメリカで古典的な車の旅をして、このダイナミックで経済的に急成長している国が、戦争で荒廃した旧世界とどう違うのかを見たいと思っていた。アメリカは野心あふれる革新者の国だ。ビジネスの将来はこの国で最初に可視化される。

パーソンはアメリカの街や都市を訪れて、小売店の大きさと効率性に驚愕した。大きく、明るい店舗の棚にあふれるように並ぶ商品が次々と売れていく。アメリカの小売店は、すべての面で豊かで、値頃感があり、速かった。新しい可能性に刺激を受けてスウェーデンに戻ったパーソンは、一九四七年に、女性服のディスカウントショップを、ヴェステロースという小さな街に開いた。店名のヘネスはスウェーデン語で「彼女のもの」という意味だ。店は繁盛した。数年後、ストックホルムにも出店した。一九五四年には、スウェーデン最大の日刊紙に全面カラー広告を載せるという賭けに出て、さらなる成長を遂げた。女性服以外にも手を広げるときが来た。ストックホルムにマウリッツ・ウィドフォースという、狩猟や釣りが好きなアウトドア派のスウェーデン男性に長年選ばれてきた店があった。一九六八年、ヘネスはマウリッツを買収し、それによって男性服にも商品ラインを拡大した。

一九六〇年代、同社は大きく成長した。スウェーデン国内のヘネス＆マウリッツの店舗は四二に増え、続けてノルウェー、デンマーク、イギリス、スイスにも事業を展開した。一九七四年には、上場を果たし、ブランド名をＨ＆Ｍに変更した。

Ｈ＆ＭとＺａｒａはどちらも、他社で売れたデザインをコピーすることで成功した。しかし、それはずさんな模造品ではなかった。両社とも、細部まできちんと作り込んでいた。価格は安く、質も良かったので、顧客は数週間後には次の流行の服を買いにやって来た。法的な問題を避けるため、両社とも注意深く模造品を修正したが、つねに成功したわけではない。Ｚａｒａは、二〇一一年、クリスチャン・ルブタンから、商標登録済みのコンセプトであるレッドソールの靴を売ったとして訴訟を起こされた。ファッションデザインは、法的な観点からつねに保護が難しいとされてきた分野だ。Ｚａｒａの靴は、遠目にはとても高価なルブタンに見える。だが、裁判所はルブタンの訴えを退けた。

一九八〇年代、Ｈ＆ＭとＺａｒａは小売の特訓を受けているかのように、それぞれ急速に拡大していった。両社はともに、流行に遅れず、速く商品を市場に出すことを最初から優先していたが、それ以外の成長への手法は大きく異なった。Ｈ＆Ｍは実験を好んだ。たとえば、消費者の自宅に自社の商品を届けるためにカタログ通販会社を買収し、のちにはインターネット通販に早期参入した。対照的に、オルテガはスピードに専心し、Ｚａｒａのシステムの改善を続けた。マクドナルド兄弟がハンバーガーをできるだけ効率的に作るためにファストフード店を系統的にデザインしたのに似ている。オルテガの目標はつねに「インスタントファッション」だった。物理的に可能な限り、即席に近づけようとした。この目的に沿って、会社のオペレーションのすべてが作られた。

オルテガは経験から、流行は一ヶ月ほどではじまって終わることがあるのを知っていたので、柔軟性を最大限に高めるため、各店舗に各商品を数点ずつのみ出荷し、バックヤードの在庫をできるだけ少なくすることに決めた。その代わり、各アイテムの変動する需要にすばやく対応するため、出荷頻度を上げた。

絶え間なく進化するトレンドに遅れないため、店舗従業員は消費者のフィードバックを得るよう訓練された。苦情、好み、特定のアイテムへの要望を聞き、その結果を本部に報告する仕組みが用意された。カステリャーノがコンピューター化した在庫システムと、さらに後年にはＲＦＩＤタグ〔電波を用いて、内蔵メモリのデータを非接触で読み書きする情報媒体〕など新しい技術も使って、各衣料についての総合的なデータとフィードバックを組み合わせたおかげで、何が売れていて、何が売れていないか、またその理由について、最新の情報がわかるようになった。社内デザインチームはすぐにデザインを修正し、工場に送る。二週間後、最新のデータを反映させた服が店舗に入荷する。特定の色合いのピンクのスカーフが三都市で同時にリクエストされたら、世界中の何千もの店舗にピンクのスカーフがどっさり送られることになる。わずか一四日のうちに。

このような予測できない需要に安定した速さで対応するには、高度な柔軟性が必要だ。そのため、インディテックス社の工場は週に四日半しか稼働しない。需要が急増した場合に備えて余力を残しておくためだ。Ｔシャツのように長期間売れる商品はアジアの工場に外注して安い労働力を活用したが、その他の半数以上の衣料は自社工場か、本社に近い工場で製造した。流行は短い。市場に出す速さはコストよりも重要だ。たとえ利益率が大きくても、誰も欲しがらない服には意味がない。いずれにせよ、自社従業員を使ったり、アジア以外の工場に頼ったりしてコストが高くなったとしても、商品の回転の速さや余剰在庫であふれた倉庫がないことで、たいていは相殺される。

最新の流行をつかむために、Ｚａｒａは世界中にアナリストのチームを派遣した。大学のキャンパス、ナイトクラブ、コンサートなど、世界的に流行する新しいトレンドが生まれそうなところなら、どこへでも行かせた。この結果もまたアルテイショの本部に報告され、その新しい情報に合わせてデザイナーがすぐに作成をはじめる。二週間後、ひとつかふたつの都市にしかなかったしゃれた新しい服が、突然、どこのＺａｒａの店にも置かれるようになる。

Ｚａｒａの影響力が大きくなると、消費者の行動もそれに合わせて変化した。消費者は新しい流行を追うのに夢中になった。「一〇月にグッチやシャネルの店に行くと、二月になっても同じ服がまだ置いてある可能性が大きい」ファッション誌の編集者マスード・ゴルソーキは言う。「Ｚａｒａの店では、すぐその場で買わなければならない。一一日以内にすべての商品が変わる。今買わなければなくなってしまう。価格が安いので、すぐに買える」

Ｚａｒａとは異なり、Ｈ＆Ｍは自社工場を持たない。その代わりに何千もの工場の窓口となる何百もの外注業者と協働することで、速さと柔軟性を達成した。また、一九五四年にはじめてフルカラーの新聞広告を出して以来、つねにマーケティングと広告の力を大事にして自社のポジショニングをしてきた。

一九八〇年代後半、スーパーモデルが現れた。そのうちの少数のトップモデルたちは真の有名人となり、トークショーやゴシップ誌に登場し、映画にまで出演して、これまでのモデルには成し得なかったほどの金を稼いだ。一九九〇年、Ｈ＆Ｍは元祖スーパーモデルのひとりとされるエル・マクファーソンを起用して、クリスマスの下着キャンペーンを開始した。一九九〇年代にはマクファーソンに加え、シンディ・クロフォード、クラウディア・シファー、クリスティ・ターリントン、リンダ・エヴァンジェリスタ、ナオミ・キャンベルなど多くの元祖スーパーモデルたちが同社のキャンペーンに定期的に起用された。

対照的に、Ｚａｒａは創業者がメディアに出ないのと同じように、「マーケティングなし、コミュニケーションなし」という方針を貫いた。「Ｚａｒａは自分たちのことを語りません」インディテックス社の広報担当は説明した。「お客様に語ってもらうという考え方です」Ｈ＆Ｍの積極的な広告展開やデザイナーとの華やかなコラボレーションには、不動産で対抗した。資金をテレビＣＭや有名人の起用に投じるのではなく、世界中の高級ショッピング街の一等地を確保するために使った。Ｈ＆Ｍとは違い、Ｚａｒａのブランド・ポジショニングは物理的なものだった。プラダやグッチのような高級ブランド店の隣に店舗を持つことで、自社の服のポジショニングを高めた。人目を引くために風変わりな物件や名所の建物を求めた。スペインではサラマンカの修道院、ギリシャではアテネの一八世紀のホテル（入り口から古代ローマ時代の三つの墓標を見ることができる）、ニューヨーク市では売却されたもっとも高額の建物がある、マンハッタンの五番街六六六番地に店舗を設けている。

Ｈ＆Ｍはつねに派手なことをしてきたが、二〇〇四年にカール・ラガーフェルド自身がデザインした限定コレクションを発表したときには、ファッション界に激震が走った。七一歳のラガーフェルドは、存命のデザイナーのなかではもっとも高名なファッション・アイコンと広くみなされていた。シャネルとフェンディのために、伝説的なコレクションを次々に誕生させた。ところが、これまでデザインしたものの何分の一かの価格で、似たような商品三〇点をＨ＆Ｍで売り出すという。ラガーフェルドの顔のグラフィックプリントＴシャツは二〇ドル、ブラウスは四九ドル、スパンコールのジャケットは一二九ドル。ファッション好きにとっては信じがたいほど嬉しいことだった。「Ｈ＆Ｍにはいつもわくわくさせられる」ラガーフェルドはそう説明した。「シャネルなどの高級品を買う人も、Ｈ＆Ｍで買い物をする。それが今のファッションだと思う」ラガーフェルドはこの試みによって、多くの人に自分の服を着てもらえることを願っていたので、Ｈ＆Ｍがコラボ商品を限定生産にするという決断をしたことに落胆した。「二週間続くはずだったのに、二五分で売り切れてしまった」ラガーフェルドは言う。「お客様に申し訳ない。みんながラガーフェルドを着られるというアイデアが気に入っていたのだが」一方、H&Mは成果に大きく満足していた。「創業からおよそ六〇年だが、こんなことははじめてだった」H&Mのマーケティング・ディレクターは言った。「自分たちもお客様と同じように驚いている」翌月までに、H&Mの売り上げは二四パーセント増加した。これは繰り返す価値のある実験だった。

振り返ってみると、二〇〇四年は、ZaraとH&Mがともに作り上げた「ファストファッション」モデルの勝利とも言える年だった。H&Mがラガーフェルドとコラボし、Zaraが二〇〇〇店目を開いたことで、消費者の願望をできる限り早く叶えるという生まれたばかりの新しい手法が、業界の主流となった。ファストファッションは、いまやファッションと同じ意味になった。ヴェルサーチェ、ロベルト・カヴァリ、アレキサンダー・ワン、ステラ・マッカートニーなど著名なファッションデザイナーがH&Mのためにコレクションを用意した。一方で、Zaraの影響は、業界の他社のペースが激変した点で感じることができる。「Zaraは一〇〇年続いてきたファッションのサイクルを壊した」ファッション誌編集者のマスード・ゴルソーキは言う。「今では高級ファッションブランドのおよそ半数が、年に二回ではなく、四回から六回コレクションを作っている。これはまちがいなくZaraのせいだ」

新型コロナウイルス感染の大流行によって、H&MもZaraも何千もの店舗を閉鎖せざるをえなかったが、両社とも持ち前の速さで対応し、オンライン販売を重視するようになった。これは恒久的な変化になるかもしれない。時間がたてばわかるだろう。

実店舗の今後はともかく、H&MとZaraは服に対する世界中の行動を根本から変えた。服はいまや大切にされるのではなく、使い捨てとみなされるようになった。これまでよりずっと速く服が買われ、捨てられる。一着の服を製造するために発生する廃棄物と汚染の規模を考えると、ファストファッションが環境にかける負荷は甚大だ。両社とも危険物質の排出を削減し、再生可能な資源を活用していくと宣言しているが、どの程度本気で取り組むのかはまだわからない。一方で、確かなことがひとつある。今の流行は持続可能性だということである。H&MとZaraはこの変化にどのくらい速く対応するだろうか。

巨人を目覚めさせる――メアリー・バーラとゼネラルモーターズ

二〇一四年九月。ゼネラルモーターズ（GM）のCEOであるメアリー・バーラはデトロイトの砂埃にまみれたイースタンマーケット地区の倉庫で、同社のグローバル幹部三〇〇人を前に話をしていた。このオフサイトミーティングは、GMの歴史上の転換期において、社内の主要なリーダーたちに共通の理解をしてもらうための機会だった。

自動車業界初の女性CEOは、就任直後から困難に直面した。少なくとも数十人の死者を出したエンジン点火スイッチの欠陥が明るみに出たせいだった。問題が発生したとき、バーラはまだトップの地位にはなかったが、CEOに就任した現在は連邦議会と遺族に直面しなければならない。そして今、幹部陣に伝えたかった。GMが説明責任を果たし、問題に正面から向かうときが来た、と。三大自動車メーカーが現実を直視せずにすむ時代は、遠い昔になった。バーラは数年前にGMの破産手続きの実務を担当した経験から、このことを身にしみて理解していた。「破産から学んだことは、問題があるなら解決しなくてはいけないということです。解決しなければ、六ヶ月後に問題は悪化しています」バーラは言った。「二、三年後には問題はもうなくなっているかもしれませんが、それは自分もいなくなっているからです」

その日、バーラは企業文化については話したくなかった。文化は流行の言葉で、これまでのCEOたちがリップサービスに使っただけの抽象的な概念にすぎないと考えていたからだ。それは、GM一家で育ち、十代からこの会社で働いている自分の経験からわかっていた。電気自動車、自動運転、ライドシェアリングのような新しい巨大な脅威をチャンスに変えるには、自分たちの行動を変えなくてはならない。バーラは言った。「行動は今日から、今すぐ変えられます」バーラが自分の行動で変えたいのは、「いい人すぎる」ことだった。

バーラの言葉には、意図しない皮肉が含まれていた。GMでの長いキャリアを通して、バーラは共感力はあるが、感情に流されないリーダーだった。「どんなに難しい局面でも、バーラが人事上の決定ができずにいるのを見たことがない」とバーラの元上司は言っている。別の元上司は、バーラは「ベルベットの手袋と鉄拳」で采配をすると表現した。バーラは長年、さまざまな役職で、何度も解雇やリストラを行い、業績の悪い者を降格したり、クビにしたりするのをためらうことがめったになかった。経営破綻前のGMは、業績が悪い従業員にもいつも異動先を見つけようとした。だが、「その人たちのキャリアにとって良くないし、会社のためにもならないとバーラは気づいた」とグローバル人事責任者は述べた。バーラは、これからは自分自身にさらに高い基準を課すつもりだと言い、みんなにもそうすることを求めた。

この先の変化に適応するには、会社全体が真の説明責任について学ばなくてはならない、とバーラは告げた。リーダーとして、部下に発言と行動を一致させなくてはならない。「計画を作ったら、実行しなければなりません」GMが点火スイッチの問題を起こした際、同社の説明責任の欠如は、連邦議事堂での聴聞会で見せた「GM流承認」とも呼ぶべきものに象徴された。これは、会議では行動計画に同意するが、その後は何もしない、というよくある習慣だった。これからは、行動を起こさないということはやる気がないということでしかない、とバーラは言った。そして、やる気がないのなら出ていってもらうことになる。

バーラは、会場にいるブラジルのマネジャーが書いたフィードバックを読み上げた。「わたしはGMに入社したばかりですが、当社では、ひとりの問題は全員の問題として取り組むべきだということが理解されていないようです。幹部レベルではとくにそうです」

「これこそがわたしたちに必要なものです」バーラはそのマネジャーと会場の他の参加者に呼びかけた。

「今のシステムが最高のものだと考えているなら、あなたは問題の一部になっています」長年、組織の再編に携わっていた者として、とても大胆な発言だった。だが、メアリー・バーラは相対的な改善には興味がない。

手に入れたいのは勝利だった。

新しいことをやるには、機敏であることが重要だ。企業が大きな改革を乗り切ろうとすれば、変化に遅れずに対応する必要がある。だが、それはいつも可能なことではない。官僚主義と組織文化が、存続のために必要な手順を踏むのを妨げる足かせとなる。リサーチ・イン・モーション（RIM）にとっては、iPhoneの脅威は、対応するどころか認めるのさえ難しかった。この種の組織的な過ちは、崩壊につながることが多い。

機敏性《アジリティ》は現場ではじまる。リーダーがやる気のない中間管理者たちをすっとばして組織の下部まで力を及ぼし、無気力な組織を揺るがすこともある。GMは、最大限の機敏性を必要としていた。二〇〇九年に経営破綻を経験した同社は、ひとつどころか三つの逆風に直面した。自動運転、ライドシェアサービス、電気自動車だ。活気のある会社が新規参入し、チャンスを追い求めている。どの企業も、GMのような負の遺産を抱えていない。だが、GMのような莫大なリソースを持つ企業もなかった。自動車メーカーとしてこれらのリソースをうまく使い、新参者を封じ込めるには、どのようなリーダーが必要だろうか。

メアリー・バーラは一九六一年生まれ。旧姓はマケラで、世界の自動車産業の中核であるデトロイト郊外のウォーターフォードで育った。バーラの血管にはガソリンが流れているようなものだ。父親のレイはポンティアック〔GMの乗用車ブランド、二〇一〇年に廃番〕工場で金型工として三九年間働いた。アメリカの自動車メーカーが、国内のブルーカラーに最高の仕事を提供していた時代である。賃金も高く、福利厚生に篤《あつ》く、雇用は安定していた。「ビッグスリー」と呼ばれたGM、フォード、クライスラーはライバル同士だったが、競争は比較的緩やかで、市場にはそれ以外の競合はなかった。全体的にぬるま湯のような環境において、とりわけGMは「閉鎖的でリスクを負うことを避ける内向きの文化」を築いていた、とニューヨーク・タイムズ紙に評されている。一九七〇年代から一九八〇年代にかけて「ビッグスリー」の車の質が落ち、かつてのアメリカの支配的なブランドは、海外、おもにアジアの競合他社が追いつき、追い越すのに十分な時間を与えてしまった。

バーラは子どもの頃から、両親に労働倫理を教え込まれた。「勤勉が大事でした」とバーラは言う。「遊ぶ前に働かなければならない。ためになる教えでした」両親は家の仕事を伝統的なジェンダーの区分で分担させたが、娘の関心を制限することはなかった。「わたしは数学と科学が好きでした」バーラは言った。「それを追求するように両親は励ましてくれました」父が作業場で車を修理するのを見せてもらい、自分でも修理できるようになった。「やりたいことができました」バーラは言う。GMでは、よく車の試運転をし、社内コースを高速で走り回っている。

GPA四・〇〔オールA〕の成績を収め、全米優等生協会のメンバーだったバーラは、ミシガン州フリントの私立大学、ゼネラルモーターズ技術研究所（現ケタリング大学）に入学した。産学協同教育モデルを実践する大学で、学生は卒業要件のひとつとして、GMか大学の他の協同企業での就業を求められた。バーラは半年勉強し、半年はGMでポンティアックのボンネットやフェンダーパネルの検査をして働いた。一九八五年、電気工学の学位を得て大学を卒業すると、GMの工場エンジニアとしてフルタイムで働きはじめた。

GMは、当時、女性の採用を増やしていた。歴史的な雇用差別訴訟の一九八三年の和解後だったからだ。和解の取り決めとして、女性と少数者の昇進の目標値を定めた。管理職には、多様な人材を積極的に登用することが奨励された。最終的には、S&P500の企業平均の二倍の数の女性を役員と管理職に迎えることになっていた。だが、バーラは大事にされたわけではなかった。「工場では、たくさんの女性がいることにみんな慣れていませんでした」バーラは振り返った。「ポンティアック工場に行くと、いつもどなる人がいたんです……あるとき、近づいていって聞きました。

『なんでそんなことするんですか？』そうしたら『わからない』と言われました」

困惑して、バーラは答えた。「では、ただ挨拶をしあいませんか？」

一九八八年、バーラはGM奨学金を得て、スタンフォード大学経営大学院に入学し、上位一〇パーセントの成績で修了した。その後、GMでさまざまなエンジニア職と管理業務職を経験した。GMは当時のどこの大企業とも同じように、女性の意見をなかなか聞いてもらえないところだった。女性幹部には、男性幹部と比較して自分たちの適性を証明しなくてはいけないという強い圧力がかけられた。「わたしはここにいて、ここに席があるのがふさわしいことを示すのに必死になっている時間が、キャリアのなかでとても長かった」ある女性工場長は言った。出世の階段を昇っても、たいして楽にはならなかった。「GMでの最大の失望は、世界が急速に変化しているのだから、それに合わせて変わらないといけないと経営陣を説得できなかったことです」GMで女性初のバイスプレジデントのひとりになったマリーナ・ホイットマンは述べた。このような組織的な課題があったが、バーラは性差別は昇進の妨げにはならなかったと感じている。その一方で、他の女性従業員の力になり、のちに社内の女性ネットワーキンググループを立ち上げた。

毎朝六時には出勤するバーラは、おだやかな口調で話し、控えめだが、天性のコミュニケーション上手で、労働倫理と合意を作り出す能力にすぐれている。中型車部門の製造計画マネジャーのときに、幹部に注目された。一九九二年、GMはアメリカの企業としては過去最高の二三五億ドルの損失を出し、バーラの上司は新製品を導入する際に共通の工程を設定することで組立工場のコストを削減するという業務を任されていた。当時、設備の入れ替えは各工場長が決めており、結果はうまくいくときも、いかないときもあった。問題を解決するには共通の方法が必要だった。バーラはこの課題に積極的に取り組み、設備入れ替えの標準システムを開発し、社内の成功事例を用いて新車製造時に工場を支援する専属チームを置いた。

このような変更が功を奏して、ポンティアック・グランプリの発売は大きな成功を収めた。この勝利の後、上司はバーラを幹部レベルに昇進させることを提案した。一九九六年、バーラはジャック・スミスCEOの補佐に任命され、副会長のハリー・ピアスにも付くことになった。これは、将来有望な幹部職にビジネスが最上層部ではどのように行われているかを見せ、経営陣とも接触させるために作られた出世コースである。「バーラは抜きん出ていた」ピアスは後日語っている。「とても話しやすく、熱心で、我も強くなく、知識を強く求めていた」当時、バーラはピアスとともに、能力の高い女性や少数者をより多く雇用できるよう、採用プロセスの改善に取り組んだ。たとえば、ワシントンDCにある、歴史的に黒人中心の大学とされるハワード大学を採用リストにはじめて追加した。三年後、GMの北米事業の社長、ゲーリー・コウガーは、バーラを北米の社内コミュニケーションの責任者として置くことに決めた。「頭の良い人だと感心した」コウガーは言った。「判断力が高いし、矛盾がない」

コウガーは、その後、GM社内でバーラの一番の後援者となるが、当時、コミュニケーションを担当してほしいと思ったのは、一九九八年の歴史的なストライキ後にGMと組合労働者との関係を修復する必要があったからだ。次の全米自動車労働組合との契約交渉が近づく一方で、外部環境は変化していた。しかし、組合員の多くは、GMが「通常の」マーケットシェア五〇パーセントをそのうち取り戻すだろう、とまだ信じていた。労働者の信頼を得て、もうそういうことはないのだと説得できる人が必要だった。競争力を保つためには、次の交渉で大きな譲歩をしてもらわなければならないだろう。バーラはエンジニア出身だが、経営陣とうまくやりとりしているように、工場従業員とも容易にやりとりができることはすでにわかっていた。GMにとっては、バーラにさまざまな部署で、リーダーになるのに不可欠な経験を得てもらう機会でもあった。

バーラはコミュニケーション分野での経験はなかったが、その役割を引き受けた。エンジニアとして、うまく機能しないプロセスを改善する才覚はすでに示している。社内コミュニケーションの責任者としても、より良い組織横断のコミュニケーションプロセスを作り出すために、自分の手法を用いることにした。「バーラは、コミュニケーションにエンジニアリングの考え方を持ち込んだ」とある幹部が言った。バーラが異動になったのちも、GMはバーラが改善したコミュニケーションシステムを使い続けた。そのおかげもあり、GMでは二〇〇七年までストライキが起こらなかった。二〇〇七年のストライキは、GMが破綻に向かっているときに起こった。

二〇〇一年、バーラは組合との関係修復に成功したのち、日本のリーン生産方式をGMに導入する支援を任された。同時に、高いポテンシャルを持つ幹部向けの研修プログラムに参加するよう声をかけられた。二〇〇三年には、GM幹部として、重要なキャリア上のステップを新たに踏むことになった。コウガーによって、GM最大の、もっとも組立工程が複雑なミシガン州ハムトラムク工場の責任者に任命されたのだ。この最先端の工場ではGMの六つの車種が生産され、三四〇〇人の従業員が二交代制で働いていた。三六〇万ドルの工場すべてが、バーラの指揮下に入ることになった。GMでは、工場長の役職は最高位の人材にとっての試験場だった。

ジャーナリストでバーラのキャリアについて本を著したローラ・コルビーはこう語っている。「小さな都市程度の規模がある組立工場を管理する複雑な役割をこなせるなら、企業の一事業部を任せられると考えられている」バーラは、ハムトラムク工場ですぐれた対人スキルを発揮した。直属の上司であるラリー・ザーナーは、バーラが工場内をひんぱんに歩き、従業員に名前で呼びかけ、家族について聞いているのに気づいた。

バーラがハムトラムク工場長を務めているとき、コウガーは、新しく野心的な目標を立てた。通常ならば何百人ものリストラが発生するものだ。だが、バーラは、各部門の責任者と緊密に連携し、解雇対象の従業員リストを作らせるのではなく、時間をより効果的に使えるように全従業員の仕事を再編成した。この手間のかかるプロセスを経て、バーラはリストラを回避した。「バーラのやり方を見て、多くを学びました」後日、ある女性エンジニアが述べている。「控えめな人なので、多くの人が力になりたいと感じます。同時に、もっとやりなさいと背中も押されます」

出世の階段を昇りつめていくうえで、これほど波乱の多い一〇年を想像することは難しかっただろう。かつて市場を圧倒したGMは、時代遅れの経営陣のやり方に縛られて停滞し、お役所仕事のようなものに明け暮れるようになってしまった。二〇〇五年は一〇〇億ドルを超える損失を計上した。二年後、年間損失は三八〇億ドルを超えた。二〇〇八年の売り上げは四五パーセント減った。もちろん、当時はGMだけでなく、フォードもクライスラーも苦しんでいた。アメリカの自動車業界全体が、社内停滞、国際競争、世界恐慌のせいで崩壊寸前だった。

二〇〇八年、工場長としての適性を証明したバーラは、世界中のエンジニアリング業務の責任者に任命された。その後、GMはブッシュ政権、さらにオバマ政権から巨額の損失を軽減させるための複数の支援を受けたにもかかわらず、二〇〇九年六月、連邦破産法一一条〔日本の民事再生法にあたる〕の適用を申請した。アメリカ史上、四番目の規模の破産だった。以降、GMはアメリカ政府から四九五億ドルの財政援助を受け、その一環で財務省がＧＭの残留資産のほぼ完全な所有権を持つことになった。ＧＭの運営には、新しく政府が承認した経営陣が任命された。ＧＭは、政府の援助を批判する人たちから「ガバメントモーターズ」と揶揄された。

ＧＭの新経営陣は、バーラに全社で二〇万の従業員の人事を任せることにした。その役割にエンジニアが選ばれるのは珍しいことだったが、バーラは社内コミュニケーションにすぐれ、ストライキ後の従業員の士気を見事に回復したことがある。ＧＭは存続のために組織を合理化する必要があり、バーラはその種の課題にすでに才覚を見せていた。それでもバーラには迷いがあった。アメリカの実業界では、女性は重役といえども、「ピンク・ゲットー」、すなわち経営幹部レベルにはめったにつながらない職で終わることが多いからだ。それでも、選択肢を考慮した結果、バーラはこの役職を受けることにした。ＧＭの存続を賭けた重要な局面で、将来の組織文化を形成するまたとない機会となる。何千もの従業員が辞め、それ以上に多くの人が採用されるＧＭの従業員の責任者となるのだ。ＧＭのすぐれた従業員が、他社でより良い職を得るために離職しないよう政府と交渉できるかどうかはバーラにかかっている。

後日、バーラはニューヨーク・タイムズ紙に語った。「どう実施するかと、いかに速く実施するかを考えてもどかしくなった」ＧＭが官僚主義を解消し、ヒエラルキーを壊して、急速に変化する市場に対応できるよう敏捷になる必要があるのは明らかだった。簡単に、しかも目ざましいかたちで行えるものもあった。たとえば、一〇ページにわたる服装規定を「服装は適切なものにする」だけに減らした。この変更によって、自分のチームには何が適切なのかを決める権限がマネジャーたちに与えられた。一方、マネジャーたちの多くは、自由度の大きさに戸惑った。「これこそがゼネラル・モーターズで生み出すべき変化へのきっかけになりました」とバーラは説明する。マネジャーたちから問い合わせがあったときは、規定を使ってアドバイスした。「ひと通り説明して、こう聞きます。『ご担当は？』するとこう返事があります。『二〇人の従業員と一〇〇〇万ドルの予算を管理しています』そこで言います。『二〇人の従業員と一〇〇〇万ドルをお任せできる人に、適切な服装の判断をお任せできないということですか？』」

二〇一〇年九月、ダン・アカーソンがGMのCEOに就任した。わずか一八ヶ月で四人目のCEOだ。アカーソンは、会議を通して、バーラが事業のほぼすべての面に並外れた知識を持っていることに当初から注目した。どうして彼女が人事の責任者をしているのか、理解できなかった。のちに、アカーソンは「これほどの人材の無駄遣いは見たことがなかった」と言っている。そこで、なんとかすることにした。二〇一一年、バーラは、グローバル製品開発を統括するシニアバイスプレジデントとして、GMのすべての車のデザイン、製造、マーケティングの責任者に任命された。「世界中の消費者に喜んでもらえる自動車を開発するという重要な仕事に、バーラは新しい視点をもたらすだろう」アカーソンはプレスリリースでそう述べた。「エンジニアリング、製造、スタッフ機能という彼女の幅広い経験に、協働して強い関係性を構築する能力を組み合わせれば、こんなにちの消費者が求める製品を届けるというわが社の能力を高めることができる」

一〇〇種もの車の責任者となったバーラは、ひとつのモットーを掲げた。「もうだめな車はいらない」ポンティアック・ファイヤーバードやシボレー・カマロのような往年の名車はすばらしいと思うものの、GMの品質が悪くなったことも、その理由もわかっていた。フォーチュン誌ではこう説明した。問題は「（従業員に）あまりに多くの境界線が引かれ、成功へのレシピを示していなかった」ことだ。そこで新しい基準を設けて、その基準を満たせるよう従業員に権限を与えた。「言い訳はなし。予算が問題であれ、リソースが問題であれ、とにかく良い乗用車、トラック、クロスオーバーSUVを作らないといけないし、（従業員が）そうできるようにすることがわたしたちの仕事です」

機敏でいるには効率性が不可欠だ。何十年ものあいだに、GMは著しく非効率になっていた。社内の決定だけでなく、製造の工程でもそうだった。車のプラットフォームがどんどん増えたことも、問題の一因である。自動車メーカーはさまざまな市場に向けて生産するために、プラットフォームと呼ばれる共通の部品の組み合わせを用いる。たとえばトヨタでは、レクサスESのような高級車もカムリと同じラインで、同じ部品を多く使って組み立てられたのちに修正される。イケアがコストを抑えるために、同じ木製の羽目板を机、ドレッサー、キャビネットに使うのと同じだ。同じ部品を複数の目的に使うことができるかどうかは、デザイナーの裁量次第である。

何十年ものあいだ、GMはプラットフォームに真剣に取り組んでこなかった。新しい車をデザインするときには、ハンドルも車軸もサスペンションも一から作り直した。バーラは、GMの多くの調達や製品開発部門の縦割り意識を撤廃して、プラットフォームの効率化を図った。この取り組みで大成功を収めたため、二〇一三年にはエグゼクティブバイスプレジデントに昇進し、GMのサプライチェーンも任された。一三〇ヶ国、三万五〇〇〇の従業員の仕事ぶりを監督することになったバーラは、GMでナンバーツーの地位に就いた。この役割において、燃費の良いエンジンと軽量車を推進した。どちらも同社の深刻な弱みとなっていたものだ。

CEOのアカーソンは、バーラが「混沌に秩序をもたらした」と言う。バーラは官僚主義を一掃し、不要な中間管理職を撤廃して組織を平らにした。組織文化を修繕し、車も修理することができるなら、GM全体を運営するために必要なものも持っているはずだ。二〇一四年、バーラは三人の男性候補を全会一致で抑えて、GMの次期CEOに就くことになった。ビッグスリーのトップに女性が就任するのははじめてだった。アカーソンは自動車業界の経験がないままトップに就任したが、バーラは、アカーソンいわく「カーギャル」だ。DNAにはGMが組み込まれているし、大きな変革を推し進めるのに必要な意志があった。「これはまさにGMが立ち直り、歴史的な転換をする第二章です」バーラは従業員に告げた。

ある意味で、タイミングは理想的だった。発表は、アメリカ財務省が保有する最後のGM株を売却した翌日に出された。エコノミストや悲観的な業界批評家にとっても驚きだったが、政府の「ガバメントモーターズ」救済措置はまちがいなく成功だった。GMのマーケットシェアはいまや一八パーセントで、15四半期連続で利益を出していた。

しかし、別の意味で、バーラは危機状態の会社を任されたことになる。一月、就任から何日もたたないうちに、くすぶっていたスキャンダルが表に出てきて、「スイッチゲート」〔ウォーターゲート・スキャンダルをもじった呼称〕と呼ばれるようになった。シボレー・コバルトやサターン・アイオンなどGMのいくつかの車種に、長年にわたって欠陥のあるエンジン点火スイッチが使われており、その結果、何十人かの死者と多くの負傷者が出ていたことがわかったのだ。GM車二六〇万台に使用されている欠陥スイッチは、車がまだ動いているのにエンジンパワーを切ってしまい、そのせいで衝突した場合はエアバッグも作動しなくなる。GMは何年もこうした衝突の真因を隠蔽し、リコールを避けるためにあらゆる手を尽くした。被害者のひとりを担当した弁護士の多大な努力によって、GMの書類とエンジニアからの宣誓供述書が手に入り、状況が明るみにさらされた。

GM生え抜きのバーラは、問題については気づいていなかったがGMの行動は定石通りだったと認めた。問題の重要性を過小評価し、裁判に持ち込み、リコールには消極的なのがGMだった。組織文化のこうした部分を最終的に取り除き、永遠に復活させないようにしなくてはならないとバーラにはわかっていた。バーラの指揮下、GMは欠陥スイッチの全責任を負い、過失が法的に認定される前に被害者のための賠償基金を立ち上げた。社内においても、説明責任を果たすために調査を実施し、バイスプレジデントや上級職数名を含む一五人を解雇した。また、はじめて安全性のグローバル責任者を任命した。GMは保留になっていた安全性の問題をすべて精査し、三二〇〇万台にも及ぶ八四件のリコールを発表した。三年間で販売したよりも多い台数のリコールが、バーラのCEOとしての初年度に実施された。バーラは下院の委員会に呼ばれ、状況に正面から向き合った。「今のGMは正しいことをしようとしています」バーラは言った。「まずは、このリコールによって影響を受けたみなさまに心からのお詫びを申し上げます。とくに亡くなった方のご家族やご友人のみなさま、負傷されたみなさまに深くお詫びいたします」

謝罪は単純なことのように見えるが、ビジネスの世界ではまれである。バーラは、率直に誠意をもって自分ができることをした。会社に打撃を与える決断をするのも難しくはなかった。GMには欠点が多いが、バーラには強い忠誠心があった。「車のおかげでわが家は食べてこられたし、わたしは大学まで行けた」とインタビューで語っている。「この業界はわたしにキャリアを、多くの家族に多大なチャンスを与えてきた」

GMはアメリカ政府に九億ドルの罰金を、死亡者や負傷者訴訟に六億ドルの和解金を支払った。

バーラのこうした決断力と透明性のある対応によって、これまでのような否定と時間稼ぎの戦法に頼るよりもずっと早くこのスキャンダルを解決できた。プリート・バララ連邦検事は、GMの対応は「なかなかできるものではない」、そして「それが四年後どころか一八ヶ月後にここまでこぎ着けられた理由です」と言った。だが、法的な問題の解決ははじまりにすぎなかった。リコール実施中の今こそ、船を前に進めるときだ。そのために、バーラは政府救済後に、GMの人事の慣習を一掃するために使ったのと同じ戦略を実施した。

「この問題を片づけていくつかプロセスを修正すればいいと思っているなら、それは大きなまちがいです」バーラは何百人もの従業員にプレゼンテーションをした。「これを過去の話にしたくはありません。このつらい経験を、永遠にわたしたちの共通の記憶にしたいのです。何が起こったのかを忘れたくありません。二度と繰り返したくないからです」退職したGM幹部は、バーラの言葉は「これまでのGMのCEOが言ったこととは違った」と言っている。

バーラから見ると、スイッチゲートの問題の真犯人は、故意の過失よりも官僚主義だった。組織構造が複雑だったせいで、従業員が点火スイッチのような問題への懸念を発することが難しくなっていた。たとえそうした声があっても、管理職が無視するのは容易だった。再発を防ぐには、現場の従業員から経営陣への直通のコミュニケーションが必要だ。「無視しても問題はなくなりません。大きくなるだけです」母校の卒業式の祝辞でバーラは言った。「わたしの経験では、正しい人選をして、計画を作り、すべての課題に正面から取り組むほうがずっといい」この直通のコミュニケーションを可能にするために、「安全のために声をあげる」というプログラムが作られ、GM車に関する懸念を従業員がトップに報告できるようになった。バーラのスローガンはシンプルだった。

「あなたが心配なら、わたしも心配だ」実際の顧客が何を思い、どう行動しているかを学ぶために、GMのエンジニアをディーラーに一定期間派遣もした。

顧客から現場の従業員、GMの経営トップまでのフィードバックの循環は、スイッチゲートのような悲劇を防止するだけではない。GMが電気自動車、自動運転、ライドシェアに対応する機敏性ももたらしてくれる。これら三つの破壊的な力は、既存の自動車メーカーにとって大きな不確実性を生みだした。各要素が他の要素とどのように交わって、どのように世界の運転と購買を永遠に変えてしまうのかは誰にも予測ができない。生き延びるために、GMは敏捷にならなくてはならなかった。

バーラの大胆なリーダーとしての手腕によって、GMは活気づいた。バーラは「対話集会」を通じて、すべての製品の方向性について従業員の意見を聞き、合意を形成しているが、自分が適切だと思うことについては決定をためらわない。バーラの率直さと決定力のバランスが成果をもたらした。二〇一六年、GMは全世界で一〇〇〇万台を売り、同社の記録を更新した。その年、バーラは取締役会の会長に選出され、フォーチュン誌はバーラを世界でもっともパワフルな女性に選んだ。

会長兼CEOとして、バーラは業界が直面する新しいトレンドに合わせようと、決意をもって取り組んだ。ライドシェアの増加に追いつくために、ライドシェアサービスを提供するリフト社と提携し、また、自動運転車のネットワークを構築するために五億ドルを投資した。さらに、自動運転車の開発を加速するために、自動運転車のスタートアップ企業であるクルーズ・オートメーション社を一〇億ドルで買収し、自動運転車が道路を「見て」、運転条件を評価するレーザーイメージ技術を製造するストローブ社も買収した（二〇一八年までにGMの自動運転車部門の価値は一四六億ドルになった）。さらに、電気自動車の分野におけるポジションを確保するために、イーロン・マスクのテスラ社に先んじて、初の二〇〇マイル〔約三二二キロメートル〕航続可能で手頃な価格の電気自動車シボレー・ボルトEVを発売した。

バーラは、テスラのような革新的な急成長企業にただ追いつくことには関心がなかった。GMは市場を支配する自動車メーカーだ。電気自動車や他の新技術についても、ポールポジションを獲得しなくてはならない。そのためには戦略的なコストカットが必要だった。二〇一九年、GMは四〇億ドル規模の組織再編を行い、数ヶ所の工場で生産を削減し、西ヨーロッパからニュージーランドまで、かつての主要市場を切り捨てた。従業員の一五パーセント、幹部職の二五パーセント、合計で一万四〇〇〇人が削減された。元GMバイスチェアマンのボブ・ラッツはバーラの動きを頼もしく感じた。「GMは厳しい現実を見ている……GMの経営陣は現実にすばやく対応しているのだと思う」

GM従業員の娘として、リストラを断行するのはつらいことだったに違いないが、イノベーションに十分な資金を投じ、同社の将来を確かなものにするためには必要な措置だった。バーラが経営するGMは、もはや新興国で安い自動車とトラックを売ることに力を入れてはいない。その代わり、自動運転と電気自動車に大きく投資している。二〇一九年、GMはLG化学と提携し、オハイオ州にバッテリーを製造する二三億ドルの会社を設立した。二〇二〇年、子会社のGMクルーズが新しい電動の自律走行車を発表する一方で、GMはフルEVを一一車種発売し、二〇二三年までにさらに二〇車種を売り出す計画を発表した。

バーラはCEOとしての思いをデトロイトでのスピーチに率直に盛り込んだ。「GMが礼儀正しい競争相手だった時代は終わりました」バーラは言った。「もちろん、倫理は守ります。ですが、タフで不屈の競争相手になります……わたしはもう待てません。勝ちたいのです。やり過ごしたり、待ったり、いい勝負をしたいのではありません。勝ちたいのです」

戦争の歴史を通じて、勝敗は新しいことに対応するリーダーの能力によって決まった。新しい領土、新しい戦法、新しい技術。昔と同じ方法で新しいものに勝とうとするなら、結局は負けてしまう。勝つためには、自分で新しいものを使いこなさなくてはならない。

それには大胆さと機敏さが必要なことを、これまで繰り返し見てきた。停滞している企業を居心地の良い場所から引きずり出すことができるリーダーは、勝利を収めることができるだろう。向こう意気の強いスタートアップ企業が既存の大企業を倒す話はみんな大好きだ。だが、実際には、既存企業が反撃に成功することのほうが、神話で語られるよりもずっと多い。必要なのは一回の戦略的な攻撃だけのときもある。次の章で見るように、敵の弱点やほんの小さなほころびを見つけ、容赦なくそこを攻撃することで戦争全体に勝つこともできる。

第六章　弱点を突く

兵の形は実を避けて虚を撃つ。

『孫子』虚実篇

恋愛とビジネス戦争においては、あらゆることが正当化される。一見、無敵な企業が危険にさらされることもあるが、誰もそれに気づかない限り安全でいられる。だが、敵のなかに才覚のある者がいて、弱みを見抜かれるときもある。優秀だが不満のある従業員や、不満のせいで新しいものに乗り換えようとしている顧客などだ。相手の弱みを探すにはまずリーダーを見ればいい。敵のリーダーの欠点は最大のチャンスになる。

ビジネス戦争で勝つには、長年の忍耐と努力と戦略が必要なときがある。一方、適切なときにたった一度の攻撃をするだけで勝てるときもある。

帝王はヘッドホンを持たない——ドレーのビーツ対モンスターケーブル

二〇〇八年、カリフォルニア州サンタモニカ。インタースコープ社の本部で、四人の男性が会議をしていた。インタースコープは、トゥパック・シャクールからナイン・インチ・ネイルズまで、さまざまなアーティストを抱える先鋭のレコード会社だ。テーブルの一方にインタースコープの共同創業者ジミー・アイオヴィンと、アンドレ・ヤング、すなわち世界的に有名なラッパーであり、ヒップホッププロデューサーのドクター・ドレーが座っている。反対側には、ノエルとケヴィンのリー親子がいる。ノエルは、高級スピーカーケーブルで知られるモンスター社の創業者にしてCEOである。顧客の見栄という弱点を突いて、すでに大金を稼いでいた。顧客たちは、精通したリスナーとして見られたいがために、たいした音の違いもないモンスターの高価なスピーカーケーブルを買っていた。

だが、ノエル自身にも弱みがあった。息子のケヴィンだ。父親と異なり、エンジニアでも生来の起業家でもないケヴィンは、成功し、野心的な父親を感心させようと父親の会社で一五年近くも努力してきた。この日、ケヴィンは、音楽業界のふたりの大物との重要な会議の手はずを整えた。この会議はケヴィンが会社に貢献し、父親に認められる絶好のチャンスだった。

六ヶ月前、アイオヴィンとドクター・ドレーがブランド商品として、スピーカーを提携販売しないか、とモンスター社に話を持ちかけてきた。ノエルは、それよりもヘッドホンはどうかとふたりに勧め、考えを変えさせた。だが、交渉は失敗に終わり、アイオヴィンとドクター・ドレーは他メーカーを選んだ。今回、モンスターはふたたび交渉の席に呼ばれた。理由ははっきりしている。テーブルの上には、みじめな結果となった他社の製品があったからだ。その箱形のヘッドホンは、すべてがまちがっているように見えた。アイオヴィンとドクター・ドレーが意図した高級なファッションアイテムというコンセプトとはかけ離れていた。音は高級感がなく、低音も十分に響いていなかった。

ノエル・リーは、アイオヴィンとドレーのような人を前に「だから言ったでしょう」と口を滑らすほど愚かではない。それでも顔には出てしまったかもしれない。大衆を引きつける製品を作るなら、モンスターとその貴重な専門知識が必要ですよ、と。

アイオヴィンとドレーはプロデューサーとしては超大物だが、家電製品についてはそれほど詳しくはない。そこはモンスターの戦場であり、交渉はノエルにとってかなり有利だった。ノエルが気づいていないのは、ドレーとアイオヴィンにもノエルの弱点がわかっていることだ。ノエルは息子のケヴィンを過信している。前回の交渉が不調に終わったのも、ケヴィンの世間知らずと無知のせいだった。ノエルが今度も息子に任せるつもりなら、仕方がない。いずれにしても、自分たちは音楽業界をよく知っている。家電製品についてはよく知らないかもしれないが、こちらに一方的に有利な契約書を書けばいい。

ノエル・リーの両親であるチェインサンとサラは、一九四八年に中国からアメリカに移民としてやって来た。チェインサンは昔、中国で記者をしていたが、中国共産党の革命によって、勤務先の中央通訊社が南シナ海を渡り、台湾に移ってしまったのだ。夫婦がアメリカに渡ってほんの数ヶ月後、息子が生まれた。その日はクリスマスだったので、息子はノエルと名づけられた。

ノエルと四人の姉は、一九五〇年代から一九六〇年代にかけてサンフランシスコで育った。社会的にも、文化的にも、大きく混乱した時代だった。サンフランシスコは進んだ街だったが、昔からの問題も残っていた。「子どもの頃はアジア人への差別が激しく、大変だった」とノエルは言っている。ノエルは幼少期から、さまざまなジャンルの音楽に強い関心を示し、ドラムの演奏もできるようになった。それでも、学業をおろそかにはしなかった。「二四時間、週七日、死んでから寝ろ」という厳しい労働倫理を持った並外れた学生だった。カリフォルニア州立工科大学で機械工学の学位を取得し、ローレンス・リバモア国立研究所で核融合に使われるレーザー光線の研究をした。

著名な組織で最先端技術の研究をする仕事のおかげでそれなりの報酬が得られたが、ノエルにとってはただの飯の種にすぎなかった。結婚して息子もいたため、安定した暮らしはありがたかったものの、生来の起業家の多くがそうであるように、生活費を稼ぐためだけの仕事では満足できなかった。夜や週末にはエイジアン・ウッドというアジア人だけのフォーク・ロック・バンドで演奏した。「揃いのハワイアンシャツに白のベルボトムでクロスビー、スティルス&ナッシュのカバーをする」バンドだとジャーナリストに評されている。また、当時のテクノロジーに精通した多くの音楽好きのように、レーザー光線を発したり、ドラムを叩いたりしていないときは、自分のハイファイ・ステレオシステムをいじっていた。

ノエルはエンジニアとしての給料で、まずまずのオーディオマニア向けのスピーカーを買うことができたが、どのステレオシステムにも重大な弱点があると思うようになった。コンポーネントをつなぐケーブルだ。当時、スピーカーシステムは照明器具など、一般的な家電に使われるのと同じような、細く、安いケーブルで接続されていた。多くの場合、無料のワイヤーがついていなかったので、人々は金物店で一フィート〔約三〇センチメートル〕一〇セントの「灯火用電線」をひと巻き買って、必要なコネクタを取りつけた。

エンジニアであり、音楽マニアでもあったノエルは、安物の電線によって音が悪くなっているのではないかと疑念を持ち、良い解決法を見つけようと実験をはじめた。毎晩、太さや組成の異なるワイヤーをねじったり編んだり、異なる種類の絶縁体でくるんだりして、音響システムの忠実度を改善できるかどうかを確かめた。チャイコフスキーの序曲「一八一二年」は、ダイナミックレンジが広い、馴染みの曲だったので、音質を比較する基準にした。根気よく実験した結果、銅の割合が多い一二ゲージの太いケーブルを適切に編んで絶縁すると、明らかに音が良くなることを発見した。少なくとも、ノエルは違いに気づいた。

　ところが、この発見をさらに深める前に、エイジアン・ウッドにハワイの出演契約交渉担当者から世界ツアーの誘いがあった。ノエルはチャンスに飛びついた。養うべき家族があるにもかかわらず、このようなリスクを負うことを衝動的に決断したほど、刺激のない昼間の仕事から抜け出したかったのだろう。ノエル・リーは、実験室に閉じこもって残りの人生を過ごすつもりはなかった。

　ノエルは仕事を辞め、妻と息子を連れて、ツアーの最初の開催地であるハワイへ向かった。ところが、不運なことに「ワールドツアー」はわずか二週間でとりやめになった。金がなかったノエルは足止めを食らい、ハワイで演奏しながら、まる一年半かけてサンフランシスコに帰る三人分の飛行機代を稼いだ。だが、スターになる夢を実現するのはもう少し待たなければならなくなったものの、その経験を後悔することはなかった。「そこでビジネスについて学んだ。金を払わない、けちなナイトクラブの経営者たちにいかに対処するかを」チャンスを失うという挫折を味わったが、伝統的な出世街道からはずれても、自力でやっていけることは証明できた。昼間の仕事ほど快適でも、安定したものでもなかったが、自分は起業家になりたいと思っていることがわかった。家に帰ると、「モンスターケーブル」のコイルを包みはじめた。電気コードに比べてモンスターのように太くなったワイヤーを、一軒一軒売り歩いた。新製品への関心を高めるために、展示会やステレオショップで実演もした。

のちにノエルが語ったように、当初、モンスターケーブルは「誰も気づいていなかった問題を解決するもの」(あるいは、息子のケヴィンが言うように、「病気でない患者の治療法」)だった。一九七八年、シカゴで開催された、業界でもっとも重要な見本市であるコンシューマー・エレクトロニクス・ショー(CES)で、ノエルは他社のテーブルの一部を借りた。製品の価値を納得してもらうために、電線を使ったシステムとモンスターケーブルのシステムを交互に切り替えて、やって来た人々に聴かせた。実演を通して、オーディオマニアの心理を深く理解していることを示した。もし音の違いを聴き分けられなかったとしても、それを仲間の前で認める人はいないだろう。他の人は聴き分けられているかもしれないからだ。

翌年、ノエルは貯金から五万ドルを支出し、CESで自分のブースを確保した。危険な賭けだったが、やった価値はあった。三万本のケーブルの注文を受けたからだ。多くの注文を得られたおかげで、二五万ドルのビジネスローンを組み、サンフランシスコ郊外に工場を借りて、自分が新会社の「ヘッドモンスター」になることを宣言した。

ノエルは、製品がより多くの人の手に、より多くの人の耳に届くためのカギは小売店であることを知っていた。モンスターのケーブルは、まさに衝動買いを狙った製品だった。顧客の目は、金メッキを施したジャックに即座に引きつけられるだろう。それに加えて、パッケージを豪華にしたり、店頭のディスプレイをしゃれたものにしたり、製品が目立つようにしたりする工夫を施した。また、通常のハイファイ機器の店、全国家電チェーン店、ディスカウントストアなど、あらゆる場所にケーブルを置いてもらえるよう精力的に動いた。そうすることで、ハイファイという専門的な世界を民主化し、誰でも高価なオーディオ機器を購入できるようにしたのだ。

モンスター社にとって、タイミングは理想的だった。一九七〇年代後半から一九八〇年代にかけて、ハイファイのサウンドは多くの人の憧れの目標となった。それでも、高性能なターンテーブルやレシーバーといったマニア向けのスピーカーコンポーネントは、平均的消費者には手が届かない。だが、最高級のサブウーファー〔超低音域専用のスピーカー〕を手に入れるのに必要な数千ドルをかき集めることができない人は、一フィート六〇セントという法外な価格で売られている高品質のケーブルを買うことで納得するかもしれない。モンスターケーブルは贅沢品だった。それでも、新しいスピーカーを買うのと比べれば格安と言えた。もしかしたらステレオをアップグレードする金銭的余裕はなくても、高級ケーブルがあれば平凡なステレオでも良い音がするかもしれない。

三〇ドルのケーブルは大変革をもたらすものではなかったが、粗利益率は、一般のオーディオ製品が三〇パーセントだったのに対し、平均して四五パーセントだった。小売店にとって理にかなった。彼らもモンスターケーブルを気に入っていた。既存のビジネスを損なうことがなかったからだ。客に高級ケーブルを売らなければ、かわりに電線を渡すことになる。そういった意味で、モンスターケーブルを売れば無償の金が手に入った。一方、高価な新システムを買うオーディオマニアは、当然のようにモンスターケーブルを買った。総額から見れば、四捨五入による誤差程度のものだったからだ。テクノロジーアナリストのマーティン・レイノルズは、大金をつぎ込んでステレオを買うときに、「ケーブル代をけちろうとするだろうか？」と述べている。

ノエルのケーブルは、ハイファイのステレオシステムから聴こえる音を大きく改善したのだろうか。展示会では、多くの人が、違いがわかる、と誇らしげに断言した。ノエル自身は音楽家としての訓練を受けたうえに、エンジニアとして細部に注意を払うことができるので、大きな違いを感じたのかもしれない。だが、ほとんどの人には、たとえオーディオマニアを自称する人でも、わからなかっただろう。サウンド・アンド・ビジョン誌のテクノロジー担当の寄稿編集者で、長年にわたっていくつかの比較をしてきたトム・ヌーサインは、「二級品と専門的なケーブルとの違いがわかる人はいなかった」と述べている。「スピーカーのケーブルを買うならホーム・デポが一番いい」だが、そう思わないオーディオファンがますます増えていった。のちにノエルは言った。「わたしたちは平凡な製品を平凡でないものにした」

ノエルのモットーは「聴くことは信じること」だ。オーディオマニアの市場では、聴きたいと思っていたことを聴ける場合が多い。見た目は実際の性能を増幅させたり、ときには上回ったりする。モンスターケーブルは他の金メッキを派手に使ったジャックよりも頑丈に見えた。音質を向上させてくれそうに見えた。それに、音質の違いを聴き取れなかった場合、店員に文句を言えるのだろうか。もし、店員が違いを聴き取れるとしたら、どうだろうか。それどころか、自分以外のみんなが違いを聴き取れるとしたら？　ケーブルの文句を言えば、自分の耳は自分が思っているほど鋭くないことがみんなにわかってしまうかもしれない。

現場でステレオを販売した経験から、ノエルは何が販売員のやる気を促すかを知っていた。そこで特別な訓練プログラムを作り、無料の休暇旅行など魅力的な報奨を用意した。この取り組みには、事業の全収益の一五パーセントを投資した。消費者に向けた直接広告よりもはるかに多かった。ノエルは、購買プロセスにおいて、消費者がもっとも影響を受けやすいポイントを正確に把握し、そこに力を注いだ。

ノエルのリーダーシップのもと、モンスター社は一九八〇年代を通して成長し続けた。ノエルはあらゆる家電のカテゴリーでブランドを拡大する方法を次々に見つけ、モンスターフォト、モンスターゲーム、モンスターコンピューターなどの部門を立ち上げた。顧客に最後の一セントまで払わせるために、会計時にカートに入れる商品としてモンスターミントも作った。一九九七年までに、年間売上高は五〇〇〇万ドルに達し、カリフォルニアとイスラエルにあるオフィスで働く従業員は四〇〇人になった。同社はさらにオーディオ、ビデオ、ゲームなど一〇〇〇以上の製品へ手を広げた。

オーディオマニアのあいだで名を知られるようになったモンスター社が、部品を自分たちで作ってみようとしたのは当然だった。だが、スピーカーケーブルからスピーカー本体へとブランドを拡大するのに、あまりに時間がかかりすぎた。リスナーの習慣の変化がすでに業界を変えつつあったからだ。ポータブルカセットプレイヤーの出現によって、多様な部品から成るハイファイ・ステレオシステムは終わりを告げようとしていた。ソニーのウォークマンは、ちゃんとしたステレオシステムの代わりにはなりきれずにいた。カセットテープでは一時間分の再生しかできないし、音質はもっとも基本的なターンテーブルとスピーカーにも及ばなかった。だが、二〇〇一年に発売された、アップル社の「iPod」は、一〇〇〇曲をポケットに入れて持ち歩くことができ、再生時の忠実度も高い。新しいiPodが出るたびに、持ち運べる曲もどんどん増えた。CDから音楽を取り込んだり、インターネットから海賊版の音楽をダウンロードしたりすることも行われるようになった。リビングを占領するほどの巨大なスピーカーシステムや大量のレコードやCDは本当に必要だったったのだろうか。携帯機器で音楽を聴くことは、家で音楽を聴くことに急速にとってかわっていった。モンスター社のスピーカーがなかなか売れず、ノエル・リーは失敗を予感した。「大型スピーカーの時代は終わりだ」と。「大型スピーカーを売るという夢はもう見ることはできない。スピーカーは物理的に大きく、人々が音楽を聴く場所がまったく変わってしまった。ジムや地下鉄にスピーカーは持っていけない」だが、もう上質のオーディオが望まれなくなったということではなかった。ノエルは、iＰｏｄをつぶさに観察し、一九七〇年代にスピーカーシステムを詳しく調べたときのように、弱みがあることを発見した。ブランドを象徴する白いイヤホンだ。スピーカーのメーカーが、質の悪い無料の「電線」を高級コンポにつけたように、アップル社は最先端のデジタル音楽プレイヤーと、音質の悪い安物のヘッドホンをセットにして売っていた。澄み切った音を鳴らす機器を、そんなちゃちなヘッドホンで聴いても意味がない。モンスターはその弱みを利用できる。ノエルにとって、「ヘッドホンは新しいスピーカー」だった。モンスターは独自のヘッドホンの開発をはじめた。ノエルは、人々が無料で手に入れていたものをふたたび売ろうとした。

ノエルはこの頃、息子のケヴィンをリーダーとして育てようとしていた。当面は、サブウーファーを設置できるテーブルや映画のなかの爆発音に共鳴して振動するシートクッションつきカウチなど、ホームシアター機器を隠せるようデザインした家具を作る子会社をケヴィンに担当させた。二〇〇六年には、ケヴィンをロサンゼルスに派遣し、ＭＰ３に代わるモンスター社の高品位の新しいオーディオ形式で音楽をリリースするようポップスターを説得する仕事を課した。ノエルは息子に言った。「アッシャー、メアリー・Ｊ・ブライジ、Ｕ２を落とすんだ」決してたやすい仕事ではなかったが、ケヴィンは辛抱強く取り組み、なんとかジミー・アイオヴィンと関係を作ることができた。音楽業界でもっとも名の通った影響力のある重鎮だ。新しいオーディオ形式を提案する構想は失敗に終わったが、それ以上に価値のある可能性につながった。インタースコープ社の会長とそのパートナー、ドクター・ドレーとのミーティングである。

音楽のダウンロードが急増したことによって家電市場では波紋が広がっていたが、音楽業界では津波が起こっていた。著作権侵害がはびこり、合法的なオンラインでの売り上げも低下して、収益全体がむしばまれた。消費者が、はじめてアルバムから聴きたい曲だけを買えるようになったからだ。

ドクター・ドレーは、ラップグループＮ・Ｗ・Ａのオリジナルメンバーであるのに加え、ソロアーティストとしてもプラチナアルバムの快挙を達成した。さらに、エミネムのようなメガスターを誕生させ、二〇年にわたって業界でもっとも成功したプロデューサーのひとりとして活躍している。しかし、音楽業界の売り上げが急速に落ち込んでいたために、弁護士からスニーカーを宣伝して臨時収入を得ることを勧められた。サンタモニカの海岸で、旧友でもあり、仕事仲間でもあったジミー・アイオヴィンに会ったのはそんなときだった。話をしているうちにスニーカーの宣伝の話になり、ドレーはいまや有名になった言葉を口にした。「スニーカーなんかクソ食らえ。スピーカーを作ろう」それは突然のひらめきだった。もし、利益率の高い、消費者向け高級スピーカーに自分の名前をつけることができればスニーカーの宣伝をするよりずっと儲かる、とドレーは考えた。だが、誰がそのスピーカーを作るのか。誰が市場を理解しているのか？　高級オーディオ機器の表も裏も知っているのは誰か？

まもなく、ふたりはケヴィン・リーとつながった。それはまるで運命の出会いだった。何年ものあいだ、モンスター社は消費者向け展示会での華やかなイベントやアルバムの制作など、有名人の力を借りて、高級オーディオ製品の販売を促進してきた。家電の知識がほとんどないふたりが新しいオーディオブランドを一から立ち上げるのには、最適なパートナーになるだろう。

ノエル・リーは、アイオヴィンとドレーに会う頃には、スピーカーはもう終わりだ、これからはヘッドホンだ、という結論に至っていた。そのため、ふたりを説得する必要があった。「彼らはスピーカーがもう売れない理由を理解できなかった。大きなスピーカーを持っていて、いつもスタジオに置いているからだ」とノエルは述べている。高級なヘッドホンは、頭に載せてどこにでも持ち運べるハイファイ・スピーカーのようなものだとノエルは説明した。スニーカーと同じようにファッションにもなるので、適切なデザインや、もちろん、有名人の推薦がたくさんあれば、本来の価値以上の値段がつけられる。どんなときも営業マンであることを忘れないノエルは、ふたりに試作製品を聴かせた。ドレーは低音の重厚なサウンドに感動した。アイオヴィンとドレーは納得し、この新しい方向性に同意した。

ノエルはケヴィンに交渉を任せた。ケヴィンにとっては、重すぎるほどの責務だった。ケヴィンは父親と同様、ビジネススクールには行ったことがなく、モンスター社で働いたことをのぞけばビジネスの経験もなかった。しかも、父親のように自力でやっていく必要もなかった。ところが今、有能で押しの強いジミー・アイオヴィンに直面している。ケヴィンはなんとか話をまとめたかったが、インタースコープ社が提示する金額が小さすぎて、採算が合うような製造台数を割り出せずにいた。モンスターは、スピーカー事業の失敗によって五〇〇〇万ドルの損失を出したばかりで、一二〇人の従業員を解雇し、製造拠点をメキシコに移さざるをえなかった。そのため、インタースコープが要求する強気の配分を受け入れるわけにはいかなかった。アイオヴィンとドレーは有利な立場にあった。モンスターはいくつかの提携候補のひとつにすぎなかったからだ。モンスターが分配率を引き上げると、アイオヴィンは沈黙した。ケヴィンはふたたび呼び出され、「こんなことはしたくないが、他社と取引するつもりだ」と告げられた。

それから半年がたった。アイオヴィンが選んだ二番目の候補はうまくいかなかった。四人はふたたびアイオヴィンのオフィスに集まった。アイオヴィンのテーブルの上には、モンスターのライバル会社が作った試作品が置かれていた。アイオヴィンとドレーはこの時点ですばらしいブランド名を思いついていた。ビーツ・バイ・ドレーだ。だが、ノエルとケヴィンを呼んでおきながら、提示できるのはそれだけだった。テーブルにある製品はファッションステートメントになるはずだったが、デザインが良くなかった。装着したヘッドホンが格好良く見えなければ、セレブは使ってくれないし、すべての努力は水の泡となる。また、ノエルの専門家としての意見では、音質もそれほどすぐれていない。オーディオマニアであるドレーもそう思ったのだろう。そうでなければ、一度断った相手のところに戻ってくるはずがなかった。

ノエルは、当然ながら、すでに乗り気ではなくなっていた。自分たちを過小評価し、かわりにライバル会社を選んだ相手だ。「やる気がそがれた」一方、ケヴィンは提携の実現を依然として夢見ていた。そこでノエルは、もう一度、ケヴィンに交渉を任せた。ケヴィンは、今度こそ絶対に成功させようと決意し、危険な作戦を実行することにした。契約書を手にする前に、製品ラインの開発に着手したのである。「あの時点で、何を、どのような価格帯で、どのくらいのコストで作るのか、まるで見当がつかなかった」のちにケヴィンは語っている。ノエルに知らせることもなく、承認を得ることもせずに、ドレーとアイオヴィンが契約に署名する前から、ビーツ・バイ・ドレーの開発にモンスターの資金を何百万ドルもつぎ込んだ。ケヴィンのチームは、ドレーとアイオヴィンの意見を取り入れながら開発を繰り返し、何十という試作品を作った。すばらしいものを作ればふたりが手を引くことはないだろう、とケヴィンは考えた。

ところが、あるとき、パートナーシップを成功させたいというケヴィンの向こう見ずな決意がパニックに変わった。ケヴィンは、モンスターがかなりの資金をつぎ込んでいることに、突然、気がついた。正式な契約もないまま試作を重ね、大量生産まではじめていた。「言いつけにそむいたどころの話ではなかった。親父の信用を失いかねない。すでに在庫を何百万ドル分も抱えている。親父に殺される」正直に白状すべきだということはわかっていたが、契約書を手にしてからにしたかった。そこで、ドレーとアイオヴィンとの契約交渉を急いだ。最初の判断の誤りを取り繕おうと焦ったケヴィンは、アイオヴィンと老練な企業弁護士の一団を相手にひとりで交渉に臨んだ。ケヴィンの焦りと絶望が最大限に利用された。ケヴィンは、十分に理解できないまま、複雑極まりない契約書にサインをさせられた。

ケヴィンはとりあえずほっとした。危機は脱した。この契約により、モンスターとビーツの提携が正式のものになったので、父も自分の先走りを許してくれるだろう。モンスターはヘッドホンの製造と販売を行い、アイオヴィンとドレーは、ビーツのブランド名と有名人とのつながりの見返りとして、一九パーセントの分け前を得ることになる。だが、アイオヴィンとドレーにとって何より重要なのは、契約によって、ビーツに関するモンスターの仕事すべての所有権を得たことだった。

そのなかには「〔会社の〕支配権の移転」条項も含まれていた。他の事業者がビーツの経営権を得た場合、ビーツとモンスターの製造・販売契約は解消される、というものだった。ビーツはなんの支払いの義務もなく、モンスターから自由になれるのである。

こんにち、ブランドのファンの多くは気づいていないが、ビーツ・バイ・ドレーのヘッドホンはモンスターとの提携によって二〇〇八年に発売されたものであり、初期モデルには、アイコンの赤いbの下に小さなモンスターのロゴが入っていた。大きく（だが大きすぎず）、光沢のある色鮮やかな新型のヘッドホンはすぐに人気となり、価格が高く、低音が強すぎるという批評にもかかわらず、ステータスシンボルとなった。ビーツのヘッドホンがその価格帯のなかで最上のものかどうか、つまり支払った金の価値があるかどうかはあまり重要ではなかった。新たなカテゴリーであり、文化的なステータスシンボルとしてマストアイテムとなったからだ。それもおもに、家電業界では誰も、有名人とのつながりや、アイオヴィンやドレーのような名声を利用することができなかったおかげでもあった。「ビーツはすべてのミュージックビデオに出ていた」とケヴィンは言う。インタースコープ社は、レディー・ガガやジャスティン・ビーバーなど、ポップスターのシグネチャーモデルも生み出した。ノエル・リーには、それがどれほどの価値があるかがわかっていた。というのも、自分も同じ原理でモンスター社を築いてきたからだ。その原理とは、すなわち、消費者は自分の目と脳が聴くべきだと言っていることを聴いている、というものである。世界最高のヘッドホンで聴いていると伝えるだけで、消費者の主観的な体験が向上する。有名で裕福なミュージシャンが身に着けているのを見れば、「世界最高のヘッドホン」は消費者に何を言って聴かせるのだろうか。

戦略はうまくいった。ビーツは、一夜にして街中どこでも見られるようになった。最初の一年で四〇万台が売れ、二億ドルの収益を生んだ。だが、それは成功のはじまりにすぎなかった。二〇一一年には、有名人を動員することで売上高五億ドルを突破し、高級ヘッドホン市場の半分以上を占めるに至った。レブロン・ジェームズのようなアスリートと提携したことによって、スポーツファンもビーツを選ぶようになった。ノエルは言った。「こんにちではブランドがなければ終わりだ」

結局のところ、モンスターも終わった。だが、理由は別だ。ケヴィン・リーが十分に吟味せずに同意した契約のせいだった。二〇一一年八月、アイオヴィンとドレーは、台湾の家電会社HTCにビーツの株式の五一パーセントを三億九〇〇〇万ドルで売却した。あの厄介な「支配権の移転」条項に従って、所有構造が変わったことにより、モンスターとの生産と販売の提携が即座に解消された。ビーツはモンスターの特許や意匠権も持ち去った。さらに腹立たしいことが起こった。ビーツはモンスターとの提携の歴史さえ書き換えはじめた。モンスターは製品の設計においていかなる役割も果たしていない、ビーツが使う部品や材料を調達したにすぎない、と言いはじめたのだ（モンスター側は、自分たちの主張を裏づける機密設計書などの資料を記者に提供した）。

それだけではなかった。ドレーとアイオヴィンは、「支配権の移転」がいったん施行されると、すぐにHTCから経営権を買い戻した。それから巧妙な策略の最後の仕上げにかかった。二〇一四年、アップル社を説得し、三二億ドルの現金と株式と引き替えにビーツを買い取らせた。アップルの歴史において最大の買収だった。HTCの工作のおかげで、すべてがジミー・アイオヴィンとドレーに渡った。彼らは家電史上もっとも有利な取引のひとつから、モンスターを排除した。

ノエル・リーは、はじめはニュースを前向きにとらえ、「まず思ったのは、ジミーとドレーがすばらしい取引をしたということだ。彼らがそうした高い評価を受けたことを嬉しく思う。それはモンスター社の評価でもあると考えている」と述べた。だが、最終的には我慢ができなくなった。ドレーとアイオヴィンが会社の所有権を意図的に移動させ、モンスター社を切り捨てる条項を発動させたことにより、設計、製造、販売の権利を盗んだとカリフォルニア州の裁判所に訴えた。ノエルによれば、HTCがビーツを買収したのは、アップルによる買収前にモンスターを追い出すために意図的に行われた「みせかけ」だったことを、HTCの取締役会のメンバーが認めたという。ドレーとアイオヴィンは、二〇一一年には早くもアップル社に買収されることを狙っていたのだが、その前にビーツの完全な所有権を得たいと考えていた。ところが、ビーツはモンスターが収益配分を増やす見返りとして「支配権の移転」の条項に同意した、という別の主張をした。スピーカーの失敗や実店舗の小売の衰退で打撃を受けていたモンスターは目先の利益を優先した。その代償を払うことになったのだ、と。結局、裁判所はビーツの主張を支持した。ケヴィン・リーは、意味を理解していようがいまいが、最終的にその条項に合意したからだ。モンスターは弁護士費用と損害賠償として、一七五〇万ドルの支払いを命じられた。

「わたしたちはヘッドホンを設計し、製作し、販売したが、その功績を認められなかった」ノエル・リーはそう言った。モンスターが負ったと思われる九桁の額以上にノエルが腹を立てているのは、今ではすっかり有名になったヘッドホンがモンスターの功績ではないと主張され続けることだった。「やつらはすばらしいビジネスストーリーからモンスターを消し去った。それはまちがっている」挫折したものの、ノエルはヘッドホン作りをやめなかった。「わたしたちはビーツがいてもいなくても、ヘッドホン界のアップルになれる」モンスターは、ピュア・モンスター・サウンドの生産ラインでヘッドホンを作り続け、ケヴィンは自分のヘッドホンメーカーであるSOLリパブリックを共同設立するまでになった。その後、それを売却し、二〇一七年に父親の会社に戻っている。

結局、他人を食い物にする者は、される者になった。ノエルは言う。「わたしたちは認知されていなかったのだと思う。そして、ビーツの歴史から消された。作ったのはわたしたちだった。ほとんどの人は一方的な話を聞かされていて、モンスターが関わっていたことを知らない」モンスター社自身も、かつて頼りにしていた従来型の小売店がシャッターを下ろすなかで苦境に立たされている。自社製品の売り上げも急落し、この一〇年で従業員の大半を解雇した。モンスターにとって、ビーツとの提携は高級オーディオの未来への橋を意味していた。その橋が崩落したとき、同社は魅力ある選択肢がないことに気づき、オンライン・ギャンブルや仮想通貨などに中途半端に手を染めながら、なんとかやってきた。ノエル・リーはくじけることなく、会社の存続を願って私財をモンスター社につぎ込んだ。ケヴィン・リーはこう言った。「会社を閉めるべきだったが、父はモンスターと仕事のことしか頭になかった。要するに、モンスターで儲けた利益をモンスターに戻したということだ」モンスターの唯一の希望は、利用できる新たな弱みを見つけることだ。三度目の幸運があるかどうかは、時が教えてくれるだろう。

抜け道を飛ぶ――サウスウエスト航空対すべての人

テキサス州サンアントニオにあるセントアンソニーホテルは、長年にわたって多くの著名人を迎え入れてきた豪奢なホテルである。アメリカの大統領も少なくとも三人は訪れている。フランクリン・ルーズベルト、アイゼンハワー、ジョンソンだ。だが今夜、マティーニを楽しむ首脳はいない。

一九六六年春のこの夜、ふたりの男がホテルのバーでウィスキーを飲んでいる。どちらも知名度はないものの、それぞれが最高の地位を目指していた。

そのひとり、ローリン・キングはすでに頂点に手が届きそうだった。二年前、三三歳のときに、サンアントニオの有力者がおもに狩猟のためにテキサス周辺を移動するためのチャーター便を運航する、ワイルド・グース・フライング・サービスを買収した。会社の名をサウスウエスト航空に変えたものの、チャーター事業は破綻した。だが、キングにはもっと良い考えがあった。ハーブ・ケレハーは懐疑的ながらも、いつものようにワイルドターキーを飲み、巻きタバコを吸いながら、キングの話を聞いてみるのもいいと考えた。厳密に言えば、話を聞くことがキングの弁護士としての仕事だった。クライアントを喜ばせたいと考える弁護士は、必ずしも自分の考えを言わない。たとえ本心では「ばかげている」と思ったとしても。

キングのチャーター事業は、理論上はうまくいくと思えた。テキサスは面積が二五万平方マイル〔約六五万平方キロメートル〕以上もある、アラスカに次いで大きな州だ。カリフォルニアのように、主要な目的地が遠く離れている。州内の航空ビジネスにはぴったりのはずだった。しかし、サウスウエスト航空には問題があった、とキングは言う。ひとつには、大手の民間航空会社のようなジェット機ではなく、速度の遅いプロペラ機を使っていたことだ。だが、チャーター事業が失敗した本当の理由は、チャーターだったからだ。富裕層の狩猟者たちにターゲットを絞りすぎた、とキングは考えていた。個人的な経験から、定期便でテキサスの大都市間を移動するのはどんなにみじめかわかっていた。航空規則によって競争がまったくないために、フライトがキャンセルされたり、荷物がなくなったりしただけでなく、運賃も法外に高かった。それでも、自分のようなビジネスマンはその料金で乗れる。何百万ものテキサスの人々も、短時間でダラスからヒューストンに行って家族に会ったり、ヒューストンからサンアントニオにアラモ砦を見に行ったりすることができれば嬉しいだろう。そのためには、手頃な価格の、信頼できる旅の手段が必要だ。車を運転する代わりの手段を提供できる会社があれば、潜在的な需要は膨大なものになる。

キングが作りたいのは本格的な民間航空会社だが、ダラス、サンアントニオ、ヒューストンの「テキサストライアングル」だけを飛ぶものだった（そのときに、カクテルのナプキンに三角形を描いたとよく言われるが、それをキングはのちに否定している）。ケレハーは鼻で笑って自分のバーボンに視線を戻したが、キングは話し続ける。もし、顧客の不満だけが既存の航空会社の弱点なら、この計画に見込みはないだろう。いずれにしても、キングもケレハーも民間航空のことは何も知らないのだから。だが、それよりもっと大きな、利用できる弱みがあった。それはアメリカの空の旅のシステムそのものにある抜け穴だ。連邦航空規則は、州間のフライトのみに適用される。つまり、テキサス州内の都市間だけを飛ぶのであれば、連邦政府の管轄外で好きなように事業を運営できる。市場で他の航空会社が追随できない価格競争を仕かけられる。

ケレハーは興味をそそられ、バーボンをテーブルに置いた。業界経験がほとんどないのに航空会社を立ち上げようとするのは、常軌を逸している。だが、大きな弱みを利用するには、同じように大きく考えることが必要なのかもしれない。

ただ、他の航空会社も黙っていないだろう。それはまちがいない。一世一代の法廷闘争になるかもしれない。経験豊かな法廷弁護士のケレハーは、法廷で思い切り戦うことを考えて身体が熱くなるのを感じたが、それは単にワイルドターキーのせいだろうか。いずれにせよ、ふたりは、この大きなアイデアを進めてうまくいくかどうかを確かめようと決めた。

サウスウエスト航空が、観光業界でもっとも好まれているブランドのひとつであるのは皮肉なことだ。同社は創業以来、業界一獰猛《どうもう》な競争相手だった。民間航空市場の弱点を繰り返し利用してきた。ところが、まるで収益の多い大企業と同じような、思いやりがある寛大な企業というイメージを築いている。強引に成功を収めてきた同社が、なぜこのような心温まる評判を、顧客だけでなく、激務を課されている社員からも得ているのだろうか。

サウスウエスト航空がこうした評判を得てきたのは、突出したブランド力を持つ強引な巨大企業であるアマゾンと同じように、何よりも顧客ファーストを貫いたからだ。たとえば、大手航空会社が次々と機内預け入れ荷物に対して手数料を取りはじめたとき、サウスウエスト航空では、航空券一枚につき二個の荷物を無料で預けることができた。だが、一見、寛大に思えるこのサービスは、決して無私無欲のものではなかった。「ライバル会社たちからもらったプレゼントだった」と、サウスウエスト航空のある幹部が言っている。「手数料を取らないことでウォールストリートから批判された。だが、それに乗って三億か四億ドルかの手数料を得るのはやめて、ほかの人たちに任せようと決めた。そうすれば、サウスウエストが一番お得だと言えるようになる」サウスウエストは投資家からの圧力に屈せずに、新たな広告キャンペーン「荷物が飛ぶのは無料」をはじめた。この決定と広告キャンペーンによって、預け入れ荷物手数料を課した場合の二倍以上になる、一〇億ドルの新たな収益を確保し、市場シェアが数ポイント上がった。

こんにちサウスウエスト航空はアメリカ中の路線を支配し、他のどの航空会社よりも多くの客を乗せて飛んでいる。何百かの路線では、同社が唯一の選択肢だ。同社の主要一〇〇路線では、三便のうち二便を運航している。業界平均を大きく上回る比率である。同社は、つねにみずからを弱い者、つまり空飛ぶゴリアテに対するダビデと表現する。それにもかかわらず、アメリカではずっと以前からもっとも人気のある航空会社とされている。そうなるまでには、手荒なこともやってきた。キングが気づいた連邦航空規則の弱点を突いただけでは終わらなかった。ライバル社の弱点を、ひとつひとつ躊躇せずに利用していった。P・E・モスコウィッツが業界誌「スキフト」に以下のように書いている。「サウスウエスト航空は市場を見つけ、市場を構築し、容赦なく競争相手を排除していった。価格競争や顧客ベネフィットや訴訟を通じて」

「サウスウエスト航空は、最初に二次市場に参入し、その後、クズ〔現在、北米では侵略的外来種に指定されている〕のように広がっていったからこそ、巨大な成功を収めた」と、航空業界研究グループ代表のヘンリー・ハーテベルトは言う。「彼らは飛行する空港のすべてのゲートを魅了し、ライバルたちを事実上排除している」

だが、その戦術はずっと先の話だ。さかのぼって一九六六年、ハーブ・ケレハーはキングの考えに好奇心をそそられていた。勤めている弁護士事務所は立派な仕事をしているものの、ケレハー自身はもっと大きな夢を抱いていた。テキサスにやって来たのも、実はその夢を叶えるためだった。ケレハーは、キングと同じく、「ひとつ星の州」〔テキサス州のニックネーム〕の出身ではない。ニュージャージー州で育ち、ウェズリアン大学で哲学と文学を学び、その後、ニューヨーク大学ロースクールをトップで卒業した。ニュージャージー州最高裁判所の調査官を務めたのち、一九六二年に妻のジョーン・ネグリー・ケレハーとともにテキサスに引っ越した。それはケレハー夫妻にとって重大な決定だった。「ジョーンのおかげでテキサスを知り、わたしは……テキサスに心を奪われた」ケレハーはのちにこう述べている。ジョーンの実家は、テキサスで最大の牧場主のひとつだった。「テキサス移住はジョーンから強く勧められたわけではない。ある晩、帰宅したとき、以前から起業家気質のようなものがあるわたしは、テキサスに引っ越したい、テキサスには起業のための多くの機会があると思う、とジョーンに話した。すると、ジョーンの目から涙があふれ出した。そうやってテキサスに来た」ケレハーは大きなものを作り上げたかったので、このチャンスには大きな可能性があると考えた。だが、ローリン・キングの弁護士として、このクライアントが無謀な計画を立てたのははじめてではないことを知っている。慎重に吟味する必要があるだろう。飛行機を何機か所有しているだけで、航空会社を作れるわけではないのだから。

一方、キングもどこからともなくこの計画を思いついたわけではなかった。銀行家のジョン・パーカーから、カリフォルニア州のある航空会社が、連邦政府の規則を逃れて州内の都市間を飛ぶモデルで成功していることを聞いたのだ。この規則は一九三八年、民間航空委員会（ＣＡＢ）の設置とともに施行され、ＣＡＢには航空運賃や路線を規制する権限が与えられた。ニューヨークとシカゴ間の民間航空のチケットは、ＣＡＢの管轄のもと、どの航空会社を選ぼうと、どれだけ事前に購入しようと同じ金額だった。この規則がある限り、航空会社は快適さとサービスでしか競うことができなかった。当時、飛行機を利用したことがあるアメリカ人は五人にひとりもいなかった。そうした少数のゆとりがある人々は、価格ではなく、足下のスペースの広さや食事の質で航空会社を選んでいた。

ウィスキーで勢いづいたホテルのバーの会談の翌日、ケレハーはキングの計画を手伝おうと腹を決めた。最初にやるべきことは資金の調達だった。新しい事業を支えてくれる人を見つけることに集中した。テキサスに深く根をおろしていた妻のジョーンのおかげで、社交的なケレハーは広い人脈を持っていた。何ヶ月かのうちに、テキサス州屈指の大企業経営者や政治家たちから五〇万ドル以上の資金が集まった。一九六七年、キングはエアサウスウエストを設立し、まもなく、テキサス航空委員会から州内で飛行機を運航する認可を得た。ここまでは順調だった。だがその後、新事業は激しい逆風にさらされた。競合するブラニフ航空、コンチネンタル航空、トランス・テキサス・エアウェイズの三社が、テキサスにはこれ以上新たな航空会社が参入する余地はないと主張し、サウスウエスト航空を訴えた。

ケレハーは三年間で三一回もの訴訟に対処しなければならず、さすがに「激怒」した。ライバルたちは、サウスウエスト航空を威嚇しているつもりだったのだろう。だが、その執拗な攻撃によってケレハーは奮起した。まるでギリシャ悲劇のようだった。サウスウエスト航空が軌道に乗らないうちに押し潰そうとする行為が、結果的に将来の脅威を生み出すことになる。ケレハーは言った。「怒りは動機につながる。わたしの場合、それは大義となった」

サウスウエスト航空は開業資金を裁判で使い果たしてしまったため、キングは事業から撤退するよう取締役たちから強く勧められた。だが、一九六九年の取締役会でケレハーは言った。「みなさん、一緒にもう一ラウンド勝負しましょう。わたしは引き続き、法廷で代理人を務めます。弁護士費用はあとでいい。裁判費用はわたしがすべて負担します」一九七〇年、テキサス州の最高裁は、サウスウエスト航空の主張を支持した。ライバルたちは連邦最高裁に上訴したが、棄却された。サウスウエストは勝った。厳しい試練に見舞われたものの、ブラニフ航空らはサウスウエストに計り知れない恩恵を施したことになる。彼らはサウスウエストがマスコミに対しても、社内においても、「不屈の闘志にあふれた新企業」というアイデンティティを確立することに手を貸した（その後、これらの航空会社は司法省に反トラスト法違反で訴えられた。新興の航空会社への法的な攻撃に加え、サウスウエストの取引先のボイコットや給油所への立ち入り阻止などが、反競争的な行為に相当するというのが政府の見解だった）。

サウスウエスト航空は就航を許され、わずか一二〇日後の操業を目指して、大急ぎで準備をはじめた。航空機、空港ゲート、燃料、当然ながら、整備士や客室乗務員やパイロットなども必要だった。なかでも絶対必要でもっとも重要なポジションは、もちろんCEOである。キングはずっと以前から同社を率いるつもりでいたが、いよいよというときになって、それは投資家にとって不誠実かもしれないと考えた。なんだかんだ言っても、自分は大手航空会社で働いた経験がなかったからだ。そこで、取締役会は、航空業界の経験が豊かなラマー・ミューズを雇用することに決めた。大胆で自信に満ちたミューズは、トランス・テキサスも含めた多くの航空会社で働き、五〇歳になる前に引退した。だが引退後、じっとしていられなくなった。戦いたくてうずうずしていた。ハーブ・ケレハーが支持したのもうなずける。

「まさに必要としていた人だ」ケレハーはミューズを評して言った。「タフで、発想が常識破りだ」一九七一年一月にミューズがCEOを引き受けたとき、サウスウエストはガス欠寸前だった。銀行には一四二ドルしかないのに、未払いの請求書が八万ドル分もあった。ミューズは五万ドルの私財を同社に投じ、さらに二〇〇万ドルの資金を調達して、飛行機を購入した。近年の業界不振のせいで、ボーイング社には過剰生産した三機の737‐200がたまたま残っていた。ミューズはそれらを割引で購入した。ボーイングは、さらにその購入資金の九割を融資までしてくれた。また、労働市場には仕事を失った専門職があふれていた。おかげで、サウスウエストは業界最良の人材を雇用することができる。ようやく運が向いてきた。

あるいは、そうとも言えないかもしれない。ブラニフとテキサス・インターナショナル〔トランス・テキサスから改称〕は、サウスウエストの離陸を阻止するため、土壇場で差し止め命令を出させることに成功した。だが、ケレハーはテキサス州の最高裁判所をうまく説得して、下級裁判所の裁判官に、その差し止め命令を執行しないよう命じさせた。翌日、ミューズは第一便の就航を監督するためにダラスのラブ・フィールド空港に着いた。ケレハーはサウスウエスト社の新しいＣＥＯに、最高裁の命令にもかかわらず執行官が来た場合に備えて、いかにも彼らしい冷静な法的助言をした。「滑走路に寝っ転がらせて、もし必要なら制服にタイヤの跡を残してさしあげればいい」だが、悪代官さまが現れることはなく、サウスウエスト航空第一便は、最初の乗客二名を乗せてダラスを出発した。その日の残りは、三機ともほとんど空っぽのまま、ダラスとサンアントニオ、ダラスとヒューストンを折り返した（サンアントニオ・ヒューストンを加えてトライアングルを開通させたのは、その年の一一月だった）。

この小さな新興企業に対する抵抗の大きさは、キングが見つけた弱みの価値がどれほど大きかったかを示している。創業初期のうちは乗客もまばらだったが、サウスウエストもライバル会社も、この先に大きな可能性があることはわかっていた。サウスウエストは、同じルールを守らなくてもいい唯一のプレイヤーだった。サウスウエストの飛行機は、運賃を払う乗客がほとんどいないまま着陸したが、ケレハーはその最高の瞬間についてこう語っている。「四年間の訴訟を経てサウスウエストの最初の飛行機が到着したとき、わたしはその飛行機に歩み寄り、キスをして泣いた」

当時の航空会社は、限られた人しか飛行機で移動しないという前提で経営されていて、その小さなパイからできるだけ大きなかけらを得ようと力を注いでいた。だが、サウスウエストははじめから競争のない市場、つまり車で移動する何百万もの人々をターゲットにした。「破壊的だったと言えるかもしれない」ある重役は言った。「旅行はひと握りのエリートのためのもので、とてもお金がかかったし、旅行代理店がほとんどの旅行を手配していた。わたしたちはそのモデルをひっくり返したんだ」

すでに使っている製品の新しいブランドを顧客に試してもらうのは簡単だ。だが、はじめての製品やサービスを試してもらうことは、ビジネスにおいてもっとも困難な仕事になる。テキサスの平均的な人々は、そもそも飛行機を使うという選択肢を考えなかった。飛行機に乗ることを説得するのは、たとえ価格を割り引いても、キングが予測していたよりずっと難しいことがわかった。四機目のボーイング737‐200は、入手したわずか数ヶ月後に、現金の必要性に迫られて、売却せざるを得なかった。

だが、同社はそれによって便数を減らすかわりに、飛行機をゲートに留めておく時間を通常の三〇分かそれ以上から一〇分にする方法を考え出した。のちに同社の核となるこの戦略は、業界標準の手順を放棄することによって実現した。ライバルたちと同じ法的規則に従わなくてもよいのだから、同じ搭乗手続きに従う必要もない。サウスウエストの飛行機は、ゲートから十分に離れた場所に駐機するようになったので、タグマンに引っ張られなくても自力で走ることができる。乗客は、搭乗橋を使わず駐機場に並び、階段を昇ればいい。それどころか、乗客を飛行機が到着する前から並ばせ、荷物の積み下ろしやシステムのチェックや燃料の補給が行われるあいだに搭乗を開始し、飛行機を降りる客には別のドアを使わせることもできる。サウスウエストの搭乗手順は、民間航空機の標準的な工程というよりも、F1のピットクルーの仕事に近いものになりはじめた。

サウスウエストは当初から、ブラニフとコンチネンタルが自分たちの本当の敵ではないことを知っていた。敵はフォードとシボレーだった。効果的なポジショニングをするには、顧客のあらゆる分野の選択肢を理解することが重要である。そして、こうした比較的短い距離の移動の場合、真の代替の選択肢は、多くの人にとって、時間がかかってもなんとか我慢して車で行くことだった。その選択肢に対抗して優位なポジショニングをするには、コストを抑え、フライトのプロセスから不要な摩擦をすべて取り除かなければならない。飛行機に乗るのは車に乗り込むことほど簡単ではないが、厄介な料金や、遅延や、なくてもよいサービスなど不要なものを排除し続けることで、かなり近づけられる。機内食は袋入りのピーナッツに代わった。チケットは裏面に「This Is A Ticket」と書かれたレジのレシートだった。席は先着順。ゲートの係員も従来の三名から一名に減らした。

ヒューストンのインターコンチネンタル空港では苦戦を強いられたため、代わりに古くて、小さいホビー空港を本拠地に運航をはじめた。他の航空会社は一九六九年にホビー空港から新しいインターコンチネンタル空港に移ったので、ホビー空港はがらんとして老朽化していた。だが、市の中心に近かったので、そこから州内を短時間で飛ぶのは、より競争力を高めることができる選択だった。移転は大成功の結果となり、乗客は倍増した（ジェットブルー航空は、数十年後に同じような弱みを利用するため、シカゴやニューヨークのような都市にできた混雑した巨大なハブ空港ではなく、多くの旅行者が好む、利用者の少ない小さな空港から飛ぶようになる）。ブラニフとテキサス・インターナショナルが顧客を取り戻そうとして、ホビー空港からのフライトを一部再開したが、サウスウエストを選ぶ理由を乗客に思い出させる結果になっただけだった。サウスウエストは運賃が安いだけでなく、時間通りに到着し、チケットカウンターで待たされることもなかった。まもなく、他の航空会社はホビー空港をサウスウエストに明け渡した。一九七三年には同社は黒字に転じた。

ケレハーはサウスウエストの社員ではなかったが、弱みを見抜く並外れた能力によって同社に大きな価値をもたらした。ダラス市とフォートワース市が、両市の中間に開港する新空港に同社を移転させようとしたとき、ケレハーは両市を裁判所に訴えた。当初、ダラス・フォートワース地域空港と呼ばれた空港は、とても大きく近代的だった。だが、ホビー空港がヒューストンの中心街からすぐのところにあったように、ラブ・フィールド空港もダラスの中心街から数分のところにあった。新しい空港に移転させられれば悲惨なことになる。新空港へ車で移動するのが、フライトの時間よりも長くかかったからだ。それどころか、もしダラス・フォートワース地域空港からの運航を余儀なくされたら、まちがいなく破産に追い込まれる。

ケレハーは移転を回避するための抜け穴を見つけた。両市は三年間、次々と裁判の申し立てをし、サウスウエストをその便利な位置から追い出そうとした。結局、訴訟は連邦最高裁に持ち込まれ、そこでケレハーは勝った。さらに大事なのは、ケレハーが強力な相手との不利な戦いで見せた不屈の闘志が、サウスウエスト航空の企業文化に欠くことのできないものとして、従業員を鼓舞し、強いプライドと忠誠心を植えつけたことだった。ケレハーの同僚（のちの社長兼最高執行責任者）であるコリーン・バレットは、「戦士の気質、生き残るための戦いが、わたしたちの企業文化を作り上げた」と語った。サウスウエストは、業務に必要なことなら何でも快くやる会社になった。飛行機を時間通りに運航させるために、チケットの販売係は荷物を運ぶことをいとわなかった。

一九七八年、ジミー・カーター大統領が航空会社の規制を緩和したのには、サウスウエストの影響もあるだろう。同社が運賃を引き下げ、不振だった業界で黒字への転換を果たしたことは、規制緩和が競争を促進する可能性を示しているとされたからだ。だが、実際には反対のことが起こった。規制の緩和によって、航空業界では一九八〇年代に多くの企業合併、買収、倒産が続いた。消失したり、他社に吸収されたりした企業は一六九を数え、混乱が落ち着いたときには、九社が国内の収益の九二パーセントを占めるようになっていた。

競合先が増えるという予想ははずれ、規制緩和はサウスウエストを大きく利することになった。テキサス州以外へも自由に進出できるようになったからだ。一九八一年には、シカゴやその他いくつかの都市で事業を展開するようになった。この年、ハーブ・ケレハーは、サウスウエストのCEOに就任した。

ケレハーはCEOとして、自分の個性やときどき出る常軌を逸した振る舞いを抑える必要はないと考えていた。サウスウエストを突出した企業にしたかった。常識破りの航空会社には、常識破りのリーダーが必要だ。一日に五箱のタバコを吸い、ワイルドターキーを飲み、仕事中に下品な冗談を言うこともやめなかった。会社の催しにエルビス・プレスリーやロイ・オービソンに扮して出てきて、従業員に下手な歌を聴かせたこともあった。サウスウエストの宣伝用スローガンが地元の小さな航空会社のものとそっくりだという苦情を受けたときは、裁判に訴えるのではなく、相手企業のトップと公開腕相撲をした。「ダラスの対決」と呼ばれた勝負は、ケレハーが敗れる結果となった。それでも、相手のCEOは、サウスウエストがこのスローガンを使い続けることに同意した。

ケレハーの行動規範は、礼儀正しさを捨て去るだけでなく、「空の民主化」を図ることだった。サウスウエストは勝ち目がなくとも乗客のために戦う。それが、同社が何年も続いた法廷闘争を通して作り上げた企業のアイデンティティだった。ケレハーはそのアイデンティティを大切にした。業界に挑戦し、その慣習を破るために大小さまざまな戦いをした。大きな戦いは安い運賃を維持すること、座席指定をなくすこと。小さな戦いは客室乗務員にホットパンツをはかせるなど、奇抜な宣伝をすることだ。サウスウエストがお堅いライバルたちと違うことを示すためならなんでもやった。こうしたお人好しとも言える自由な姿勢を社内でも貫いた。従業員はジーンズで仕事をすることができたし、社長を「ハーブ」と呼ぶのも自由だった。

だが、ハーブは自由奔放でおどけた行動をしながらも、成功をひたすら追い求めた。夜は四時間しか眠らず、本、とくに戦史をよく読み、そこからリーダーシップを学んだ。インク誌には、ケレハーがサウスウエスト草創期の戦いを「第一次世界大戦の破滅的な塹壕戦のようなもので、サウスウエスト航空に対して大規模な正面攻撃が行われた」と述べた言葉が掲載されている。戦略を研究していないときは、週に何百通も届く顧客からの手紙に返事を書いた。敵の弱点を突く、あるいはみずからの弱みを封じるには、リーダーが現場に出て戦いを見る必要があることも理解していた。そのため、四半期ごとに一日、フライト中のドリンクサービスや荷物の積み込み作業などを行い、最前線で働いた。現場を直接見る必要があったからだ。

社内の業務についても型破りな手法を用いた。序列はできるだけ排除した。各部署のリーダーも、ゲート係のような現場の従業員も、お客様のためになると思う決断は上層部の承認を得なくても実行できるようにした。また、訓練とメンテナンスを簡素化するために、運航する飛行機はボーイング737の一種類のみとした。

その結果、どのようなことが起こっただろうか？　一九九二年のプロフィールのなかに次のような記述がある。「乗客は空港に行き、安いチケットを買って、次に飛ぶ機に乗ればいい。それには一時間もかからないことがあるのを乗客は知っている。サウスウエスト航空は、毎日、ダラスとヒューストンのあいだを七八回、フェニックスとロサンゼルスのあいだを四六回、ラスベガスとフェニックスのあいだを三四回飛んでいる。サウスウエストの一日の一ゲート当たりの平均フライト数は一〇・五便で、業界平均はその半分以下の四・五便だ」

規制緩和後、競合する航空会社の数はそれほど増えなかったものの、空の旅をする人は大きく増えた。それまで飛行機に乗ったことがなかった膨大な数の人々が、空を飛びはじめた。一九九三年までに、国内線の乗客は八七パーセント増えた。だが、競争が減り需要が増えたにもかかわらず、大手航空会社は利益を確保するのに悪戦苦闘した。一方、新興企業にとっては、厳しく、激動する市場はチャンスに満ちている。大手のライバルたちが後退するなかを、ケレハーは辛抱強く前に進んだ。ある幹部は、サウスウエストが「価格が法外に高く、サービスが行き届いていない市場を探し出している」と言った。市街地の近くに空港があり、交通渋滞がそれほどひどくない小さな都市の市場には、しばしば弱みが見つかる。そうした都市にある空港のゲートを確保し、一週間もしないうちに新しい事業を立ち上げれば、市場の四分の一をすぐに獲得できることが多い。サウスウエスト航空を利用する人が増えるにつれ、まだ事業展開していないあちこちの場所で、満たされない需要が高まっていった。ずっと以前からあり、機が熟して解き放たれるのを待っていた需要だった。一九九一年にUSエアーがサクラメントのゲートを手放したときのように、どこかの航空会社が撤退すれば、サウスウエストはすぐにそこに参入し、いち早く利用可能な路線を押さえた。この戦略を通して、ケレハーは「想像できない規模で大衆に空の旅をもたらした」と航空アナリストのロバート・マンは述べている。

弱みを利用することにはどれだけの価値があるのだろうか。一九八九年、サウスウエスト航空の収益は一〇億ドルだった。一九九二年には、おもに南部、南西部、中西部の三四の空港で働く従業員は九五〇〇人、保有する航空機は一二四機に増えた。そのうち二七の空港では、搭乗者数がもっとも多かった。業界最低の運賃と最高の給料にもかかわらず、一七年連続の黒字を達成した。

ケレハーは言った。「わたしたちは地理的配分の方針を意図的に作り出した。今はヨーロッパでの戦争のように、わたしたちと戦うことはできないだろう。これは太平洋戦争のようなものだ。トーチカをひとつひとつ、ヤシの木を一本一本、潰していかなければならない」

一九九三年、米国運輸省は「サウスウエスト効果」と呼ぶべきものを明らかにした。そのデータによると、サウスウエストが市場に参入すると、いくつかの変化が起こる。まず、その路線の利用客の増加。次に、空港が複数ある都市では、サウスウエストが運航していない空港の利用客の減少。最後に、路線運賃の全体的な下落だ。他社もサウスウエストに対抗するために運賃を引き下げるので、一〇〇ドル以上安くなった例もあった。サウスウエストが競合他社と比べて、また、いわゆる格安航空会社のなかでも際立っていたのは運賃の安さだ。客を引きつけるために安くするのではなく、つねに安いのである。

一九九四年、フォーチュン誌はケレハーの写真を表紙にして、「ハーブ・ケレハーはアメリカ最高のCEOか?」という見出しをつけた。同誌はサウスウエストが「国内航空業界を揺るがして顧客を引きつけ、週を追うごとにその威力を増している絶対的な力、すなわち現象《ジャガナート》」になったと記している。その前の四年間で、デルタ航空、ユナイテッド航空、アメリカン航空など主要航空会社は何十億ドルもの赤字を出した。それだけでなく、業界全体も一九九〇年から一九九四年のあいだに、それ以前の六〇年間より大きな損失を計上している。それでも、サウスウエストは他社の弱点を突くことによって、つねに大幅とはいえないまでも、黒字を維持してきた。「しばらくはそれほど儲かっていないときもあったし、一番のっぽの小人のようなものだった」とケレハーも認めている。

二〇〇一年、ケレハーは二〇年間の務めを果たし、歴史上もっとも興味深く、もっとも成功したCEOのひとりとして退任した。サウスウエスト航空は、こんにちもその中核となる戦略を貫き、安い運賃を維持したまま、主要都市間の短い距離を頻繁に飛び続けている。他の航空会社は、何十年にもわたって動きの速いライバルを観察してきたものの、サウスウエストが見つけていない弱みをまだ見つけられずにいる。

衝動買いをする――リリアン・ヴァーノンのカタログ

リリー・メナッシュはまだ五歳だが、何かがおかしいと感じた。兄のフレッドが怪我をしたことではない。フレッドは九歳。男の子は怪我をするものだ。乱暴だし、無茶なことをするから。そこでリリーは考えた。違う、家中が変なのだ。お母さんとお父さんが押し殺した声で言い合いをし、神経質そうに窓から下の通りを覗いている。お父さんのヘルマンはずっと顔をしかめている。お母さんのエルナはフレッドのすぐそばにいた。フレッドは順調に回復しているにもかかわらず。

　幼いながらも、リリーは両親が怯えていることがわかった。恐怖にかられている。大変なことが起ころうとしているらしい。でも、それが何なのか、どうしてなのかはわからない。一家は前の広い家から、この狭苦しいアパートに引っ越してきたばかりだった。その理由もわからなかった。すでにリリーも、この安定した生活が長くは続かないことを感じとっていた。一九三三年、ドイツ。メナッシュ一家はユダヤ人だった。


　アドルフ・ヒトラーがドイツの首相の座に就くと、ナチスは裕福なメナッシュ家をライプチヒの邸宅から追い出し、建物を自分たちの地域本部にした。下着メーカーとして成功したユダヤ人のヘルマン・メナッシュは、国際都市ライプチヒではいつも安心して暮らしてきた。だが、時代は変わろうとしていた。ヒトラー政権下のドイツ政府に頼ることができないのはわかっていた。没収された家の補償も期待できなかった。それでも、妻のエルナとふたりの子どもたち、フレッドとリリーに危害が及ばなかったのは幸運だった。ユダヤ人への暴力が増え、ヨーロッパの古い礼節と秩序は崖っ縁に立たされていた。

　ヘルマンは、家族とともに近くの共同住宅に引っ越した。そこで、反ユダヤ主義の波が収まるまで身を潜めていられることを望んだ。このナチスの熱狂が過ぎ去るのは時間の問題だ、と信じていた。そんなとき、反ユダヤ主義者の暴徒が、九歳のフレッドをアパートの階段から突き落とした。そこまでするのか。これ以上の暴力からフレッドを守るために、ヘルマンは事業資産をすべて残したまま、家族を連れてアムステルダムに逃れ、苦労の末にアメリカへ移住した。一九三七年、メナッシュ一家はニューヨーク市に落ち着いた。アッパーウエストサイドで、他の何千ものドイツやオーストリアの難民と一緒に、ユダヤ人だの、異教徒だのとの区別なく暮らした。

当時リリーはわずか五歳だったが、フレッドが突き落とされたことと、その後のことをよく覚えている。その経験は行動する必要性について忘れられない教訓を与えてくれた。人生においては、誰も自分を救ってはくれない。自分で自分の問題に向き合わなければならない、と。

ヘルマンはアメリカで再出発をした。賢明な起業家である彼は、リリアン（リリーはアメリカではこう呼ばれた）に強い労働倫理を教え込み、ビジネスを学ばせた。リリアンは週末になると、フレッドとともに小銭入れや財布やベルトなどの革製品を作る父親の新しい仕事を手伝った。一四歳になると、小売店を見て回り、父親が模倣して百貨店に格安で卸すことができる高級皮革バッグを探した。この戦略は、当然それを買いたい人がいる場合のみうまくいく。小売店回りは、模倣するのに適切な製品を選ぶという、リリアンの天性の才能に磨きをかけた。その才覚をのちにみずから「黄金の直感」と呼んだ。父親のために小売店を回ったことによって、いかにして成功するものを選ぶのかを学んだのだ。

これまで見てきたように、音楽でも、デートでも、おもちゃでも、専門知識は財産だ。チャンスをつかむには、市場を知り、市場が何を求めているのか、どう選択するのかを理解しなければならない。五番街を歩き、店のウインドーを覗くことは、リリアンにとってＭＢＡのプログラムに等しかった。

リリアンはのちにこう書いている。「わたしの関心ははっきりしていたものの、わたしが一人前のビジネスウーマンになることはないだろう、というのが暗黙の了解だった」リリアンの母は父と一緒に仕事をしていたので、家族のために買い物に行ったり、料理や掃除をしたりするのはリリアンの仕事だった。それも必要に迫られてのことだった。ヘルマンは仕事を手伝ってもらうことは歓迎したが、リリアンを自分の仕事を引き継ぐ者とは考えていなかった。息子のフレッドが継ぎ、リリアンは結婚して子どもを育てることになると思っていた。

リリアンは、ポーランド移民の息子で、ニューヨークのマウントヴァーノンに家族経営の下着店を持つサム・ホッホバーグと結婚した。結婚後もパートタイムの仕事を続けて夫の収入を補ったが、第一子を妊娠したのを機に、きっぱりと仕事を離れる覚悟を決めた。一九五一年、ベティ・フリーダンが第二波フェミニズムの引き金となった『改訂版　新しい女性の創造』（三浦冨美子訳、大和書房、二〇〇四年）を発表する一〇年以上も前だった。女性起業家はまだほとんどいなかった。オリーブ・アン・ビーチや後述するヘレナ・ルビンスタインは、その規則を示す例外だった。リリアンは、同世代の他の女性たちのように、家にいて、子育てをして、サムがお金を稼いでいるあいだに家事をやった。あるいは、のちに書いているように、「夫の稼ぎについて不満をこぼして」いた。だが、何かが引っかかっていた。社会が自分に期待するものはわかっていたが、夫の給料では快適な暮らしが維持できないこともわかっていた。これは政治的な主張ではなかった。リリアンはただ現実的に考えて、このままではいられないと思ったのだ。

リリアンは、赤ん坊の誕生を待ちながら、台所のテーブルでセブンティーンやグラマーなどの雑誌をめくり、ゆとりができたら何を買おうかと空想にふけった。やがてわかったのは、家でじっとしているだけでは満足できないということだった。自分には家族が必要とする追加の収入を得ることができる知性も技術もあるし、訓練も受けているのだから。
こうした雑誌の広告によって問題に気づかされたが、同時に可能な解決策も見つかった。妊娠中の母親がオフィスで事務仕事をすることはできないかもしれない。だが、通信販売なら、この合成樹脂フォーマイカでできた黄色のキッチンテーブルではじめられる。父親から革製品を安く大量に仕入れ、セブンティーン誌の若い女性読者に売ればいい。収入が週に五〇ドル増えるだけでもずいぶん違う。それだけ稼ぐには、ハンドバッグをいくつ売ればいいのだろうか。封筒の裏でざっと計算をしてみたところ、やってみる価値はあると思った。

商品を売るのは家業だった。メナッシュ家では、「出荷、注文、請求書など、あれこれといつまでも話が途切れることがなかった。わたしはそれをじっと聞いて、吸収した。食事時はいつも授業のようだった」とリリアンは記している。だが、自分のもっとも重要な能力が「黄金の直感」であることも知っていた。それは、驚くほど正確に、女性がどんなものを買ってくれるかを教えてくれた。セブンティーン誌の読者になったつもりで考えると、あるアイデアがひらめいた。革製品を転売するだけでなく、もっと手を加えてみたらどうだろう。子どもが生まれるのを待っている彼女には、ありあまるほどの自由がある。商品にモノグラムをつければ、価値を高め、価格を上げることができるはずだ。リリアンの黄金の直感が言った。パーソナライズすれば、大手のカタログ会社のサービスの弱点を突ける。独自の色を加味することで、商品も際立つ。

市場調査員はいなかったが、毎日、みずからキッチンのテーブルで市場調査を行った。大きな変化が起きたことは知っている。一九五〇年代は大量消費主義の幕開けだった。かつて労働者は収入の大半を食料、住居、生活必需品に費やしていた。今は、可処分所得のある中流階級のアメリカ人がどんどん増えている。同時に、米軍兵士が戻ってきたことにより、女性が労働市場から排除された。食器洗い機や掃除機をはじめとする現代の便利な道具が登場したおかげで、家事はかつてのような、疲れるものの魅力ある仕事ではなくなっていた。こうした状況に退屈している何百万ものアメリカの主婦たちは、余ったお金をどのように使おうかと考える時間が十分にあった。モノグラムのついた商品は、そういった主婦たちに、自分が特別で、人とは違うと思わせてくれる助けになるだろう。また、モノグラムを入れる費用を商品価格に含めてしまえば、贅沢をしているという気持ちをあまり感じさせずにすむかもしれない。モノグラムは手が届く贅沢だ。自分と同じようにフォーマイカのテーブルで広告ページをめくっている女性は、きっと気に入ってくれるだろう。

リリアンとサムは、結婚祝いに二〇〇〇ドルを受け取っていた。リリアンはサムを説得して、それを新しい事業に使うことにし、まずセブンティーン誌に五〇〇ドルの広告を出した。「誰よりも早く、自分のイニシャルがついたバッグとベルトを身に着けよう」リリアンは週に五〇ドルの収入を期待していた。モノグラムを入れた二・九九ドルのハンドバッグと揃いの一・九九ドルのベルトは最初の六週間で一万六〇〇〇ドルを売り上げ、一九五一年の終わりには三万二〇〇〇ドルを売り上げるまでになった。さて、今度は、注文に応えなければならない。バッグとベルトを合わせて六四五〇〇個だ。父親からはバッグとベルトのセットを三ドルで買っていた。リリアンはキッチンのテーブルで、注文品ひとつひとつにエンボス加工を施し、梱包した。こうして、地元の町の名にちなんだ「ヴァーノン・スペシャリティーズ」が誕生した。それからまもなく、リリアンの息子もリリアンの兄〔戦死した〕にちなんで、フレッドと名づけられた。

リリアンはフレッドが生まれて数週間のうちに仕事に戻り、さらに多くの雑誌に広告を出した。

一九五四年には売り上げが四万一〇〇〇ドルとなり、サムの給料を超えた。サムは主たる稼ぎ手の立場がおびやかされるのに躊躇しながらも、帰宅後は妻を手伝った。ふたりは、注文品に同封した小さな四ページのカタログへの反響を見て、最初の本格的なカタログを作り、顧客リストに名前のある一二万五〇〇〇人全員に郵送した。何百もの名前やイニシャルが入ったアクセサリーや小物やギフトを特色としたおかげで、リリアンのだいそれた予想をはるかに超える注文が集まった。リリアンの会社はニューヨーク州ニューロシェルに五〇〇〇平方フィート〔約四六五平方メートル〕の面積を有する工場を建設した。

当時、パーソナライズ商品のライバルはほとんどいなかった。シアーズ・ローバック社が出しているような一〇億ドル規模のカタログは、そうした人手を要するものは提供しない。カタログの規模そのものが弱みだった。戦後経済の繁栄のなかで、大量生産された商品を提供するだけで忙しかったのだろう。リリアンはその弱みを利用し、自分の会社にとって快適な場所を切り開いた。一九六五年、会社に自分の名前をつけた。リリアン・ヴァーノン・コーポレーションである（一九九〇年、リリアンはサムと離婚後何年もたってから、自分の名前にヴァーノンを加え、リリアン・ヴァーノンとも名乗った）。

リリアン・ヴァーノンのカタログは革製品だけでなく、ブローチやペンダントをはじめとするアクセサリーも提供した。客はどれにも名前やイニシャルを入れることができた。その魅力は抗しがたかった。一九五八年に五〇万ドル、一九七〇年には一〇〇万ドルの売り上げを達成し、さらに成長を続けた。その後、一九八〇年代に入ると、ふたつの重要な新技術が登場した。リリアンは、客のことをよく理解していたので、すぐにその将来性に気づいた。すかさず行動を起こすべきなのは、幼少期の劇的な出来事から学んでいた。そこで、即座にそのチャンスをつかんだ。

早くも一九世紀には、商店は顧客のストアクレジットの記録のために「チャージコイン」を提供していた。だが、一九五八年に、バンク・オブ・アメリカがクレジットカードをはじめて提供した。「バンカメリカード」の制度がはじまり、バンカメは国内の銀行にこのコンセプトの使用権を認めた。一九七六年、被許諾者たちは単一のブランド名Ｖｉｓａを共同で使うことにした。その後、アメリカン・エキスプレスやマスターカードなど、競合するカードが誕生した。貸し手にとって、利息や延滞料による利益は無視できないほどおいしいものだった。カタログ会社にとっては、クレジットカードがあれば、顧客が電話で買い物ができるようになる。だが、客に電話をかけてもらえるかどうかは別の話だ。注文書の郵送は切手を一枚貼ればすんだが、当時、州外への通話は比較的高かった。ところが、一九八二年、米国電話電信会社（ＡＴ＆Ｔ）が、企業向けの手頃な新しいフリーダイヤルシステムの運用を開始した。つまり、リリアン・ヴァーノンのような規模の会社でも、フリーダイヤルを持つことができるようになるということだ。

リリアンは、このふたつの技術が重なったことにチャンスを見てとった。クレジットカードによって電話注文が可能になり、フリーダイヤルのおかげで、名前入れブレスレットのようなちょっとした思いつきの買い物が電話でできるようになった。空港の近さがサウスウエスト航空の短距離フライトに大きな違いをもたらしたように、リリアン・ヴァーノンのカタログでは、衝動買いに対する抵抗をなくすことで大きな変化が生まれた。申し込み用紙に記入し、小切手を書き、封筒と切手を探して郵送するまでに、顧客には冷静に考え直す時間ができてしまう。電話であれば注文がその場で完了するため、商品を送るまでの日数を短くすることができた。いまや客はカタログのページを見て、わずか数分後には購入をし、これまでになかったほど早く商品を受け取れるようになるのだ。チャンスが目の前にあるのだから、動かずにいられなかった。リリアンは、カードと電話に賭けてクレジットカード決済に投資し、会社の電話番号も新しくした。1-800-LILLIANだ。

リリアンの予想通り、このふたつのダイナミックな組み合わせは会社の新たな成長をあと押しした。顧客リストも二七〇〇万人に増え、会社にとって一九八〇年代は好況の時期となった。一九八七年、リリアン・ヴァーノン・コーポレーションは女性が立ち上げた企業としてはじめて、ニューヨーク証券取引所に上場した。八〇年代の終わりには、収益が一億二五〇〇万ドルを超えた。最盛期には商品カタログ九種類を発行し、一五件の店舗を持ち、三億ドルの収益を生み出した。

リリアン・ヴァーノン・カタログは、どのようにしてアメリカ人の買い物の習慣のなかに定着することができたのだろうか。理由のひとつはリリアンの並外れた行動力だ。リリアンは、一週間に五〇ドル稼ぎたいという理由だけでビジネスをはじめた。だが、起業家のような気質を見せはじめたあとは、もう何があっても止まらなかった(息子のフレッドは、リリアンがしばらく実権を譲る気がないのがはっきりしたために会社を去った)。ビジネスを正式に学んだことはなかったが、父親に労働倫理を教え込まれた。また、子どもの頃から、小売の現場やそれに関する手伝いをしてきたので、実用的なビジネスセンスもあった。展示会や宝飾品見本市によく出かけては、黄金の直感に磨きをかけ、彫刻やエンボス加工や刺繍を施すことができる新しいものがないか、つねに目を光らせた。そしていつも、どの店のショーウインドーに買い物客の注目が集まるかを観察した。顧客の心のなかをよりよく理解できるよう、何でもやった。

リリアン・ヴァーノンのカタログが成功したもうひとつの理由は、カタログ販売のゴリアテであるシアーズ・ローバック社の弱点にリリアンが気づいたことだ。シアーズ・ローバックの分厚いカタログには、真珠のネックレスからプレハブ住宅まで何でも揃っていた。同社はすべての人にすべてのものを売ることで、市場を支配した。だが、リリアンは、同社の陰に隙間市場を作り上げるため、自分がよく知っている世代のアメリカの女性に焦点を絞り込んだ。女性たちは、いてもいいが声をあげないでほしいと社会から望まれていた時代だったからこそ、自分が特別な存在だと感じたがっていることをリリアンは知っていた。どんなものが自分を特別だと感じさせてくれるのか。彼女らを喜ばせるカタログはどのようなものか。顧客に注力することで、大型連休に向けた季節限定カタログや購入者へのおまけなどのイノベーションが生まれた。リリアンは、すべての商品を生涯返品制度の対象とした。購入から一〇年たったモノグラムのついた化粧用コンパクトでも、返品すれば全額が返金された。それは、他に類を見ないサービスだった。返金を受けた客は、再度、リリアンのカタログから買ってくれるだろう。だからこそ、リリアンはこのサービスを導入したのだ。

リリアンは、自分がブランドにとって価値があることを知っていた。顧客のことを自分のことのように感じていた。自分も彼女たちのひとりだったからだ。企業が大きく成長してからもずっと、カタログに掲載する商品をみずから選んだ。自分の写真を表紙に使ったカタログを、手紙を添えて顧客に送った。「お客様にわたし個人を知ってもらい、親しみを感じてほしいと思っていた。そして、わが社はわたし自身の鏡だということをわかってほしかった」と記している。リリアン・ヴァーノン・カタログはリリアン・ヴァーノンそのものだった。彼女が姓を同社の名前に合わせて変えたのは偶然ではない。

賢明なリーダーは、辛抱強く（ときにはしびれを切らしながら）チャンスを待つ。チャンスが来たときは全力でぶつかる。相手の弱みを見つける目を養いながら、同じ策略の餌食にならないよう、注意深く、謙虚に、余分なものをそぎ落として、自分の弱点を埋めることを学ぶ――孫子曰く、「善く戦う者は不敗の地に立ち、而して敵の敗を失わざるなり」〔形篇〕――本章のリーダーたちは競争相手とその業界を注意深く観察し、戦略を練り、部隊を組織して、ふさわしいときが来るのを待った。

もちろん、敵の弱みを利用しようとして、行き過ぎてしまう場合もありうる。道義に反する、あるいは違法なやりかたで優位に立とうとするリーダーもいるだろう。次章では、利益や市場シェアを追い求めるあまり一線を越えてしまった事例について見ていきたい。

第七章　卑劣な策略

火を発するに時あり、火を起こすに日あり。

『孫子』火攻篇

刺激のなさそうな業界であっても、ビジネス戦争は、それに関わる人々にとって、生きるか死ぬかの戦いだ。歴史を見ても明らかなように、企業のリーダーは自分たちを利するためならどんなことでもする。本章では、憎い競争相手を倒すために見境なく用いられた欺瞞の手口のいくつかを考察する。そうした策略はスキャンダルや、果ては法廷にまで持ち込まれる問題に発展しかねない。だが戦いの渦中にある者は、大局を見失いがちだ。

孫子は冷徹に敵を欺くことを強く支持した。戦いを長引かせることで、双方が弱体化するという無駄こそ彼にとって真の罪だったからだ。戦いは、早く、きっぱりとやめたほうがいい。欺瞞による策略を講じれば、双方がまちがいなく壊滅するのを避けることができる。孫子は言う。「怒にしてこれを撓《みだ》し、卑にしてこれを驕《おご》らせ、佚《いつ》にしてこれを労し、親《しん》にしてこれを離す。其の無備を攻め、其の不意に出《い》ず」〔計篇〕勝つためには何でもしなければならない。

ビジネス戦争では、犯罪すれすれの狡猾な策謀が勝利をもたらす。すぐれたリーダーには、一線を超えないように強烈なパンチを繰り出しては引っ込める才能が備わっている。

天までとどけ——クライスラービル対40ウォールストリート

H・クレイグ・セヴェランスは勝ち誇っていた。かつての相棒であったウィリアム・ヴァン・アレンを抜き、世界でもっとも高い建造物を作ったことが認められた。七一階建てのネオゴシック調の摩天楼は、今、完成して、世界最大の金融街の中心に立っている。セヴェランスとヴァン・アレンは、相手より少しでも高いビルを建てようとする、ニューヨークの歴史がはじまって以来の熾烈な競争を続けてきた。だが、九二七フィート〔約二八三メートル〕の高さに勝てるものはない。40ウォールストリートビルは何物にも劣らぬ高さを誇っている。

セヴェランスは満足気にほほ笑んで、北向きの窓から外を眺めた。そして、驚愕した。あれは？ヴァン・アレンのクライスラービルのドームに何か立っている。陽の光にきらきらと輝いて。まさか……。

一九二八年から一九三三年はアメリカの建築にとって新たな時代となった。ニューヨーク市は、ロンドンを超える世界でもっとも人口の多い大都市圏となり、あっという間にスカイラインがすっかり変わってしまった。ニューヨーク生命保険ビル、30ロックフェラープラザ、40ウォールストリートビル、クライスラービルといった多くのランドマークが五年のうちにビッグアップルに建てられた。こうした巨大建築物のなかには、世界大恐慌によって国の財産が目減りしているときに建てられたものもある。それとともに、それぞれの建築家の名声も高く上がった。

勤勉は報われるものだ。だが、富や権力や、この場合は建物において、公明正大な手段によって、もっとも高いところに到達する者がほんのわずかであることは歴史が示している。世界の舞台を制するためには、規則を破りはしなくても、ときに枉《ま》げなければいけないこともある。どのルールを、どの程度枉げていいかを知るのはリーダーの知恵にかかっている。孫子も欺瞞作戦を重んじた。曰く、「能《のう》なるもこれに不能を示し、用《よう》なるもこれに不用を示し、近くともこれに遠きを示し、遠くともこれに近きを示す（軍事力が敵よりも勝っていても弱いように見せかけ、軍隊を動かしても動きがないように見せかけ、敵の近くに構えていてもまだ遠くにいるように見せかけ、敵の遠くにいても近くに迫ってきているように見せかける）」〔計篇〕と。建築そのものが、建物を、そしてときに企業を、実際よりも堂々と見せるという欺瞞の手口とも言える。建築上の欺瞞作戦においては、ニューヨークにある有名なクライスラービルの設計者であるウィリアム・ヴァン・アレンの右に出る者はいないだろう。

建築から一〇〇年たったのちも、マンハッタンの四二番通りとレキシントン街の角に立つ七七階建てのアール・デコ調の摩天楼は、同じようにニューヨークを象徴する近くのエンパイア・ステート・ビルとともに、超然と立っている。ニューヨークのスカイラインには多くの高層ビルが見られるが、クライスラービルの優雅さと様式に肩を並べることができるのはエンパイア・ステート・ビルだけだった。

にわか景気のおかげで、ニューヨークは二〇世紀はじめまでに、世界の産業と金融の中心となっていた。マンハッタンは大富豪で満ちあふれた。この新たに出現した超富裕層は一等地を広く買い占め、自分の会社や自分のために、記念碑としての高いビルを次々と建てた。一九〇八年には六一二フィート〔約一八七メートル〕のシンガービルが建ち、翌年には七〇〇フィート〔約二一三メートル〕のメットライフ・タワーが竣工した。その後、一九一三年からのほぼ二〇年は、ブロードウェイ二三三番地の七九二フィート〔約二四一メートル〕のウールワースビルが世界一の高さを誇っていた。一九二〇年代に入ると、その大聖堂を思わせるビルは、アメリカの起業家たちの挑戦意欲をかき立てた。もっとも高いビルを建てるために、必要な才能と資源を集められるのは誰だろうか？

ウィリアム・H・レイノルズは、ニューヨーク選出の上院議員であるのに加え、不動産開発業でも成功を収めていた。プロスペクトハイツやボローパークなど、ブルックリン地区を広範囲にわたって開発した。だが、レイノルズの何よりの功績は、コニーアイランドに作られた豪華で、優雅な遊園地であるドリームランドだった。ドリームランドの呼び物は、ジェットコースターに加えて、ライオン使い、本物そっくりのスイスのアルプス山脈（ドライアイスを使って冷たい風を起こした）、本物のゴンドラが行き来するヴェネチアの運河の再現、二万五〇〇〇平方フィート〔約二三二三平方メートル〕の豪華なダンスホールだった。さらに、なんといっても、何千もの電灯で飾られた三七五フィート〔約一一四メートル〕の高さのタワーだ。コニーアイランドの景観のなかでも際立ち、エレベーターで最上階まで行くと街全体が一望できる。一九一一年にドリームランドが焼失したとき、レイノルズは大きなショックを受けた。そして、失ったタワーよりもさらに高い建物を、マンハッタンに堂々とそびえる荘厳なオフィスビルを建てようと決意した。

だがどこへ？　超高層ビルを建てるには桁外れに多くのものが必要だ。建物が大きくなれば、必要な敷地もそれだけ大きくなる。場所は慎重に選ばなければならない。マンハッタンがいい。特別に高級な地区ではないが、どんどん値が上がっている。建物もそうなるだろう。ミッドタウンイーストにしようと決めた。グランドセントラル駅近くの区域は長年、停滞していて、高架鉄道が走り、ところどころに車両基地がある。ビジネスや住居用スペースの需要が高まるにつれ、そうした魅力のないインフラの移転が行われはじめていた。レイノルズが広大で、なおかつ手頃な価格の土地を探しはじめた頃、レキシントン街では、ニューヨーク・タイムズ紙の言葉を借りれば、「ルネサンス」が進行中だった。重苦しさを与えていた高架鉄道が支線ごとに撤去されるにつれて、地区全体の日当たりが良くなり、これまで関心が集まらなかった大通りに再投資をする、ビジョンと資産を持つ人々の関心が集まった。長く、暗い停滞を経て、ミッドタウンイーストはようやく息を吹き返そうとしていた。

一九二一年、レイノルズは、レキシントン街の四二番と四三番通りのあいだの区画を借りた。タワーの設計のために、ブルックリン在住の新進の建築家ヴァン・アレンを雇ったとき、その地域で稼働していたのはチャニンビルとコモドールホテルだけだった。当時は、新しいオールスチール建築技術のおかげで「摩天楼」が人気になっていた。進歩した建築技術と拡大する経済と過熱する不動産投機が結びついて、垂直ビル建設ブームの条件が整った。一九二八年、ヴァン・アレンは高さ八〇〇フィート〔約二四四メートル〕、六五階建てのオフィスビルの建設計画書を提出した。当時、君臨していたウールワースビルよりも八フィート高くなる。ニューヨーク・タイムズ紙によると、南のマリーヒル地区と北のグランドセントラル駅周辺をつなぐ一二〇〇万ドル規模の「もっとも興味深い新たなビジネスセンター」を作る計画だ。他の建設計画も多く進行中だった。レキシントン街はまさに「イーストサイドのブロードウェイ」になろうとしていた。

ヴァン・アレンは、モダニズム建築のニュー・ウェーヴを担うひとりだった。これまで何度か、より保守的なH・クレイグ・セヴェランスと一緒にビルを設計したことがあった。だが、あるプロジェクトの成功の功績をヴァン・アレンだけのものとして業界紙が認めたときに、決して友好的ではなかった関係は終わった。ヴァン・アレンはわくわくしていた。ついにモダニズム建築家としての特質を十分に発揮できる。多くの同業者と同じように、伝統的な建築の古臭い慣習にはうんざりしていた。最新の建築技術と資材を最大限に活用するシンプルな設計こそがすばらしいと思っていた。彼は言った。「摩天楼の設計には参考にできる先例がない。わたしたちはアメリカで開発されたスチールという新たな建材を使っている。過去の石造建築とはあらゆる点で異なる」

ヴァン・アレンは才気あふれる建築家であり、ビジネス志向だったのはセヴェランスだ。ヴァン・アレンの野心的な設計によって経費がますますかさんだため、レイノルズは超高層ビルを建てる意欲を失った。そんなとき、アメリカで第三位の自動車メーカーのオーナーであるウォルター・P・クライスラーが、ミッドタウンに新たな本社を建てたがっているのを知った。レイノルズは即座に、敷地の借地権、ヴァン・アレンのサービス、高層ビルの設計計画をわずか二〇〇万ドルでクライスラーに譲った。

ヴァン・アレンがレイノルズの先見性のなさに不満を抱いていたのであれば、クライスラーに会えたことを喜んだにちがいない。少なくとも最初のうちは。叩き上げのエンジニアであるクライスラーは、建築にはまったくの門外漢だったが、細部に鋭い目を向けた。そして、金額は問題ではないことを明言しつつ、多くの修正をヴァン・アレンに求めはじめた。クライスラービルは、高くて機能的であるだけでは足りない。クライスラーの車の卓越したスタイルと技術を体現するものでなければならない。

クライスラーとヴァン・アレンは、ようやく設計について合意した。すらりとした七七階建てのアール・デコ調の高層ビルで、美しいカーブを描く建物の最上部に自由の女神の王冠を思わせる、三角形が半円をなして連なるサンバーストという意匠を組み込む。ヴァン・アレンはクライスラーの車にヒントを得て、ホイールキャップのフリーズ、ステンレス製のガーゴイル、ボンネットのオーナメントに似せた鷲などを独創的な方法で取り入れた。内装は、企業が贅を凝らすに際しての新たな基準を打ち立てることになるだろう。モロッコの赤大理石、壁画、異国情緒のある木材が張られた三二基のエレベーター。究極の贅沢は、世界初の全館空調設備つきの摩天楼になることだった。どんなアメリカの企業も本社ビルとして使えるような広いスペースを提供できるクライスラービルは、およそ一二〇万平方フィート〔約一一万一四八四平方メートル〕の大部分をテキサコやタイムなどの企業に賃貸する予定だった。六六階から六八階には、テキサコの重役たちがランチミーティングを催すときに使うプライベートダイニングルーム兼もぐり酒場であるクラウドクラブを作る。クラブには、メンバーのための優美な木製のロッカーと理髪店まであった。要するに、クライスラービルは他のどのビルとも異なるものになる。

一九二八年九月一九日、世界一の高さのビルが着工した。もしニューヨークに、より良い生活を求める熟練の労働者が世界中から集まっていなかったら、ヴァン・アレンの野心的な設計を実現するのは不可能だったろう。安全装置なしに巨大なビルを建てるのに必要な何千ものリベット工、足場職人、レンガ職人を確保できたのは、移民が絶え間なくやって来たおかげだった。その後何年かのあいだに、四〇万のリベットが安全ベルトを使うことなく打ち込まれ、およそ四〇〇万のレンガが手作業で積まれた。

一方、ウォールストリートでは、ナッソー通りとウィリアム通りのあいだに、ヴァン・アレンのかつての相棒H・クレイグ・セヴェランスが摩天楼を建てようとしていた。創業一〇〇年の銀行マンハッタンカンパニーがウォールストリート四〇番地に新社屋を建設することになり、セヴェランスはそのために雇われた。一九二九年三月、セヴェランスが四七階建てのオフィスビルをその地に建設することが発表された。この計画はすぐに六〇階建てに変更されたが、それでも、七九二フィートのウールワースビルよりも低いし、ヴァン・アレンが建設中のクライスラービルにはまったく及ばない。ところがマンハッタンカンパニーは、ニューヨークで二番目に高いビルに大金をつぎ込む気はなかった。四月、セヴェランスはさらに高さを積み上げ、最終的に九二七フィートの承認を得た。そして、自信たっぷりに勝利を宣言した。

40ウォールストリートの建設は、一九二九年五月にはじまった。「空を目指すレース」と新聞で呼ばれた戦いの幕が切って落とされた。ヴァン・アレンとセヴェランスの競争は、無限の成長軌道に乗ったかのような楽観的な国の想像力に火をつけた。ヴァン・アレンは、かつての相棒とのレースに負けるつもりは毛頭なかった。驚くべき速さで進む工事の進捗状況を、焦りと期待を込めて見守った。工期が厳しかったため、基礎工事は敷地内に建つ、より小さなビルの撤去と同時に進行させた。三交代制の作業員は、昼夜を問わずに現場で働いた。

九二七フィートの摩天楼、40ウォールストリートビルは、一九三〇年五月一日に完成した。セヴェランスは大喜びだった。何年もヴァン・アレンの陰で過ごしたのちに報われた勝利だ。歩道からの高さは九二五フィートだったが、クライスラービルはこれに勝てない。その二フィートの違いが何よりも重要だった。

　その後、一九三〇年五月二七日、ウィリアム・ヴァン・アレンは現代建築およびビジネス戦争における最大の欺瞞作戦を開始した。クライスラービルのドームには密かに設計され、承認された一八五フィートのステンレス製の尖塔が隠されていた。尖塔は四つの部分に分けられ、密かに運び込まれてからリベットでひとつに留められた。40ウォールストリートビルの高さが最終的に確定し、ヴァン・アレンが手の内を明かすときがきた。「合図が鳴らされ、蝶が繭から出てくるかのように、尖塔がドームの先端から徐々に姿を見せた。そして、およそ九〇分後にしっかりと所定の位置にリベットで留められた。それは世界で一番高く固定されたスチールになった」とヴァン・アレンはアーキテクチャルフォーラム誌に書いている。その尖塔を含めて、クライスラービルは一〇四八フィート〔約三一九メートル〕の高さになり、二時間もたたないうちに、世界でもっとも高いビルとされた。さらに重要なのは、ライバルである高さ九二七フィートの40ウォールストリートビルよりも、一二一フィートも高いことだった。孫子の言うところの「利にしてこれを誘い、乱にしてこれを取る」〔計篇〕である。

　ヴァン・アレンはセヴェランスに対して覆らない勝利を得たが、その勝利は短かった。わずか一ヶ月後に新たに完成したエンパイア・ステート・ビルは、クライスラービルの高さを超えた〔実は、エンパイア・ステート・ビルの建築者たちは、ヴァン・アレンの大胆な行為を見たのち、意図的に高さを二〇〇フィート上げていた。ビルの出資者であるジョン・Ｊ・ラスコブいわく、「クライスラービルの尖塔に棒が隠されていて、最後の最後にそれが飛び出すといったような仕掛けがあるのではないか」と恐れてのことだった）。

いずれにしても、ヴァン・アレンはクライスラーに勝利を手渡した。ところが、ビジネスの面におけるヴァン・アレンの弱点が明らかになった。両者は正式な業務契約を交わしていなかったのだ。最終的な金額についても合意していなかった。実は、ビルの完成時に、ヴァン・アレンは当時の標準である総工費一四〇〇万ドルの六パーセント、すなわち八四万ドルを請求した。だが、ビルの建設費自体は出し惜しみしなかったクライスラーは、この金額を法外だととらえて支払いを拒絶した。争いは法廷に持ち込まれ、ヴァン・アレンは勝訴した。だが、戦いには負けた。訴訟好きが災いし、大恐慌のせいですでにほとんどいなくなっていた顧客をさらに遠ざけてしまったのだ。栄光の建築家ヴァン・アレンは、最後には彫刻を教えるようになった。

ウォルター・クライスラーは、ペントハウスを自分の居住区に、一階をクライスラーのショールームにすることを主張したが、クライスラー社が実際に本社をクライスラービルに移転させることはなかった。ウォルターは自費でビルを購入し、いつか自分の子どもたちが相続できるようにした。ビルが完成してからわずか一〇年で、それが実現した。クライスラービルは、一九四七年に相続人たちがビルを売却したのち、ニューヨークの盛衰に伴って所有者が何度か変わった。より高いビルも建てられた。それでも、その比類なき優美さは変わっていない。アメリカ合衆国国家歴史登録財に登録されたうえに、アメリカ合衆国国定歴史建造物に指定されたため、ヴァン・アレンの欺瞞的挑戦は将来にわたって保護されることになっている。ニューヨークのスカイスクレーパーミュージアムが、建築家、評論家、エンジニア、歴史学者に、ニューヨークのお気に入りの高層ビルを選ぶよう依頼したところ、クライスラービルがダントツの一位だった。

人それぞれ——ヘレナ・ルビンスタイン

ヘレナ・ルビンスタインが、オーストラリアの小さな田舎町コルレーンに着いてから数ヶ月が過ぎた。二四歳になってもまだこんなところにいるとは思っていなかったが、ポーランドでのお見合い結婚の話から逃れてきて以来、ほとんど何も計画通りにいっていない。

ヘレナは、正統派ユダヤ教徒の家でチャジャ・ルビンスタインとして生まれた。八人姉妹の長女だった。両親はクラクフのユダヤ人ゲットーで金物店を営んだ。ふたりにとっては、娘の将来は生まれたときから決まっていた。たくさん子どもを産んで、将来の夫の家を切盛りするのだと。

ところが、チャジャは両親が選んだかなり年上の男性と結婚する気など毛頭なかった。結婚だけでなく、両親の細かい厳格な期待に逆らって家を飛び出した。最初はウィーンのおばのところに、そして、今はおじバーナードが暮らすコルレーンにやって来た。オーストラリアで、ヘレナと名前を変えた。英語はほとんど話せないが、新たに自立した生活を築くまで、落ち着ける安定した場所ができた。

ヘレナは町に馴染めず、また、そうしたくもなかった。この太陽に焼かれた乾燥した国で、肌の荒れた地元の女性の隣にいると、肌にシミひとつないヘレナは外国人であることがすぐにわかった。ヘレナも妹たちも、つねに屋外を避け、入念に肌の手入れをしていた。秘密はほかにもあった。バッグのなかの瓶だ。瓶にはポーランドの親戚が作ってくれたラノリンをベースにしたクリームが入っている。蠟のようなこのクリームが、こうした過酷な環境でも、彼女の肌をクラクフを離れた日と同じように、滑らかで瑞々しく柔らかに保っていた。

地元の女性たちは、好奇心と羨望を帯びた声でヘレナに美しさの秘訣を尋ねた。それがひらめきを呼んだ。もしわたしのクリームを試してもらえたら、サイドビジネスとしてスキンケア商品を作って儲けることができるかもしれない。もしかしたら、本物のビジネスになるかも。ラノリンを安定して入手できれば、親戚が作ったクリームを再現することができる。ラノリンは簡単に手に入るはずだった。都合のいいことに羊から採れるからだ。退屈なコルレーンにあるものといえば羊だった。正確に言えば、七五〇〇万頭のメリノ種の羊だ。これはまさに運命だと思えた。

実は、正しい説明を受ければ、オーストラリアの農家の妻たちにもヘレナの「魔法の」クリームを作ることができた。だが、ヘレナは若いながらも、美とは妖しい魅力——ちょっとした神秘に根ざしているとわかっていた。

知れば腹も立つだろうが、知らせなければいいことだ。


すぐれた手品師は人間の心理を知っている。人を欺くには、人間の盲点と先入観を理解していなければならない。人がどう考えるかの理解において、ヘレナ・ルビンスタインは、ただのマジシャンではなく、魔法使いそのものだった。

ヘレナ・ルビンスタインは、現代において、叩き上げで億万長者になった最初の女性だ。人間の弱点を並外れた直感力で理解することによって、巨大な化粧品帝国を作り上げた。さらに、よく似たタイプの敵であるエリザベス・アーデンと戦った。ふたりの気性の激しい移民起業家の、何十年にもわたる憎しみに満ちた戦いは、世のなかの美に対する見方を変えることになる。ハーバード・

ビジネス・スクールのジェフ・ジョーンズ教授は言った。「もし、一九世紀はじめに戻ったとしよう。美しい、あるいは顔立ちが良いと考えられるものは、世界でさまざまに異なっていた。二〇世紀までに、人々が美しいと感じるものが驚くほど均質化した。ヘレナ・ルビンスタインのような人々は、美の概念を変えた中心人物である」

コルレーンに落ち着いたルビンスタインは、一九〇二年に美容サロンを開き、化粧クリームを販売した。まもなく、パウダーやローションに加えて、化粧用品など多くの商品を開発するようになった。当時、化粧をするのは女優か娼婦ぐらいだった。彼女は、この烙印を消そうと、あらゆる女性が欠点を隠すために化粧をするのが文化的に受け入れられるようにした。そのために、もうひとつの利点を主張した。もし口紅に皮膚の保護剤が入っていれば、社会的地位の高い女性でも、荒れた唇を保護するという理由で唇に塗ることができる。口紅を塗るようになれば、頬紅も試したくなるはずだ。安全で効果のある美容外科手術はもちろんのこと、ボトックスやコラーゲン注射が登場するのは、まだ何十年も先だ。香油や軟膏や効果の怪しげな化粧クリームは、より健康で、より若く見える肌を望む人たちにとって唯一の選択肢であり、化粧は欠点を隠すためのたったひとつの手段だった。こうした手段を舞台だけで、あるいは売春宿だけで使う理由がルビンスタインにはわからなかった。

とはいえ、商品を売り込むにあたっては、嘘すれすれまでに誇張した表現を使う才能を発揮した。老化や肌へのダメージは避け難い現実である一方で、美とはとらえ方であることがわかっていた。ラノリンを塗れば肌を柔らかくして守ることができるが、実際には奇跡が起きるわけではない。本当に重要なのは自分の容姿についていて何を信じるかであり、しかもそれは他人に大きく影響されやすした。

い。ルビンスタインは、何を売るときでも、顧客に自分は美しいと感じさせることを最初の目標とした。

プレミアム価格は、よくある認知バイアスを利用した欺瞞によるビジネス戦略だ。ファッション、エンターテインメント、芸術、あるいは、まさに化粧品のように結果が主観的で計測が難しいものの場合、原価に見合った金額ではなく、より高い価格をつけたほうが商品の知覚価値を上げることができる。ヘレナ・ルビンスタインはこの戦術に精通していた。見た目がよく似ていて、保湿性も同じ二種類のフェイスクリームがあり、一方にもう一方の五倍の価格をつければ、謳われている効果があいまいだったり、証明が不可能だったりしても、消費者は高いほうが五倍の効き目があると信じてしまうものだ。オーストラリアの女性が陽射しでがさついた頬にルビンスタインのクリームを塗ると、実際にしっとりする効果はあったものの、保湿の程度やそれがいつまで効くかは、鏡に映る自分よりも価格のほうに影響された。

当然ながら、コルレーンの女性たちは、若い移民の娘が自分たちの羊から採った刺激臭のある蠟のような油を瓶に詰めて売っているのだと知れば、面白くはないだろう。そこで、ルビンスタインが使った最初の手口は、ハーブとラベンダーや松樹皮の抽出エキスを使って、ラノリンの臭いを隠すことだった。さらに一歩踏み込んで、どこにでもあるハーブを「著名な皮膚の専門医ドクター・リークィスキ」により「カルパティア山脈で」採取されたものだと宣伝した。ドクター・リークィスキというのはルビンスタインが作った架空の人物だ。ルビンスタインは何十年もこの医師を使い、話に尾ひれをつけていった。こうした巧みな手段はルビンスタインの宣伝文句に信憑性を与え、村の顧客たちの想像力をかき立てた。商品には「クレーム・ヴァレーズ」と名をつけた。ヴァレーズとはハンガリー語で天からの贈り物という意味だと説明した（もちろん、コルレーンにはハンガリー語の辞書はなく、この言葉がドクター・リークィスキと同じく、架空のものだと暴かれることはなかった）。クリームは「ソバカス、しわ、黄ばみ、日焼け、毛穴の黒ずみ、ニキビ、吹き出物、荒れ、肌のさまざまなシミや発疹」を消し去り、「ひと月で最悪の状態の肌を改善する」と約束した。こんにちでは、高級化粧品だけでなく、ほとんどすべての高級品で、胡散臭い宣伝文句や欺瞞作戦は当たり前だが、当時のルビンスタインにとっては自分なりに考えた作戦だった。のちに、個人秘書に語ったことがある。「良い宣伝に多くの事実はいらない」

おじのバーナードに反対されながらも、ルビンスタインは当時オーストラリア最大の都市であり、ヴィクトリア州の州都であるメルボルンに引っ越した。豊かな都市には高級商品によりふさわしい市場があるとわかっていたからだ。だが、銀行は、女性には事業を広げるのに十分な資金を貸してくれなかった。そこで、ルビンスタインは、喫茶店のウエイトレスとして働きつつ、作戦を練った。ロバー・ティー・カンパニーの支配人ジェームズ・ヘンリー・トンプソンと出会ったのはその店だった。トンプソンは、小さな店を開くための創業資金をルビンスタインに提供し、事業をはじめるにあたっての助言をしたり、英語で広告を書くのを手伝ったりしたようだ（ルビンスタインは、のちにそのお返しとして、美容についてのアドバイスを書いた冊子のなかに、ロバー・ティーの広告を入れた）。

さて、サロンを開いたルビンスタインは、自分は美の専門家であり、肌を「診断」して適切な「治療」を施せると言いはじめた。人には脂性肌、乾燥肌など肌質ごとに違った「問題」があり、それに応じたスキンケア療法が必要だという今では一般的な概念を広めたのはルビンスタインだった。おそらく、女性たちは異国の材料と専門医療的知識という雰囲気に説得されて、ルビンスタインの原価一〇ペンスのクリームに六シリング（約三〇ドル）を払ったのだろう。原価のほぼ八倍の価格だ。実際には、商品はメルボルンのフェルトン・グリムウェイド・アンド・カンパニーという問屋から仕入れたもので、当時の一般的な処方で作られていた。重要なのはストーリーで材料ではなかった。

翌年、ルビンスタインは、メルボルンの高級店が集まるコリンズストリートにより広くてエレガントなサロンを開いた。急速な拡大期のはじまりだった。一九〇五年、妹のチェスカといとこのローラが、ルビンスタインを真似てウィーンの美の専門家を名乗り、コリンズストリートの店を引き継いだので、ルビンスタインはシドニーとニュージーランドにも店を開くことができた。この頃、ユダヤ人で、ポーランド系アメリカ人のジャーナリスト、エドワード・ウィリアム・タイタスと出会った。一九〇八年、ふたりは結婚してロンドンに移り、また店を開いた。

タイタスはマーケティングの才能にすぐれていて、ウラ話を書いた一連の小冊子〈ビューティ・イン・ザ・メイキング〉を発行した。これにより、科学的手法を用いて効果的な美顔術を開発するというルビンスタインのイメージがしっかり出来上がった。一九〇九年、ルビンスタインはパリにもサロンを開き、息子がふたり生まれたあと、家族でパリに引っ越した。ロンドンの店は、別の妹が引き継いだ。ルビンスタインは夫とともに、豪華なパーティーを開いたり、上流階級の人たちと親しくなったりして、すぐにパリの社交界に溶け込んだ。

これまでサロンを開いてきた他の街とは違い、パリにはすでに高級化粧品店がひしめいていた。この市場にふさわしい洗練した雰囲気を自分と商品にまとわせるため、ルビンスタインはサロンの従業員にも、私的な知人にも自分を「マダム」と呼ばせた。専門家としての立場をさらに強固にしようと、皮膚科医からも助言をもらい、彼らの研究成果を勝手に自分のもののように取り入れて、「科学としての美容」というフレーズを頼りに、自分の主張は医学的研究にもとづいているというイメージを伝えた。宣伝用の資料では、白衣をまとって研究に打ち込む自分の姿にスポットをあてた。衣装を着るのに、女優である必要はなかった。

ルビンスタインのサロンでは、化粧品に加え、次々と生まれる美顔術も提供した。比較的害のないもの（電気分解治療、フェイシャルマッサージ、皮膚呼吸を助ける「酸化」）から潜在的に危険なもの（強力な除毛剤、シワ延ばしのためのパラフィンワックスの注射、顔の筋肉にショックを与えて強化し、見た目を良くする「電気緊張性」療法）まであった。これらのえせ科学のすべてに共通して重要なのは、年齢は固定されたものではないという考え方だ。科学の力があれば、時計は止められる。戻すことさえできるかもしれない。少なくとも見た目に関しては（ルビンスタインが二十代の早いうちからやっていたように、年齢を偽ることも助けになる）。女性は、もはや年齢とともに見た目の若さを失うことに甘んじる必要がなくなった。必要なのは努力だけ。そしてお金だ。「美しくない女性なんていない」とルビンスタインは言った。「怠け者の女性がいるだけ」

一九一四年頃には、タイタスの一連の女遊びのせいで結婚が破綻寸前に陥った。第一次世界大戦が勃発すると、ルビンスタインは、パリの店を妹のポーリンに任せてヨーロッパを離れ、ニューヨーク市にビューティサロンのチェーンを展開した（タイタスとは一九一六年に正式に離婚したが、その後も彼に助言を求めた）。

アメリカのサロンはどれも、憧れのブランド、ヘレナルビンスタインを体現するように設計された。豪華な内装が施され、ジョアン・ミロやサルバドール・ダリらの前衛芸術が並び、レストランやジムも備わっていた。プレミアム価格戦略を拡大するには、ヨーロッパのサロンを大成功に導いた要素を再現する必要がある。それには、どのサロンにも一貫するブランディングが重要だ。サロンの経営は親族を頼りにして費用を抑え、どの店舗でも同じ専門用語と販売技術を使うよう販売員の教育に多額の投資をした。従業員一人ひとりがブランド大使である。販売員は専門技術と知識を持ったエステティシャンであるという信頼を確立するために、白衣を着せられた。

マンハッタンの東四九丁目のメゾンドボーテ・ヴァレーズを皮切りに、サンフランシスコ、フィラデルフィア、ニューオリンズにもサロンが開かれ、アメリカにおける帝国の基礎が築かれた。輸入の必要を避けるため、一九一六年には、ヘレナルビンスタイン化粧品製造会社を創設し、サロンだけでなく、アメリカ中の薬局やデパートで販売する製品を生産した（とはいえ、いつもの手口で「フランス直輸入」とうたい続けた）。その頃は、自分のことをロシア人の専門家と名乗った。第一次世界大戦でオーストリアはドイツの同盟国だったため、ウィーンには否定的な響きがあったからだ。

一九二六年、ルビンスタインはアメリカの企業と合併し、二年後に株の大部分を七三〇万ドルでリーマン・ブラザーズに売却した。絶妙のタイミングだった。九ヶ月後、株式市場が破綻し、彼女のチェーン店の価値が暴落したからだ。一九三一年には、莫大な利益を生みつつ会社を買い戻した。

大恐慌ののちの何十年かで、ルビンスタインはアメリカでの事業をより高いレベルに引き上げた。だが、自分の年齢では、もはや欠点のない肌を見てもらってすぐに信用を得ることができないのに気づいた。広告用の写真は何十歳も若く見えるように念入りに修整されたが、宣伝ツアーではこれが顧客を驚かせることになってしまった。最終的には、姪のマラのような若い女性たちにルビンスタインの姓を名乗らせ、対面でブランドの宣伝をさせて、この問題を解決した。

一九三〇年代後半、ルビンスタインは、誇大な宣伝文句に対する規制当局からの逆風を感じはじめた。とくに一九三八年の連邦食品・医薬品・化粧品法のせいで、広告の表現を抑えざるを得なかった。だが、この頃までには、世界中の何百万もの女性から信頼されるブランドの確立に成功していた。五つの工場が作る製品は、メルボルンからミラノまでの大都市にある二七ヶ所のヘレナルビンスタインのサロンを含む、六〇〇〇の直販店で販売された。結局のところ、彼女の製品が宣伝通りにシワやシミを消すのかどうかは問題ではなかったのだ。ルビンスタインの香油、軟膏、ローション、さらに、医学的に怪しい美容施術は、どんな調査研究によっても数値化できない何かを与えてくれた。

ルビンスタインは、しばしば大西洋を船で横断して、彼女の帝国のふたつの領土を管理した。一九三八年、六八歳のとき、そうした船旅の途中で、自称ジョージア〔グルジア〕の皇子であることを告白した二三歳年下のアーチル・グレリ・チコニアに出会い、結婚した。ルビンスタインは彼の身分証明書を詳しく調べたりはしなかった。経験から、幻想が人を心から幸せにすると知っていた。愛する夫の名にちなんだ男性用化粧品や香水を作るほどだった。

ふたりは、一九五五年に皇子が心臓発作で亡くなるまで一〇年以上、仲睦まじく暮らした。ルビンスタインは一九六五年、九四歳でこの世を去った。当時、一五ヶ国にサロンと工場のほか、一億ドル以上の財産があった。こんにち、彼女が作り出したといえる世界的な化粧品産業の規模は、五〇〇〇億ドルを超える。

レーズンの苦しみ——サンメイド対レーズン・マフィア

二〇一八年、ハリー・オーバリーは長い一日の仕事を終え、自宅に向かっていた。妻に会いたくて仕方がない。妻は妊娠後期にあった。特別な時期だ。一方で、新しい仕事については、ストレスが多すぎるとは思いながらもチャンスに興奮していた。オーバリーがカリフォルニア州フレズノとその周辺のレーズン生産農家の協働組織として設立されて以来一〇〇年以上の歴史を持つサンメイドのCEOに任命されてから数ヶ月がたった。ようやくその職務に慣れつつあったが、楽な仕事ではなかった。自分は、加工食品ビジネスを十分に理解していると思っていた。クラフトやリグレーといった企業から、オリーブオイルのベルトーリのメーカーまで、あらゆるところで働いてきたからだ。ところが、サンメイドにやって来て、レーズンは小粒で茶色ではあるが、オリーブとは違うとわかった。違うにもほどがある。

オーバリーが、子どもにも食べやすい、ガムのような食感のレーズンを現代向けにするという任務を負って同組織のトップに就任すると、すぐさま、レーズン産業に関わる他の人たちが、違法な談合に加わるよう圧力をかけてきた。新しい戦略とはほど遠いこうした裏取引は、長いあいだ、カリフォルニアのレーズン産業の一部だった。少なくとも、オーバリーはそう理解しはじめていた。それどころか、最初はばかにしていたものの、「レーズン・マフィア」について囁かれる言葉を信じるようになった。厄介なのはまちがいない。

とにかく、それについては明日考えよう。今夜は妻のことが何より大切だ。

オーバリーは玄関に続く私道に入り、車から降りて新居の入り口の階段を昇った。ドアの隙間にメモが挟み込まれていた。突然、恐怖に襲われて、それを抜き取って開いた。

「逃げられないぞ」

気を落ち着けて、メモを折りたたんだ。他の男だったら、家族を連れてこの地を離れ、別のところで運試しをしただろう。オレンジとか、あるいは冷凍食品とかで。だが、オーバリーはそうしなかった。自分はレーズンを救うためにここに来たのだ。少々の脅しに邪魔されるつもりはなかった。そうは言うものの、とにかく防犯装置を取りつけることにした。

ときとして、もっとも攻撃的な戦術が、もっとも予期していなかった戦場で用いられることがある。レーズン業界について考えてみよう。レーズンほど奥ゆかしい糖菓はない。小粒で茶色く皺だらけのレーズンは、シリアルやヨーグルトにちょっとした甘みや、オートミールクッキーやラムレーズンのアイスクリームに心地良い噛みごたえを添える。ところが、これをめぐって流血の戦いが繰り広げられてきた。「ビジネス戦争」の戦争という言葉が隠喩ではすまないときもある。歴史的に見て、レーズン業界はアメリカでもっとも暴力的だった。一世紀以上にわたり、違法な戦術がまかり通ってきた。

一九世紀、大勢の移民が金《ゴールド》を求めて西部にやって来た。だが、農民、とくに地中海沿岸から来た人々は、カリフォルニアで実際に金《かね》になるのは何かを知っていた。セントラルバレーの乾燥した長い夏は、アメリカの他の場所では決して育つことのない果物を栽培するのに理想的だった。十分に灌漑をすれば、地域全体を緑の肥沃な土地に変え、国中にオレンジやアーモンドやブドウを供給できる可能性があった。一八六九年に最初の大陸横断鉄道が完成し、東海岸から大量の移住者がやって来た。鉄道のおかげで、新しい栽培者たちは収穫物をすぐに国中に届けることができた。一八七二年にセントラル・パシフィック鉄道がサンホアキンバレーまで延び、農民が押し寄せた。彼らは、その地で何がうまく育ち、しかも暑さに耐えて列車で東部へ運ぶことができるかをいろいろ試した。一八七三年、フランシス・アイゼンという農民が、フレズノ東部の一〇〇万平方メートル超の土地にマスカット種のブドウを植えて、この地域がブドウを栽培するだけでなく、それを天日で乾燥させるのに理想的だということを発見した。数年のうちに、彼は歯ごたえのあるレーズンを箱に詰め、鉄道を使って国中に出荷しはじめた。一九〇三年までに、カリフォルニアでは年間約五万五〇〇〇トンのレーズンが生産されるようになった。

カリフォルニアの生産者にとって共通の問題は、レーズンを中西部や東海岸の市場に運ぶ輸送費が高いことだった。冷蔵車や化学保存料のような技術革新で、傷みやすい農産物の輸送も可能になったが、必要なインフラを構築し、維持するには費用がかかった。たとえ投資ができる余裕があったとしても、農作物の価格は変動するため、利益の予想がつかなかった。こうした新しい農園が生き残るには、互いに協力して価格を設定し、供給を調整する必要があった。

柑橘類の栽培者はサンキスト、アーモンドの栽培者はブルーダイヤモンドのような協同組合に入るのが通例だ。この仕組みにおいて、各農家は自分たちに代わって、対象となる農作物の価格を交渉する権利を協同組合に与える。参加する農家が十分に多ければ、協同組合はより高い価格をつける交渉力が得られる。この方法で農家はより多くの収入を得た。また、果物を栽培して国中で販売するのに必要なリスクを負い、コストをかけることができた。カリフォルニアの農業が経営面で生き残るには、協同組合の形式が欠かせなかった。

こうしたカリフォルニアの協同組合のなかで、もっとも積極的で独占的なのがサンメイドだった。一九一二年にカリフォルニア・アソシエイテッド・レーズン・カンパニーとして設立され、一九二〇年代までに州の八五パーセントのレーズン生産者を代表する組織となった。その頃、サンメイド・グロアーズ・オブ・カリフォルニアと名称が変更された。

農業協同組合は、買い手との価格交渉力が持てるほど十分な加入者が集まって、はじめて機能する。だが、こうした協同組合がある場合、農家は独立したほうがより多くの収入を得られる可能性もある。協同組合が供給を調整して価格を高く設定した途端に、やり手のならず者が、他よりも価格を下げて市場の旨みをさらうこともできる。経済学では、これはフリーライダー問題として知られている。一方、ビジネスでは、いくつかの腐ったリンゴが他と足並みを揃えなくても、それに対して法的手段を取ることはできない。もし、どこかのレーズン農家が組合に入るのを拒んだとしても、サンメイドは自分の説得力に頼るしかない。不幸にも説得に失敗すると、他に選択肢はなかった。良い選択肢という意味では。

サンメイドは、最初は社会的圧力をかけて加入者を増やそうとした。セントラルバレー中の町でパレードをしたり、広告を出したりした。四月三〇日をレーズンの日にして、独自の雑誌も発行した。ほとんどの生産者が加入するというイメージを作るために何でもした。ところが、十分な加入者を集めることはできなかった。そこで、新たな戦術が用いられた。暴力による脅しだ。レーズン産業は、乾燥した数百平方キロメートルの谷に集まっていた。まもなく、ナイトライダーと呼ばれる集団が黒い覆面をして地域の農園に侵入し、ブドウ畑を荒らしたり、建物に銃弾を撃ち込んだり、農民に暴力を振るって組合加入の署名を強要したりすることさえ行われた。ある農民は激しく殴られ、無理やり署名させられた契約書に、必死の思いで自分の血を塗りつけた。後日、法廷で事実を明らかにし、契約が無効になることを狙ってのことだった。

サンメイドは、こうした暴力にみずからの手を汚さなかった。ただ非協力的な隣人たちに団結して対抗するよう、組合員に促しただけだった。サンメイドは「強要の結果、あるいは、いかなる種類の集団的暴力によって結ばれた契約も、すべて署名者に戻される」と発表した。だが、ナイトライダーの襲撃は続いた。サンメイドが、立派な意思表明とは裏腹に、暗にそれを奨励していたからだ。地元当局も見て見ぬ振りをした。未加入の農家の多くは、日本人やアルメニア人やメキシコ人で、かたやサンメイドはセントラルバレーで権力を持ち、有力者と関係のある白人によって運営されていた。暴力による攻撃と人種差別に勢いづけられて、サンメイドはアメリカで最大の独占的な組織になった。

一九二〇年代はじめ、第一次世界大戦による混乱もあり、連邦当局がついに介入した。司法省がレーズン業界を調査した結果、農家の加入契約に関して、「無法の暴民政治」が行われていたことがわかった。一九二二年、連邦議会は、サンメイドのような農業法人を規制する議案を承認した。だが、この法律は価格の問題の解決を避け、価格は「公正かつ適正に」定めるべきとするに留まった。農務省は理論的には価格の基準を定める権限を持っているが、この法律が制定されて以来一〇〇年間、行使されたことは一度もない。

ナイトライダーが撤退して以来何十年ものあいだ、サンメイドは大衆の目にはまともになったように映った。一九八〇年代、陽気なクレイメーション〔粘土で作った人形を操って撮影するアニメ〕の広告が人気になり――カリフォルニアレーズンの人形が「ブドウ畑から聞こえてくる」と歌いながら踊った――レーズンがポップカルチャーの仲間入りをして、落ち込んだ売り上げは回復した。だが裏では、業界の非情な文化は変わらなかった。クレイメーションの広告は業界全体が資金を出したキャンペーンだったにもかかわらず、サンメイドは他のブランドが踊るレーズンをパッケージに使うのを認めなかった。サンメイドのブランドだけが広告から恩恵を受けたため、レーズン業界は大成功したキャンペーンを終了することを票決した。

こんにちサンメイドは八五〇軒の農家に所有され、カリフォルニア中部で合わせて二〇〇平方キロメートルの農地で栽培を行っている。生産量は平均で年間約九万トン。アメリカのレーズン産業の約四〇パーセントにあたる。一方で、頑なに否認をする姿勢は変わっていない。サンメイドは、二〇世紀はじめの「農業と他の発展途上の産業に起きた不幸な出来事」を認めつつ、「そうした強制的なやり方を許すことも奨励したこともなく、当組織が関与した記録もない」と主張する。しかし内部関係者は、五億ドルのレーズン産業では、いまだに暴力と強制がまかり通っていると言う。

二〇一七年、サンメイドは、消費者向け食品ブランドに精通した三八歳のハリー・オーバリーを新たなCEOとして迎え入れた。閉鎖的な業界を新鮮な血で一新するのが狙いだった。ところが、オーバリーは特異な文化に遭遇して、衝撃を受けた。業界内の人々とともに違法な談合に加わるのを拒んでからは、周囲が急に攻撃的になった。レーズン農家が本気なのは明らかだった。

「パイをどうやって大きくしようかに興味を示す業界ではないことがすぐにわかった」オーバリーはニューヨーク・タイムズ紙に語った。「切り分けたパイをどうやって盗み取るかだけを考えている」一方で、カリフォルニアの踊るレーズンの宣伝の放映が終了してから、レーズンの需要は減り続けていた。レーズンの原料に使われるトンプソンシードレス種の作つけ面積は、二〇〇〇年から現在までのあいだに半分になった。

新たな世代の消費者を呼び戻すために、オーバリーは価格を下げようとした。しかし、この計画で、サンメイドが中核を占めるレーズン取引協会（ＲＢＡ）と真っ向から対立した。ＲＢＡのリーダーたちは需要が落ちているにもかかわらず、価格を上げようとした。オーバリーは、常識に反する動きをしても意味がないと考えた。交渉が決裂したため、オーバリーはサンメイド全体を協会から脱退させた。すぐに、オーバリーと家族は暴力による脅しを受けた。脅迫状が玄関ドアに残されたあと、オーバリーは家とサンメイドのレーズンの供給を守るために、安全対策を施した。農作物すべてを焼くという脅迫まであったからだ。

ハリー・オーバリーに対する脅しの裏に誰がいたのかは、こんにちまで明らかになっていないが、セントラルバレーにはいわゆるレーズン・マフィアが存在し続けているのはまちがいない。

たくらみ、嘘、暴力。賭けが大きくなると、リーダーは敵を負かして、企業の未来を守るために、手持ちのあらゆる武器に頼る。面目を失ったり、訴訟を起こされたりすることもあるが、政府は個人の犯罪にくらべて、企業の不正行為を厳しく罰することはない。卑劣な手口を使ったのがアメリカの成功した企業の場合はとくにそうだ。将来的には、新しい、適切な意図を持った規制によって、きわめてたちの悪い戦術は使われなくなるかもしれないが、違反者が、不正な手段で得た勝利を引き渡すように強いられることもないだろう。欺瞞の文化はあいかわらず存在するし、つねに新しい策略に目を光らせているリーダーもいる。卑劣な手口はさまざまな業界で使われている。私生活では非倫理的な行為をすることなど考えもしない企業リーダーによって仕組まれることもある。ビジネス戦争では、すべてが正しい。

だが、戦場では――少なくとも昔からの手段では――勝てない戦いもある。そうした戦いは、一日で行われるわけではなく、何週間、何ヶ月、何年もかかって行われる。勝つのは、顧客からの、そして同じように重要な、従業員からの愛と尊敬を得た企業だ。心をつかめば、弾丸を一発も撃つことなく勝てるだろう。

第八章　心をつかむ

上下の欲を同じうする者は勝つ。

『孫子』謀攻篇

マーケティング、広告宣伝、ＰＲ。市場で誰よりも優位に立てるのは、説得力あるメッセージを巧みに練り上げ、人々の関心を引きつけ、耳を傾けさせる企業だ。

企業は必ず説得にかかる。Ｚａｒａのように、従来型の広告宣伝をしないことすら強力なメッセージになる。大胆にも広告を打たないのは口コミだけで売れるすぐれた企業に違いない、と消費者は思わされる。

そのような戦略を長期的に成功させるためには、もちろん、最高の製品が必要だ。

事実として製品がすぐれていれば、メッセージも伝わりやすくなる。これまで幾度も見てきたように、もっとも早く製品を出すのも悪くはないが、もっともすぐれた製品を出すほうがいい。伝えるということを考えた場合、身近な製品に明確な利点があるなら、それも助けになる。消費者に説明すべきことが少ないほど、簡潔なメッセージを作って広めるのが容易になるからだ。利点を把握しづらい製品を売るには、相手を納得させる技術を使いこなすことが求められる。ヘレナ・ルビンスタインは、謎めいた新しい美容術に期待と神秘性を感じさせるすばらしいストーリーを語る能力が不可欠だった。

本章では、すぐれたマーケティングとは、顧客と、さらに自社の従業員に惚れ込んでもらえるものを渡し、その熱い気持ちを他の人にも伝えてもらうことだというのを見ていきたい。

熱狂的な信奉者を作り出す――パタゴニア

一九七〇年夏。好天に恵まれた日。アメリカのヨセミテ国立公園にある垂直に切り立った岩山エルキャピタンの上方でのこと。ロッククライマーのイヴォン・シュイナードの心は晴れない。それどころか、憤っている。

本当なら、頂上を目指しているときから、世界の頂点にいるように思えるほどうきうきしていいはずだった。新しく立ち上げた会社であるシュイナード・イクイップメントは、国内最大のクライミング用品メーカーになった。この分野の競争は少なく、仕事は申し分ないし、従業員はすばらしい。実は、従業員の大半はもともとクライミング仲間だった。しかも、一日クライミングをして過ごし、それを「仕事」と呼べるCEOが他のどこにいるだろう。

それなのに気分が悪かった。自社の鋼鉄製ピトンをまたひとつ、岩肌のもろい隙間にハンマーで打ち込むとき、多くの穴や割れ目が新しくできていることが嫌でも目に入った。クライマーがロープラインの安全を確保するために岩に打ち込む小さな釘が、ごく短期間にエルキャピタンの表面を劣化させていた。以前、このルートを登ったのはほんの数年前の夏、会社が本格的な軌道に乗る前のことで、岩の表面には傷ひとつなかった。それが今はぼろぼろになっている。いったい誰が悪いのか。シュイナードにはわかっていた。彼自身だ。

一〇年以上前にシュイナード・イクイップメントが創業した頃、アメリカでは、ロッククライミングは比較的新しいものだった。このレジャーの急成長を促した一因が同社の製品だ。シュイナードが事業をはじめたのは自分のアウトドアライフのためであり、自然を愛する気持ちを他の人にも広めるためだった。自然が、資本家としての自分の行動によって損なわれているなら、これ以上の皮肉はないだろう。

地上から数百フィートのところで岩に指先をかけながら、シュイナードは、会社にとって最大の収入源であるピトンの製造を完全にやめようと考える。だが、山頂に立ったことがある人は、山を登らずにはいられない。シュイナードがピトンの製造をやめても、クライマーは他の誰かから買うだけだ。

だが、ピトンが必要でなくなったらどうだろう。

イギリスのクライマーのなかには、ピトンを打ち込むのではなく、さまざまな大きさのアルミニウム製のチョックを岩の割れ目に差し込んで、ロープを固定させる人がいる。チョックは、岩を傷つけず、取り外して再利用することができる。クライマーの多くはピトンと比べて安全性が高くなさそうに見えるという理由でチョックを使っていないが、シュイナードは創意工夫に長け、鍛冶職人として専門分野の深い知識を備えている。少し努力すれば、耐久性と信頼性の両方を備えたチョックを作ることができるはずだ。とはいえ、いったいどうすれば、世界中の何千というクライマーを、岩を傷つけないためという理由で、新たな技術に命を預けるよう説得することができるだろうか。いったいどうすれば、自分と同じように花崗岩の山を愛してもらうことができるだろうか。シュイナードは挑戦への思いを募らせながら、岩を登り続ける。会社はまもなく全製品のカタログを出すことになっている。顧客に新しいものを試してもらうよう説得するなら、それを利用するのがいいかもしれない。

顧客と固い絆を結ぶことによって、大きく成功し、回復力を維持している企業がある。そうした絆は、製品の一貫した価値と、その価値を一貫して伝えることによって築かれる。卓越したリーダーとマーケティング担当者は、まず提供する製品で従業員の心をつかむ。製品の作り手が熱狂的な信奉者となれば、顧客も同じように夢中になるはずだ。それどころか、最強の売り手になってくれるかもしれない。

このような取り組みに従業員を駆り立てるには、利益追求を超えた価値観を持つリーダーが必要だ。製品がただの製品以上のものであり、リーダーの仕事がより大きな視野に立ったものであるなら、ついて来てもらいたい人がどこまでもついてきてくれるだろう。

何十年ものあいだ、パタゴニアの創業者で因襲打破主義者であるイヴォン・シュイナードは、材料の調達、製造、顧客との対話において良心的だが不便な選択を繰り返しながら、アウトドアウェア業界に流行を作ってきた。特長を示すだけでなく、責任を負うことにも徹底してこだわり、消費者から類を見ないほどの信頼を得たブランドを確立した。

こうした哲学について、シュイナードはいまや古典となった書籍『新版　社員をサーフィンに行かせよう――パタゴニア経営のすべて』（井口耕二訳、ダイヤモンド社、二〇一七年）のなかで説明している。この本自体が企業のメッセージ発信の傑作である。

パタゴニアのブランディングに対する試みは「我々がどういう人間であるかを人々に語る」というシンプルなものだ。マルボロマンなどのイメージキャラクターを作る必要もないし、シェブロンの「ウィー・アグリー」などのように責任ある企業であるかのように見せかけるキャンペーンもする必要がない。なにが悲しくて、書くのが大変なフィクションに走らなければならないのだろうか。創造力と想像力がなければフィクションは書けない。ノンフィクションなら事実を積み上げるだけでいい……パタゴニアのイメージは、その創業者や社員がアウトドア好きであること、情熱的であること、そういう価値観から生まれる。実践的で明快に説明できるものもあるが、定型化はできない。それどころか、本物であることがイメージを支えているわけで、定型化したら台なしになってしまう。そもそも、パタゴニアが本物だと感じられるのは、イメージの構築など気にしていないからだったりする。（井口訳）

一九三八年一一月九日、アメリカのメーン州リスボンに生まれたイヴォン・シュイナードは、毛皮をとる罠猟師になりたいと思いながら育った。屋外で過ごすこと、できれば手を動かしてする仕事なら何でもよかった。父親はケベック出身のフランス系カナダ人で、頑強で、アウトドア活動を好み、大工仕事、電気や配管工事など複数の仕事を手がけ、息子のイヴォンを指導しただけでなく、勤勉と卓越した技能に高い価値があることを教えた。

リスボンの町にはフランス系カナダ人の家族が多く、シュイナードはフランス語を話すカトリック系の学校に七歳まで通った。そのため、家でも学校でも英語を話すことはほぼなかった。それが問題の原因となったのは、母親が夫の喘息が良くなるかもしれないと考えて、空気が乾燥したカリフォルニアへ一家で移住したときのことだった。バーバンクでシュイナードは公立の学校に入れられ、そこで絶え間ないいじめに遭った。「イヴォン」が女の子の名前だと思われたからだ。英語はまだ学んでいる過程だったため、学業でも苦しんだ。例外が技術の授業だった。

このような育ち方をしたシュイナードが、強い独立心を持つようになったのも当然だろう。ロサンゼルス川のように街中の自然豊かなところへ自転車を走らせ、釣り、罠を使ったザリガニ捕り、さらには弓矢でのウサギ狩りまでもするようになった。また、町を出て、独り立ちしたい思いを募らせた。英語が上達すると、自分と同じような「落ちこぼれ仲間」とつながりができた。狩りのためにタカやハヤブサを訓練する南カリフォルニア鷹狩りクラブの設立を手伝った（シュイナードが同クラブとともに、カリフォルニア州初の鷹狩りに関する規則の制定をあと押ししたことには、彼ののちの行動主義への萌芽が見える）。ハヤブサの巣があるところまで崖を降りたり、幼いタカを捕まえて訓練したりする方法をメンバーのひとりに教わった。ラペリングには、すぐに夢中になった。はじめは、ロープを腰と肩に巻きつけるという簡単な方法で、どこまで降りるかをコントロールした。だが、専用の装備を着けずに崖の表面を降りるのは危険だ。十代のシュイナードも死にかけたことが一度ならずあった。そこで機械いじりの技術を活かして、革でラペリング用の衣料品を作った。

ラペリングがきっかけで、クライミングをするようになった。一六歳のときにはワイオミング州の最高峰ガネットピークに登り、夏の終わりまで、さらにはそれ以降何年か、夏になるとティトンでひとりで過ごし、クライミング技術を磨いた。のちに次のように記している。「最初に登山をはじめた頃を振り返ってみると、生きているのが奇跡だと思うことがある」

シエラクラブを通じてクライミング愛好家に出会ってまもなく、ヨセミテ国立公園にある、まだ誰も登ったことがない岩壁を登ることになった。初登頂者のひとりになるには適切な装備が必要だ。中古の石炭燃料炉、金敷き、必要な用具を購入し、独学で鍛冶の技術を覚え、ロッククライミングに使うピトン用に鋼鉄の鍛造をはじめた。少しずつだが、クライミング中心のライフスタイルを支える小さなビジネスが育っていった。

長年にわたり、冬は用具を作り、それ以外の季節にはクライミングスポットを転々とし、眠るときは屋外でテントを使わず、作った用具を車で売ってやりくりした。儲けが一日一ドルに満たないことがしばしばだったため、リスやライチョウやヤマアラシを獲って食事の足しにした。そのかたわら、シエラクラブの設立者のひとりであるジョン・ミューアや、ラルフ・ウォルドー・エマソンをはじめとするアメリカの超絶主義者の著作を読んだことが、シュイナードの考えを形成した。ロッククライミングが何かの役に立つわけではなく、経済的価値を生み出すこともないのを嬉しく思った。消費文化を嫌うようになっていたからだ。残りの人生は自給自足で生きていこうと考えた。鍛冶の仕事は目的を達成するための手段にすぎなかった。バーバンクにある小屋でロッククライミング用品を作り、はじめて「カタログ」も作成した。カタログは一ページだけのもので、製品がクライミングのシーズン中に迅速に配送されることを期待しないようにという重要な但し書きをつけた。一九六四年には新しい友人たちとともに、エルキャピタンのノース・アメリカ・ウォールへの初登頂を果たした。

シュイナードは消費することに葛藤していたかもしれないが、クライマーはシュイナードの製品に葛藤することはなかった。シュイナードは父親の影響を受け、職人技を重視していた。シュイナードの製品は出来が良いだけではなく、最高水準の登山を何度も行った経験から考え抜いて作られたものだ。シュイナードにとって最初で最良の宣伝大使だった。おかげで、製品を宣伝する必要がなかった。

ところが、需要が増えると、ひとつひとつを手作りしているわけにはいかなくなった。一九六六年には、シュイナードは従業員を雇い、組立ラインと高度な機械を導入して生産規模を拡大した。シュイナードはもうひとつの楽しみであるサーフィンに出かけていきやすいという理由で、拠点をカリフォルニア州ベンチュラに移し、それからの一〇年は、製品をより強く、軽く、シンプルにすることに努めた。シュイナードと従業員にとっては自社の製品だけが頼りだったので、品質管理は死活問題だった。

何年も革新を重ねて増やしてきた製品ラインは、特徴があり、印象に残るものだった。「岩壁の下で……シュイナード・イクイップメント製のものはすぐにわかる。すっきりと美しいラインが特徴だ」シュイナードはこう説明した。クライマーたちは、他のクライマーが使っている機能的でありながら端正な用具が欲しくなり、直接、購入しようと工場までやって来た。やがて、大量の注文が入ってくるようになった。シュイナード・イクイップメントの人気は高まる一方だったため、車の後部で販売していては間に合わなくなった。店舗を設置して、海外への輸出もはじめた。売り上げは年々倍増したが、シュイナードは依然として、この事業をクライミングをして生きていくのに必要な費用を賄う手段としてしかとらえていなかった。

一九七〇年には、シュイナード・イクイップメントはすでに国内随一のクライミング用具供給業者になっていた。だが、急成長を遂げながらも、実質的な利益は微々たるものだった。シュイナードがデザインに絶えず手を入れるため、三年以上は使えるはずの高価な道具や金型が一年で使えなくなったからだ。だが、利益率よりももっと関心を向けていることがあった。ロッククライミングは、あちこちの岩の表面に穴や割れ目を作り続ける。エルキャピタンの手つかずだった登山ルートが酷く損なわれているのを目にしたとき、シュイナードはぞっとして、この問題を完全に解決しようと決意した。

イギリスのクライマーの一部ではチョックが使われていた。ピトンのかわりに、アルミニウム製のチョックを岩の割れ目に差し込んで使う。だが、信頼性が高くなく、シュイナードが知っているクライマーのほとんどは危険をおかそうとしなかった。そこで、シュイナードは改良した、より安全なチョックを作り、シュイナード・イクイップメント初の総合カタログで紹介した。ただし、チョックが広く受け入れられるには、月並みな宣伝文句では不十分だった。

世論を形成することは、鍛冶職人の仕事と同じように、専門的な技術である。シュイナードは、鍛冶職人として、クライミング用具を作るのと同じくらい容易に武器を作ることができただろう。同様に、倫理的に広告宣伝をすることは、良い変化を促す手段となりうる。資本家のように振る舞うことはしたくなかったシュイナードは、このカタログが自分の製品を愛用し、自分の腕を信頼してくれる何千もの人々を納得させる絶好の機会だとわかっていた。ピトンからチョックへの切り替えは誰にとってもメリットがあるが、みなが大義のために利己的でない行動をとることが必要となる。それは政府による規制では達成できないことだ。シュイナードはのちに次のように述べている。

「まずは消費者から変えなければならない。そうすれば企業があとに続き、そのあとを政府が追う」シュイナードは既存のチョックの安全性の問題に対処したが、クライマーの多くは使い慣れた用具に自然と手を伸ばすこともわかっていた。チョックへと切り替えるリスクをなぜ負うべきなのか。鋼をハンマーで岩にしっかり打ち込むというずっと以前から確立された習慣を変えさせるには、すぐれた説得の技術が必要だ。

シュイナードにとって初の完全版カタログは、冒頭に有名なクライマーであるダグ・ロビンソンの一四ページにわたるエッセイが掲載され、「クリーンクライミング」という新しい言葉が紹介された。

クライマーが登っても岩が傷まないという意味でクリーン。岩にハンマーでなにかを打ち込んだり抜いたりすれば岩が傷つき、次のクライマーは自然のままを体験できなくなるが、そういうことをしないという意味でクリーン。プロテクションの痕跡がほとんど残らないという意味でクリーン。クリーンとは岩を変化させることなく登ることであり、自然人として本来のクライミングに一歩近づくことでもある。（井口訳）

これはシュイナードのエッセイではないが、シュイナードの哲学の根幹をとらえていた。シュイナード・イクイップメントは、「虚栄心、貪欲さ、罪悪感に訴える広告文を書く」ことはせず、「事実と理念」をあくまで追求するのだ。このエッセイを書いてもらい、自社のカタログの冒頭に載せることにより、シュイナードは登山の倫理を一世代のうちに改めた。そして、未来の何世代ものクライマーのために、自分がこよなく愛する岩の表面を守るために、大きな役割を果たした。何ヶ月かのうちにピトンの売り上げが減り、チョックの需要が急増した。

もちろん、チョックが有益で、今日的に意味があり、クライマーが注目するだけの価値があったからこそ受け入れられたのだろう。シュイナードはこう書いている。「常識をひっくり返すような製品の販売促進は、ある意味、簡単だ。競争はないし、いくらでもすごいストーリーが語れるからだ。逆に販売促進が難しい製品があるとすれば、それはたぶん他社製品と大同小異にすぎないからで、おそらくは製造自体やめたほうがいいと思われる」（井口訳）

一九七二年までに、シュイナード・イクイップメントはクライマーに必要と思われる登山用品をほぼすべて販売するようになっていた。ありとあらゆる道具だけでなく、目的別のパンツ、シャツ、帽子、手袋、バックパックも含まれた。製造を遅らせないために、隣の工場にまで拠点を拡張した。衣料品の占める割合が事業、とくに利益の面で大きくなると、衣料品のラインに独自の名前をつけるという問題が浮上した。シュイナード・イクイップメントは、クライマーのあいだでブランドとして確立していたが、シュイナードはクライミング以外のアウトドア活動にも事業範囲を広げたいと考えた。衣料品とのあいだに強力なつながりをもたせるべき理由はない。そこで、パタゴニアという名が選ばれた。のちに発行されたカタログによると、パタゴニアという言葉は「『フィヨルドへと崩れ落ちる氷河、切り立った吹きさらしの山頂、ガウチョと呼ばれる人々、コンドル』など胸がときめくような光景」を呼び起こすからだ。

一九八〇年代、パタゴニアが引き続き製品ラインを新たな分野に広げて多様化し、寒さ、暑さ、湿気という基本的な問題を解決する最先端の方法を導入すると、売り上げが二〇〇〇万ドルから一億ドルへと五倍伸びた。富を象徴するものにさほど興味のないシュイナードは、利益をひたすら事業に再投資した。

ところが、パタゴニアはあまりの勢いで成長したため、危うく行き詰まりそうになった。需要が伸び続け、無謀な成長を招いたせいだった。一九九一年に景気後退に見舞われると売り上げの伸びが「わずか」二〇パーセントに留まり、予測を大きく下回った。シュイナードは全従業員の五分の一を――そのなかには解雇を免れた従業員の友人や親族がいた――解雇せざるを得なかった。この危機により、ほぼ期せずして築き上げてきた事業の検討を迫られた。シュイナードは目にしたものが何もかも気に入らなかった。

我が社も資源や能力の限界を超えていた。世界経済と同じように、持続不可能な成長に頼ってしまっていたのだ。だが、問題がなくなることを祈って目をそらすなど、小さな会社に許されない。優先順位を再検討し、新たな方針を定めなければならない。ビジネスの進め方を根底から考えなおさなければならない。（井口訳）

パタゴニアは財務の軌道修正のため、多くの現実的な対策を講じた。一方で、シュイナードが従業員を率いてはじめた一週間のキャンプ旅行も、同じくらい重要だった。シュイナードは一グループずつ円形に座らせ、パタゴニアの理念、倫理、価値観について講義した。パタゴニアのオーナーはシュイナードひとりだったので、それはシュイナードの倫理であり、価値観にほかならなかった。

いまふり返ると、あのとき私は、危機的な状況にあった社内に、自分が学んだ教訓を浸透させようとしていたのだと思う。個人として、また、クライマー、サーファー、カヤッカー、フライフィッシャーとして学んだ教訓を。

私は、昔からシンプルな生活を心がけてきていたし、環境の状態を認識した一九九一年ごろには、なるべく食物連鎖の下位側に属するものを食べたり物質的消費を減らしたりしていた。

（井口訳）

説得は必ずしも外部に向けて行われるとは限らない。規模の大きい急成長中の企業ではなおさらである。従業員が少しずつ辞めたり、新しい者が入ってきたりすれば、企業の文化が変わることは避けられない。努力を続けなければ、どのような組織であっても次第に当初の使命や理想から離れていってしまう。シュイナードはそうした状況が続くことを容認できなかった。環境保護の取り組みに資金を寄付できるような企業を経営できさえすればいいとは考えなかった。「パタゴニアを、環境に対する責務や持続可能性へ取り組もうとする他の企業が参考にできるモデル」にしたかった。パタゴニアの従業員が自分たちの会社の目標に向けて心を合わせなければ、それは不可能だ。

パタゴニアの「個人主義的な」従業員を共通の目的に向かわせることは、つねに難題だった。シュイナードは次のように記している。「やるように求められていることが正しいと納得させるか、あるいは正しいと自分で理解しなければならない」「独立心の旺盛な人は、『わかった』と思うか、それが『自分自身のアイデア』になるまで、あからさまに拒絶することがある。さらに悪いのは、受動的攻撃性の反応を示し、やるつもりのように見せながら、結局はやらないこともある。拒絶の形としては礼儀正しくはあるが、害は大きい」この問題への対処法のひとつが、キャンプ旅行先での講義だった。

従業員を解雇し、基軸を責任ある成長に改めることにより、パタゴニアは財務状況を好転させた。一九九〇年代、同社は好調ではあったものの、今回は慎重に進め、猛烈な勢いで成長することはなかった。シュイナードはサプライチェーンを隅々までクリーンにすることに社の焦点を向け、有機繊維とリサイクルした合成繊維への全面的な切り替え、有害な化学物質の使用量削減、供給業者の人道的な労働慣行の確保を図った。こうした変革にはどれも相当のコストがかかった。もしシュイナードが社内を根気強く説得し続けなければ、パタゴニアほどの規模の企業を動かし、必要なエネルギーをこうした難題に向けることはできなかっただろう。

たとえば、コットンはかつて、パタゴニアの温室効果ガス排出と殺虫剤使用の主要な原因となっていた。かといって、オーガニックコットンに切り替えれば経費が大きくなるだけではすまない。オーガニックコットンの導入には多くの問題があった。そのひとつが、パタゴニアが必要とする十分な量のオーガニックコットンを仲介業者が調達できないことだった。つまり、個々の農家から直接購入し、それぞれに対してオーガニックの認証を受けなければならない。もうひとつは、オーガニックコットンは従来のコットンとは異なり、アブラムシが分泌する蜜でべたついていることだ。そのため、紡績工が紡績機にかけるのを嫌がった（最終的に、パタゴニアのある業者が、コットンを凍らせてから紡績機にかけるという見事な解決策を考えついた）。一九九六年、パタゴニアは、すべてのコットン製品の材料をオーガニックコットンに切り替えることに成功した。

厄介なことは次々と起こる。他の企業の従業員であれば、そうした頭痛の種を取り除くために、問題を放り出したかもしれない。このような込み入った複数の難しい目標を、会社の収益とは直接関係なく、全社を挙げて追求するよう仕向けることは、それ自体、説得による見事な結果である。イヴォン・シュイナードは腕利きの鍛冶工だが、真の才能は熱狂的な信奉者を作り出すことだった。

パタゴニアのカタログはいわば説得の名人であり、環境に対するシュイナードの姿勢を顧客にまっすぐに伝え、本物だというブランドの評判を確立させた。そうすることによって、売り上げを伸ばした。カタログの効果を左右するのが、掲載する写真だ。初期には、友人たちの飾らない姿を撮ったスナップ写真を使った。プロのモデルに頼む予算がなかったからだ。だが、こうした写真はストーリーを語っておらず、ストーリーがなければ伝えたいメッセージも伝わらない。シュイナードは、製品を実際に使っている実際の顧客の写真を掲載することにした。この現実主義は説得力があり、刺激的だった。「名前も知らない半裸のニューヨークのモデルが、クライマーのようなポーズをしている写真より、名前の知られた本物のクライマーが肌の一部を見せつつ岩を登っている写真のほうがずっと魅力的だ。それが本物だ。本物であることをマーケティングでも、写真においてもわたしたちは求めている」やがて、実際の場面で実際の顧客を起用するというパタゴニアの手法は、アウトドア衣料業界のデファクト・スタンダードになった。

この過程で説得力のあるエッセイの掲載は途切れなく続いた。クライマーにピトンからチョックへの乗り換えを納得させることに成功して以来ずっと、パタゴニアのカタログは顧客の教育に努めた。たとえば、重量を過度に増やさずに保温と防湿を図るレイヤリングという考え方や、体が冷える前に汗を逃がすことができるよう合成素材を使うことを紹介したりした。こうしたエッセイは特定の製品の売り上げを促進する効果もあったが、環境保護の役にも立った。長い時間をかけて信頼を築き上げたため、その後に発するメッセージも顧客にいっそう響くようになった。

そうした信頼があったからこそ、河川再生のための運動や、遺伝子組み換え作物反対の運動などを含めた、環境のための数々の戦いが長年にわたって支持されてきた。後者に関しては、パタゴニアの広告にシンプルながら強力な見出しがついた。「アウトドア衣料メーカーが遺伝子組み換え食品について何を知っているだろうか。十分には知らない。それはあなたもだ」特定の見解を訴える運動が提供する製品とかみ合えば、パタゴニアはためらうことなくそれを活用して、売り上げ向上を図る。だが、その見解の影響力は損なわない。

広告宣伝はどのような事業にとっても強力な手段になるが、製品を売りたいという企業の欲求を超えた視点が不可欠だ。パタゴニアは炭酸飲料のペットボトルをリサイクルしてフリースを作った際、広告宣伝費用をかけずに五〇〇万ドルを生み出した。シュイナードは次のように記している。「PR活動は積極的に行っている。ニュース性があれば利用する。新製品についてでも、環境問題に対する意見でも、子どもの支援プログラムに関してでも、記者にわたしたちのストーリーを伝えようとしている。だが、派手なPR用の資料は作らないし、展示会でしゃれたプレスパーティーを開くこともない。メディアに取りあげてもらうには、伝えるべきことがあるのが一番だと思っている」

Ｚａｒａとは異なり、パタゴニアは広告宣伝をするが、予算はたいてい売り上げの一パーセントより少なく、多くのアウトドア企業やアパレル企業と比べるとたいがいはるかに少ない。ところが、二〇一一年には、Ｚａｒａでさえしないであろう反広告宣伝を試みた。「今日はブラック・フライデー。毎年この日に小売店の赤字が黒字に転じ、利益が生まれはじめる」ニューヨーク・タイムズ紙に掲載された全面広告の冒頭の言葉だ。「しかし、ブラック・フライデーとそれがもたらす消費文化は、すべての生命を揺るぎなく支えている自然体系の経済を赤字に陥れる」自社のファスナーつきフリースの白黒写真の上に、「このジャケットを買わないで」という大胆な見出しをつけた。シュイナードのコピーの意図ははっきりしていた。小売業にとって一年でもっとも重要な日に、すでに持っている服を減らし、修繕し、再利用し、リサイクルするよう消費者に訴えたのである。

パタゴニアは具体的な行動でこの運動をあと押しした。すべてのパタゴニア製品をリサイクル用に引き取ることにしたのだ。消費者の反応が十分ではなかったため、同社は北米最大の修繕施設を開設した。そこでは、店舗で簡単な修理ができるように従業員の訓練が行われ、顧客が修繕によって保証を無効にせずにすむよう方針を変えた。また、不要になった衣類を買い戻し、洗浄してから再販するという下取りプログラムもはじめた。「新品よりも価格が安いためにより多くの顧客に買ってもらうことができるし、すぐに埋め立て地に送られる作りの粗悪品のかわりに買ってもらえる」とシュイナードは記している。

このキャンペーンが注目を集め、売り上げは前年比三〇パーセントを上回る伸びを見せた。だが、シュイナードは動じなかった。この伸びの原因は、顧客がパタゴニアの緊急警告を無視した結果ではなく、キャンペーンがなければ他の低品質の製品を買っていたであろう人々が好奇心をそそられたからだ、と言って従業員を安心させた。

企業の多くは説得という手法を用いて利益の最大化を図るが、もっとも成功するのはそれ以上の大望を抱く企業だ。目的を重視した説得の言葉は、より広く伝わる。シュイナードは従業員に講義するだけでなく、書籍やビデオも利用して、パタゴニアによって伝えたかったことを伝えている。

わかってもらうためなら何でもする。一方、全力を尽くしても、世間の人々の考えを変えるために一企業ができることは限られているのも認めている。「持続可能性などというものは存在しない」と、シュイナードはガーディアン紙に語った。「わたしたちにできることは、せいぜいもたらす害を極力小さくすることだ」

シュイナードは、自然の美の重要性を伝えるだけに留まらず、保全にも尽力してきた。一九八六年以来、パタゴニアの売り上げの一パーセントもしくは税引き前利益の一〇パーセントのいずれか多いほうを環境保護活動に寄付している。二〇〇二年には、同様の活動に取り組む個人や企業から成る「一パーセント・フォー・ザ・プラネット」という団体を共同設立した。この団体は、これまでに草の根の環境保護団体に二億五〇〇〇万ドルを寄付し、そのうちの九〇〇〇万ドルはパタゴニアが直接提供している。二〇一三年にはティンシェッド・ベンチャーズを立ち上げた。環境問題や社会問題に取り組む新興企業に創業資金を提供するベンチャーキャピタル企業である。シュイナードが成長を緩やかにするべく全力を尽くしたにもかかわらず、二〇一九年のパタゴニアの収益は八億ドルにのぼった。

パーティーによる宣伝——ブラウニー・ワイズ対タッパーウェア

一九四八年の夏の季節外れに涼しいある日のこと。第二次世界大戦が終わり、アメリカは新たに世界の超大国としての立場を確立しつつある。数年にわたる戦時の配給制度が終わり、国民はようやく自由に使えるお金をわずかながら手にするようになった。

おかげで、マサチューセッツ州ウエストフィールドの雰囲気は明るかった。モップ、ブラシ、洗剤、床用ワックスを生産するスタンリー・ホーム・プロダクツの年次販売会議が予定されていた。同社の販売員が国内各地からこの町へ集まる。そのうちのひとり、ブラウニー・ワイズという離婚したシングルマザーもデトロイトから列車で向かっていた。ブラウニーは興奮を抑えられない。ブラウニーにとって今年の販売会議は、骨身を惜しまぬ努力と綿密に練った計画の総決算になるはずだからだ。

スタンリーにとって、本社詣では販売部隊に動機と刺激を与える唯一無二の機会である。理由のひとつは、販売員のほとんどが女性であり、そのこと自体きわめて珍しかったからだ。もうひとつは、販売員がみな自宅で働いているということもある。実際、大半の販売員はこの会議のときしか本社に入る機会がない。スタンリーは、ホームパーティー方式という画期的な新しい方法で製品を販売していたからだ。

スタンリーの販売員は近所の家に客を集める。客は女性がほとんどだ。そこで、染みや汚れを落として製品の効果を示してみせる。パンチをふるまい、ゲームでもてなし、あとから思いついたかのように製品を買わせる。モップを売るが、夢も売る。参加者に自分も販売員になりたいと思わせることができれば、新人販売員の売り上げからも一定の割合が報酬として手に入る。

郊外に住む主婦にとって、こうした実演パーティーは家庭での責務を忘れさせてくれるありがたい気晴らしであり、買い物を口実に外出して社交する機会でもある。スタンリーにとっては、そのままでは売れない製品を、集まった、受容力のある聞き手に販売する有効な手段だった。販売員にとっては、パーティーは重労働で、自信、魅力、共感、ユーモアがどれも同じだけ求められる。そのうえ、エネルギーも必要だ。何箱もの掃除用品を持って家々に出入りし、毎晩、ひとりで実演ショーを繰り広げなければならないのだから。

一方、訪問販売方式を身につけた女性にとっては、帰還兵に仕事を譲るために離職するよう圧力を受けていた時代に収入を得ることができる、めったにない機会だった。販売員はパーティーを開くとプレゼントをもらい、製品がひとつ売れるたびに歩合を受け取る。成績が良ければランクが上がり、頂点に立つ者が最大の利益を得るピラミッド構造がはてしなく拡張を続けるなかで、販売員の数を増やし、彼女たちの意欲を引き出すことで、担当区域の拡大を図ることができる。

ウエストフィールド駅に入る列車の窓から外を眺め、ブラウニーは笑みを浮かべずにはいられなかった。ほんの一年前は秘書としてあくせく働き、アルコール依存症の虐待的な夫と離婚した自分と息子の生活を支えようと頑張ってきた。今は、最先端の会社で出世の階段を昇っている。家を拠点とした販売方式に将来性があることを固く信じていた。その可能性はモップに留まらない。戦争による技術革新のおかげもあり、どこの小売店の棚にも斬新な製品が並んでいる。このような新しい省力化の道具や「魔法のような」製品が便利であることを示すには、体験してもらうのが一番いい。ブラウニーはそう確信していた。スタンリーには宝の山がある。しかも、スタンリーのなかでブラウニーは際立っていた。生まれながらの販売の才能、リーダーとしてのすぐれた能力、コミュニケーターとしての卓越した話術を備えたブラウニーは、多くの優秀な販売員を抱え、動機づけ、励まし、気の利いた報奨を巧みに組み合わせて彼女たちを教育してきた。

ブラウニー・ワイズは説教師のようなものだった。信徒は郊外に住み、家庭生活に不満を抱く戦後の妻たちだ。説教ではアメリカ的な野心を語った。今日の旅で、若い頃から夢見ていた名誉と栄光への道をもう一歩進むことになる。ブラウニーは願えば何でも叶うと心の底から信じていた。実現が困難なことも思い描けば本当のことになる。ここ数ヶ月のあいだ、スタンリーの創業者であるフランク・スタンリー・ビバレッジを説得し、経営に参加することを繰り返し思い描いた。成績はすばらしい。部下から愛されている。そんな自分を経営陣に迎えないなら、ビバレッジは愚か者だろう。ブラウニーはスタンリーを一大現象にするために必要なものを備えているのだから。

不運なことに、ビバレッジの考えはマーケティングの分野では進んでいたが、それ以外では戦後のアメリカ人男性の典型だった。大会でブラウニーが働きかけてもわずかな言葉を返しただけで、しまいにはブラウニーの話を遮って言った。「時間の無駄ですよ。経営は女のすることではない」

ブラウニーは落胆し、作り笑いを浮かべた。大会がゲーム、実演、激励のスピーチと進むうちに、スタンリーの経営幹部になるという未来をようやくあきらめた。デトロイトへ戻る長い列車の旅のあいだ、静かに考え続ける。玄関で母と一〇歳の息子の出迎えを受けたときにようやく、このふたりに、そして自分自身に誓った。それは新しい目標であり、新たな願望であり、野心とその背後にある闘志の力がすべて込められていた。

「後悔させてやる」

スタンリーで学んだこと、すなわち、女性の消費者を納得させ、刺激し、魅了することは、自分を名誉と栄光の道へ導くだろう。必要なのは、自分が持つ説得力に値する製品を見つけることだけだ。それが何かをブラウニーはまだ知らないが、それはすでに棚に並んでいた。誰にも見向きもされずに、唱道者を必要としている魔法のような製品。タッパーウェアだ。

テレビがマーサ・スチュワートやオプラ・ウィンフリーのような流行の仕掛け人やインフルエンサーを生み出すよりずっと以前に、ブラウニー・メイ・ハンフリーは、すぐれたアメリカ人女性のロールモデルにあふれた環境で育った。生まれは、一九一三年五月二五日、ジョージア州の田舎町ビュフォード。母親のローズは近所の工場で帽子を作っていた。当時にしては珍しいことだった。南部の女性は、子どもができたら仕事をやめるものとされていたからだ。ローズは帽子職人の組合のまとめ役になり、国内を回って労働者に講演をした。そのために長いあいだ家をあけることがあった。ブラウニーの父のジェロームは配管工で、ローズが組合の仕事に就いてから数年後に離婚した。ブラウニーは、近くのアトランタで婦人服の仕立てをしているおばや、夫の死後にひとりで七人の子を育てた逞しい祖母のところで、何ヶ月も過ごすようになった。ブラウニーはのちに、自分の運命を自分でつかむという「積極果敢の教え」を祖母から得たと述べている。

魅力と野心と才能を備えたブラウニーは優秀な学生だったが、関心は別のところにあった。書くこと、描くこと、ファッション、人間である。八年生を終えたところで退学し、母親の出張についていって、ついには自分でも組合の集会で講演をするようになった。これはわくわくすることだったが、危険も伴った。スト破りの労働者たちは、組合のリーダーたちに暴力で訴えることをためらわなかったからだ。ブラウニーは、この経験から、大勢の前で自信をもって話すだけでなく、女性たちをいかに説得するかも学んだ。組合に参加して支持をすることは女性たちにとって最大の利益になるが、その利益ははっきりと目に見えるものではない。聞き手に動機を与えるためには、恩恵を適切に説明し、リスクを控えめに語る必要があった。女性たちが、自分自身のためになるような行動をするよう説得するのは、技巧でもある。ブラウニーはそれをたちどころに身につけた。ブラウニーは「人々を恐れさせた」とボブ・キーリングが『タッパーウェアの蓋を開ける（Tupperware Unsealed）』で記している。「（人々は）これほど若い人が牧師のように語れることに驚いた」

一九三六年、ブラウニーは精悍でハンサムなフォードの重役ロバート・ワイズと出会った。恋の火花が散った。ふたりはその年のうちに結婚し、デトロイトのフォードの本社近くに居を構えた。二年後には息子のジェリーが生まれ、ブラウニーの母ローズが子育てを助けるためにミシガン州に越してきた。不幸にもロバートは大酒を飲み、暴力をふるい、虐待をするという本性をあらわした。一九四一年、ブラウニーはロバートと離婚したが、姓は戻さなかった。そして、息子と母親とともに近隣のディアボーンへ移り、再出発した。

収入を得る必要に迫られたのは、真珠湾攻撃とほぼ同じ頃だった。アメリカが戦争に突入し、女性が突然、労働力として求められるようになった。ブラウニーは海軍の爆撃機の製造会社で秘書の職を得た。タイプライターで手紙を打つか、口述筆記をしていないときは自分の原稿を書いた。はじめは雑誌に、のちに一般向けに執筆した。デトロイトニュース紙に「ハイビスカス」というペンネームで、悩み相談のコラムを寄稿するようになったからだ。ハイビスカスはブラウニーと違い、愛情深い夫とともに美しい家に住んでいた。コラムでは相談者を励ましつつ、自分のすばらしい子ども時代を懐かしく振り返った。子どもの頃は、ブラウニーとは対照的に、ミシシッピー州の大農園で何ひとつ不自由せず、召使にかしずかれて育ったことになっていた。ブラウニーは「ハイビスカス」を名乗って現実逃避するというよりも、作り話から新たなひらめきを得ようとしていたようだ。このコラムは、ブラウニーにとって、希望に満ちた未来へのビジョンを今、目の前で構築する最初の一歩だった。その後、こうした創造的な視覚化を提唱し、願望的思考と呼んだ。この考え方はブラウニーの販売哲学の要となり、自分とほかの人の意欲をかき立てるために使い続けた。これを実践していたからこそ、チャンスが現実に訪れたときにつかみ取ることができたのだ。

一九四七年、ブラウニーは空き時間に販売の仕事をして秘書の給料を補いたいと考え、スタンリー・ホーム・プロダクツの説明キットを注文した。やって来たスタンリーの販売員のセールストークがあまりにもひどく、ブラウニーは自分ならもっとうまくできると思った。キットには大勢の人の前で話すための助言が書いてあったが、母親の組合で経験したおかげでブラウニーには必要なかった。この仕事はブラウニーが持つスキルにぴったり合っていた。

スタンリーの創業者であるフランク・スタンリー・ビバレッジは、フラー・ブラシの訪問販売員としてキャリアをスタートさせたのち、起業した。ホームパーティー商法による事業をはじめて行った起業家である。この商法は、自社の販売員のひとりが、顧客ひとりに実演して見せるために全製品を家から家へと持ち運ぶのが嫌になったときに生まれた。その販売員は、より大きな成果をあげるため、大胆にも集団を相手にした実演の場、つまりホームパーティーを企画した。そして、顧客のなかから、無料の製品と割引を提供するのと引き換えに同じようなパーティーを主催してくれる人を雇った。パーティーの主催者は近所の人たちを招き、ちょっとした交流をしながら、スタンリーの製品で汚れを落とし大もうけもした。こうして、ひとりではなく複数人を相手に売り込みをする方式に切り替えたことによって、この販売員の売り上げは急激に増えた。説得には社会的な圧力が強力に作用することもわかった。ブラウニーはのちに販売マニュアルに次のように記している。

「購買意欲は人から人へ広がりやすい。一五人の女性のグループを相手にするほうが一五人の一人ひとりを相手にするよりよく売れることは、証明された事実である」

ビバレッジは新たな戦略の有用性を確信し、ほかの販売員にも採用させた。男性販売員たちがこの取り組みに妻の協力を得るようになると、やがて、顧客がみずから販売員になることも増えていった。ほとんどが女性だった。スタンリーが作ったモデルでは、販売員は自分のチームを雇うことができ、それによって大きな割引を受け、自分が雇ったチームが購入してチームの顧客たちに販売した額に応じて歩合を得られるようになっていた。これなら、販売区域をどんどん広げることができるし、費用のかかる経営体制が不要になる。企業からすれば、製品がひとりでに売れるようなものだった。

スタンリーは販売員に、割引価格で製品を提供するだけでなく、動機を絶えず与え、販売教育を施した。ブラウニーは、「他人に関心を持つことを習慣にせよ」とか、「出会った人を天からの使者のように扱え」といったアドバイスをすべて、スポンジのように吸収した。一九四九年には、すでに一九人の販売員を抱え、すぐれたリーダーであることを証明した。販売員の意欲を高めるために週刊のニュースレターの執筆まではじめた。以前担当していたコラムに新たなひねりを加えたようなものだった。「販売員として、より多くのパーティーを開き、よりたくさんの製品を売り、より多くの利益を目指しましょう……そうしないあなたは、解決すべき問題の一部となってしまいます」

ブラウニーは自分の適所を見つけたと思った。優秀な販売員を称え、報奨を与え、顧客の購買意欲を喚起したことをほめる一方で、動きの鈍い者には「積極的に動く」よう促すことを根気強く続けた。成績を上げるために何でもやった。必要な専門知識はすべて持っていた。つい最近まで同じ立場にあった者として、販売員がどう考え、動機づけに何がもっとも有効かを理解していた。販売員の女性たちは認められたいと思っており、臨時収入を求めているだけではない。家事は単調で退屈であるばかりでなく、配偶者からも社会全体からもつねに軽んじられている。そのため、本当に現金が必要かどうかにかかわらず、有意義なことをうまくできるといったような、目的を感じたがっていた。その目的を与えるために、ブラウニーは辛抱強く、明るい未来へのビジョンを作る手助けをした。「欲しいものを知っているということの半分は、それを手に入れるために何をあきらめなければならないかを知っているということです」ブラウニーは書いた。欲しいものが「新しい毛皮のコートでも、部屋を増築することでも、新車でも」かまわなかった。そうしたものを求めることによって、彼女たちはそれ以上のもの、ブラウニー自身が求めるのを決してやめなかったものを、積極的に求めているのだ。

だが、そうした願望だけでは、チャンスがめぐってきたときに、自分に賭けてみるようビバレッジに納得させることができなかった。そんなとき、ブラウニーのチームの一員で、ゲイリー・マクドナルドというスタンリー製品の販売員には珍しい若い男性が、タッパーウェアと呼ばれるプラスチック製保存容器の新製品を、小売店の店員が実演販売しているのを偶然目にした。彼は、製品の特長がひとつずつ示されるにつれて顧客の興奮が高まるのを見て、ホームパーティー方式にはタッパーウェアが最適だと確信した。そして、大量の蓋つきプラスチック製ボウルをブラウニーに届けた。年次販売会議でビバレッジからけんもほろろの扱いを受けたばかりのブラウニーは、新たな方向に進む準備が整っていた。それを提供したのがタッパーウェアだった。

禿げ頭で、ぶっきらぼうで、とっつきにくいアール・タッパーが、大勢の献身的な顧客に刺激を与えられる可能性は低かった。このきわめて聡明な独学者は愚かな者を容赦せず、その場で絶対的な従順を示さない従業員は直ちに処罰した。だが、プラスチックのことはよく知っていた。プラスチックには将来性があった。

大恐慌のせいで、タッパーの造園会社が倒産した。その後、タッパーはデュポンの最先端部門であるプラスチックの研究開発部に就職した。一年後に退社し、プラスチック会社を起業したのち、工場で食事と睡眠をとるときをのぞいて一日二二時間働き、プラスチックから次々と新製品を開発した。開戦に伴い、それまでの研究を元に儲ける絶好の立場に置かれた。タッパー・プラスチック社は戦争に必要な物資を供給するため、ガスマスクからジープに至るまで、ありとあらゆるプラスチック部品の製造をはじめた。タッパーはまだ三〇歳を少し過ぎたばかりでありながら、ほぼ一夜にして大富豪になった。ところが、戦後になると、生産に必要なプラスチック樹脂を十分に確保することができなかった。供給業者が大量に保有していたのはポリエチレンという、においがきつくて、べたべたするプラスチック廃棄物だった。製品に使えるかどうかわからなかった。だが、タッパーは興味をそそられ、ポリエチレンの実験に着手した。ついに、温度と圧力の適切な組み合わせを発見し、丈夫で曲げやすく、市場に出ているどのプラスチックとも異なるものを作り上げた。においがせず、安全で、レモンジュースや酢などの酸に耐性があるこの新しいプラスチックが食品の保存に最適だということにタッパーは気づいた。こうしてタッパーウェアが誕生した。

スタートは順調で、大量の注文を受けた。たとえば、キャメル向けにプラスチックのシガレットケースを数万個製造した。だが、一九四九年頃には、斬新な販売手法が必要になった。小売販売は伸び悩み、写真入りカタログを使った通信販売も苦戦していた。密封可能なプラスチック容器は新しい製品であるだけでなく、新しいカテゴリーでもあった。店舗での展示の仕方も不十分で、ボウルと蓋をただ積み重ねただけでは、製品のセールスポイントが伝わらなかった。タッパーウェアのボウルをスープで満杯にして蓋をきちんと閉めると、ボウルを落としてもスープは一滴もこぼれないことがまるでわからなかった。また、容器から「空気を抜く」と内側が真空状態になり、「新鮮さを封じ込める」ことになるのも直感的に理解されなかったのだろう。食品の保存にはずっと以前から金属製の缶や陶器の広口瓶がよく使われていた。ポリエチレンが従来のプラスチックに比べて、いかに柔軟性や耐久性にすぐれているかをどれほど説明しても、いかに食品を新鮮に保存できるかをどれほど約束しても十分ではない。顧客がタッパーウェアの機能を実際に見て、感じることが必要だった。

その頃、タッパーはデトロイト周辺で需要が急増していることに気づいた。ブラウニーと彼女のチームが、大量のタッパーウェアを同社から直に購入し、自分たちで売っていたのだ。この新製品の特長を際立たせるには、ホームパーティーの場が最適であることはすでに証明されていた。見られる、触れられる、が謳い文句だった。スタンリーの場合は、販売員が顧客の床に細心の注意を払って何かをこぼし、モップで拭き取る。タッパーウェアでは、ブラウニーの販売員が容器を液体で満杯にして蓋をしっかり閉め、顧客のキッチンの反対側へ投げた。リスクは大きいが、一滴もこぼれなければ見返りも大きい。ブラウニーのタッパーウェア・パーティーは、多額の売り上げにつながる、ちょっとしたマジックショーだった。

デトロイトで起こっていることにタッパーが気づいたとき、ブラウニーはあまりにも多くのタッパーウェアを売りさばいていたため、自宅ではなく、倉庫に製品を置かなければならないほどだった。その年、自分が抱える販売員に提供するために発注したのは一〇万ドル分を軽く超えていた。現在の額で一〇〇万ドル超に相当する。この数字をタッパー・コーポレーションが無視できるはずがなかった。ブラウニーの売り上げは国内最大のデパートより多かった。

ビバレッジとは違って、タッパーは女性が経営に関わることにまったく抵抗がなく、最適な人材を求めていた。ブラウニーはうってつけだった。社の代表がブラウニーのところに交渉に出向いた。タッパーは、国内各地のホームパーティーの販売員が自社の製品に気づきはじめていることを認識していたが、その動きを組織化し、管理する専門家が社内にいなかった。ブラウニーに新たにもっと広い区域を監督し、さらにそれを開拓する気があるだろうか。もしあるなら、フロリダ州全域はどうだろうか。

一九五〇年、ブラウニーは母親と一一歳のジェリーとともに、フロリダ州中部のキシミーに引っ越した。広々とした店舗の設置が終わると、地元の販売員の採用にとりかかった。製品、ホームパーティーによる販売方式、自分自身の販売哲学を説明するマニュアルを作り、販売員に対する週一回の研修をはじめた。販売数を伸ばすのはスキルであることはわかっていた。もっと時間をかけて販売員を採用することもできたかもしれないが、すでに抱えている販売員の能力向上に労力を投じるほうが格段に効率がいいだろう。ブラウニーは次のように述べている。「十分訓練された実演者は、サンプルのセットを渡され、激励の言葉と価格表をもらって派遣される二人、ときには三人もの販売員よりはるかにすぐれていることを記しておきたい」

実は、ブラウニーの真の「顧客」は自身のチームの販売員だった。秘密兵器は、指導のときにも、動機づけをするときにも必要な、販売員と意思疎通を図る能力だ。これはティーンエイジャーのときに組合の集会で次第に身につけ、「ハイビスカス」の名で相談コラムを書くことで磨きをかけた技巧である。説得力のある成功のビジョンを明確に示し、それに向けて人々をまとめあげることができるのがブラウニーの才能だった。ブラウニーの販売マニュアルの冒頭にはこう書いてある。「この方式はすでに他の州で多額の利益をあげ、大成功を収めました。みなさんの協力があれば、ここでも同じように成功を収めることができるでしょう」彼女たちは「サンシャイン・ステート」、すなわちフロリダ州を勝ち取る目前だった。

だが、そううまくはいかなかった。タッパーウェアの他の販売員がすでにこの州の一部の権利を主張していた。タッパーは担当区域をめぐるこの騒動をブラウニーの代わりに解決すると約束したが、事態を収拾できなかった。それどころか、同様の問題が国内各地で起こりはじめた。ホームパーティー方式の強みが弱みになりつつあった。販売員はタッパーウェアの販売で利益が見込まれることがわかっていたため、明確なピラミッド構造がなかったことが激しい対立や競争を招いていた。

これに対処しようと、会社側は、販売員をエリアマネジャー、支部マネジャー、地区マネジャー、部門マネジャーに配し、一番下に個人販売員を置く組織を作って統括する部署を設立した。このホステス部は担当区域をめぐる問題の解決を請け負ったが、結局、ブラウニーに託されたのは約束されていた州全体ではなく、フロリダ州のごく一部にすぎなかった。それでもブラウニーは風向きを読み、身を任せることにした。これまでと同じやり方では、明るい未来は誰にも――タッパーウェアにも、販売員にも、ブラウニーにも――見えない。このトップダウン方式には可能性があった。

不運なことに、タッパーがホステス部を任せた男性の不手際により、ブラウニーが抱える販売員に年末の歩合が支払われず、ブラウニーが身銭を切らざるを得なくなった。さらに悪いことに、製品の発送が遅れたり、まちがった経路で送られたりした。一九五一年三月、ブラウニーが慎重に採用し、養成した販売員たちが失望の末に辞めはじめたため、ブラウニーは本社に電話をかけて、アール・タッパーと直接話したいと迫った。タッパーは応じた。なにしろ、国内トップの販売員からの電話だ。ブラウニーは、タッパーの経営陣について思うところをはっきり伝え、会社側の数々の欠点を列挙し、即座の支援を求めた。タッパーは電話を切り、みずから事態の是正を図った。ホステス部の失敗を自分では解決できないと気づいたとき、ブラウニーに直接会うことにした。

翌月、タッパーは販売会議でブラウニーと顔を合わせた。会議の席でブラウニーと経営陣に、小売販売とショールームをやめるよう説得され、今後の売り込みと販売はパーティー方式のみで行うことに決めた。新生のタッパーウェア・ホームパーティー部を率いる販売部長として、ブラウニーを採用した。これにより、ブラウニーは当時のアメリカにはひと握りしかいなかった女性経営幹部のひとりになった。ブラウニーには、新しい販売部隊を指揮するために必要なスキルが備わっていることをタッパーは知っていた。

「あなたはよく話す。そして、誰もが耳を傾ける」タッパーはブラウニーに言った。

タッパーは、約束通り小売市場から完全に撤退し、製品と会社自体の未来をブラウニーが指導するホームパーティーの販売員の手に委ねた。これは功を奏した。タッパーウェアの売り上げは、たちまち大きく伸びた。同年九月、取締役会はブラウニーを副社長に任じた。フランク・スタンリー・ビバレッジは決定的にまちがっていたことが証明された。経営は女もすることだったのだ。

ブラウニーにとって、若い頃に組合の集会で講演を重ねたことは、会社の大きなイベントで数百人、やがては数千人の販売員を相手に話をすることになったときに役に立った。ブラウニーは天性のリーダーだった。どのような状況でも人とのやりとりが苦にならず、女性が上司であることに憤慨する男性マネジャーと一緒にやっていくことを大いに楽しむ一方で、女性販売員には物腰の柔らかい販売テクニックや女性らしい説得の仕方で売り上げを伸ばすよう助言した。もっとも有効な販売テクニックを見出し、それを練り上げ、国内各地の個人販売員に行き渡らせることが、会社が成長するカギになるとわかっていた。さらに、全国の販売組織を訓練し、率いていくという課題に対応しながら、時間を作ってはニュースレターを書き、編集し、イラストを入れた。今度は、販売部隊を結束させるためだった。

タッパー・コーポレーションでは、ブラウニーの力を得て、活気と競争心に満ちた企業文化が確立され、あとを追う販売主導型の企業にも大きな影響を与えた。ブラウニーの指揮下では、報奨が何より重要だった。成績がもっとも良かった販売員は、フロリダにあるタッパーウェアの販売本部で行われる四日間の年次会議に招かれた。そこで激励の講演を聞き、同じように良い成績を収めた他の販売員たちに紹介された。ブラウニーの「お祝い」はひどく気前がいいもので、ゲームの勝者に家電や休暇や高速モーターボートの賞品が贈られた。パーティーや報奨が重要なのは、販売員一人ひとりに、主婦や母としてフルタイムで働きながらもつねに販売実績を上げるべき十分な理由を与えるからだ。「人を育てれば、その人たちが会社を育ててくれます」とブラウニーは言った。実際、会社は育った。一九五二年までには、猛烈な勢いで成長していた。ブラウニーの給与は二万ドル（現在の二一万五〇〇〇ドルに相当）を超え、自身にとって最高の金額となった。さらに会社は謝意を表して、フロリダの新しい販売本部の近くに豪邸まで買い与えた。

タッパーは業績が好転したことについてブラウニーに礼状を書き、彼女の働きに深く敬意を表した。一九五三年には馬もプレゼントした。だが、ブラウニーの輝きが製品を覆い隠すようになると、両者の関係は悪くなった。ブラウニーはタッパーウェアでの任務を超えた名声を確立し、雑誌や新聞、ついにはテレビにまでたびたび登場した。一九五四年四月一七日には、女性としてはじめてビジネスウィーク誌の表紙を飾った。記事ではタッパーウェアの成功の大部分をブラウニーのテクニックによるものととらえ、タッパーあるいはタッパーが作った革新的な製品の功績を認めていなかった。タッパー自身は脚光を浴びたいとは思っていなかったものの、タッパーウェアがつねに最優先されるべきだと感じた。同誌が発売されてから、ブラウニーにこのようなメモを書いた。「あなたは確かに優秀な役員だが、わたしは、やはり、タッパーウェアと一緒に写っている写真が一番好きだ」

タッパーは性別による役割に関しては柔軟な考えを持っていたが、頑固で独善的な性格のために、部下に誤りを指摘されたり、上手に出られたりすることを決して喜ばず、不誠実な行為だとみなした。かたやブラウニーは、タッパーウェアの顧客についてはタッパーよりも自分のほうが知っていると自負していたため、タッパーの考えが的外れだと思えばすぐに指摘した。タッパーが新しい製品ラインを以前のようにデパートで売ることを検討しはじめたとき、ブラウニーはホームパーティー方式を守るべきだとする手厳しい手紙を直ちに送った。「製品が展示されている店舗での売り上げがどれほど小さいかを、平均的な実演者は認識していません。わが社の製品を店舗で販売すれば……タッパーウェアはホームパーティーでしか買えないという実演での謳い文句が嘘になります……タッパーウェアは実演して売らなければなりません」

小売販売の危険性に対するブラウニーの判断の正否はともかく、この直截な物言いにタッパーはそれまでとは異なる衝撃を受けた。ブラウニーは自分の部下であり、もはや独立した一販売員ではないからだ。ふたりは怒りに満ちた手紙の応酬をはじめた。やがて、タッパーはブラウニーからの電話に出るのを拒むようになった。

一九五八年には、ブラウニーはメディアで正真正銘の有名人になっていた。インスタグラムよりはるか昔のインフルエンサーである。その影響力のおかげで、会社は一万人以上の販売員を擁し、売り上げは数百万ドルを超えた。一方、タッパーは自分が立ち上げた事業を終わりにしたいと考えていた。もう自分のものだと感じられなくなっていたのかもしれない。会社を売却したかった。だがそれには、ブラウニーが築き上げるのに一翼を担ったブランドから、ブラウニーを切り離す必要があった。「彼女はクビにした」タッパーは自分のチームに伝えた。「わたしは彼女を思い出させる痕跡を一掃したい」ブラウニーはタッパー・コーポレーションの株式を一切与えられていなかったため、手ぶらも同然で解雇された。激しい法廷闘争の末にブラウニーが得たのは一年分の給与だけだった。その後まもなく、タッパーは会社を一六〇〇万ドルで売り払い、妻と別れ、中米に島を買った。

ブラウニーは長年のあいだに新しい会社をいくつも起こしたが、ふたたび脚光を浴びたり、タッパー時代と同じような成功を収めたりすることはなかった。そのかわり、息子と馬とともに静かに暮らした。それでも、タッパーウェアが彼女が開発した手法を使って、郊外に住む主婦の伝道者部隊を拡大させ続け、彼女の革新的な説得術によって顧客の心をつかむのを見て、いくらかの満足感を覚えていたかもしれない。ブラウニーはずっと夢を生きてきた。最後には、夢から覚めなければならなかったにしても。ブラウニーの考え方は数えきれないほど多くの女性の自立を支えた。タッパーウェアは今後も一〇〇を超える国で販売されるだろう。そして、野心に満ちた販売員が今も世界中でタッパーウェアのパーティーを開いている。

心と胃袋をつかむ――ケロッグのコーンフレーク

ニューヨーク市のタイムズスクエアは、マンハッタンのブロードウェイと七番街の交差点にある。「世界の十字路」と呼ばれるこの一帯には端から端まで（そして上から下まで）、ビルボードやネオンサイン、現在では光輝く巨大スクリーンによる広告が並ぶ。もう一〇〇年以上前からの姿だ。この街区の名称は、一九〇四年にニューヨーク・タイムズ紙がその南端、ブロードウェイと四二丁目が交わるところに移転したときにつけられた。同紙はその後、西へ移転したが、タイムズスクエアが世界の注目を集める舞台を探す企業が最初に向かうべき重要な場所であることに変わりはない。ここにはニューヨーク市でもっとも大きく、もっとも重要な演劇の舞台が集まっており、タイムズスクエア自体が地球上の他のどこにも例のない舞台なのだ。

一九一二年、ケロッグ・カンパニーのCEOであるウィル・キース・ケロッグも舞台を探していた。W・Kとして知られるウィルは、適切な舞台の重要性を強く信じていた。兄で健康分野の有名な専門家であるジョン・ハーヴェイ・ケロッグが、講演活動による入念なパーソナルブランディングと不断の自己PRによって名を確立していくのをかたわらから見ていた。気難しい兄とたもとを分かち、ふたりで作り出したシリアルを販売する会社を立ち上げたのち、控えめなウィルは宣伝の力を悟った。

タイムズスクエアの北端、ブロードウェイと七番街が交差する四八丁目に、メッカビルという当時のもっとも目立たないアイコンがある。正面がつねにあらゆる形、大きさ、色の看板で覆われている。建物自体は隠れているが、タイムズスクエアを撮ったほぼすべての写真や映画で重要な役割を果たしたビルである。二〇〇四年には取り壊される。

今日、ウィルはこれまでのあらゆる努力の頂点に立つつもりだ。文字通りの意味で。このビルの屋上を使うために五年間のリース契約に署名し、世界最大の電光看板となるものの建設にこれからとりかかる。年内に一八人の職人を使い、メッカビルのてっぺんにケロッグのコーンフレークを祀る八〇トンの祭壇を作る予定だ。幅約三二メートル、高さ約二四メートル、四万ドルの看板には、笑顔の男の子とシリアルの箱がそれぞれ縦約一二メートルの大きさで、ウィルの書いた特徴的な赤いサインを挟んで描かれる。このサインはケロッグのすべての製品の前面を飾り、シリアルの箱の新鮮さと質を保証するものだ。

男の子が顔をしかめると、「ケロッグのトーステッド・コーンフレークが欲しい」という電光文字が表れる。次いで、男の子は笑顔になり、今度は「ケロッグのトーステッド・コーンフレークをもらった」という文字が表示される。

メッカビルの屋上から眼下のマンハッタン島を一望しながら、ウィルは、皮肉なものだ、と感じた。自分にコミュニケーターの才があると思ったことはなかった。話をするのはいつも兄の役割だった。自分は割の合わない仕事を押しつけられる一方で、全身白ずくめの兄は肩におかしなバタンインコを乗せ、マスコミに向かってポーズをとった。だが、これは自分の会社、自分の製品だ。それを世界に知らせたかった。

一九世紀のアメリカでは、食肉の生産の増加にともない、朝食の量も中身も増えた。なんだかんだ言っても、裕福なヨーロッパ人は、わずかなポリッジ一杯で一日をはじめはしなかった。ハム、ソーセージ、スモークタンのようなごちそうまで何でも並ぶ、大きなビュッフェ形式の朝食の席についた。アメリカの繁栄が進むと、中産階級の人々は、燻製や塩漬けにした肉、大皿に盛った卵、山のようなフライドポテトといった豪勢な朝食を求めるようになった。「自明の宿命《マニフェスト・デスティニー》」は食欲をも亢進させるのだ。

ボリュームたっぷりの朝食が全国的な標準になると、当然、その反動が起こる。一九世紀半ばにプロテスタントの新しい一派の波が現れた。粗食の習慣の宗教的な意味を重視するセブンスデー・アドベンチスト教会である。

一八六〇年四月七日にミシガン州バトルクリークに生まれたウィル・キース・ケロッグは、セブンスデー・アドベンチスト教会の管区で育った。同教会はこの地に本部を設立したばかりだった。教義により土曜日に安息日を祝い、健康的な生活をきわめて重視し、厳格な菜食主義を守り、カフェイン、タバコ、アルコールを断つことを唱道した。ウィルは生涯、アドベンチスト教会の教義に忠実だったが、晩年は食事の制約を緩めた。

キリストの再臨が近いことを信じたほうき職人のウィルの父は、教育を過度に重視しなかった。ウィルは次のように記している。「父はわたしが毎日学校へ行くことにこだわらなかった」ウィルが寡黙で「うすのろ」だと先生から思われても平気だった。実際のウィルは才気に富んでいたが、歯の問題を抱えていたせいでめったに笑わないうえ、近視の診断を受けないままだったので、黒板がよく見えず、同級生たちの気持ちを読み取るのも難しかった。六年生を終えると退学し、父親と同じほうき作りの仕事をしたのち、簿記や会計などのビジネススキルを学びに近隣のカラマズーまで通った。一方、兄のジョン・ハーヴェイ・ケロッグは早熟で、セブンスデー・アドベンチスト教会での重要な役割を担えるよう、幼い頃から教会の指導者に教育された。十代のときには「ザ・ヘルス・リフォーマー」という教会のニュースレターを編集し、教会や教義を支持する長くて明快なエッセイを執筆した。ニューヨーク市にあるベルヴュー病院医科大学に進学して医学の学位を取ると、優秀な外科医になった。

一八七六年、ジョンはアドベンチスト教会の食事の原則に沿って作られたウェスタン・ヘルス・リフォーム・インスティテュートという保養施設の経営を引き継ぐために帰郷した。教会の創立者で預言者のエレン・ホワイトは、食事の原則は神の啓示を受けたものだと述べたが、ジョンの医学的な専門知識と権威が自身の宗教的主張とは対照をなす、重要で科学的な主張であることをわかっていた。ジョンの指揮の下、保養施設はバトルクリーク・サナトリウムと改名し、「健康でいることを学ぶ」のを助ける革新的な方法によって世界中で有名になった。スパ、ホテル、「サン」と呼ばれる「健康の大学」がにぎわい、一時は一〇〇人だった患者が最盛期には七〇〇〇人を超えるまでに発展した。想像できる限りのあらゆる苦悩にさいなまれて絶望する者から、息抜きを求める裕福で有名な者まで、すべての人の目指す場所となったその保養所で、ハーディング大統領、ヘンリー・フォード、アメリア・イアハートをはじめ当時の多くの著名人が過ごしている。サンのなかに無秩序に作られた建物では、「肉体の文化」であるスポーツやマッサージ、電気療法のような最新の治療など、患者にあらゆるものを提供した。結局のところ、サンを成功に導いたのは、ジョンのコミュニケーターとしてのすぐれた才能だった。ジョンは患者の治療や講演に加え、健康的な生活に関する書籍も多数執筆し、それらは何百万部も売れた。妊娠目的以外のセックスや「食品ではなく毒である」酢を禁じるなど、医学的な見解の一部に疑問の余地があるが、年月を経て、健康に対する喫煙の危険性から消化管の重要性まで多くの見解が実証されており、こんにちの「腸内マイクロバイオーム」の重視を先取りしていた。

一八八〇年になると、本の執筆、世界各地での講演、健康雑誌の出版、運動機器などの「健康維持」製品を販売する企業の経営と患者の診察のため、ジョンには実質的にサナトリウムを運営する時間がほとんどないのがわかってきた。内気で寡黙なウィルは結婚を控えて家を購入する必要があり、単調なほうき作り以外の安定した仕事を探していた。簿記の訓練を受けたウィルならきっとサンのさまざまな事業に最適なマネジャーになる、とジョンは思った。ジョンの提案にウィルは応じた。なにしろ、傲慢な兄に言われたことは何でも聞くように子どもの頃から慣らされていたからだ。しかも今度は「ドクター・ケロッグ」と呼べとまで言う。ウィルは完璧な「従僕」（本人が自分自身を自嘲気味にそう呼んだ）になり、週に八〇時間以上働いて、はてしない管理業務だけでなく広大な施設の維持管理もした。

大変な仕事量だが、ウィルが我慢できなくなったのはジョンの扱いのひどさのせいだった。ウィルは基本的に「何の栄光もなく、ごくわずかなお金のために」働いた、とのちに語っている。ジョンは有名人と会ったりマスコミの前に出たりするときは、白い服で身を固めてバタンインコを肩にのせ、有名な知識人という入念なブランド作りをした。ところが正式な肩書を持つ弟の役割はまったく認めていなかった。ウィルの仕事は目立たないようにサンを運営することだったのだ。ドクター・ケロッグはサンの広大なキャンパス内を自転車で予約の場所へ移動した。ウィルには途中でアイデアが浮かんだ場合に備えてメモとペンを持ち、走ってついてくるように求めた。挙げ句の果てには、ウィルを「怠け者」呼ばわりまでした。

ジョンは時代のはるか先を行き、消化器の健康を重視していた。自身の言う「生物学的生活」を提唱し、香辛料や塩気のきいたもの、脂っこいものの摂取を控え、卵と乳製品の摂取は最小限にとどめるべきだと信じていた。当時のアメリカで非常に訴えの多い身体症状に「消化不良」があった。食もたれや便秘などの消化器系の問題全般を指す言葉である。ジョンは、こうした訴えが急増した原因がアメリカ人のボリュームの多い食事にあることを正確に推測した。治療として、低たんぱくで低脂肪の食事を患者に命じた。また、飼っていたゴリラの研究をした経験から、人間は腸を一日に四、五回動かすべきだとも考えた。そのため、サンの食事はきわめて味が薄く、食物繊維が非常に多かった。さらに、しばしば浣腸をして消化管を洗浄した。

朝食には、唾液腺を刺激するために甘みのない固いビスケットを出し、ミルクも水すらもつけなかった。ある女性がビスケットを食べようとして入れ歯を折ったため、ジョンは実験をはじめた。小麦粉とオート麦とひき割りトウモロコシ粉で生地を作って高温で焼き、それをより消化しやすい糖であるデキストロースに分解した。これが「デキストリン化」と名づけた工程である。焼き上がった塊を小さく砕いて焼くと、初のヒット製品「グラニュラ」が出来上がった。ただし、同じ名称のシリアル製品をめぐる訴訟を回避するため、のちに「グラノーラ」に名称変更されることになる。

グラノーラはサンの朝食の標準になった。患者にとても好評だったので、ウィルは食堂の近くに店を開き、患者が箱で買って家へ持って帰れるようにした。ところが、施設のオーナーは健康食品の販売にまったく関心がなかった。そこでジョンとウィルは通信販売事業をはじめ、以前の患者に一ポンド〔約四五〇グラム〕につき一五セントで供給を続けた。一八八九年には出荷量が週に二トンにのぼった。

一八八三年にジョンは調理実験室を作り、妻のエラ、ウィルとともに新しい食品を使った実験ができるようにした。三人が穀物や調理法の多種多様な組み合わせを試すうちに有望なレシピが偶然見つかった。ゆでた小麦の生地をできるだけ薄く延ばし、ナイフで小さなフレーク状に削り、それを「小さなトースト」になるまで焼くというものだ。ドクター・ケロッグはのちに、シリアルのフレークを作る最終工程は夢のなかで思いついたと述べている。ところが実は、ひと窯分の生の生地をひと晩放置したところ、かびが生え、発酵したのだった。ジョンによると、それをゆでて平らに延ばすと、「大きくて薄いフレークを焼くと、フレークの形になった。小麦の粒ひとつひとつがフレークの形をしていた」という。このフレークを焼くと、サクサクした食感が出て、おいしくなった。ウィルはこの嬉しい偶然をもとにさらに多くの実験を重ね、調理プロセスを改良しながら、一回焼くたびに実験ノートに几帳面にメモをとった。後日、部下の従業員たちは、開発中の製品からもっとも期待できそうなサンプルを選ぶとき、ウィルが「的確な判断」をしていたのを思い出すことになる。

サンの患者は新しい朝食を絶賛した。一八九五年五月、ジョンはフレークを作る工程の特許を取り、賢明にも、小麦以外の穀物で作るフレークも特許の対象になるようにした。ウィルの関与は否定できないはずだが、特許に弟の名前を含めなかったのがいかにもジョンらしかった。その年の夏、ケロッグ兄弟はドクター・ケロッグが「グラノーズ」と名づけた小麦のフレークを、サンで開催されたセブンスデー・アドベンチスト教会のイベントで紹介した。これがふたりにとってはじめてのマーケティング活動だった。通信販売事業を行うために立ち上げたサニタス・ナット・フード・カンパニーがひと箱一〇オンス〔約二八三グラム〕入りのグラノーズを一五セントで販売した。すぐにスタッフを増員して需要に追いつく必要性に迫られた。製造を開始した年に、合計一一万三四〇〇ポンド〔約五一トン〕が売れた。

一方、ウィルは特許を取ったレシピで実験を続けた。一八九八年には小麦のかわりにトウモロコシを使った。コーンフレークはさらに人気になった。同年、生産の拡大を図るため、ウィルは生産拠点を町の二階建てのビルに移した。週に一二〇時間働いて新しい工場を運営し、需要に応えるために二四時間稼働させた。並行して、サンで通常の仕事にも、兄の他の会社の経営にもあたった。

コーンフレークは、セブンスデー・アドベンチスト教会の人々やバトルクリーク・サナトリウムの元患者以外の人々にも受け入れられる可能性があった。ジョンがよく言うように、アメリカ人は誰もがボリュームと脂質の多い朝食で健康を害していた。そのうえ、産業革命のおかげで生活のペースが速くなり、毎朝、調理した食事を食卓に着いてとる余裕がある人が少なくなった。工場やオフィスへ働きに出かけなければいけないからだ。かわりにコーンフレークが、何百万ものアメリカ人にとって健康的で便利な朝食になるだろう。

ウィルは四〇歳を過ぎても、いまだに経済的に困窮していた。ジョンはすでに財を築いていたので、富や医師としての評判を危険にさらしてまで、サニタスの規模の拡大を図ることにまったく興味がなかった。「わたしは、ただでさえ尖《とが》った神経に触るようなこと……あるいは、自分が商業的もしくは経済的な動機で行動していると考えられる機会を与えるようなことをしないのが重要だと考えた」後日、ジョンは宣誓証言で言っている。一方、ウィルは商業的もしくは経済的な動機で行動していることにはこのうえない誇りを抱いていた。シリアルを全国的に宣伝し、食料品店で販売しようと兄をせき立てた。だが、断られた。憤りながらも、引き続き兄の下で働いた。ところが、グラノーズの成功に魅了された模倣者たちがバトルクリークにやって来て、シリアルの製造をはじめるようになった。サンの従業員がウィルたちが開発したレシピを売ったか、あるいは、みずからシリアルの製造をはじめたのかもしれない。患者だったC・W・ポストは、みずから朝食用シリアル「グレープナッツ」を開発して発売し、大成功を収めた。グレープナッツは材料にブドウもナッツも使っておらず、ジョンのグラノーラのレシピに砂糖を加えただけのものだった。かつてポストは、料金を支払うかわりにサンの調理場で働いていた。ウィルは当時、製造工程を秘密にしておきたかったが、ジョンは意に介さなかった。ポストはやめるときにすべてのレシピを持っていった。その結果、ポスタム・シリアル・カンパニー(のちのゼネラルフーヅ)はグレープナッツと、ジョンが考案した穀物ベースの代用コーヒー「ポスタム」を販売し、数百万ドルの年商をあげた。一八八八年から一九〇五年のあいだにバトルクリークで開業した一〇〇を超える新しいシリアルメーカーのうち、もっとも成功したのがポストの会社だった。

ウィルはもうたくさんだと思った。ジョンがこのチャンスをつかもうとしないのなら、自分がつかもう。ジョンに対して苦々しい思いもあるが、バトルクリーク・サナトリウムとジョンの他の会社を二〇年以上経営したことは重要な強みのひとつだ。ウィルは、企業経営のあらゆる面に通じていた。それどころか、経営に関する最新の考え方や手法を、長年、綿密に研究し、学んだことをすべて応用して、効率と収益性の高い経営を目指してきた。だからこそ、サンの患者たちが四五歳になるウィルのことを信頼してくれたのだろう。ウィルは彼らの助けによって、開業資金二〇万ドルを調達することができた。

一九〇五年六月、ウィルはシリアルに関する権利を兄から買うことを申し入れた。ジョンは承諾した。その頃、他の会社の経営を強化するために、なんとしてでも現金が欲しかったのだ。兄弟は一九〇六年一月に合意書に署名し、ウィルは多くの役割から離れた。そして、同年二月一九日にバトルクリーク・トーステッド・コーンフレークカンパニーを設立した。

創業後早いうちから箱のデザインにはウィルのサインが加えられたが、製品はまだ「サニタス・トーステッド・コーンフレーク」と呼ばれていた。「本家本元の」コーンフレークと多くの模造業者を明確に区別したい。そのため、コーンフレークと有名なケロッグの名を結びつけたかった（もちろん、C・W・ポストはコーンフレークが市場に出るとすぐに模倣し、「ポスト・トースティーズ」と名づけ、さらに別の製品も真似をして数百万ドルを稼いだ）。それでも、ウィルは自分のサインこそが品質と新鮮さの保証だとも考えた。生涯ずっと、顧客の信頼を重く受け止めていた。この信頼はウィルの会社の製品と、バトルクリークにある、さらには世界中に散らばる多くの、しかも大半が悪質な模造品とを区別するのに不可欠になる。ウィルはシリアルの製造基準をどんどん高くし、それがアメリカで急拡大を続けていた加工食品業界に大きな影響を及ぼすことになった。ケロッグのお馴染みの赤いサインは、今も同社が作るほぼすべての製品に記されている。

一九〇七年の夏、ジョンが海外にいるあいだに、ウィルは新たなチャンスをつかんだ。バトルクリーク・トーステッド・コーンフレークカンパニーをケロッグ・トーステッド・コーンフレークカンパニーへと社名変更をしたのだ。同様に、サニタス・トーステッド・コーンフレークをケロッグズ・トーステッド・コーンフレークに変えた。ジョンが戻ってきたらこの変更に反対するだろうことはわかっていたが、訴訟になっても勝てる自信があった（製品と名称をめぐる兄弟の争いは一〇年以上続き、激しい争いの末、一九二〇年にウィルが勝訴した）。いずれにしても、いよいよ新しいブランドを宣伝すべきときが来た。

ウィルは過去に、サンの広告やパンフレットを作成したことがあり、宣伝の経験も少しあった。まず、オハイオ州デイトンで小さな広告を少し出し、無料サンプルを持った販売員に戸別訪問をさせた。だがすぐに、考え方があまりに小さいと気づいた。町をひとつずつあたっていては、国中に拡大することなど望めない。コーンフレークを全国レベルに押し上げるためには大きなリスクをおかす必要があった。ケロッグズ・トーステッド・コーンフレークへの注目を速く、多く集めなければならなかった。

ウィルは残りの資金で、国内に一〇〇万人以上の女性読者がいるレディーズ・ホーム・ジャーナル誌に全面広告を打つことにした。このようなリスクを負うには、超一流のキャンペーンが必要だとわかっていたので、親友のアーチ・ショーに助けを求めた。ショーはすぐれた実業家で、のちにハーバード・ビジネス・スクールの経営研究分野の確立にひと役買っている。ふたりは、一八九七年、ウィルが兄の事業を把握しやすくなるよう会計システムをショーから買ったときに出会った。それをきっかけにふたりは親しくなった。ウィルは創業後もずっと、ショーに頻繁に助言や支援を求めた。一九〇六年にはショーに支払う十分な資金がなかったため、ショーはかわりにケロッグの株式を受け取った。これが結果的には賢明な判断で、後日、ショーに多額の富をもたらした。

ショーが打ったキャンペーンは、消費者心理を巧みにつき、真実の力で製品を伝えるものだった。広告はこうはじまった。「この発表は、あらゆる広告のセオリーすべてに反している」続いて、創業もないために、製品のコーンフレークは多くの食料品店では手に入らない、と説明する。そして、販売部隊がまだないため、地元の食料品店に製品を常時置くよう依頼してくれる人には、「季節限定」製品を進呈する、と告げた。

キャンペーンの効果はあった。ほぼ一夜のうちに、アメリカの主婦たちがウィルの無給の販売部隊となり、無料のシリアルを求めて、クーポンを携え食料品店に向かった。こうして需要が急増したのを受け、国内各地の食料品店はウィルの製品を棚に並べはじめた。一年目の終わりまでに約一八万箱のコーンフレークが売れた。ウィルは数百万ドル相当の借入金を宣伝に投じたが、そのリスクをおかすだけの価値はあった。宣伝は功を奏した。それでも、さらに圧力をかけ続ける必要があった。一九〇七年、ウィルはニューヨーク市で「水曜日は『ウインクの日』」という新たなキャンペーンを展開し、「食料品店の店員にウインクしたら何がもらえる？」と主婦をそそのかした。水曜日にウインクをしてもらえるのは、無料のケロッグのコーンフレーク一箱だった。ウィルは厳格な宗教の教えを受けて育ったにもかかわらず、というより、それだからこそだろう、ちょっとした俗っぽいユーモアに注目を集める力があることを理解していた。「この宣伝は街中の好奇心をかき立てるだろう」ウィルの予測は正しかった。キャンペーンの結果、ニューヨーク市の売り上げが一五倍になった。一九〇九年には、一日一二万箱のコーンフレークが生産された。その年、ウィルはシリアルの箱の背面にクーポンをつけ、子どもが切り取って同社に送れば、色鮮やかなアクティビティブックがもらえるようにした。こうした趣向がうまくいくと、景品の送付という煩わしい作業をやめて、箱のなかに無料のおもちゃを入れるようになった。ボタンや指輪、パズル、ゲームは作るのに費用がかかるが、それを商品の重さに含めたため、原価はずっと安くなった。箱のなかのおまけは子どもの心をつかむと同時に、利益も押し上げた。

ウィルは、ようやく兄の陰から出て成功した。企業のリーダーとして胆力と決断力を見せた。内気な少年だった子どもの頃とは大きく変わった。ライバルたちよりも革新的でいるためにたゆまず努力し、レシピを絶えず改良してライスクリスピーのような新製品を開発して成果をあげた。サンを円滑に運営したときに使った体系的な手法を、製品を作るだけでなく、宣伝の規模を拡大するのにも適用した。その手法とは、つねにより多く、より大きく、より良いものを目指すことだ。ウィルは費用を惜しまず、創業一年目からずっと、何千ものビルボードを全国に掲出してきた。

一九一二年、ウィルはブロードウェイのメッカビルの屋上を使うために五年間のリース契約に署名した。この目立つ場所に、これまでで最大の電光看板を建設した。幅約三〇メートル、重さ八〇トン、笑顔の男の子と自分の赤いサインの看板に、一〇〇万ドル相当を投じた。そして、サイン自体のストーリーを広告キャンペーンに変えた。その年だけで、国内のほぼすべての雑誌と新聞に一〇〇万ドルを費やして広告を出し、一八〇〇万を超える人の目に触れた。この頃までに、ケロッグの広告は国内の一流コマーシャル・アーティストがイラストを描き、魅力的な謳い文句で有名になっていた。漫画のキャラクターも描かれはじめ、やがてそれが新聞の漫画欄にも登場するようになる。

一九三〇年、ケロッグは世界最大の朝食用シリアルメーカーになっていた。大恐慌が深刻化すると、ウィルは以前の景気低迷時と同じように宣伝を強化した。すると、売れ行きが伸びた。バトルクリークの住民の雇用を守るため、一日の労働時間を六時間に減らし、四交代制にして、より多くの労働者に給料が行き渡るようにした。さらに、職を増やすために、敷地内の一〇エーカー〔約四万平方メートル）の公園の整備をはじめた。

一九三一年四月二七日、ケロッグ・カンパニーは創業二五周年を祝い、創業者を称えるイベントをバトルクリークで開催した。来賓のひとりでペンシルベニア州選出の上院議員ジェイムズ・J・デイビスは次のように言った。「ケロッグ・カンパニーは、人々の状況の改善に貢献することが、ビジネスで長く成功し続ける真の秘訣だという基本的な真実を示す、わが国のもっとも輝かしい例です」ケロッグの社長ルイス・ブラウンは、別の真実を挙げた。「ケロッグ氏は開業資金の最後の一ドルまで新聞広告に投じた。それから四半世紀のあいだ、この形態の広告に費やした金額は、約二五〇〇万ドルにのぼる」ブラウンによると、ケロッグ・カンパニーが健全で長く続いている理由は、コミュニケーションにこれほどまでに力を入れてきたことだという。「宣伝費を増やすこと、とくに景気の後退時にこそそうすることが、ずっとわが社の方針でした。なぜなら、売り上げのために戦うことが利益をもたらすとわかっているからです。一九〇七から〇八年、一九二一年、一九三〇年にも最大の利益をあげています」ウィルは一九〇六年から一九三九年のあいだに、約一億ドル（現在の約二〇億ドルに相当）を宣伝に投じた。一九三〇年代には、同社が先駆者となった新たな形態の宣伝に、それ以上の資金が向けられた。子ども向けのラジオ番組のスポンサーになったのだ。ウィルは景気のいいときも悪いときもアメリカの消費者の注目を集めるためにたゆまず資金を投じ、それが何度も報われ、ケロッグ・カンパニーをアメリカの巨大加工食品企業に押し上げた。

ウィルは事業に関しては積極的だったが、富や地位には関心がなかった。自分の宗教的信条に従い、一九三四年に財産の大半を投じてケロッグ財団を設立した。ケロッグ・カンパニーの株式で六六〇〇万ドル、現在の一〇億ドルに相当する規模である。ウィルは子どもの頃から目が悪かったが、近視の診断を受けたのは大人になってからだった。それが学業で苦しんだ理由のひとつだった。また、手入れが不十分だったせいでほとんどの歯を失い、めったに笑わなかった。当時、外部からの支援があれば、寡黙や「うすのろ」にならなかったかもしれない。そうした経験から、財団は子どもの歯と目のケアの向上にとくに力を入れることになる。

一九三九年、ウィルは社を率いる立場から退き、一九〇六年以来はじめて、日々の業務を他の人に委ねた。一方、サンは不況のせいで患者がなかなか増えず、最終的に売却せざるをえなかった。ジョンは自分の事業をもっと小さな施設に移した。一九四三年には、ウィル宛てに心のこもった七ページからなる詫び状を書いた。だが投函することなく、その年に亡くなった。後年、ウィルはこの手紙を受け取り、ジョンから亡くなる前に祝福を受けていたことを知って嬉しく思った。

一九五一年、ウィルはバトルクリークで九一歳で亡くなった。晩年には、緑内障で視力をほとんど失った。退職後の楽しみのひとつは、ケロッグ・カンパニーの工場の外にある駐車場に腰を下ろし、機械の音に耳を傾け、焼いたシリアルの香りをかぐことだった。

バトルクリーク・サナトリウムと創設者の健康理念は大部分が忘れ去られてしまった。だが、人々はシリアルの起源が一九世紀の健康ブームにあることを知らずに、毎年一〇〇〇億食をはるかに上回るケロッグのコーンフレークを食べている。実のところ、現在のケロッグの製品の大半に、ウィルが兄の支配から自由になったときに思いきって足した量よりもずっと多くの砂糖がまぶしてある。それを知ったら、ジョンは、それにウィルでさえも嘆くだろう。シュガー・フロステッド・フレーク（現在は単にフロステッド・フレーク）やシュガー・スマックス（現在のハニー・スマックス）のようなシリアルは、どちらもウィルが亡くなった直後に発表された製品で、現在の子どもが直面する肥満の危機の一因になっていると健康の専門家の多くが考えている。

近年、ケロッグ・カンパニーは変化を続ける健康志向に対応しようとしている。たとえば二〇一七年には、健康を重視した流行の栄養バーのメーカーRXBARを五億ドル超で買収した。RXBARは、パッケージの前面を天然の原材料のリストにするという斬新な方法で成功したブランドで、糖質を含んだ朝食用加工食品の人気が落ち込む状況のなかで、ケロッグを支えている。健康に関するRXBARの主張が正しいかどうかは時間がたてばわかるだろう。少なくとも今、明らかなのは、顧客がケロッグ・カンパニーや世界に展開されている卓越した宣伝に従っていることだ。同社は毎年、全世界で一三〇億ドル以上の純売上高を計上している。

説得力のあるメッセージを発信して顧客や従業員の忠誠心を確立すれば、企業の立場はどんなときも強固になるが、説得力が最大の違いを生むのはいざというときだ。

これまでのストーリーからわかるように、説得力のあるコミュニケーションは、どの組織からももっとも求められる特質であるレジリエンスにおいて、きわめて重要な要素である。四半期の業績が良くても、次の四半期に倒産したら何の意味もない。パタゴニア、タッパーウェア、ケロッグが困難な時期を持ちこたえられたのは、ひとつの製品が成功したからではなく、宣伝やマーケティングやPRをよく知り、根気強く行ったからだ。景気が良いときも悪いときも、こういった企業は語りかけるのをやめなかった。

もちろん、存続するのに有効な要素はほかにもある。遠くまで行くことができる技があるのだ。次の章では、難局を切り抜けられる組織とそうでない組織の違いを考える。

第九章　レジリエンス

夫《そ》れ兵の形は水に象《かたど》る。

『孫子』虚実篇

どのようなビジネスでも、その成功はありとあらゆる外部の力に左右される。ブームは来ては去っていく。市場は上がっては下がる。経済は拡大しては破綻する。ときにはあまりにも好ましい状況が整い、どれほど経営が下手な企業でも沈むことはないように思えるときもある。リーダーは、自分の力の及ばない外界からの脅威につねに対応している。そのうえ、一世代に一度か二度、さらに大きな混乱が地球全体に広がる。たとえば、戦争、パンデミック、政変だ。そうしたことが起これば、何もかもが変わる。

しかし、政治や経済の変動に直面したときの失敗は不可避ではない。世界でもっともすぐれた企業は、好況時にも不況時にも成功したり、失敗したりするが、大きな変動の時代をたいていは耐え、それどころか成長することもある。新型コロナウイルス感染症流行のピーク時に大混乱が生じたとき、リスクを緩和させ、チャンスを利用して持ちこたえた企業もあれば、何もできなかった企業もあった。レジリエンスのある組織とリーダーの特徴は何か。逆境を切り抜けたときにより強くなった企業がある一方、衰退し、リーダーが波に飲み込まれながら、大声で言い訳をする企業もあるのはなぜだろうか。

本章では、景気後退や戦争など、いかなるリーダーの力も及ばない状況に直面したときのレジリエンスの性質と源泉を知る手がかりを模索する。最悪の時代にあってもするべき仕事があることは歴史が示している。

持てるもので走る――アディダス

アディ・ダスラーが、自分の最初で唯一の従業員であるヨーゼフ・「ゼップ」・エアハルトが、母親の昔の洗濯小屋にある大きな木製の奇妙な装置によじ登るのを不安そうに見ている。奇妙な装置とは、木の角材の骨組みに支えられた古い自転車だった。ペダルは廃品利用した革のベルトで桶に固定されている。まるでペロトンのエクササイズバイクの一九世紀版のようだが、実は間に合わせの製革機だ。若いアディには産業用の製革機を買うことはとうていできない。たとえ資金があったとしても、そうした機械は町の電気が安定していないために使えない。第一次世界大戦の終結以来、ドイツは市民の基本的なニーズを満たすのにも苦労している。圧延した柔らかい革がなければ、アディが思い描く運動靴を作ることができない。だが、ちょっと工夫すれば、問題を解決できるかもしれないと思う。そこで、このペダル駆動式製革機を考案した。もし何かが壊れるか、ゼップががをするかしたら、すべて自分の責任だ。これがだめなら、何をやってもだめだろう。この自転車に乗ってアディの靴事業が走り出そうとしていた。

ゼップは慎重に片方のペダルを踏み、もう片方にも圧力をかける。ひとつだけ残っている車輪が回り出す。アディが作った間に合わせの製革機が回転し、すぐに勢いを増した。ゼップの踏むペダルが加速すると、近所の戦場跡に放置されていたヘルメットと水袋から取ってきた革の切れ端が前後に動いた。

やった！

工夫と修正を重ね続け、さらにもうひとつの世界的な紛争を経て、巨大スポーツウェア企業アディダスを創業することになるアディは、ゼップにペダルをこぎ続けるよう言った。革はぐるぐる回るにつれて柔らかく、加工しやすくなる。もう少ししたら、成形と縫製にかかれるだろう。電動の機械があればそのほうがいいが、そこらじゅうにあるドイツの決定的な敗北の残骸を使うしかない。今のところは。

ヘルツォーゲンアウラハはドイツのバイエルン州北部にある小さな町だ。こんにちでは、スポーツ用品の大企業が一社ならず二社も本拠としていることで知られている。二社とはアディダスとプーマである。この二つの競合する企業の創業者は、実はアディ・ダスラーとルディ・ダスラーという兄弟だった。

一九一四年、ヨーロッパが戦争に突入した。ダスラー家の四人の子どものうち、フリッツとルドルフ（ルディ）のふたりは徴兵され、前線に送られた。ドイツの人々の大半は戦争がすぐに終わると予想していたが、このふたりの兄弟は四年ものあいだそこにいた。終戦の年、まだ一八歳にもなっていないアドルフ（アディ）も徴兵された。三人がヘルツォーゲンアウラハへ戻ってくる頃には、母親は洗濯業を休業していた。人々には衣類の洗濯を外注するだけの経済的余裕がなかったからだ。

戦後、アディはパン職人の見習いをしたが、傾けた努力にもかかわらず、パン職人にはならないと決めた。靴に興味をそそられていたからだ。靴をスポーツの特性に合わせて作る、という新しいアイデアに夢中になっていた。アディの父は靴の修理をしていたし、アディ自身は複数の競技の選手だった。こうしたひらめきを得て、実行するには最適な立場にいた。

アディは、自分のアイデアを試してみたかった。そこで、母親のかつての洗濯室に店を開いた。はじめのうちは金を稼ぐために靴の修理をした。戦後の経済状況では、町の人の多くは、新品の靴を買うお金がなかった。古い靴の修理はアディにとってたやすいことだが、新品を作るには能力以外の問題もあった。材料と用具だ。だが、戦後の貧窮するドイツで見つけるのは容易ではない。インフレも急速に進んでいた。銀行の融資を受けるのは問題外だった。

アディは、安定した電力、適切な資材、最新の機械、借入資金の確保といった自分にないものから、自分にあるものに目を向けた。戦争の残骸を調べるうちに、残骸自体が資源になりうることに気づいた。大胆にも近隣の戦場をあさり、役に立ちそうなものを探した。ヘルメット、弾薬入れ、パラシュートが、アディの新たな構想の原材料になった。

「靴の開発は彼の趣味であって、仕事ではなかった」未来の妻ケーテはのちにこう述べている。「とても科学的に取り組んでいた」アディは、当座の実験室で自分が競技者として経験した問題の解決策を考え出し、それを試してみた。まず、大好きな陸上競技のために牽引力を改善したいと考えた。それには鍛冶職人が必要だった。そこで、幼馴染みのフリッツ・ゼーラインに、強く踏み込めるスパイクを手で鍛造してほしいと頼んだ。全体の牽引力向上のためにスパイクを靴につけるというのは新しい考えではなかった。だが、アディは靴の内側につける重要なパッドの特許を取得していた。一八九〇年代、イギリスのフォスター&サンズ（のちにリーボックをスピンオフする）というメーカーが、はじめて運動靴にスパイクをつけた（アディダスは二〇〇六年にリーボックを買収する）。アディの貢献は、それぞれのスポーツのニーズに合わせてスパイクや他のデザインを改善したことだ。試行錯誤を経て、さまざまなデザインのスパイクを鍛造してくれるフリッツの助けを得て、長距離走、短距離走、走り幅跳びの選手のための靴を開発した。また、靴底に金属製の突起《スタッド》を埋め込んだ革製のサッカーシューズも作った（もちろん、尖ったスパイクはサッカーピッチにふさわしくなかった）。

一九二三年、アディの兄のルディは警官になる計画をあきらめ、アディの靴のビジネスに加わった。発明家のアディは店で静かに仕事をするが、社交家のルディは事業を宣伝した。翌年、ふたりはスポーツシューズを生産するダスラー兄弟製靴工場を設立した。収益をあげるために、製品のサンプルを地域に増えつつあるスポーツクラブに送った。ワイマール共和国では、国中がスポーツと科学に熱狂していた。国が現代性や再生を求めていたため、アディの大胆で実験的なデザインは国民の関心を集めた。一九二五年までには一〇人余りの職人が、スタッドつきのサッカーシューズとスパイクつきの陸上競技用シューズを一日に五〇足作っていた。やがて、ふたりの会社は成長痛と終戦直後の不調を乗り越えた。洗濯小屋ではもう間に合わなかった。次の年、鉄道駅の隣にある工場用地に移転し、新しい機械を据え、職人を増やした。一日五〇足が一〇〇足になった。

ビジネスとしてのスポーツ用品の強みは、製品が目に見えることにある。アスリートがどのブランドを選択しているかを企業秘密にすることはできない。アディは、勝者に自分の靴を履いてもらうことほど効果的な宣伝はないと気づいた。さらに、アスリートの支援という先駆的なアイデアには、アディにとって無料の宣伝以上の意味があった。スポーツのニーズに合わせて作った適切な靴が、パフォーマンスを向上させることを証明したかった。それには、トップアスリートを説得して、製品を試してもらうしかない。もっとも高いレベルでは、もっとも小さな要因が勝利を左右する可能性がある。もし、自分の靴でアスリートのパフォーマンスをたとえ数秒でも改善することができれば、それが勝者を決めるかもしれない。

一九二八年、アディはスパイクつきの陸上競技用シューズを持って、夏のアムステルダム・オリンピックに向かった。そこで、女性アスリートの先駆者であるリナ・ラトケと出会った。ラトケは、アディの考え抜かれたデザインと陸上競技の専門知識に感銘を受け、八〇〇メートル走でアディの靴を履くことに同意した。ラトケは勝ち、この競技でドイツに初の金メダルをもたらした。これはダスラー兄弟製靴工場の大成功であるだけでなく、競技に合わせた靴がパフォーマンスを向上させるというアディの理論を実証したことにもなった。アムステルダムでラトケが樹立した世界記録は、一九四四年まで破られなかった。

ラトケがアディの靴を履いて勝ったことは、当然ながら、ドイツのスポーツ界にいる人々の関心を引いた。この靴に興味を示した重要人物がヨーゼフ・ワイツァーである。ワイツァーは、一九一二年の夏のストックホルム・オリンピックで四種目の陸上競技に出場したのち、コーチに転じた。一九二八年にはすでにスポーツトレーニングに関する本を複数執筆し、ドイツのオリンピック陸上競技チームのヘッドコーチに任命されていた。ワイツァーは、ダスラー兄弟製靴工場のことを知ると、ヘルツォーゲンアウラハへ向かい、工場を訪ねた。アディとはすぐに親しくなった。ふたりとも競技パフォーマンスに対する、飽くなき探求心を持っていた。この親交はアディを大いに助けた。ワイツァーがダスラー兄弟製靴工場のコンサルタントになり、世界の舞台で戦う選手たちを指導する熟練の陸上競技コーチにしか提供できない、きわめて重要な専門知識を与えてくれたからだ。また、より多くのドイツのアスリートがアディの靴を履いて陸上競技種目に出場するよう計らってもらえた。競技のあとは必ず、改良に役立つよう、詳細なフィードバックが得られた。

アディは靴修理の基礎を父親から教わった。そのスキルを次のレベルに上げるには、高度な訓練を受ける必要がある。一九三二年、フランスとの国境近くにある製靴業で有名なピルマゼンスという町の靴の専門学校に入学した。そこで学校の教師の娘であるカタリーナ・「ケーテ」・マルツと恋に落ち、ふたりは一九三四年に結婚した。ケーテは自分の意見をはっきり述べる、肝が据わった女性だった。この性格にアディの事業は一度ならず救われることになる。ふたりは五人の子どもに恵まれた。

一方、新たな変動がドイツとヨーロッパの全域を襲おうとしていた。国家社会主義の台頭だ。フリッツとアディとルディのダスラー兄弟は三人とも、一九三三年にナチ党に入った。ドイツの新首相アドルフ・ヒトラーは、アーリア人のアスリートがスポーツにすぐれていることを証明したいという野望を抱いていた。兄弟のなかではルディがナチ党のイデオロギーにもっとも強く共鳴したが、アディはヒトラーの運動競技への傾倒ぶりが自分の仕事に都合がいいという程度にしか考えていなかった。いずれにしても、入党を拒めば事業の継続が脅かされる。アディはまもなく、青少年団ヒトラー・ユーゲント運動のスポーツクラブに運動靴を提供し、若いアスリートを指導した。

一九三六年、ベルリンでオリンピックが開催された。ヒトラー率いる新しいドイツが世界の舞台で力を見せつけるチャンスだった。ワイツァーとの親交のおかげで、ドイツの陸上競技選手の多くがアディの靴を履いて出場した。しかし、アディは他の国のアスリートに注目した。

当時、アメリカのジェシー・オーエンスというランナーは、すでに陸上競技の国際的スターだった。高校時代には一〇〇ヤード走で世界タイ記録を出した。一九三五年、一〇大学が参加するビッグ・テンの競技会では、三つの世界記録とひとつのタイ記録を樹立した。オーエンスを説得して自分の靴を履いてもらえれば、ダスラー兄弟製靴工場は、一躍、世界の注目の的になるだろう。ドイツの靴を黒人アスリートが履くことをヒトラーは喜ばないかもしれないが、そのくらいのリスクは負ってもいい。問題は、オーエンスと知り合いではないことと英語が話せないことだけだ。

アディは、他に選択肢がなかったため、オリンピック村でオーエンスを見つけ、無料で一足進呈した。軽量で丈が短く、六本のスパイクが入念に並べられた靴に、オーエンスは感心したに違いない。おそらく、彼自身が靴の修理をして働いた経験があるため、アディの腕の良さもわかったのだろう。ともあれ、オーエンスは黒人アスリートとしてははじめてとなる支援を受け、ドイツの靴を履いて一〇〇メートル走に出場し、金メダルを獲得した。次に、自己最高記録を更新して、ドイツのスター選手であるカール・「ルッツ」・ロングを破った。最終的に手にした金メダルは全部で四つ。アメリカにとってすばらしい勝利だった。そして、ダスラー兄弟製靴工場にとっても。

事業への効果はすぐに表れた。アディの予測通り、オーエンスがオリンピックで圧倒的な力を見せたときに履いていた靴として、ダスラー兄弟製靴工場の靴への国際的な需要が激増した。増えた需要に応えるために、工場をもうひとつ設けなければならないほどだった。この時点ですでに、一〇〇人をはるかに上回る従業員が、一一の競技それぞれのニーズに合わせて、アディがデザインした靴を作っていた。ところが、オーエンスの勝利との結びつきが、のちにもっと大きな影響をもたらすことになる。

第一次世界大戦直後の何年かは厳しい時代だったが、ダスラー兄弟が創業後に試みたことはほぼすべてうまくいったようだ。スポーツやデザインに取りつかれたドイツの状況は、パフォーマンス向上のために科学的なアプローチを試みるスポーツシューズメーカーにとっても好都合だった。そして、ダスラー兄弟製靴工場の靴を履いたアスリートがオリンピックで金メダルを七つ、銀メダルを五つ、銅メダルを五つ獲得し、世界記録を二つ、オリンピック記録を三つ樹立した。必要な検証はできた。適切な靴の着用が結果を左右するのである。

しかし、数年後、ヒトラーがポーランドに侵攻して世界的な紛争がはじまり、現状がふたたびひっくり返ろうとしていた。ビジネス戦争にとって、本物の戦争ほど破壊的なものはない。ダスラー兄弟製靴工場は、ヒトラーの宣伝大臣ヨーゼフ・ゲッベルスの言う「総力戦」に耐えるだけのレジリエンスを持っているのだろうか。

第二次世界大戦がはじまったとき、ドイツ政府はダスラー兄弟製靴工場に対し、人員を削減し、供給量を限定する減産体制での稼働を認めた。兄弟はふたつ目の工場を閉鎖した。アディはこうした制約には慣れていた。母親の洗濯小屋で事業をはじめた頃は、はるかにものが少ないなかで柔軟に対応してきたからだ。ところが、戦争がはじまってから一年後、アディは無線技術者として徴兵された。アディ自身は多くの制約に対処できるが、製靴工場はアディがいなければ柔軟な対応ができなくなる。ただ、おそらくナチ党に知り合いがいたおかげで、アディは事業に欠かせない人間とされ、すぐに家に戻された。その後、ダスラー兄弟製靴工場は、ドイツ軍向けに一万足以上の靴を製造する契約を請け負った。

このちょっとした幸運にルディが激怒した。ルディはアディが事業に不可欠な存在であると認められたことについて、兄として憤慨したのだ。事業に対する自分の配慮が過小評価されていること、自分がいなければアディは会社を運営していけないことはすでに感じていた。アディの妻で、歯に衣着せぬ物言いをするケーテと口論をしたことも良くなかった。兄弟のあいだの緊張が高まった。物理的な距離の近さも事態の悪化に拍車をかけた。兄弟とそれぞれの家族が、両親とともに同じ家に一緒に住んでいたからだった。

対立が決定的になったのは、一九四三年、ルディが第一次世界大戦で四年も戦ったにもかかわらず、徴兵されたときである。ルディはアディを責めた。自分は、すぐに除隊を許されたアディの埋め合わせをさせられたと考えた。そこで、ポーランドから辛辣な手紙をアディに書き送った。「おまえがリーダーを務め、一流のスポーツ選手として銃を持つことを許されるよう、工場を閉鎖してもかまわない」

ルディはその言葉通り、ドイツ軍内の知り合いを積極的に使い、アディから工場の支配権を奪った。その年の一〇月、ナチス政権は武器などの軍需物資の製造をはじめるよう工場に強制した。これは、自分が事業に不可欠な人間ではないことを証明して徴兵されるようルディが仕組んだ結果ではないか、とアディは思った。

ダスラー兄弟製靴工場の女性の裁縫係はまもなくブラストシールドと照準器のスポット溶接にかかり、「ストーブパイプ」を作るようになった。これはアメリカのバズーカ砲の模造品で、連合国の戦車を破壊するのに効果があった。戦場に届くのが遅かったため、戦況は好転しなかったが、存在自体が注目を集めた。一九四五年四月に戦勝国側のアメリカ軍がヘルツォーゲンアウラハに到着した。戦車が工場を囲み、兵士たちが破壊すべきかどうかを議論しているとき、ケーテが大胆にも近づいていった。そして、バズーカ砲は強制的に作らされているにすぎず、ダスラー兄弟は何よりも靴作りを再開することを望んでいる、と説明した。さらに、ジェシー・オーエンスが一九三六年に履いていた靴は、この兄弟ふたりが作ったものであることも告げた。

ダスラー兄弟製靴工場は、ケーテの勇気ある介入のおかげで破壊を免れた。近くの空軍基地に駐留していたアメリカ軍の兵士はすぐに熱心な顧客になり、バスケットボールと野球用の靴を大量に発注した。ダスラー家に配置された将校も、ゴムボートのゴムや、テントの帆布など、工場が製造を再開するために必要な物資を確保できるよう力を貸した。第一次世界大戦後に署名したベルサイユ条約の失敗を繰り返さないようにするため、アメリカはドイツ経済の再生に意欲的だった。それゆえ、ダスラー兄弟製靴工場のような事業が軌道に乗るよう支援した。アディはふたたび、創意工夫の才を生かして軍需物資を靴へ転用しようとしていた。だが、アディのレジリエンスが試される事態がもうひとつ控えていた。事業が新たな形態になったとはいえ持ちこたえようとする一方で、兄弟の関係はそうではなかった。

体制が変わると、ナチスと密接な関係にあった兄弟は非難の対象となった。戦後、ルディはドイツ人戦争捕虜の収容所に入れられた。工場へ戻る許可を得ようとするうちに、アディが自分をずっと収容させておこうと積極的に動いているという被害妄想に駆られるようになった。事実、アメリカの調査官たちは、ルディがゲシュタポを手伝っていたのではないかと疑った。理由のひとつは、ルディがゲシュタポのニュルンベルク本部で働いていたとアディが話したからだ。だが、ルディはこれを強く否定した。アメリカ側は、疑いがあっても、何十万ものこのようなあいまいな事例に対処していたため、そういった主張や、それに反する主張のすべてを解決するだけの要員がいなかった。一九四六年七月三一日、ルディを含め、安全保障上の脅威がないとみなされた捕虜は全員釈放された。結局、ルディは捕虜として一年間収容された。

一方、アディ自身はナチの積極的な協力者に分類され、事業を営むことが禁じられた。ところが、従業員とヘルツォーゲンアウラハの住民がアディのために声を上げた。近隣の村のユダヤ系の村長は、アディからゲシュタポの逮捕が迫っていることを教えてもらったうえに、自宅にかくまってもらったと証言した。ある証人は次のように述べた。「わたしが彼について知っていたのは、彼が政治的に大事にしているのはスポーツだけだということだ」こうした勇気ある弁護のおかげで、ルディが戻る前日に、アディは「支持者」へと分類が変わり、処分が罰金と保護観察のみになった。工場の経営の再開も許されることになる。

ルディはようやく、ヘルツォーゲンアウラハの家族みんなが暮らす家に戻ってきたが、兄弟のあいだの溝は深まる一方だった。ルディは弟が窮地から救われたことに憤り、今度は、工場が武器の製造をするよう推進したのはアディだけだった、と非ナチ化委員会に告げ、さらに、アディが工場で行われた政治演説を準備したとも非難した。アディの妻ケーテは激怒し、即座にアディを弁護した。委員会への陳述書に次のように記している。「工場の内外で演説が行われた原因はルドルフ・ダスラーにあり、工場の従業員全員が証言できる」ケーテの弁護は、アディのために多くの町民が語った言葉が加わり、すでに疑わしいとされていたルディの非難よりも重んじられた。アディは再度、分類が変わり、基本的にすべての容疑がなくなった。

兄弟間の断絶がもはや修復不可能になると、ルディは妻子を川の反対側に転居させた。兄弟は財産を分割し、事業においてそれぞれ別の道を行くことにした。ルディは閉鎖していたもうひとつの工場を再開し、そこに自分の製靴会社を設立した。それがのちにプーマになる。従業員の三分の一はルディの新しい事業についていき、それ以外の従業員はアディのところに留まった。アディは新しい会社にアディ・ダスラーを省略したアダスという名をつけた。ところが、この名前を登録しようとしたとき、子ども靴のメーカーにすでに使われていることを知った。そこで、会社名をアディダスにした。アディはかつて、足の安定性を高めるために、サッカーシューズに三本の紐を平行に付け足したことがあった。その洗練された特徴的なデザインが、アディダスのトレードマークになった。

驚いたことに、アディダスもプーマも国際的な巨大スポーツ用品企業になった。アディダスでは、ルディにかわってケーテがアディのパートナーを務めた。ケーテの経営能力が並外れていたため、アディはふたたびデザインに専念できた。そして、テニス、スキー、ボクシング、ボウリング、フェンシングなど数多くのスポーツの競技者向けに靴を開発し続けた。生涯を通じて、世界各地のアスリートに会って直面しているそれぞれの問題を話し合い、その問題に対処する革新的な方法を編み出した。

一九六〇年代には、アディダスは世界最大のスポーツシューズメーカーになっていた。一六の工場で一日に二万二〇〇〇足の靴を製造した。アディは富と成功を手にしたあとも、変わらずに新しいデザインに取り組み、それぞれのスポーツならではのニーズにできるだけ近づけるよう靴を改良することを目指した。サッカーシューズ用のねじ込み式の滑り止め、ナイロン製の靴底による軽量化、トラック競技用の交換式のスパイクなどは、アディがもたらしたもっとも重要な革新だ。

ルディは一九七四年一〇月に亡くなった。その四年後にアディがこの世を去った。ふたりの兄弟が和解することはなかった。アディダスはケーテがひとりで数年経営したのち、一九八〇年代に息子のホルストが手綱を握った。ケーテは一九八四年に生涯を終えた。

レジリエンスにはいくつかの特質がある。たとえば、立ち直る力や、立ち直るために必要な不屈の精神と謙虚さだ。創意工夫の才も欠かせない。どんな企業も、長期間にわたって完璧な環境にはいられないからだ。そんなとき、リーダーは十分ではないもので対処することを求められる。それは廃品だけを使って最高のものを作ったり、今あるものだけでやっていったりすることかもしれない。

宣伝を止めるな――リグレー対景気後退

一九〇七年、ウィリアム・リグレー・ジュニアは、自分の手に余ることをしてしまったかもしれないと考えている。

もし新しい宣伝キャンペーンが失敗したら、それは製品のせいではない。シカゴの街中で、また、国内の他のもっと多くの地域で、フルーツ味やスペアミント味のガムの塊が歩行者の靴底に張りついている。ガムを嚙めば大好きになる。ガムを嚙む、とりわけリグレーのガムを嚙むことは、新しい世紀の新しい健全な楽しみになっている。タバコよりガムを選ぶ人もいる。爽やかなスペアミント、本物の果汁、本物の砂糖、鮮度を保つための密封――リグレーは質を重視し、それが自社の製品を、アメリカ人の顎を奪い合う他社の新鮮さも風味もない製品とは違う、すぐれたものにしていると信じている。

それなのに。ポスター、ネオンサイン、ビルボードと、ニューヨーク市で宣伝にすでに一〇万ドルをつぎ込んだ。二度も。だが、成果はない。あれだけの資金をかけたのに、国内の最重要市場で「さざなみすら立たなかった」とリグレーは述べている。「穴に落としたも同然だ」それでも、三回戦のために戻ってきた。

もし勝てたら、アメリカの市場を獲得できる。そして、もしアメリカで勝てたら、ガムを嚙むことがいまだに悪い習慣だとされている大西洋の向こうでも勝てるかもしれない。より大きな見返りが期待される大きな賭けだ。ニューヨークで二回失敗したときは、自分自身を疑った。消費者の心理をどう読みまちがえたのか。問題は宣伝文句か、イラストか、場所か。もしかしたら、野心をあきらめ、全力をシカゴ地域に注ぎ、その他の国内市場はビーマンズやチクレッツのような企業に任せるときが来たのかもしれない。大手のライバルたちは、リグレーが独占的トラストへの加入を断ると団結して対抗してきた。自分はそれにひとりで立ち向かえると思っていた。だが、いまやリグレーの野心と自負心は粉々に砕けそうだった。

それでも、宣伝は悪くなかった、と考えるようになった。その方面に関する直感はいつもまちがっていなかった。自分には顧客の考え方がわかる。ただ、規模が小さすぎた。誰にとっても難しい時代だ。ニューヨークは金融恐慌のまっただなかにある。株価は急落し続けている。銀行では取りつけ騒ぎが起こり、企業は次々と倒産している。リグレーはこの国と同じように、下り坂を逆に登ろうとしているだけだ。

若い頃、友人とともに採炭でひと儲けしようとしたことがあった。遠く西へ向かう列車のなかで、火夫が絶え間なくシャベルで石炭をすくい、火室に入れるのをじっと見ていた。坂道にさしかかると、列車を走らせ続けるために一五秒おきにシャベルを動かさなければならない。一瞬でも手を緩めれば、巨大な鉄の獣が後ろへ滑り落ちる。

自分より大きなライバルたちが倒れても、自分は生き残りたい。そのためにも、宣伝を止めるわけにはいかない。シャベルで石炭をすくうのをやめたら、西海岸にたどり着けない。またも坂道を転げ落ちることになる。事実、ガムは不況のときにはうってつけの製品だ。ガムを嚙むのは神経質な人の神経質な習慣だからだ。ストレスのもとでは考えがまとまらず、腰が定まらない。そんなときこそリグレーのスペアミントがどれほど爽やかで、お手頃であるかを何度も思い出す必要がある。

消費者心理はさておき、金融恐慌のあおりで広告スペースはとても安くなっている。これから投じようとしている資金で、町全体を明るくすることができるだろう。

こんにち、リグレーという名前を聞けば、この企業独特の昔ながらの板ガムを思い出すだろう。野球ファンなら、シカゴ・カブスの本拠地であるリグレー・フィールドを知っているはずだ。しかし、全盛期のウィリアム・リグレー・ジュニアの名は、レジリエンスと同義語だった。リグレーは他の人が後退しているときにも前進した。貧しい子ども時代を生き抜き、一度ならず二度も不況に耐え、二度とも強力なライバルを倒した。蜜蠟や樹液ではなく、チクルでできたリグレーのガムのように、壊れてばらばらになることなくしぶとく残った。理由のひとつが、二〇世紀に向けた宣伝と直接販売の改革だった。「企業がどのような状況にあろうと、宣伝を止めるな」リグレーは息子のフィリップ・K・リグレーに言った。息子は父の遺産をもとに事業を成功させた。リグレーはまた、並外れた柔軟性を見せて耐え忍んだ。サンタクララバレーが、この地で設計されるシリコンチップにちなんで改名されるはるか昔、戦略変更を指揮した。

ウィリアム・リグレー・ジュニアは、一八六一年にフィラデルフィアで、クエーカー派の大家族のもとに生まれた。いたずらが原因で放校処分を受け、父親の工場で働くようになった。そこでは一日一〇時間、リグレー・ミネラル・スコーリング・ソープの入った大樽をかき回した。この仕事は休む間がまったくないため、一三歳のウィリアムは巡回販売員になりたいと言った。意外にも、父親は承諾した。リグレーが実際の年齢よりも年上に見えるからだった。それから四年間、リグレーは数頭の馬を駆って、ペンシルベニア、ニューヨーク、ニューイングランドの各地で過ごした。商店主を説得して箱入りの石鹸を買わせることによって、ティーンエイジャーであるあいだに説得の基礎、つまりものを売る技巧を学んだ。親切で、忍耐強く、実直であることを学んだリグレーは以後ずっと、それを従業員に教えていくことになる。さらに、いつも他人のことを考えた。なぜなら、生計を立てていかないといけないからだ。

リグレーは最終的にフィラデルフィアに戻ったが、父親の石鹸の販売を続けた。一八八五年に二三歳で結婚し、六年後に妻と生まれたばかりの娘とともにシカゴへ移り、会社の支店を新たに開いた。ニューヨーク・タイムズ紙によると、わずか三二ドルと「度胸と進取の気性と決して忘れることのない楽観的な心」を持って、自分の財産を築こうと踏み出したのだった。

レジリエンスには、顧客の行動に対する深い理解が必要だ。人は厳しい時代にも、ものを必要とする。少し違ったものを違った方法で。相手が望むものを相手が望む方法で与える。そうでなければ、顧客の心をつかめない。心理学では、他人の考えや信条、感情が自分とはどのように違うかを推し量る、すなわち、他者の目を通して世界を見る能力を「心の理論」と呼ぶ。誰もがそれをうまくできるわけではない。成功したリーダーでありながら、厳しい時代に失敗する人には、この弱点があることが多い。状況が厳しくなると、顧客の考え方が変わることに共感できない。状況が良いときには歯止めがきかず、悪いときには現状に固執し、勝利の方程式がもはや機能しないのはなぜかと力なく考える。リグレーは厳しい子ども時代に身につけた気概と、巡回訪問員として働くあいだに研ぎ澄まされた本能があったからこそ、厳しい時代を生き抜いた。リグレーはつねに知りたくてたまらなかった。彼らは今、何を求めているのか。これはすべてのリーダーを駆り立てるべき問題である。

リグレーは、利幅が小さすぎるという理由で小売店からリグレー・ミネラル・スコーリング・ソープを置くのを断られると、父親を説得して、小売価格をこれまでの二倍の一箱一〇セントにした。これで利幅の問題は解消するが、商店主がためらう理由がほかにもあることがわかっていた。このようなビジネスに通じた大都市の商店主も人間であり、「誰でも無料の特別なものが好き」なのだ。リグレーは、リグレー・ミネラル・スコーリング・ソープを店に置いてくれた小売店に「報奨」を出すことにした。どれだけ売り言葉を並べても、雑貨店などの商店主にとって石鹸は石鹸であり、基本的に日用品だ。そこで、リグレー・ミネラル・スコーリング・ソープを一箱買えば、無料で傘を進呈した。確かに、安物の傘で、雨に濡れると赤い染料が滲んだが、無料の傘だから仕方がない。石鹸は変わらないが、石鹸を買う経験は変わった。このような安い傘が会社の売り上げにもたらす効果は大きく、リグレーは報奨への投資を増した。ある意味、これによってリグレーは父親の支配から解放された。リグレーはリグレー製造会社から独立し、石鹸の卸売業をはじめた。リグレーとしては、たとえ自分の姓が製品の箱に書いてあるとしても、その製品のためだけにそうしたわけではなかった。子どものときに湯気が立つ樽をあまりにも長い時間かき回したので、この石鹸にとくに愛着があるわけではない。すべては顧客のためだった。

売り上げを伸ばすために、リグレーは石鹸を小売業者に売るための報奨をいろいろ試し、最終的にベーキングパウダーに行きついた。一八九二年には、石鹸よりもベーキングパウダーのほうが人気になっていた。リグレーはすぐに視点を切り替えて、石鹸のかわりにベーキングパウダーを販売した。この柔軟性が、のちにリグレーの戦略のトレードマークとなる。今度はベーキングパウダーに、安くて魅力のある報奨が必要となった。店主の気持ちをほんの少しばかり、リグレーの製品に傾かせてくれるものは何だろうか。リグレーは忙しい店主になったつもりで考えてみた。彼らは、暑くて混みあった店内を走り回り、在庫を調べ、万引きを防がなければならない。いつもいつも。ストレスが多いに違いない。それを和らげてくれるのは何だろう。

人間は何千年も前から、ガムを嚙んできた。口臭を消すため、のどの渇きをいやすため、頭をすっきりさせるため、あるいは空腹を紛らせるために。この習慣はそれぞれの文明において、別々に生まれた。五〇〇〇年前のカバノキの樹脂の塊からヒトＤＮＡが発見され、この塊には歯の跡が今も残っている。古代ギリシャ人は樹脂とマスチック樹でできたガムを嚙んだ。中国では朝鮮人参の根を嚙んだ。南アジアの人々は、ビンロウの実を何千年ものあいだ嚙んできた。新世界の一部にはトウヒの樹液を噛む先住アメリカ人がいた。ニューイングランドにやって来たヨーロッパからの移民のなかにも、この習慣を取り入れた人々がいる。

一八四〇年代、ジョン・カーティスという男がはじめて、トウヒの樹液入りのチューインガム工場をメーン州に設立し、その製品が人気になった。だが、トウヒの樹液に問題があった。少なくとも慣れた味ではあったが、噛むとすぐに砕けてしまう。パラフィン蠟を加えると改善されたため、蠟と樹液を合わせたものがアメリカ人に好まれるガムになった。リグレーはそれを数箱買ってみた。ガムを噛むのは神経質な習癖であり、商店主は神経質な人が多い。ガムは報奨として魅力があるという直感は正しかった。それどころか、事業が拡大すると、かつて石鹼よりもベーキングパウダーのほうが人気になったのと同じように、今度はガムがベーキングパウダーよりも人気になっていた。戦略転換の時機だ。ふたたび、報奨を製品にした。あとは顧客に任せよう。

石鹼と同様に、製品そのものにはあまり関心がなかった。扱ったガムの最初のふたつのブランドは、ガムの供給業者が作ったもので、女性向けの「ヴァッサー」とすべての人向けの「ロッタ」である。「ガムは誰でも作れる」リグレーは言う。「問題は売ることだ」リグレーの強い関心は、食品化学ではなく、アメリカの消費者の心理にあった。とはいえ、ガムはすぐに味がしなくなる。しかも、噛んでいるうちに崩れてくる。リグレーは、こうした可能性のある製品に、もう少し関心を向けるべきだと考えた。ほかの選択肢を調べた末、樹液と蠟を合わせるかわりにチクルを使うよう供給業者に伝えた。チクルは中米やメキシコに生える木から採れる天然のゴム状物質で、アステカ族にもマヤ族にも人気があった。樹液より味が長持ちし、おいしいため、徐々に支持を得ていった。チクレットといった新しい人気ブランドのおかげもある。一八九三年、リグレーは、チクルガムの

「ジューシーフルーツ」と「リグレーズ・スペアミント」というふたつのブランドを売り出し、その後ロングセラーになる。「ジューシーフルーツ」に入っている果汁エキスはとくに風味を長持ちさせ、スペアミントは口のなかの爽快感を高めた。この新しい風味はとても好評で、リグレーはロッタとヴァッサーを扱うのをやめた。とりあえず製品の問題は解決し、最大の問題は競争になった。

一八九九年、他の六社のチューインガムメーカーからトラストに加わるよう誘われた。連携すれば、小売業者への影響力が大きくなるし、価格と供給をよりコントロールできる。この独占的組織への参加をリグレーが断ると、たちまち全競合企業と戦争状態になった。これを生き抜くには、食料雑貨店の忠誠心と好意が必要になる。どのチューインガムを仕入れ、店内にどう目立つように並べるかを最終的に決めるのは彼らだ。リグレーは再度、心の理論の力を活用した。ガムが製品になったのだから、新しい報奨を提供するときだ。リグレーは食料雑貨店の店主の心に訴えるために、秤《はかり》、コーヒーミル、キャッシュレジスターなど高級な製品を選んで提供しはじめた。この報奨によって売り上げは急増し、最初は無関心だった店主たちもリグレーの陳列ケースを顧客によく見える場所に置いた。残念ながらガムの利幅は非常に小さいため、リグレーはまだ赤字だった。そこで、失敗したことへさらに資金をつぎ込むのではなく、以前の報奨と同じくらい新しい手法を試すことにした。世紀の変わり目を迎え、広告宣伝の新しい科学への転換のときが来た。

人間は古代から製品を宣伝してきた。古代エジプトでは、パピルスのポスターが城壁に貼られた。中国では宋代から、地元の店の宣伝表示があった。だが、広告宣伝を大きく発展させたのは産業革命だ。商取引や競争が爆発的に増えると、宣伝は洗練され、規模が大きくなった。また、心理学も活用されるようになった。このような新しい広告宣伝は、顧客を説得したり、操作したりする要素が強くなった。競争が激化するにつれて、企業が単なる製品の長所を並べる以上のことが求められたからだ。リグレーは生まれつき、そうしたことに長けていた。

報奨だけではチューインガムのトラストに太刀打ちできないため、リグレーはシカゴの新聞と店舗の窓にガムの広告を出しはじめた。カラフルで、粋で、印象的な広告では、爽やかなチューインガムはタバコをやめられるだけでなく、胸やけ、膨満感、そしてもちろん口臭に抜群の対処法であることも請け合った。この広告は買い物客の注目を集め、リグレーの利益はようやく伸びはじめた。リグレーは、自分の戦略への自信をますます深め、一九〇二年にもっと大きな賭けに出ることを決め、一〇万ドルを投じてニューヨーク市で広告を出した。ところが、残念ながら、大した成果はなかった。

これほどの大金を失えば、拡大をあきらめる起業家も多いだろう。だが、リグレーは自分の広告がうまくいくはずだと思っていた。シカゴや他の街でうまくいったのだから。成長へのカギは「すぐに言い、何度も言う」ことだ。ニューヨークの場合は、規模が小さすぎたのかもしれない。そこで、もう一度、一〇万ドルを投じて、ニューヨークに広告を出した。ところが、このときも少しの効果も出なかった。だが、二回の失敗はリグレーを奮い立たせた。「失った二〇万ドルを取り返す」

日本のことわざに「七転び八起き」というのがある。これがレジリエンスの核心だ。リグレーは経験から、宣伝をすればガムが売れることを知っていた。投じた額の大きさはまちがっていたかもしれないし、ポスターの謳い文句にひねりが必要だったかもしれないが、戦略自体は正しかった。あきらめるつもりはさらさらなかった。ただし、事業を強化し、時機をうかがう必要があった。

やがて、一九〇七年、金融恐慌が起こった。

「何もかもが落ち込み、誰もが、とくに宣伝に関する費用を切り詰めていた」リグレーはのちにこう語った。「大規模な全国的キャンペーンの機が熟したと思った」二五万ドルの資金を借りて、ニューヨーク市へ戻った。広告スペースの需要はこれまでにないほど減ったため、その二五万ドルで一〇〇万ドル分以上の広告スペースが買えた。リグレーのガムを宣伝するネオンサインが町中に、さらには国中に掲げられた。今回の一斉広告は景気後退によって規模が拡大されるため、チューインガム市場の六〇パーセントを獲得するには十分だった。

リグレーは不景気に苦しむ小売業者にガムの無料クーポンを送った。今回も「おまけ」が好きでない人はいなかった。小売業者が無料のガムをもらうためにクーポンをリグレーの卸業者に郵送すると、それが小売業者との関係を築く絶好の機会となる。こうした関係の重要さを、リグレーは巡回販売員の経験から知っていた。

経済が縮小したときも、会社を成長させるために大胆な取り組みをたゆまず続けたおかげで、リグレーの製品はチューインガム・トラストを決定的に打ち倒して、国内でもっとも人気のあるガムになった。一九一〇年には売り上げが一七万ドルから三〇〇万ドルに増え、リグレーズ・スペアミントは国内でもっとも売れるブランドになった。一九一一年、リグレーはガムの供給業者を買収し、社内で製造を行うようになった。企業が大きくなったのだから、垂直統合は当然の流れだった。三年後には、ダブルミントを売り出した。これは、「ダブルのペパーミントの風味、ダブルの量、いつでも新鮮で清潔」という「ダブルの価値」を提供する商品だった。

ニューヨーク市の広告は三回目の挑戦で成功した。それにより、リグレーの戦略が前進した。風味つきのチクルに包装紙を巻いて売り出すことなら誰でもできる。だが、チューインガムのように衝動買いをするものは、真っ先に思い浮かぶブランドであることが何より重要だ。「宣伝は列車を走らせるようなものだ」とリグレーは述べている。「シャベルで石炭をすくって火室で燃やし続けなければならない。手を止めれば火は消える。列車は勢いでしばらくは走り続けるが、徐々に遅くなって、ぴったり止まる」一九一五年にリグレーはこの考え方から論理的な結論に達し、アメリカの電話帳に載っているすべての世帯にスペアミントガムを四本ずつ郵送した。その数は実に一五〇万通以上だった。ほかにも人をあっと言わせることに多額の資金を投じた。たとえば、ニュージャージー州のトレントンとアトランティックシティを結ぶ鉄道沿い半マイル〔約八〇五メートル〕に、一一七のビルボードを並べたりもした。宣伝を決して止めなかった。

一九一九年には、会社の株式を公開した。その時点で、ウィリアム・リグレー・ジュニア・カンパニーは一二〇〇人を雇用し、一日に四〇〇〇万本のガムを製造していた。リグレーの哲学に則り、毎年四〇〇万ドルを広告宣伝という蒸気機関に投じた。「四つの工場で一日に作り出すガムをつなげて端から端まで並べると、ニューヨークからガルベストンやメキシコ湾のすぐ近くの橋まで優に達するそうだ」とリグレーは言った。リグレー自身は推定で五〇〇〇万ドル相当の富を築いた。世界中の人がリグレーのガムを噛み、包装紙に印刷された言語は三七にのぼった。

リグレーは移り気な一般大衆の注目を集めるために、思いがけないもの《サプライズ》を用意することの重要性をつねに理解していた。無料のガムが郵送されてくるなどと誰が予想しただろう。そうした驚きが目覚ましい価値をもたらすのである。象徴的な二〇階建てのリグレー・ビルディングは、シカゴ川の北に立つ初の大きなビルで、この街で最初にエアコンを設置したオフィスビルだ。そのビルが建てられたとき、リグレーは記者にこう説明した。「このビルのどこかにわたしの名前が書いてあるだろうか。外壁にスペアミントについて何か書いてあるか。わたしがこのビルを建てはじめたとき、遠くからでも見えるくらい大きな文字で、自分の名前を全面に貼りつけると誰もが思った……けれども、実は、わたしの名をビルに貼りつけないほうがいい宣伝になる。そのほうが話題になる。珍しいことだから——わたしがしそうにないと思われていることだからだ」

事業が拡大しているときでも、リグレーはつねに足をアクセルペダルに置いていた。「事業が安定したから、もう宣伝は必要ないということにはならない。あなたの名を聞いたことがない赤ん坊が毎日生まれている。かつて知っていた人でも、思い出させるように絶えず働きかけなければ、忘れられる」とリグレーは述べている。

一九二五年、リグレーは日々の業務を息子のフィリップに引き継ぐと、おもな関心を野球に向けた。一九一六年には、チューインガムで稼いだ五万ドルでシカゴ・カブスの少数株主になった。一九二一年までに過半数の株式を取得し、チームにさらに何百万ドルも投じた。球場を自社の工場と同様に念入りに維持管理した。その徹底した清潔さは伝説になるほどだった。白い手袋をはめて球場の手すりに沿って走り、汚れの有無を確かめた。チューインガムで成功した哲学をカブスのマーケティングに適用し、ラジオ局がごくわずかの料金で試合を放送できるようにし、放送が複数の局で同時に行われるのも認めた。一九二五年にはカブスの試合が必ずラジオで放送されるようになっていた。

経営を息子のフィリップに任せてからのちも、リグレーは会社に積極的な関心を持ち続けた。これは最初のうちは実に気楽なことだった。「狂乱の二〇年代」はガムにとって追い風だったのだ。

事業は三倍成長した。ところが、一九二九年一一月二七日、暗黒の金曜日《ブラックフライデー》が活気に満ちた成長の一〇年を終わらせた。一九二九年一〇月、アメリカ史上最悪の株価暴落のさなかで、リグレーはタイム誌の表紙を飾っている。不運なタイミングだったが、結果的にはちょうど良かった。ガムには大恐慌のときですら繁栄するだけのレジリエンスがあることを証明したからだ。一九三〇年の純利益は一二二〇万ドル。過去の成長率と同じだ。リグレーはこう語っている。「人間は悲しいときにガムをもっとよく噛む」

　状況が変われば柔軟に、悪化すれば決然と対処するというリグレーのレジリエンスは、偶然の幸運ではなかった。ベーキングパウダーが石鹸の座を奪えば戦略を切り替え、ガムがベーキングパウダーを押しのければ、またやり方を変える。リグレーはこれまでずっと、事業への投資を止めることはなかった。一九〇七年、金融恐慌に襲われたとき、ライバル企業は身を潜めて嵐を乗り切ることにしたが、リグレーは二五万ドルを借り、全額を格安とも言える広告に費やし、ニューヨーク市一面をネオンで覆った。

　リグレーはあらゆるものを注意深く管理すべき資源だととらえ、それゆえに、すべての工場とオフィスに高い水準の清潔さと秩序を求めた。事業に投資し、それ以外のことにも投資した。状況が悪くなることは生涯のうちに何度かあったが、そのときはさらに腰を据えて取り組んだ。たとえば、カブスのオーナー仲間のチャールズ・ウィーグマンが財政難に陥ったときは、カブスの株を担保にして、乗り切るための資金を貸した。ウィーグマンはローンの返済に株式の大半を活用していたところ、一九一八年頃には、経営するレストランがインフルエンザの大流行により経営困難に陥ったのだ。リグレーはまもなく、カブスの完全な支配権を得た。同様に、一九三一年に小麦と綿の価格が急落したとき、自社製品への支払いを小麦と綿で行うことを可能にすると発表した。「石炭をシャベルですくって燃やし続ける」ことが生き残りを左右すると理解していたからだ。

一九三二年一月二六日、リグレーは七〇歳で亡くなった。世界各地の工場が一時休業した。死亡記事では、リグレーが一生のうちに広告宣伝に一億ドルも使ったという驚くべき事実が強調された。実に現在の約二〇億ドルに相当する。リグレーはおそらく、当時、ひとつの製品の宣伝にもっとも多額を投じた人だろう。政治指導者、野球選手、金融業界、製造業界から次々と賛辞が寄せられた。リグレーは長く、忙しい人生で、「野球、採炭、輸送、映画産業、牧畜、ホテル」において、つねに新しいことに取り組んだ、とニューヨーク・タイムズ紙は記している。「国家的な損失だ」と、アリゾナ州の初代知事であるジョージ・W・P・ハントは述べた。「ほぼすべての事業を、先駆者として発展させた」リグレーは愛するサンタカタリナ島で、特注の石棺に収められて埋葬された。

二〇〇八年、世界最大のチューインガムメーカーであるウィリアム・リグレー・ジュニア・カンパニーは、現金二三〇億ドルでマース社に売却された。現在、同社は欧米で販売されるチューインガムの半分を供給している。

考えること。それが、かつてリグレーが無料で提供したものだ。

レベルアップ――任天堂がアメリカを制覇する

一九八五年一〇月。ホリデーショッピングシーズンがはじまる。アメリカのホリデーショッピングシーズンの中心地ＦＡＯシュワルツは、数々の物語が生まれるマンハッタンのおもちゃの聖地だ。

外では、この店のシンボルである赤い制服を着た「おもちゃの」兵隊が見張っている。だが、その厳重な見張りをかいくぐって、任天堂の精鋭スパイチームが店に潜入した。ＦＡＯシュワルツは、他のほぼすべての小売業者と同様、その日本企業と新しいテレビゲームのコンソールであるニンテンドー・エンターテインメント・システム（ＮＥＳ）を撃退するために、全力を尽くしてきた。アメリカのテレビゲーム市場は不調だった。粗悪な模造品や、ときにはプレーできないゲームであふれているせいで、アタリやコレコが作った、かつての主流のテレビゲーム用コンソールに子どもが背を向けている。ところが、任天堂からは、売れ残ったすべての製品に対し全額返金するという、断るのが難しい提案をされている。任天堂は小売展示をし、ゲームのデモもするらしい。アメリカのテレビゲーム業界がどん底にある現状では、断るのはあまりにも惜しい取引に思える。しかもまだ感謝祭だ。もしＮＥＳがこけても、クリスマスまでにはそのスペースをバービーのドリームハウスで埋められる。

店の奥で箱を開けているニンテンドー・オブ・アメリカの従業員は疲れ果てている。人員が不足しているうえに、仕事は多すぎる。ニューヨーク界隈の何百ものおもちゃ店で行うコンソールのテスト販売の準備のために、ニュージャージー州ハッケンサックの不潔でネズミが出る倉庫で休みなく働いていた。任天堂は、ニューヨークで成功すれば、全国展開を行うつもりでいる。だが、製品と、彼らの雇用主であるアメリカの子会社の先行きは暗い。先日、ニューヨークのはやりのナイトクラブで、華やかできらびやかなローンチパーティーを開くために、持っているものをすべて投じた。目玉は、記者たちに試してもらうためのデモユニット、あちこちに置かれたコンソールつきのシルバーのトイロボット、中央にある巨大なロボットだった。オープンバーは退屈した記者たちにとってはこのうえない魅力的なものだったが、現れた人はこのうえなく少なかった。アメリカのメディアにとって、テレビゲームは過去のものだった。

今、FAOシュワルツは任天堂の約四・六メートル四方の大きなデモスペースを仕切り、国内でもっとも都会的で洗練された一〇歳の子どもたちに見せている。子どもも大人も展示に近づき、ジャイロセット（ロボットが連動して動く）や、ダックハント（光線銃を使う）などのゲームを試す様子を、任天堂の広報マネジャーであるゲイル・ティルデンが熱心に見ている。これは欺瞞作戦《カモフラージュ》だ。任天堂は、カラフルなアクセサリーやビデオデッキのような前面装填式のデザインによって、ビデオゲームコンソール、娯楽システム、ファミコン、おもちゃの境界をあいまいにしておきたいと考えていた。

欺瞞作戦は必要なことだが、人々が扱いにくく、動きの遅いロボットでプレーしようとするのを見ると、ティルデンの顔がどうしても曇る。

「これは明らかにチャンスを逃している」とティルデンは考えた。

ロボットの出来はあまり良くなかったが、まもなく、任天堂はアメリカではじめての発売を開始した。ひとりの男が店に入り、デモ機を試そうと立ち止まることもなく、コンソールひとつ、利用できるゲーム一五個を棚からつかんだ。任天堂のチームはこの男がレジへ向かうのをじっと見ている。店を出るとすぐ、この男が日本の競合企業に勤務しているという事実を誰かが伝える。

ティルデンは同僚とともに仕事に戻りながら、アメリカのテレビゲームはまだ終わりではない、と考える。失望しながらも、まだあきらめてはいなかった。

何十年も前から、コンソールメーカーは、最先端のコンポーネントを小さく優美なパッケージに詰め込んで、家庭用ゲーム機市場を独占しようとしてきた。また、ゲームライブラリーの多さと分野によって差別化を図ろうとした。なぜなら、ゲームの内容を別にすれば、ターンキー式のゲーム用コンピューターは基本的にどれもほぼ同じだからだ。その結果、独占的企業は人気ゲームの使用権を確保しようとする。ときには、二〇二〇年のマイクロソフトのように、独占使用権を得るために開発スタジオ全体の購入が必要になるときもある。マイクロソフトは、新しい製品ラインのＸｂｏｘにてこ入れするため、フォールアウトやエルダー・スクロールズなどの人気ゲームシリーズを開発するベセスダの親会社を七五億ドルで買収した。

こうした激しい競争のなかで、ひときわ目立つのが日本の任天堂だ。任天堂のデバイスは最先端のコンポーネントをあまり使わない。安価で豊富に手に入るものを使い、価格を低く維持する。そうすれば、新しい利用者が買いやすくなるし、創造的リスクを負うことができる。一九八〇年代、デザイナーの横井軍平は、革新的なポケットサイズの「ゲーム&ウオッチ」というデバイスを作った。ポケットサイズの計算機がはやったおかげで価格が手頃になった液晶画面を使ったものだ。任天堂は業界最高のスペックを追求するよりも、プレーの仕組みの創意工夫で長く続いている。同社にとって、一瞬の業界最高のアニメーションフレームレートを記録するよりも、画面上で敵を撃てる銃（Ｚａｐｐｅｒ）や、ゲーマーの動きをゲーム内での動きに変えるコントローラー（Ｗｉｉ）や、専用メガネを使わずに三次元グラフィックスを表示するデバイス（３ＤＳ）を作るほうが重要だ。任天堂のレジリエンスは多角化という戦略に端を発する。ゲームのデザイン、プレースタイル、マーケティングなど、ほぼすべての面で新しいアイデアに賭け続けることは、予想外のことに直面しても成長できるポジショニングをしているということである。

二〇二〇年に新型コロナウイルス感染症の大流行が発生したとき、業界評論家は、ロックダウン中の何千万ものアメリカ人が室内で時間を潰すために、マイクロソフトのＸｂｏｘやソニーのプレイステーションを購入するだろうと考えた。だが、ほぼ世界中が驚いたことに、新規ゲーマーをもっとも多く獲得したのは任天堂のユニークなＳｗｉｔｃｈというコンソールで、強力なライバル企業を上回りハードウェアの売り上げ記録を打ち立てた。Ｓｗｉｔｃｈは、先行のＷｉｉのような動きに反応するコントローラーで、大型スクリーンテレビのプレーをモバイルゲーミングデバイスにシームレスに移行させることができるが、競合するコンソールほど強力ではない。最近の最優秀のＡＡＡクラスのテレビゲームのリリースも、超現実的なミリタリーシューターも、セレブ揃いのスポーツシリーズもない。少なくとも、ずっとのちに競合企業が発売するまでは。しかし、マリオ、リンク、ドンキーコングのようなアイコン的なキャラクターを使い、独特で、色鮮やかな世界へ誘う。筋金入りのゲーマーなら嘲笑するかもしれないが、不安が募る時期に世界的な現象となったのは、任天堂が開発した心を和ませる、かわいい「どうぶつの森」の最新リリースだった。そして、これがＳｗｉｔｃｈを支配的な地位に押し上げた。

こんにち任天堂と言えばテレビゲームと同義語のようなものだが、創業は最初のテレビゲームが誕生する六九年前、一八八九年のことだ。同社は、戦争、株価暴落、パンデミックという大変動のあいだも、一貫して大きな成功を収めてきた。市場のトレンドをやみくもに追求するよりも、独創性や実験に注力することによって、景気後退に強い世界でも有数の企業になった。

京都で創業した任天堂は、当初、手作りの花札を売っていた。「任天堂」という言葉は「運を天に任せる」と解釈されることが多いが、花札で賭け事をするやくざ、すなわち日本の犯罪組織の構成員を創業者の山内房治郎が婉曲的に表現した言葉かもしれない。いずれにしても、山内の真の意図は歴史のなかに失われている。これは同社が長く続いてきたことを考えれば、驚くことではない。現代の大企業のうち、一九世紀に創業したところはほんのひと握りしかないのだ。

ビジネスでは、入念な多角化がレジリエンスを作る。より多くのニーズに応じ、より多くの顧客の心に訴えかけるために製品やサービスの範囲を拡大することは、どの分野においても不確かさへの対策になる。リーダーは製品の持つ可能性を予感できることはあるが、成功するのか、どんな課題があるのか、といったことについて確実なものは何もない。だが、多角化をすれば、リスクを軽減し、偶然の幸運の力を高めることができるかもしれない。数少ない大きな賭けよりも数多くの小さな賭けを優先するのは道理にかなっている。とくに、目新しさが重要なエンターテインメントのような業界では、小さな賭けが巨大な見返りを生む可能性がある。

一九五三年、任天堂は、領域を大幅に拡大する多角化の方針を実行しはじめた。この新しい方向への指揮をとったのは、創業者の曾孫《ひまご》にあたる山内溥《ひろし》である。祖父で二代目社長の金田積良《せきりょう》は卒中に見舞われたとき、溥に大学をやめて事業を引き継ぐよう頼んだ。山内は承諾したが、若くて経営の経験がなかったため、多くの従業員が快く思わず、その支配に異議を唱えた。まもなく、不満を募らせた従業員はストライキを決行した。山内は彼の特質となる冷酷さを見せ、「自分に盾突く可能性のある者はひとり残らず」解雇した。それにはいとこも含まれた。

山内は守旧派を納得させることに関心がなかった。組織を再編して、任天堂を急成長への軌道に乗せたいと思った。花札の市場は賭け事が好きな年長の男性に限られていたので、プラスチック加工を施した西洋のトランプに領域を広げ、家族向けの娯楽として売り出した。裏面にディズニーのキャラクターを載せるために必要な権利の許可も得た。この多角化への最初の取り組みによって、利益は単年でほぼ倍増した。山内は自社の株式を公開した。

一九六三年、多角化の取り組みはさらに野心に富んだものになった。山内は、アメリカで当時最大のトランプメーカーの質素なオフィスと小さな工場を訪問してから、このカテゴリーはたとえ支配することができたとしても、任天堂にとってあまり将来性がないと判断した。そこで、多くの冒険的な事業をはじめた。たとえば、即席米、ボールペン、タクシーサービス、コピー機、掃除機などだ。日本でよく見られる時間制の施設「ラブホテル」の経営も試した。「彼は特化することに興味を持っていなかった」ニンテンドー・エンターテインメント・システムのデザイナーである上村雅之はのちに述べている。「強い興味を持っていたのは新しいトレンドだった」

だが、山内がすぐに気づいたように、効果的な多角化とは、単に多種多様な事業をやることではない。さまざまな賭けを結びつける包括的な戦略が必要だ。山内には、自分の卵を複数のかごに入れたいという以上の現実的な計画がなかった。その結果、任天堂は倒産寸前に陥った。多角化を成功させるには、任天堂の既存の強みを活かす方向を追求する必要がある、と山内は考えた。最大の強みは、広範囲にわたる強力な流通体制だった。任天堂は、製品を迅速かつ効率的に国内各地のデパートや玩具店に運ぶことができた。この観点からすると、多角化と成長のために焦点となる分野は、おもちゃやゲームであることは明らかだった。

一九六四年、任天堂は同社初のおもちゃとなる「ラビットコースター」を発売した。子どもが小さなビーズを「競走」させる、プラスチック製のコースターゲームだ。続いて、他のおもちゃも出した。この初期の取り組みは、繰り返すことや磨き上げることを推し進めるという十分な成果をもたらした。ラビットコースターは、より手の込んだ「ニューラビットコースター」に、さらに宇宙をテーマにした「キャプテンウルトラコースター」になった。そんなとき、トランプ印刷機の保守のために雇った横井軍平が、工場の床で彼自身がデザインした伸縮可能な木製の鉤爪をいじっているのを見つけた。そこで、横井に、この鉤爪をクリスマスまでに任天堂が棚に並べられる、ちゃんとしたプラスチック玩具にするよう命じた。そうして生まれた「ウルトラハンド」は、驚くことに一二〇万個売れた。小さな賭けが大きく報われた。山内は横井を昇進させ、新しいおもちゃの研究開発を任せた。

日本がエレクトロニクスの分野で急速に存在感を増すと、山内はエレクトロニクスを使ったおもちゃやゲームにチャンスがあることに気づいた。任天堂は光に反応するセンサーを使ったトイガン「ビームガン」を作り、さらにそれを部屋ほどの大きさのインタラクティブな射撃シミュレーションに発展させた。また、数十億円を投じて、全国のボウリング場を「レーザークレー射撃システム」に作り替えた。これには、今のシリコンバレーに見られる戦略の柔軟性に通じるものがある。山内自身は発明家ではなかったが、安価で入手しやすいものを使ってさまざまな分野で実験し、有望な構想があればそれを推進することに情熱を抱いていた。

柔軟性は好ましい状況のときには強みだが、そうでないときに真価を表す。レーザークレー射撃システムの人気が急騰し、事前注文が積み重なり、専用の工場が二四時間稼働になっても、山内の力の及ばないことが起こった。それはゲームだけでなく、任天堂全体にとっての脅威だった。一九七三年の石油危機に日本はとりわけ大きな打撃を受け、レーザークレー射撃システムのほぼすべての注文がキャンセルされた。任天堂の利益は半減した。国内の景気後退を前に、自社が五〇億円の借金を抱えていることに山内は急に気づいた。

山内は固い決意をもって、会社を再編した。レーザークレー射撃システムを、全国に増えつつあるゲームセンター用に自立型のゲームに作り替えた。そうして出来た「ミニレーザークレー」システムは、ソフトウェアではなく電気機械式の射撃ゲームで、種々の射撃ゲームを同じ筐体に設置できるため、ゲームセンターのオーナーはゲームごとに高価な新しい機器を買う必要がなくなった。それにより、任天堂は他社との競争で優位に立った。一九七〇年代を通じて、任天堂はこのシステム用に「ワイルドガンマン」「ダックハント」などのゲームを発売し、発売ごとに「ミニレーザークレー」システムに新たな息吹を吹き込んだ。山内はこれに有望な新しいビジネスモデルの一端を見た。

一九七八年、任天堂はソフトウェアで動く新しいアーケードゲーム「レーダースコープ」を発売して成功した。二年後、山内は義理の息子の荒川實《みのる》に、ニンテンドー・オブ・アメリカを開設してレーダースコープをアメリカで販売することを命じた。アメリカで急成長中のゲームセンター市場に大きな将来性を見ていたからだ。任天堂にとって、海外展開は新たな多角化、すなわち、レジリエンスへのもうひとつの道になるかもしれない。ある国の景気が後退しても、別の国の景気が拡大しているということがあるかもしれない。両方の市場を追うほうが安全だ。

しかし、テクノロジーの分野ではタイミングがすべてだ。アメリカの子会社が開設されたときには、レーダースコープはすでに発売から一年たっていた。製造や輸送の問題も遅れた一因だった。

三〇〇〇もの大量のセットが倉庫に届いたときには、ゲームセンターはすでに飽きられかけていたスペースインベーダーの二番煎じのようなものを買うのをためらった。荒川は奮闘したが、一〇〇〇台しか売れなかった。万策が尽きた。

荒川は窮地に立たされた。義父を失望させたくなかったが、残ったレーダースコープはまったく売れそうにない。ほかに打つ手がなかったため、ミニレーザークレーを救った戦略をふたたび使うことを義父に提案した。それは、ゲームを新しいものに入れ替えることだ。山内は、その提案には小さなリスクをおかすだけの価値があると判断した。そして、自社のトップデザイナーのひとりにその仕事を任せるのではなく、社内コンテストを行った。ゲームのデザイン経験のない宮本茂という新しいスタッフアーティストが、いくつかアイデアを提出した。このプロジェクトは横井の監督下で宮本に託された。

宮本は入社したばかりだったが、臆することなく、任天堂の製品、さらに言えばテレビゲームというものをそれほどおもしろいと思っていないことを認めた。筋金入りのクオーター馬のジョッキーというよりはビートルズのファンだった。ゲームをデザインしたことはないが、山内はこの若きクリエイターがビジョンと美に関する研ぎ澄まされた感性を持っていると感じた。宮本は、市場には新しいものが入り込むチャンスがあると思っていた。つまり、物語だ。明確なはじまり、中間、終わりがあるストーリーから成るゲームである。漫画のような悪役ではなく、はっきりした動機を持つ、プレイヤーが共感できるような敵役を登場させたいと思った。

山内自身はテレビゲームにまったく興味がなかった。彼にとっては、即席米やボールペンと同じように、ただの製品だった。だが、飽きられたゲームにわずかな修正を加えて交換しても、同じかごに卵がもうひとつ増えるだけなのは理解していた。リスクには違いないものの、ニンテンドー・オブ・アメリカを救うために、宮本のような未知の一匹オオカミを登用することは多角化を賢く実践することになる。ヒット作を出せるかどうかはわからないが、彼が任天堂に新しいものを提供するのはまちがいない。多角化をするには新規性が必要だ。まったく新しい方向を追ってかまわない。ただ、売れ残ったレーダースコープが動きさえすればいい。

宮本は当初、漫画「ポパイ」のキャラクターを使いたいと思っていた。オリーブ・オイルの愛をめぐるポパイとブルートの三角関係をドラマ化したゲームを思い描いたからだ。だが、このキャラクターの権利を任天堂が獲得する必要があると知ると、代わりに三つの新たなキャラクターを考案した。「ジャンプマン」が怒ったサルからガールフレンドを救出に行くという話だ。宮本はこのサルを「ドンキーコング」と名づけた。「ドンキー」には頑固の意味合いがあり、「コング」は一九三三年の映画「キングコング」から来ている。ジャンプマンには帽子をかぶせ（髪の動きを描かずにすむ）、口ひげをつけた（使うピクセルが少なくてすむ）。いずれにしても、口を描こうとすれば、どうしても口ひげのようになる）。新しいテレビゲームがゆっくりと形になりはじめた。

ドンキーコングの二〇〇〇本のコードが専用の変換キットに埋め込まれ、アメリカへ送られると、荒川をはじめとするニンテンドー・オブ・アメリカの小チームは、夏の暑さのなかで、未使用のレーダースコープの筐体に丁寧に設置し、筐体の絵柄も取り替えた。この骨の折れる作業の途中、口ひげをたくわえた大家のマリオ・セガールが、荒川に賃料の支払いが遅れていると怒鳴った。このとき、セガールの体つきがジャンプマンに幾分似ていることにチームが気づき、ジャンプマンの名前を変えた。ドンキーコングは一九八一年に業界でもっとも売れ、ジャンプマン改めマリオは任天堂のマスコットになった。

アーケードゲームの筐体は収益性が高かった。だが、山内は人気のアタリ2600のような、家庭用ゲーム機を作るリスクを負うことにした。他社は楽観的だが、ゲームセンターの人気がどれくらい続くのかはわからない。一九八一年のある晩、研究開発部門の責任者のひとりである上村雅之の自宅に電話した。そして、前置きなしに、不可能としか思えない課題を三つ与えた。ゲームカートリッジを交換できるコンソールを作る、一年前後で古くなるようなことのないレベルにする、競合するどのコンソールよりも価格を大幅に安くする。多角化によるレジリエンスである。

「彼はいつも酒が少しまわってから電話をかけてくる」上村はのちに述べている。「だから、それほど真剣には受け取らなかった。『わかりました』とだけ言って電話を切った」ところが翌朝、しらふの山内が上村のところへ来た。「話をした件、わかったね？」上村は山内が本気だと知った。

上村は競争相手の製品を分解し、六ヶ月かけて研究した。「（コンソールを）ひとつ残らず買って分解し、ひとつひとつ分析した」リバースエンジニアリングは簡単なことではなかった。「半導体の製造業者に集積回路のプラスチックのカバーを溶解してもらい、その下の配線が見えるようにした」と上村は述べている。「写真を撮り、引き伸ばし、眺めて、回路を理解しようとした。アーケードゲームの経験が多少あったので、すぐに、これをいくら眺めても新しい家庭用システムのデザインには何の役にも立たないことがわかった……あまりに旧式だったからだ」

ゼロからはじめるしかなかった。上村は山内から与えられた課題に対して、任天堂らしく、安価で手に入りやすい部品を使ってイノベーションに取り組んだ。この方法だと材料費を安く抑えられ、消費者により低い価格で提供できるようになり、会社側のリスクの管理もしやすい。任天堂は、ジレットがかみそりと刃に関して学んだのと同じことを、レーザークレーシステムの成功から学んだ。利益があるとすれば、それはコンソールではなくゲームからということだ。

一九八三年七月一五日、任天堂はファミリーコンピュータ（ファミコン）を発売した。当時の競合製品の半額以下という低価格が大きな要因となり、最初の二ヶ月で五〇万台売れた。低価格のために利益は最小限に抑えられたが、それも戦略のうちだった。一九八五年九月には、ファミコン用スーパーマリオブラザーズを発表した。これは、アーケードゲームのヒット作マリオブラザーズの続篇で、いずれもニンテンドー・オブ・アメリカの怒った大家を主役とした。当時、家庭用テレビゲームは数千台売れれば成功だった。ところが、この一時代を画したスーパーマリオブラザーズは数百万本売れ、ファミコンから得られなかった利益をすべて取り戻したうえ、スーパーマリオブラザーズの人気がファミコンの売り上げも促進した。

山内は、今こそ、アメリカの子会社を使って、ファミコンを欧米へ持っていく時機だと考えた。これは常識にはずれた見方だったが、山内の多角化によるレジリエンスへの取り組みを完璧に体現していた。一九八三年と翌一九八四年、アメリカのテレビゲーム市場はほぼ壊滅状態にあると見られていた。日本では「アタリショック」と呼ばれていたが、実際、アメリカの産業の隅々にまで影響があった。一九八五年には、業界全体の落ち込みは留まるところを知らなかった。質の悪いゲームやコンソールばかりが出回ったことが、大きな損害をもたらした。アメリカの子どもたちはお粗末なゲームで金を無駄にするのがいやになった。「こういったゲームは全然おもしろくない」一二歳の少年がニューヨーク・タイムズ紙に語った。「みんないっしょなんだもの。侵略者を殺す。ただそれだけ。つまらない」映画とタイアップしたゲーム「E.T.」は、一九八二年のホリデーシーズンに間に合うよう、アタリが六週間で急いで作ったものだったが、使い物にならなかったため、同社は売れ残りの大量のカートリッジをニューメキシコ州の砂漠に埋めて、その上をコンクリートで固めた。

景気の後退により、製造業者は何億ドルもを失った。何千という労働者が失業した。小売業者から見れば、テレビゲームのブームが終わったということだ。あるチェーン企業の社長はこう言った。「そうなってもおかしくない製品だった」同じように、国内各地のゲームセンターも閉鎖した。ある経営者はニューヨーク・タイムズ紙にこう述べている。「多くの機械が限られたスペースを取り合っている」

だが、任天堂のリーダーは違う見方をした。市場の暴落は、革新のときが来たのを示していると考えた。実に斬新な考え方だ。任天堂はこうした問題を解決するのが得意だった。ゲーマーが射撃ゲームに飽きたとき、サルと配管工が対決する三角関係のゲームで成功した。だが、まずは、アタリの運命をたどらないよう、ファミコンが高い水準を維持する必要があると山内は知っていた。任天堂にとって簡単なことではない。なぜなら、消費者に多くの安定したライブラリーを確実に提供するには、自社のコンソールで使えるゲームの開発を他社に頼ることになるからだ。アタリはこれが原因で破滅した。サードパーティーの開発業者を受け入れると、市場には急速に劣悪なゲームがあふれた。それには、「クールエイドマン」や「ペプシインベーダーズ」のように、本来はインタラクティブ広告であるものも含まれていた。山内はこの問題に対処するため、ニンテンドー・シール・オブ・クオリティという画期的なライセンスプログラムを作り、ファミコンの特殊なチップによって、認可されたゲームしかデバイス上で動かないようにした。サードパーティーの開発業者は、新しいコンソール向けにゲームを作りたいなら、任天堂の厳しい品質基準を満たさなければならない。さらに、ゲームは一年に二タイトルしか作ることができない。好むと好まざるとにかかわらず、数より質が重視された。

消費者の信頼がかつてないほど低下していたため、任天堂はさらに大胆な決断をした。それは真実を語ることだ。ライバルたちとは大きく異なり、ゲームのジャケットには正確に描いたグラフィックスしか使わないと決めた。「以前導入されたゲームは過度な期待を持たせた」こう語るのは、当時の広報マネジャーのゲイル・ティルデンだ。「美しいファンタジーのグラフィックスとか、テニスをする人の写真とかが使われていても、ただのポン〔一九七二年にアタリ社から発売された卓球をテーマにしたコンピューター・ゲーム〕の修正版だということがあった」任天堂は、すでに飽きた消費者を失望させるリスクを負うのではなく、購入時に正しい期待を抱かせることにした。

日本の市場は収益性が高かったが、アメリカには二倍の人口と世界の他の地域に対する大きな文化的影響力があるため、可能性はあまりに大きい。だが、アメリカの人々を魅了する前に、アメリカの小売業者を引きつけなければならない。当時、家庭でテレビゲームをするのは一時的な流行だと誰もが思っていた。こうした先入観を退けるために、任天堂は製品のデザインを変えた。日本のファミコンは、アメリカの多くの店の倉庫にまだ積み上がっているアタリやコレコのコンソールとよく似ていた。アメリカの市場では、ひと目見ただけで違うものだと思わせなければならないだろう。そこで、家庭用のメディアデバイスを参考にした。当時、アメリカのどこの家の居間にも、ビデオデッキが置かれるようになりはじめていた。任天堂は設計用の用語を借りて、ファミコンを新しい形に変えた。従業員たちはファミコンを「ランチボックス」と呼ぶようになった。カートリッジ（現在の「ゲームパック」）を入れるカセットスロットを、上面から前面（現在の「制御デッキ」）に移した（「『ビデオゲーム』という言葉はまったく使わなかった」とティルデンは言った）。さらに、ファミコンのおもちゃのような赤と白の配色を、より地味なグレー、黒、赤に変えた。ファミコンの丸い角を尖ったものにした。親しみやすいファミコンが優美なニンテンドー・エンターテインメント・システム（ＮＥＳ）になった。

デザインの変更だけでは疑い深い人を説得できない場合に備えて（山内はいくつかの解決策がある場合にひとつだけを試すことはなかった）、一部のゲームでは、ファミコンロボと呼ばれるプラスチック製のロボットが動かせることを宣伝で強調した。ファミコンロボによって、小売業者がＮＥＳを最後にはニューメキシコの砂漠に埋められるような過剰宣伝されたテレビゲーム機ではなく、トランスフォーマーやボルトロンのような人気のアクションフィギュアに似たおもちゃとして見てくれることを期待したからだ。ところが、実際に動かしてみると、動きがとんでもなく遅いロボットとつまらないゲームが子どもたちを退屈させたため、すぐに販売中止になった。だが、欺瞞作戦《カモフラージュ》の効果はあった。また、本体と光線銃をセットにした「Ｚａｐｐｅｒ」を、同社の既存の「ビームガン」と同じ製品ラインとして開発した。

「アメリカ人は銃が大好きだ」ファミコンの設計者である上村はのちに言った。

もしアメリカ市場を制覇するつもりなら、ファミコンが西洋世界において成長し続けていけることを一点の曇りもなく示す必要がある。山内は、いちかばちかの全米展開に同社の財産を賭けるのではなく、ニンテンドー・オブ・アメリカのチームにニューヨーク市でまず試してみるように指示した。ビデオゲームに飽きたニューヨークのひねくれた子どもたちを納得させられたら、アメリカの他の地域でもうまくいくだろう。問題は、ニューヨークの小売業者が、他の地域の小売業者と同様に、テレビゲームに対して悲観的なことだった。日本では最新のファミコンゲームを手に入れるために、若者たちが夜を徹して店の外に並ぶのが日常であることなど気にしていなかった。ニンテンドー・オブ・アメリカの社長の荒川實は、他に選択肢がなかったため、店舗に無条件の返還制度を提案した。できるだけ多く売ってもらい、残った分を返却すれば代金は全額返金される。また、会社側には、製品の展示とデモをすべて任天堂がすることを進言した。そうすれば、小売業者にとって唯一のリスクは、棚のスペースを割くことだけになる。あまりにも寛大な提案だが、そうでもしなければ店側には受け入れてもらえなかった。

一九八五年一〇月、任天堂はニューヨークとその周辺地域の何百もの店でNESの販売を開始した。子会社のわずかなスタッフが休みなく働き、小売店の陳列やゲームのデモをした。そして、ホリデーシーズンの終わりには、在庫の約半数が売れた。完全な成功ではないが、山内はこの数字を見て、アメリカ市場に攻め入り続けていくと決めた。コンソールがすでにあふれている市場で五万台が売れたということは、これまでずっと考えてきたこと、すなわち、子どもたちは今もゲームが大好きだということのあらわれだ。ただ良いゲームが欲しかったのだ。

翌年のはじめ、任天堂はロサンゼルス、シカゴ、サンフランシスコにも進出した。一九八六年のホリデーシーズンには勢いを増し、新しいヒット作スーパーマリオブラザーズと本体のセット販売をはじめた。この決断によって売り上げが飛躍的に増えた。ようやく、刃がかみそりを売るようになった。NESの売り上げはライバル企業の一〇倍になろうとしていた。一九八七年には販売台数が三〇〇万台になり、アメリカでもっとも売れたおもちゃになった。また、「ゼルダの伝説」は、はじめてコンソールとセット販売をしないゲーム（スーパーマリオブラザーズはセット販売だった）として、一〇〇〇万本の売り上げを記録した。

山内は任天堂の社長を五〇年以上務めた。在任中、アーティストがもっとも重要だと確信するようになった。宮本茂のように、最初のゲームをデザインする前に技術的な経験がない場合も同じだ。山内は次のように言う。「普通の人は、どれほど一生懸命やっても良いゲームを開発することはできない。誰もが欲しがるゲームを開発できるのは、世界でもひと握りの人だけだ。任天堂はそのような人を求めている」任天堂の並外れた創造のレジリエンス、すなわち長年のあいだ絶えず生み出された製品の源は、多角化という戦略だ。山内は三つの独立した研究開発ユニットを作り、豊富な資源を惜しみなく投じ、より高度な水準のデザイン、エンジニアリング、圧倒的な想像力を目指して互いに競わせた。

山内は、任天堂を率いているあいだずっと、自社の製品に対して個人的な関心を抱くことはなかった。任天堂の製品を通して、ビデオゲームの楽しみを知る大人が増えていっても、山内自身が楽しむのは、『孫子』と同時代に生まれた、戦略を競う中国の碁という遊びだけだった。このゲームを山内は非常に得意としていた。「もっともすぐれた戦術家だけが、一〇の級位を超えて、段位を目指すことができる」ネクストジェネレーション誌にそう紹介されている。「山内は六段で、力強く、積極果敢で、自由で、守りが柔軟で、弱みを見つけると容赦しないのが彼のスタイルだ」ここに任天堂を支配的地位に導いたもののすべてを見ることができる。

二〇〇二年、山内は社長を退任し、取締役相談役に就任。二〇〇五年には取締役も退任〔相談役に退いた〕。所有する任天堂の株式によって日本の長者番付にランクインし、数十億円を京都のがん治療センターに寄付した。二〇一三年に八五歳で亡くなった。

これまで任天堂が販売したテレビゲームは約五〇億本、ゲーム機本体は最初のファミコンから現在のＮｉｎｔｅｎｄｏ Ｓｗｉｔｃｈまで七億五〇〇〇万台以上にのぼる。何十年かのあいだに、マリオ、ドンキーコング、ゼルダ、ピカチュウをはじめ、多くのキャラクターが国際的なアイコンになった。花札からはじまった同社は長い道のりを歩んできたが、そのレジリエンスの源は、テレビゲームを作るという事実ではなく、多角化や、主要な競合他社がリスクを負わないようなゲームのデザイン、プレースタイル、コンソールのフォームファクターの新しいアイデアに繰り返し賭けるという、独創的な取り組みにもある。業界が右に動けば、任天堂は左に動く。

山内は繰り返し、自社の強みを利用し、有意義で管理可能なリスクに賭け、真に可能性のあるものを見出し、最高の水準で機能する製品を提供した。もしもっと良いレシピがあるなら、これからそれを見つけるまでだ。


「ルールに従っているだけでは歩くことを学べない」とヴァージンの創業者リチャード・ブランソンは記している。「行動し、転んで、ようやく学ぶことができる」レジリエンスのある企業は転ぶことを恐れない。それどころか、ときどきつまずくことがなければ、それは十分なリスクを負っていないということだ。失敗を恐れることが、何よりも速く会社を死に至らしめる。

厳しい時代には本能的に身を潜め、安全を図りたくなる。だが、本章で見てきたように、すぐれたリーダーは良いときも悪いときも、挑戦を続ける。目の前の危険に対処しながらも、片方の目は未来を見ているからだ。そうしたリーダーは、賭けをできる限り小さくしてリスクを緩和するが、業界の不振、景気の後退、さらには戦争といった逆境が革新の歩みを止めるのを許さない。そして、賭けに可能性が見えたときには、すべてを捨ててそれに賭ける。慎重であることや控えめであることは助けにならない。売るか、死ぬかだ。

近道はない。今すぐはじめる。歩きやすい道に出るのを待つのではなく。すぐれた製品は開発に時間がかかる。資源が豊富に手に入るときまで待っていては間に合わない。早くから取り組んでいれば解決できた問題に資金を投じて失敗する企業はあまりに多い。企業の未来を築く環境が整うまで待っていたら、いつまでたっても未来を築くことはできない。

まとめ

じっくりと調べてみれば、一夜による成功の大半は長年の積み重ねによるものであることがわかる。

スティーブ・ジョブズ

戦いの最中は、司令官でさえ、誰が、なぜ勝つのかがわからないこともある。プロイセンの偉大なる戦術家カール・フォン・クラウゼヴィッツは次のように述べている。「戦争は不確かさの領域のものだ。軍事行動のよりどころとなる要因の四分の三は、多かれ少なかれ、霧に包まれている」これは「戦場の霧」と呼ばれる。戦いの最中は、戦況が本当はどうなっているのかなど判断できない。ましてや、そこから何かを学ぶことなど不可能だ。だが、いずれ、すべてのビジネス戦争は終わりを迎える。新たな均衡が確立され、情熱は静まり、主要なプレイヤーは新たな役割に就いたり、引退したりする。ゆっくりと事実が浮かびあがる。どんな決定を下し、どんな行動をし、その効果はどうだったのか。賢いリーダーたちはいまや歴史となった戦いから、未来のための教訓を見出すことができる。

本書では、各章のテーマごとに類いまれな起業家精神に満ちた三つの事例を見てきた。だが、本書を通じて見られる三つの共通の要素がある。ビジネス史の大きな流れにおいて、勝者たちに驚くほどの共通点があることは注目すべきだろう。本書は業界や時代を超えた成功の事例を比べる機会となった。わたしたちはリーダーとして、そこから何を学べるだろうか。

良いリーダーは策略に富んでいる。早くから、孫子の言う「兵とは詭道《きどう》なり」〔計篇〕を直感で知っているようだ。直感は驚くほど一貫した役割を果たす。本書で紹介した二七の物語の戦士のうち、正式なビジネスのトレーニングを受けた者はわずかしかいない。リリアン・ヴァーノンのように、両親から帳簿をつけることや、厳しい交渉をすることを学んだ者もいる。ヘンリー・フォードのように、みずからのビジョンを効率的に追うための必要性から、経営手法を考案した者もいる。戦場が菓子であろうと、化粧品であろうと、リーダーたちは、大事な意思決定をするときは多くを直感に委ねた。それは必然だった。彼らの多くは新分野を開拓し、エレキギターやマッチングアプリなど、新しい技術を中心にしたビジネスを構築した。馴染みのない、予測不可能な環境のもとで、明確な答えも持たず、直感を信じて、断固とした行動に出るリーダーは、まちがいなく有利な立場にある。

レジリエンスを持つリーダーには、失敗から立ち直り、学ぶ能力が備わっている。無一文から大金持ちになった、ひらめきからIPOを果たしたという企業史とは異なり、こうしたリーダーたちにはそれぞれ浮き沈みがあった。戦場で大敗を繰り返し、謙虚であることを学び、不屈の努力を重ねた。勝っても負けても、視線をつねに地平線に向けて、戦いから戦いへとひたむきに前進した。孫子も「其の戦いを用《おこ》なうや久しければ則ち兵を鈍《つか》らせ鋭を挫く」〔作戦篇〕と述べているとおりだ。長引く戦争ほど損害の大きいものはない。抜け目のないリーダーは熟考を重ねる。だが、いったん考え抜くと、すばやく、揺るぎなく動く。本書に登場するリーダーたちはみな同様に、進んでリスクを負い、ひとつの決断に、安全だけでなく評判を賭けた。それも一度でなく何度も。戦いに勝つにはそれしか方法がない。

偉大な企業のリーダーたちは、自分たちのビジネスをすみずみまで理解している。孫子曰く、「彼れを知りて己れを知れば、百戦して殆《あや》うからず」〔謀攻篇〕。もちろん、これは彼らが自分の製品を気に入っているとか、使っているとかいうことではない。オリーブ・アン・ビーチは飛行機の操縦を学ばなかったし、山内溥はビデオゲームをしなかった。だが、自分の企業や顧客やライバルについては貪欲に知りたがった。

専門知識や経験と同じように重要なのが、ハーブ・ケレハーやルース・ハンドラーのように、どんなことをしてでも勝つという一途な気持ちかもしれない。「人生における失敗者の多くは、どれだけ成功に近づいていたかに気づかずにあきらめた人たちである」とトーマス・エジソンは言った。おそらく、ビジネス戦争に勝つ秘訣は、ビジョンを持たないことだろう。成功するビジネスリーダーは、自分のビジネスを作り上げる以外のことは想像できない。たいていの人が、結局は、生活のためにほかの仕事を探したり、専門的な学位を取ろうとしたりするところを、こうしたリーダーたちは永遠に失敗する可能性があることに気づかないようだ。レイ・クロックのような人であれば、たとえやめようとしても、次の起業の機会を探さずにはいられなかっただろう。

歴史は勝利が永遠には続かないことを示している。完全な勝利を収められるビジネス戦争などない。せいぜい望めるのは、休戦、すなわち利益と生産性が拡大する黄金期だ。やがて新しいライバルが戦場に現れ、新しい戦線が引かれる。ときには戦場そのものが変わり、戦う者すべてが混乱する。根本的に、企業活動とは、GMがマッスルカーを作るにしても、バンブルがマッチングアプリを作るにしても、努力と資産から金を生み出すプ﹅ロ﹅セ﹅スだ。起業家がビジネスを築こうとするときは、そのプロセスを、昔ながらのダイヤル式のラジオのつまみを正しい局に合わせるのと同じように、市場の周波数に合わせる（ラジオの売り上げを伸ばそうとして、民間ラジオ局の開設を思いついたのは、トーマス・エジソンの偉大なライバルだったジョージ・ウェスティングハウスだ。一九二〇年一一月二日、ウェスティングハウスのKDKA局は、最初の民間放送をはじめた。KDKAがハーディング対コックスによる大統領選の結果を、聴者が朝刊を受け取る前に放送したとき、世界はビジネス戦争から生まれたもうひとつの劇的な変化を体験した）。

本書の各章で見てきた通り、企業をうまく正しい周波数に合わせることができるのは、鍛錬と創意工夫の賜物だ。だが、周波数はつねに変わる。世の中が変わっても、企業が変わらなければ、戦いは終わる。リーダーが、もはや機能しなくなった成功の公式を変えたい衝動に抵抗しているうちに、企業が衰退したり、すべてが崩壊したりする。そうしているうちに、別の誰かがラジオのつまみを回し、放送局を選んで、番組を聴きはじめる。

社会では、起業家は正当な理由のもとで尊敬される。起業家精神は、家父長制社会の女性（キラン・マズムダル・ショウ）にも、新たな地にやって来た移民（イヴォン・シュイナード）にも、また、その両方にあてはまる者（ヘレナ・ルビンスタイン）にも、誰にでも開かれた成功への道筋だ。企業は景気後退（リグレー）や戦争（アディダス）を耐える。程度の差はあれ、起業家は世界を変える。彼らが支配的ポジションを求めることによって、わたしたちの仕事、遊び、食事、装いが変わる。ほとんどが偶然の産物だ。ビジネスは自然の力であり、その最大の衝撃は測ることができない。

現代の軍事指導者が、今でも『孫子』を参考にするように、本書で見てきたビジネスのアイデアの多くは、時代を超えて生き残ってきた。ノエル・リーの日用品の非日用品化、ウィリアム・リグレー・ジュニアの「宣伝を止めるな」、メアリー・バーラの「もうだめな車はいらない」、山内溥の小さな賭けによる多角化（ラブホテルまで経営した）。だが、ただ戦略を真似ても、成功する保証はない。偉大なビジネスリーダーたちの、長きにわたる成功には、わたしたちが知っている以上に多くの短期間の失敗が含まれていた。戦争に勝つには戦闘に勝たなければならないが、負けて自分のまちがいから学ぶ姿勢も必要だ。勝者は、つねに市場の周波数に合わせようと努力している。IBMのトーマス・J・ワトソンが言うように、成功とはシンプルなものである。「失敗を二倍に増やすことだ。失敗は成功の敵と思われているが、それはまったく違う。失敗して落胆するか、あるいはそこから学ぶかだ。前進して、まちがいをするのがいい。できるだけ多く」

起業家は、絶え間なく実験を行う。アール・タッパーの場合はプラスチックの実験だった。大量に手に入る、べたつくプラスチックを手に入れ、儲かるビジネスになるまで実験を続けた。歴史を一望すると、成功した実験に注目しがちだが、よく目を凝らしてみると、起業家たちが何度も軸足を変えたのがわかる。ウィリアム・リグレーは、石鹸からベーキングパウダー、それからガムへ。山内溥は花札からおもちゃやビデオゲームへ。やり方は大きく異なるにせよ、成功する起業家に共通するのは、柔軟性、積極性、市場がやって来るのを待つのではなく自分から向かっていく能力だ。

前世紀あるいはそれ以前の、偉大なビジネス戦争をめぐる壮大な旅から何が学べるだろうか。何をおいても、大きな変化が起こるときは必ずやって来るということだ。変化は予期しなかった驚きという意味で、規則性があり、予測可能である。すぐれたリーダーは、次の破壊の波がつねに海岸に打ち寄せていることを知っている。ビジネス戦争は、ただライバルと戦うだけではない。すべての状況が結託して自分を破滅させようとしているのではないかと思えるときもある。繰り返し見てきた通り、広範囲にわたる社会的な大変動は厳しい試練だ。どんな企業も、穏やかな水面に浮いたままでいることはできない。活気があるように思える市場にも、景気低迷、放漫経営、不透明な先行きが潜んでいるかもしれない。また、政治や経済の混乱は、敗残兵を一掃する。メッキは剝げ、個々の企業の真の生存能力があらわになる。不安定な基盤に立つ企業は揺らいで崩れる。しかし、際立つ価値を効果的に実現する企業は、最悪の状況においても成長する。

この違いは、つまるところ、リーダーシップによるものだ。偉大なリーダーは、不況、戦争、パンデミックといった、市場の勢力図をすっかり変えてしまうような大混乱のなかを舵をとって進んでいく。嵐を抜け出した企業の船体は、損壊もなく姿を変え、さらに強くなった。病院のベッドで重役会議を開いたオリーブ・アン・ビーチは、出産を控えていた一方で、夫が昏睡状態で生死をさまよい、ヨーロッパは第二次世界大戦のまっただなかにあった。オリーブ・アンの無私無欲の、決然としたリーダーシップのおかげで、ビーチ・エアクラフトは戦時中は戦いに、戦後は平時に必要なものに応えることができた。変化はわたしたちの自尊心などおかまいなしにやって来る。だからこそ、こうした謙虚さと決断力と時代の要求に応えようとする意志を兼ね備えることができるよう努力すべきだ。結局は、それがビジネスの真の兵法なのだ。

謝　辞

「ビジネスウォーズ」のポッドキャストを担当していた期間、わたしたちはほぼすべての業界から四〇以上の戦いを取りあげた。古くは一三〇年前のハーストとピュリッツァーの新聞戦争から、ごく最近では、世界を襲った新型コロナウイルスのパンデミックを背景とするアマゾンとウォルマートの戦いなども含まれていた。ポッドキャストも、本書も、多くの人の尽力がなければ実現できなかった。

最初に、このプロセスを通してわたしを支え、知見や提案を与えてくれたワンダリーのみなさんにお礼を言いたい。とくに、ワンダリーの創業者にしてCEOであり、「ビジネスウォーズ」のクリエイターであるハーナン・ロペスは、三年前に世界に向けてビジネスリーダーたちのストーリーを語るすばらしい機会をくれた。歴史上の偉大な起業家たちについて学ぶのを楽しんだだけでなく、そうした起業家のひとりと一緒に仕事ができたのは光栄である。ハーナンは偉大なる「ポッドキャスト一族」のひとつを築き続けているからだ。この業界や一緒に働く人々やストーリーテリングの技巧に対する彼の強い思いは、わたしに、そして他の多くの人に刺激を与え続けている。また、ストーリーや本書の学びの枠組みとして、『孫子』を用いることを思いついたのはハーナンだった。本書を編集し、形にするために残業をしてくれたワンダリーの最高業務責任者ジェン・サージェント、最高コンテンツ責任者マーシャル・レヴィー、カレントシリーズのバイスプレジデント、ジェニー・ロワー・ベックマンにも感謝を申し上げる。

さらに、本書のひらめきとなったのは「ビジネスウォーズ」のエピソードである。ポッドキャスト制作チームのシニアプロデューサー（すぐれた「ホストウィスパラー」であり、長年の共犯者でもある）のカレン・ロウ、プロデューサーのエミリー・フロスト、サウンドデザイナーのカイル・ランドールに感謝する。彼らのスキルと手腕のおかげで、毎週のわたしの放送はすばらしいものになった。つねに笑いとユーモアに満ちた仕事だった。

ライターたちはビジネスウォーズの陰の英雄である。彼らの綿密なリサーチとストーリーテリングのスキルのおかげで、ウォールストリートから旧西部まで、すべての地域のリスナーに聴いてもらうことができた。ライターのMVPであるトリスタン・ドノヴァン、さらにA・J・ベイム、バーバラ・ボガエフ、ピーター・ギルストラップ、ジョゼフ・グィント、デイド・ヘイズ、アンディ・ハーマン、エリザベス・ケイ、ジーナ・キーティング、ケヴィン・マニー、ジョゼフ・メン、マイケル・キャニヨン・メイヤー、ジェフ・パールマン、アダム・ペネンバーグ、オーステン・ラクリス、ナタリー・ローベメッド、マシュー・シェア、リード・タッカーに大変、お世話になった。

ハーパーコリンズ社の編集者であるホリス・ハイムバウチのきめ細かで注意深い編集とデヴィッド・モルダワーの本書をまとめあげてくれた尽力には何よりも助けられた。ふたりがいたからこそ本書が出来上がったといっても過言ではない。UTAのワンダリーのチーム、すなわちジェレミー・ジマー、ピーター・ベネドック、オレン・ローゼンバウム、ジェッド・ベイカー、ケレン・アルバーストンにも感謝をしている。とりわけ、アルバート・リー、ピラー・クイン、メレディス・ミラーは、本書の構想が実現するのに手を貸してくれた。

わたしの美しい、才能ある妻であり、生涯のパートナーであるエミリーは、前述のメレディスとともにわたしをたきつけてくれた。先に紹介したロウは「新しいビジネスポッドキャスト」に挑戦してみるよう勧めてくれた。アティカスとマグノリアはお休み前のお話の時間を通して、もっと上手なストーリーテラーになりたいとわたしに思わせてくれた。ふたりに喜んでもらうのは、なかなか難しかったからだ。

最後にリスナーのみなさん、本当にありがとう。みなさんの人生にわたしたちを招き入れてくれたことを嬉しく思う。そして、ビジネス戦士たちにも大いに感謝をしている。起業家、企業の重役、現場の従業員たちから、わたしたちは多くを学んだ。

参考文献

本書で紹介した話は、本や雑誌に掲載されたプロフィール、当時の新聞記事、戦士本人たちの言葉など、幅広い資料にもとづいている。起業家や彼らのことを書いた人々は、神話を語りがちだ。だが「ビジネスウォーズ」のポッドキャストと同じように、真実——同時にそこから得られる教訓——にできる限り迫るためにさまざまな角度から事実を確かめるよう最善を尽くした。

さらに詳しく知りたい読者のみなさんのために、各章のおもな資料を次に挙げる。本書は、偉大な起業家たちの戦いから学べることのほんの一部を扱ったにすぎないからだ。

ヘンリー・フォードはより大きな視野でとらえた——モデルT

American National Biography. "Ford, Henry (1863–1947), Automobile Manufacturer." Accessed August 27, 2020. https://www.anb.org/view/10.1093/anb/9780198606697.001.0001/anb-9780198606697-e-1000578;jsessionid=7220FF993F3F7259A3F74DC6B8264E6E.

"Henry Ford Test-Drives His 'Quadricycle.'" History.com. Accessed August 27, 2020. https://www.history.com/this-day-in-history/henry-ford-test-drives-his-quadricycle.

Ford, Henry. *My Life and Work*. Kindle. Digireads.com Publishing, 2009. https://smile.amazon.com/gp/product/B00306KYVQ?psc=1.（『我が一生と事業——ヘンリー・フォード自叙伝』文興院　加藤三郎訳　1924 年）

Goldstone, Lawrence. *Drive! Henry Ford, George Selden, and the Race to Invent the Auto Age*. Kindle. New York: Ballantine, 2016. https://smile.amazon.com/Drive-Henry-George-Selden-Invent/dp/0553394185.

Snow, Richard F. *I Invented the Modern Age: The Rise of Henry Ford*. Kindle. New York: Scribner, 2013.

理想の家を建てる——バービー人形とマテル

"Barbie | History & Facts." In *Encyclopaedia Britannica*. Accessed August 28, 2020. https://www.britannica.com/topic/Barbie.

Bellis, Mary. "Biography of Ruth Handler, Inventor of Barbie Dolls." ThoughtCo., January 28, 2020. Accessed August 28, 2020. https://www.thoughtco.com/history-of-barbie-dolls-1991344.

Gerber, Robin. *Barbie and Ruth: The Story of the World's Most Famous Doll and the Woman Who Created Her*. New York: Harper, 2010.

Handler, Ruth, and Jacqueline Shannon. *Dream Doll: The Ruth Handler Story*. Stamford, CT: Longmeadow Press, 1994.

Johnson, Judy M. "The History of Paper Dolls," Original Paper Doll Artists Guild, 1999. Updated December 2005. https://www.opdag.com/history.html.

Rios, Patricia Garcia. "They Made America." *Gamblers*. PBS, 2004. https://www.pbs.org/wgbh/theymadeamerica/filmmore/s3_pt.html.

"Ruth Mosko Handler | American Businesswoman." In *Encyclopaedia Britannica*. Accessed August 28, 2020. https://www.britannica.com/biography/Ruth-Mosko-Handler.〔現在はアクセス不能〕

"Ruth Mosko Handler," Jewish Women's Archive. Accessed August 29, 2020. https://jwa.org/encyclopedia/article/handler-ruth-mosko.

"Who Made America? | Innovators | Ruth Handler." PBS. Accessed August 28, 2020. https://www.pbs.org/wgbh/theymadeamerica/whomade/handler_hi.html.

Winters, Claire. "Ruth Handler and Her Barbie Refashioned Toy Industry." *Investor's Business Daily*, September 23, 2016. https://www.investors.com/news/management/leaders-and-success/ruth-handler-and-her-barbie-refashioned-mattel-and-the-toy-industry/.

Woo, Elaine. "Barbie Doll Creator Ruth Handler Dies." *Washington Post*, April 29, 2002. https://www.washingtonpost.com/archive/local/2002/04/29/barbie-doll-creator-ruth-handler-dies/76bfe4ad-d4aa-431f-9c45-16b9b33046fd/.

延滞料――ブロックバスター対Netflix

Baine, Wallace. "The Untold Netflix Origin Story of Santa Cruz." Good Times, November 19, 2019. https://goodtimes.sc/cover-stories/netflix-origin-story/.

Castillo, Michelle. "Reed Hastings' Story about the Founding of Netflix Has Changed Several Times." CNBC, May 23, 2017. https://www.cnbc.com/2017/05/23/netflix-ceo-reed-hastings-on-how-the-company-was-born.html.

Dash, Eric, and Geraldine Fabrikant. "Payout Is Set by Blockbuster to Viacom." *New York Times*, June 19, 2004. https://www.nytimes.com/2004/06/19/business/payout-is-set-by-blockbuster-to-viacom.html.

Dowd, Maureen. "Reed Hastings Had Us All Staying Home Before We Had To." *New York Times*, September 4, 2020. https://www.nytimes.com/2020/09/04/style/reed-hastings-netflix-interview.html.

Gallo, Carmine. "Netflix's Co-Founder Reveals One Essential Skill Entrepreneurs Must Build to Motivate Teams." *Forbes*, December 12, 2019. https://www.forbes.com/sites/carminegallo/2019/12/12/netflixs-co-founder-reveals-one-essential-skill-entrepreneurs-must-build-to-motivate-teams/.

Keating, Gina. *Netflixed: The Epic Battle for America's Eyeballs*. New York: Portfolio/Penguin, 2013.

Levin, Sam. "Netflix Co-Founder: 'Blockbuster Laughed at Us . . . Now There's One Left.'" *Guardian*, September 14, 2019. https://www.theguardian.com/media/2019/sep/14/netflix-marc-randolph-founder-blockbuster.

McFadden, Christopher. "The Fascinating History of Netflix." Interesting Engineering, July 4, 2020. https://interestingengineering.com/the-fascinating-history-of-netflix.

Randolph, Marc. *That Will Never Work: The Birth of Netflix and the Amazing Life of an Idea*. Kindle. New York: Little, Brown, 2019.

Schorn, Daniel. "The Brain Behind Netflix." CBS News, December 1, 2006. https://www.cbsnews.com/news/the-brain-behind-netflix/.

Sperling, Nicole. "Long Before 'Netflix and Chill,' He Was the Netflix C.E.O." *New York Times*, September 15, 2019. https://www.nytimes.com/2019/09/15/business/media/netflix-chief-executive-reed-hastings-marc-randolph.html.

フィードバックループ――ギブソン対フェンダー

Port, Ian S. *The Birth of Loud: Leo Fender, Les Paul, and the Guitar-Pioneering Rivalry That Shaped Rock 'n' Roll*. New York: Scribner, 2019.

Tolinski, Brad, and Alan Di Perna. *Play It Loud: An Epic History of the Style, Sound, and Revolution of the Electric Guitar*. Kindle. New York: Double- day, 2016.

右へスワイプ――バンブル対Tinder

Alter, Charlotte. "Whitney Wolfe Wants to Beat Tinder at Its Own Game." *Time*, May 15, 2015. https://time.com/3851583/bumble-whitney-wolfe/.

Bennett, Jessica. "With Her Dating App, Women Are in Control." *New York Times*, March 18, 2017. https://www.nytimes.com/2017/03/18/fashion/bumble-feminist-dating-app-whitney-wolfe.html.

Crook, Jordan. "Burned." TechCrunch (blog), July 9, 2014. https://social.techcrunch.com/2014/07/09/whitney-wolfe-vs-tinder/.

Ellis-Petersen, Hannah. "WLTM Bumble - A Dating App Where Women Call the Shots." *Guardian*, April 12, 2015. https://www.theguardian.com/technology/2015/apr/12/bumble-dating-app-women-call-shots-whitney-wolfe.

Ensor, Josie. "Tinder Co-Founder Whitney Wolfe: 'The Word "Feminist" Seemed to Put Guys Off, but Now I Realise, Who Cares?'" *Telegraph*, May 23, 2015. https://www.telegraph.co.uk/women/womens-business/11616130/Tinder-co-founder-Whitney-Wolfe-The-word-feminist-seemed-to-put-guys-off-but-now-I-realise-who-cares.html.

FitzSimons, Amanda. "Whitney Wolfe Helped Women Score Dates. Now She Wants to Get Them Their Dream Job." *Elle*, December 2017. https://www.elle.com/culture/tech/a13121013/bumble-app-december-2017/.

Gross, Elana Lyn. "Bumble Launched a New Initiative to Support a Cause Whenever a Woman Makes the First Move." *Forbes*, May 10, 2019. https://www.forbes.com/sites/elanagross/2019/05/10/bumble-moves-making-impact/.

Hicks, Marie. "Computer Love: Replicating Social Order through Early Computer Dating Systems." *Ada: A Journal of Gender, New Media, and Technology*, no. 10 (October 31, 2016). https://adanewmedia.org/2016/10/issue10-hicks/.

Hirschfeld, Hilary. "SMU Senior Whitney Wolfe Launches Second Business, Clothing Line Tender Heart." The Daily Campus (blog), November 3, 2010. https://www.smudailycampus.com/news/smu-senior-whitney-wolfe-launches-second-business-clothing-line-tender-heart.

Kosoff, Maya. "The 30 Most Important Women Under 30 in Tech." *Business Insider*, September 16, 2014. https://www.businessinsider.com/30-most-important-women-under-30-in-tech-2014-2014-8.

Langley, Edwina. "Whitney Wolfe: The Woman Who Took Tinder to Court—and Came Back Fighting." Grazia, August 3, 2016. https://graziadaily.co.uk/life/real-life/whitney-wolfe-tinder-bumble/.

Langmuir, Molly. "Meet ELLE's 2016 Women in Tech." *Elle*, May 13, 2016. https://www.elle.com/culture/tech/a35725/women-in-tech-2016/.

Lunden, Ingrid. "Andrey Andreev Sells Stake in Bumble Owner to Blackstone, Whitney Wolfe Herd Now CEO of $3B Dating Apps Business." TechCrunch (blog), November 8, 2019. https://social.techcrunch.com/2019/11/08/badoos-andrey-andreev-sells-his-stake-in-bumble-to-blackstone-valuing-the-dating-app-at-3b/.

Macon, Alexandra. "Bumble Founder Whitney Wolfe's Whirlwind Wedding Was a True Celebration of Southern Italy." *Vogue*, October 5, 2017. https://www.vogue.com/article/bumble-founder-whitney-wolfe-michael-herd-positano-wedding.

Maheshwari, Sapna, and Michelle Broder Van Dyke. "Former Executive Suing Tinder for Sexual Harassment Drops Her Case." *BuzzFeed News*, July 1, 2014. https://www.buzzfeednews.com/article/sapna/tinder-sued-for-sexual-harassment.

O'Connor, Clare. "Billion-Dollar Bumble: How Whitney Wolfe Herd Built America's Fastest-Growing Dating App." *Forbes*, December 12, 2017. https://www.forbes.com/sites/clareoconnor/2017/11/14/billion-dollar-bumble-how-whitney-wolfe-herd-built-americas-fastest-growing-dating-app/.

Perez, Sarah. "Bumble Is Taking Match Group to Court, Says It's Pursuing an IPO." TechCrunch (blog), September 24, 2018. https://social.techcrunch.com/2018/09/24/bumble-serves-countersuit-to-match-group-says-its-pursuing-an-ipo/.

Raz, Guy. "Bumble: Whitney Wolfe. How I Built This with Guy Raz." *How I Built This with Guy Raz*, October 16, 2017. Accessed May 6, 2020. https://www.npr.

org/2017/11/29/557437086/bumble-whitney-wolfe.
Sarkeesian, Anita. "Whitney Wolfe Herd: The World's 100 Most Influential People." *Time*, 2018. https://time.com/collection/most-influential-people-2018/5217594/whitney-wolfe-herd/.
Shah, Vikas S. "A Conversation with Bumble Founder & CEO, Whitney Wolfe Herd." Thought Economics, July 2, 2019. https://thoughteconomics.com/whitney-wolfe-herd/.
Slater, Dan. "The Social Network: The Prequel." *GQ*, January 28, 2011. https://www.gq.com/story/social-network-prequel-online-dating.
Tait, Amelia. "Swipe Right for Equality: How Bumble Is Taking On Sexism." *Wired UK*, August 30, 2017. https://www.wired.co.uk/article/bumble-whitney-wolfe-sexism-tinder-app.
Tepper, Fitz. "Bumble Launches BFF, a Feature to Find New Friends." Tech-Crunch (blog), March 4, 2016. https://social.techcrunch.com/2016/03/04/bumble-launches-bff-a-feature-to-find-new-friends/.
Valby, Karen. "Bumble's CEO Takes Aim at LinkedIn." *Fast Company*, August 28, 2017. https://www.fastcompany.com/40456526/bumbles-ceo-takes-aim-at-linkedin.
Witt, Emily. "Love Me Tinder." *GQ*, February 11, 2014. https://www.gq.com/story/tinder-online-dating-sex-app.
Yang, Melissah. "Sean Rad Is Out as Tinder CEO." *Los Angeles Business Journal*, November 4, 2014. https://labusinessjournal.com/news/2014/nov/04/sean-rad-out-tinder-ceo/.
——. "Tinder Co-Founder Resigns, but CEO to Stay On." *Los Angeles Business Journal*, September 9, 2014. https://labusinessjournal.com/news/2014/sep/09/tinder-co-founder-resigns-ceo-stay/.

電子頭脳——IBM 対ユニバック

Alfred, Randy. "Nov. 4, 1952: Univac Gets Election Right, but CBS Balks." *Wired*, November 4, 2008. https://www.wired.com/2010/11/1104cbs-tv-univac-election/.
Engineering and Technology History Wiki. "UNIVAC and the 1952 Presidential Election—Engineering and Technology History Wiki," November 2012. https://ethw.org/UNIVAC_and_the_1952_Presidential_Election.
Henn, Steve. "The Night a Computer Predicted the Next President." *All Tech Considered*, NPR.org October 31, 2012. Accessed February 25, 2020. https://www.npr.org/sections/alltechconsidered/2012/10/31/163951263/the-night-a-computer-predicted-the-next-president.
"The Night a UNIVAC Computer Predicted The Next President: NOV. 4, 1952." New York: CBS News, 1952. https://www.youtube.com/watch?v=nHov1Atrjzk.
Pelkey, James. "The Entrance of IBM-1952." History of Computer Communications,

2007. http://www.historyofcomputercommunications.info/supporting-documents/a.3-the-entrance-of-ibm-1952.html.

Rios, Patricia Garcia. "They Made America." *Gamblers*. PBS, 2004. https://www.pbs.org/wgbh/theymadeamerica/filmmore/s3_pt.html.

Satell, Greg. "Take a Long Look at IBM and You'll Understand the Importance of Focus." *Forbes*, January 10, 2016. https://www.forbes.com/sites/gregsatell/2016/01/10/take-a-long-look-at-ibm-and-youll-understand-the-importance-of-focus/.

Watson, Thomas J., Jr. "The Greatest Capitalist in History." *Fortune*, August 31, 1987. https://archive.fortune.com/magazines/fortune/fortune_archive/1987/08/31/69488/index.htm.

Watson, Thomas J., Jr., and Peter Petre. *Father, Son & Co.: My Life at IBM and Beyond*. Kindle. New York: Bantam Books, 2000.

絡み合う網　モザイクを作る／ネットスケープ対マイクロソフト

Berners-Lee, Tim. "A Brief History of the Web." Accessed March 2, 2020. https://www.w3.org/DesignIssues/TimBook-old/History.html.

——. "The WorldWideWeb Browser." Accessed March 1, 2020. https://www.w3.org/People/Berners-Lee/WorldWideWeb.html.

Bort, Julie. "Marc Andreessen Gets All the Credit for Inventing the Browser but This Is the Guy Who Did 'All the Hard Programming.'" *Business Insider*, May 13, 2014. https://www.businessinsider.in/marc-andreessen-gets-all-the-credit-for-inventing-the-browser-but-this-is-the-guy-who-did-all-the-hard-programming/articleshow/35044058.cms.

Campbell, W. Joseph. "Microsoft Warns Netscape in Prelude to the 'Browser War' of 1995–98." The 1995 Blog (blog), June 20, 2015. https://1995blog.com/2015/06/20/microsoft-warns-netscape-in-prelude-to-the-browser-war-of-1995-98/.

——. "The 'Netscape Moment,' 20 Years On." The 1995 Blog (blog), August 2, 2015. https://1995blog.com/2015/08/02/the-netscape-moment-20-years-on/.

Crockford on JavaScript. Volume 1: The Early Years, 2011. September 10, 2011. https://www.youtube.com/watch?v=JxAXlJEmNMg.

Gates, Bill. "The Internet Tidal Wave." *Wired*, May 26, 1995. https://www.wired.com/2010/05/0526bill-gates-internet-memo/.

History-Computer. "Mosaic Browser—History of the NCSA Mosaic Internet Web Browser." Accessed March 3, 2020. https://history-computer.com/Internet/Conquering/Mosaic.html.

Kleinrock, Leonard. "Opinion: 50 Years Ago, I Helped Invent the Internet. How Did It Go So Wrong?" *Los Angeles Times*, October 29, 2019. https://www.latimes.com/opinion/story/2019-10-29/internet-50th-anniversary-ucla-kleinrock.

Lacy, Sarah. "Risky Business—Interview with Marc Andreessen." Startups.com,

October 28, 2018. https://www.startups.com/library/expert-advice/marc-andreessen.
Lashinsky, Adam. "Remembering Netscape: The Birth of the Web." *Fortune*, July 25, 2005. https://money.cnn.com/magazines/fortune/fortune_archive/2005/07/25/8266639/.
Lee, Timothy B. "The Internet, Explained." *Vox*, June 16, 2014. https://www.vox.com/2014/6/16/18076282/the-internet.
Markoff, John. "A Free and Simple Computer Link." *New York Times*, December 8, 1993. https://www.nytimes.com/1993/12/08/business/business-technology-a-free-and-simple-computer-link.html.
McCullough, Brian. *How the Internet Happened: From Netscape to the iPhone*. Kindle. New York: Liveright, 2018.
Weber, Marc. "Happy 25th Birthday to the World Wide Web!" Computer History Museum, March 11, 2014. https://computerhistory.org/blog/happy-25th-birthday-to-the-world-wide-web/.
Wilson, Brian. "Browser History: Mosaic." Index DOT Html/Css, 2005 1996. http://www.blooberry.com/indexdot/history/mosaic.htm.
Zuckerman, Laurence. "With Internet Cachet, Not Profit, a New Stock Is Wall St.'s Darling." *New York Times*, August 10, 1995. https://www.nytimes.com/1995/08/10/us/with-internet-cachet-not-profit-a-new-stock-is-wall-st-s-darling.html.

隠し味——レイ・クロック対マクドナルド

Herman, Mario L. "A Brief History of Franchising." Mario L. Herman, The Franchisee's Lawyer. Accessed March 26, 2020. https://www.franchise-law.com/franchise-law-overview/a-brief-history-of-franchising.shtml.
Kroc, Ray. *Grinding It Out: The Making of McDonald's*. Kindle. Chicago: St. Martin's Griffin, 2016.（『レイ・クロック自伝』高山出版事務所　星雲社　レイ・クロック著　高山俊二訳　1990年）/（『成功はゴミ箱の中に——レイ・クロック自伝：世界一、億万長者を生んだ男－マクドナルド創業者』プレジデント社　レイ・クロック、ロバート・アンダーソン共著　野地秩嘉監修・構成　野崎稚恵訳　2007年）
Libava, Joel. "The History of Franchising as We Know It." Bplans Blog, December 17, 2013. https://articles.bplans.com/the-history-of-franchising-as-we-know-it/.
Maister, David. "Strategy Means Saying 'No.'" DavidMaister.com, 2006. https://davidmaister.com/articles/strategy-means-saying-no/.
Pipes, Kerry. "History of Franchising: Franchising in the 1800's." Franchising.com. Accessed September 14, 2020. https://www.franchising.com/franchiseguide/the_history_of_franchising_part_one.html.
——. "History of Franchising: Franchising in the Modern Age." Franchising.com. Accessed March 26, 2020. https://www.franchising.com/guides/history_of_

franchising_part_two.html.
Seid, Michael. "The History of Franchising." The Balance Small Business, June 25, 2019. https://www.thebalancesmb.com/the-history-of-franchising-1350455.
Shane, Scott A. *From Ice Cream to the Internet: Using Franchising to Drive the Growth and Profits of Your Company.* Upper Saddle River, NJ: Pearson/Prentice Hall, 2005. https://www.informit.com/articles/article.aspx?p=360649&seqNum=2.

ポケットというポジション——iPhone 対ブラックベリー

Appolonia, Alexandra. "How BlackBerry Went from Controlling the Smartphone Market to a Phone of the Past." *Business Insider*, November 21, 2019. https://www.businessinsider.com/blackberry-smartphone-rise-fall-mobile-failure-innovate-2019-11.
Avery, Simon. "Two Universes: Apple vs. RIM." *Globe and Mail*, August 19, 2009. https://www.theglobeandmail.com/technology/globe-on-technology/two-universes-apple-vs-rim/article788996/.
Bond, Allison. "Why Do Doctors Still Use Pagers?" Slate, February 12, 2016. https://slate.com/technology/2016/02/why-do-doctors-still-use-pagers.html.
Breen, Christopher. "Remembering Macworld Expo: Why We Went to the Greatest Trade Show on Earth." Macworld, October 14, 2014. https://www.macworld.com/article/2833713/remembering-macworld-expo.html.
Dalrymple, Jim. "Apple vs. RIM: Who Sells More Smartphones?" The Loop, April 25, 2011. https://www.loopinsight.com/2011/04/25/apple-vs-rim-who-sells-more-smartphones/.
Haslam, Karen. "iPhone vs. BlackBerry: Is Apple's Battle with RIM Won?" Channel Daily News (blog), April 2, 2012. https://channeldailynews.com/news/iphone-vs-blackberry-is-apples-battle-with-rim-won/13001.
Isaacson, Walter. *Steve Jobs*. Kindle. New York: Simon & Schuster, 2011.（『スティーブ・ジョブズ』１・２　講談社　ウォルター・アイザックソン著　井口耕二訳　2011年）
Jobs, Steve. "Steve Jobs iPhone 2007 Presentation, 2007." Singju Post, July 4, 2014 https://singjupost.com/steve-jobs-iphone-2007-presentation-full-transcript/.
Levy, Carmi. "RIM vs. Apple: Now It's Personal." *Toronto Star*, October 22, 2010. https://www.thestar.com/business/2010/10/22/rim_vs_apple_now_its_personal.html.
Looper, Christian de. "This Was BlackBerry's Reaction When the First iPhone Came Out." *Tech Times*, May 26, 2015. https://www.techtimes.com/articles/55370/20150526/reaction-blackberry-when-first-iphone-came-out.htm.
Marlow, Iain. "In Motion: Jim Balsillie's Life after RIM." *Globe and Mail*, February 14, 2013. https://www.theglobeandmail.com/globe-investor/in-motion-jim-balsillies-life-after-rim/article8709333/.

McNish, Jacquie, and Sean Silcoff. *Losing the Signal: The Untold Story Behind the Extraordinary Rise and Spectacular Fall of BlackBerry*. Kindle. New York: Flatiron Books, 2015.

Megna, Michelle. "RIM CEO: 'We're Not Taking Our Foot off the Gas.'" InternetNews.com, June 19, 2009. http://www.internetnews.com/mobility/article.php/3826041.

——. "RIM vs. Apple: Can RIM Stay Strong?" Datamation, October 26, 2009. https://www.datamation.com/mowi/article.php/3845461/RIM-vs-Apple-Can-RIM-Stay-Strong.htm.

Olson, Parmy. "BlackBerry's Famous Last Words at 2007 iPhone Launch: 'We'll Be Fine.'" *Forbes*, May 26, 2015. https://www.forbes.com/sites/parmyolson/2015/05/26/blackberry-iphone-book/.

Pogue, David. "No Keyboard? And You Call This a BlackBerry?" *New York Times*, November 26, 2008. https://www.nytimes.com/2008/11/27/technology/personaltech/27pogue.html.

Schonfeld, Erick. "Apple vs. RIM: Study Shows iPhone More Reliable than Blackberry." Seeking Alpha, November 7, 2008. https://seekingalpha.com/article/104779-apple-vs-rim-study-shows-iphone-more-reliable-than-blackberry.

Segan, Sascha. "The Evolution of the BlackBerry, from 957 to Z10." PCMag.com, January 28, 2013. https://www.pcmag.com/news/the-evolution-of-the-blackberry-from-957-to-z10.

Silver, Curtis. "Great Geek Debates: iPhone vs. Blackberry." *Wired*, August 11, 2009. https://www.wired.com/2009/08/great-geek-debates-iphone-vs-blackberry/.

Woyke, Elizabeth. "A Brief History of the BlackBerry." *Forbes*, August 17, 2009. https://www.forbes.com/2009/08/17/rim-apple-sweeny-intelligent-technology-blackberry.html.

勝利の美酒——バイオコン

Agnihotri, Aastha. "Behind This Successful Woman Is a Man—Kiran Mazumdar-Shaw Reveals How Her Husband Helped Grow Biocon." CNBC TV18, December 26, 2019. https://www.cnbctv18.com/entrepreneurship/behind-this-successful-woman-is-a-man-kiran-mazumdar-shaw-reveals-how-her-husband-helped-grow-biocon-3835671.htm.

Armstrong, Lance. "Kiran Mazumdar-Shaw." *Time*, April 29, 2010. http://content.time.com/time/specials/packages/article/0,28804,1984685_1984949_1985233,00.html.

Hashmi, Sameer. "'They Were Not Comfortable about Hiring a Woman.'" BBC News, September 24, 2018. https://www.bbc.com/news/business-45547352.

Mazumdar-Shaw, Kiran. "Delivering Affordable Innovation through Scientific

Excellence." Kiran Mazumdar Shaw: My Thoughts and Expressions (blog), April 19, 2017. https://kiranmazumdarshaw.blogspot.com/2017/04/delivering-affordable-innovation.html.

——. "From Brewing to Biologics: Kiran Mazumdar-Shaw in Conversation with Catherine Jewell, Communications Division, WIPO." Kiran Mazumdar-Shaw (blog), May 8, 2018. https://kiranshaw.blog/2018/05/08/from-brewing-to-biologics-kiran-mazumdar-shaw-in-conversation-with-catherine-jewell-communications-division-wipo/.

——. "The Giving Pledge Letter by Kiran Mazumdar-Shaw Displayed at the Smithsonian National Museum of American History." Kiran Mazumdar-Shaw (blog), December 23, 2019. https://kiranshaw.blog/2019/12/23/the-giving-pledge-letter-by-kiran-mazumdar-shaw-displayed-at-the-smithsonian-national-museum-of-american-history/.

——. "India Can Deliver Affordable Innovation to the World: Kiran." *Economic Times*, January 2, 2009. https://economictimes.indiatimes.com/india-can-deliver-affordable-innovation-to-the-world-kiran-mazumdar-shaw/articleshow/3924777.cms.

——. "Leveraging Affordable Innovation to Tackle India's Healthcare Challenge." *IIMB Management Review* 30, no. 1 (March 1, 2018): 37–50. https://doi.org/10.1016/j.iimb.2017.11.003.

Morrow, Thomas, and Linda Hull Felcone. "Defining the Difference: What Makes Biologics Unique." *Biotechnology Healthcare* 1, no. 4 (September 2004): 24–29.

Singh, Seema. *Mythbreaker: Kiran Mazumdar-Shaw and the Story of Indian Biotech*. Kindle. Collins Business India, 2016.

Weidmann, Bhavana. "Healthcare Innovation: An Interview with Dr. Kiran Mazumdar-Shaw." Scitable by Nature Education, January 4, 2014. https://www.nature.com/scitable/blog/the-success-code/healthcare_innovation_an_interview_with/.

"What Are 'Biologics'? Questions and Answers." FDA, February 6, 2018. https://www.fda.gov/about-fda/center-biologics-evaluation-and-research-cber/what-are-biologics-questions-and-answers.

制空権――ビーチ・エアクラフト対向かい風

Farney, Dennis. *The Barnstormer and the Lady: Aviation Legends Walter and Olive Ann Beech*. Kindle. Wichita, KS: Rockhill Books, 2011.

Hess, Susan. "Olive Ann and Walter H. Beech: Partners in Aviation." Special Collections and University Archives–Wichita State University Libraries. Accessed April 4, 2020. http://specialcollections.wichita.edu/exhibits/beech/exhibita.html.

National Aeronautic Association. "Wright Bros. 1980–1989 Recipients." Accessed

April 4, 2020. https://naa.aero/awards/awards-and-trophies/wright-brothers-memorial-trophy/wright-bros-1980-1989-winners.
National Aviation Hall of Fame. "Beech, Olive." Accessed April 6, 2020. https://www.nationalaviation.org/our-enshrinees/beech-olive/.
Onkst, David H. "The Major Trophy Races of the Golden Age of Air Racing." U.S. Centennial of Flight Commission. Accessed April 4, 2020. https://www.centennialofflight.net/essay/Explorers_Record_Setters_and_Daredevils/trophies/EX10.htm.
Stanwick, Dave. "Olive Ann Beech: Queen of the Aircraft Industry." Archbridge Institute (blog), May 15, 2018. https://www.archbridgeinstitute.org/2018/05/15/olive-ann-beech-queen-of-the-aircraft-industry/.
Swopes, Brian R. "5 September 1949." This Day in Aviation, September 5, 2020. https://www.thisdayinaviation.com/tag/bill-odom/.

ライトなひらめき——アンハイザー・ブッシュ対ミラー

Backer, Bill. *The Care and Feeding of Ideas*. New York: Times Books, 1993.
Brooks, Erik. "Born in Chicago, Raised in Milwaukee: A New Look at the Origins of Miller Lite." Molson Coors Beer & Beyond, October 8, 2018. https://www.molsoncoorsblog.com/features/born-chicago-raised-milwaukee-new-look-origins-miller-lite.
Day, Sherri. "John A. Murphy, 72, Creator of Brands at Miller Brewing."*New York Times*, June 19, 2002. https://www.nytimes.com/2002/06/19/business/john-a-murphy-72-creator-of-brands-at-miller-brewing.html.
Knoedelseder, William. *Bitter Brew: The Rise and Fall of Anheuser-Busch and America's Kings of Beer*. Kindle. New York: Harper Business, 2014.
Rosenthal, Phil. "The Ad That Made Schlitz Infamous." *Chicago Tribune*, April 6, 2008. https://www.chicagotribune.com/news/ct-xpm-2008-04-06-0804040774-story.html.

ファストファッション——H&M 対 Zara

Benson, Beth Rodgers. "The Magnificent Architectural Restorations of Retailer Zara." Curbed, January 10, 2013. https://www.curbed.com/2013/1/10/10287018/the-magnificent-architectural-restorations-of-retailer-zara.
Blakemore, Erin. "The Gibson Girls: The Kardashians of the Early 1900s." *Mental Floss*, September 17, 2014. https://www.mentalfloss.com/article/58591/gibson-girls-kardashians-early-1900s.
Bulo, Kate. "The Gibson Girl: The Turn of the Century's 'Ideal' Woman, Independent and Feminine." Vintage News (blog), March 1, 2018. https://www.thevintagenews.com/2018/03/01/gibson-girl/.

Frayer, Lauren. "The Reclusive Spanish Billionaire Behind Zara's Fast Fashion Empire." NPR.org, *All Things Considered*, March 12, 2013. Accessed April 14, 2020. https://www.npr.org/2013/03/12/173461375/the-recluse-spanish-billionaire-behind-zaras-fast-fashion-empire.

Funding Universe. "Industria de Diseño Textil S.A. History." Accessed April 14, 2020. http://www.fundinguniverse.com/company-histories/industria-de-dise%C3%B1o-textil-s-a-history/.

Hanbury, Mary. "Karl Lagerfeld Once Worked with H&M to Make Fashion More Approachable, but He Said He Was Ultimately Let Down by the Giant Retailer." *Business Insider*, February 19, 2019. https://www.businessinsider.com/karl-lagerfeld-hm-collaboration-letdown-2019-2.

H&M Group. "The History of H&M Group." Accessed April 13, 2020. https://hmgroup.com/history/the-00_s/.

Hansen, Suzy. "How Zara Grew into the World's Largest Fashion Retailer." *New York Times Magazine*, November 9, 2012. https://www.nytimes.com/2012/11/11/magazine/how-zara-grew-into-the-worlds-largest-fashion-retailer.html.

Heller, Susanna. "Here's What H&M Actually Stands For." Insider, June 19, 2017. https://www.insider.com/hm-name-meaning-2017-6.

Inditex. "Our Story." Accessed April 10, 2020. https://www.inditex.com/about-us/our-story.

Kohan, Shelley E. "Why Zara Wins, H&M Loses in Fast Fashion." Robin Report, May 6, 2018. https://www.therobinreport.com/why-zara-wins-hm-loses-in-fast-fashion/.

"Lagerfeld's High Street Split." *British Vogue*, November 18, 2004. https://www.vogue.co.uk/article/lagerfelds-high-street-split.

Marci, Kayla. "H&M and Zara: The Differences between the Two Successful Brands." Edited, April 21, 2019. https://edited.com/resources/zara-vs-hm-whos-in-the-global-lead/.

Mau, Dhani. "Zara Defeats Louboutin in Trademark Case, Does This Open the Door for More Red Sole Imitators?" Fashionista, June 11, 2012. https://fashionista.com/2012/06/zara-defeats-louboutin-in-trademark-case-does-this-open-the-door-for-more-red-sole-imitators.

Ng, Trini. "Covid-19 Casualties: H&M, Gap, Zara and Other Famous Fashion Brands Are Closing Their Physical Stores Worldwide." AsiaOne, July 15, 2020. https://www.asiaone.com/lifestyle/covid-19-casualties-hm-gap-zara-and-other-famous-fashion-brands-are-closing-their.

Parietti, Melissa. "H&M vs. Zara vs. Uniqlo: What's the Difference?" Investopedia, June 25, 2019. https://www.investopedia.com/articles/markets/120215/hm-vs-zara-vs-uniqlo-comparing-business-models.asp.

Perry, Patsy. "The Environmental Costs of Fast Fashion." *Independent*, January 7,

2018. http://www.independent.co.uk/life-style/fashion/environment-costs-fast-fashion-pollution-waste-sustainability-a8139386.html.
Roll, Martin. "The Secret of Zara's Success: A Culture of Customer Co-Creation." Martin Roll (blog), December 17, 2019. https://martinroll.com/resources/articles/strategy/the-secret-of-zaras-success-a-culture-of-customer-co-creation/.
Schiro, Anne-Marie. "Fashion; Two New Stores That Cruise Fashion's Fast Lane." *New York Times*, December 31, 1989, National edition. https://www.nytimes.com/1989/12/31/style/fashion-two-new-stores-that-cruise-fashion-s-fast-lane.html.
Trebay, Guy. "Off-the-Rack Lagerfeld, at H&M." *New York Times*, June 22,2004. https://www.nytimes.com/2004/06/22/fashion/offtherack-lagerfeld-at-hm.html.
Tyler, Jessica. "We Visited H&M and Zara to See Which Was a Better Fast-Fashion Store, and the Winner Was Clear for a Key Reason." *Business Insider*, June 15, 2018. https://www.businessinsider.com/hm-zara-compared-photos-details-2018-5.
WWD. "Truly Fast Fashion: H&M's Lagerfeld Line Sells Out in Hours." November15, 2004. https://wwd.com/fashion-news/fashion-features/truly-fast-fashion-h-m-8217-s-lagerfeld-line-sells-out-in-hours-593089/.

巨人を目覚めさせる――メアリー・バーラとゼネラルモーターズ

Ann, Carrie. "Leadership Lessons from GM CEO–Mary Barra." *Industry Leaders Magazine*, July 27, 2019. https://www.industryleadersmagazine.com/leadership-lessons-from-gm-ceo-mary-barra/.
Bunkley, Nick, and Bill Vlasic. "G.M. Names New Leader for Global Development." *New York Times*, January 20, 2011. https://www.nytimes.com/2011/01/21/business/21auto.html.
Burden, Melissa. "GM CEO Barra Joins Stanford University Board." *Detroit News*, July 15, 2015. https://www.detroitnews.com/story/business/autos/general-motors/2015/07/15/gm-ceo-barra-joins-stanford-university-board/30181281/.
Colby, Laura. *Road to Power: How GM's Mary Barra Shattered the Glass Ceiling*. Kindle. Hoboken, NJ: Wiley, 2015. Accessed April 11, 2020.
Colvin, Geoff. "How CEO Mary Barra Is Using the Ignition-Switch Scandal to Change GM's Culture." *Fortune*, September 18, 2015. https://fortune.com/2015/09/18/mary-barra-gm-culture/.
Editorial Board. "GM Reverses Openness Pledge: Our View." *USA Today*, July 23, 2014. https://www.usatoday.com/story/opinion/2014/07/23/gm-ignition-senate-mary-barra-editorials-debates/13068081/.
Feloni, Richard. "GM CEO Mary Barra Said the Recall Crisis of 2014 Forever Changed Her Leadership Style." *Business Insider*, November 14, 2018. https://www.businessinsider.com/gm-mary-barra-recall-crisis-leadership-style-2018-11.
Ferris, Robert. "GM to Halt Production at Several Plants, Cut More than 14,000

Jobs." CNBC, November 26, 2018. https://www.cnbc.com/2018/11/26/gm-unallocating-several-plants-in-2019-to-take-3-billion-to-3point8-billion-charge-in-future-quarters.html.

General Motors. "Mary T. Barra." https://www.gm.com/company/leadership.detail.html/Pages/news/bios/gm/Mary-Barra.

Kervinen, Elina, and Aleksi Teivainen. "New CEO of Automotive Icon Is of Finnish Descent." *Helsinki Times*, December 13, 2013. https://www.helsinkitimes.fi/business/8707-new-ceo-of-automotive-icon-is-of-finnish-descent.html.

New York Times editors. "Mary Barra, G.M.'s New Chief, Speaking Her Mind." *New York Times*, December 10, 2013. https://www.nytimes.com/2013/12/11/business/mary-barra-gms-new-chief-speaking-her-mind.html.

"Rebuilding a Giant: Mary Barra, CEO, General Motors." New Corner, June 5, 2015. http://www.new-corner.com/rebuilding-a-giant-mary-barra-ceo-general-motors/.

Rosen, Bob. "Leadership Journeys—Mary Barra." IEDP Developing Leaders, January 1, 2014. https://www.iedp.com/articles/leadership-journeys-mary-barra/.

Ross, Christopher. "A Day in the Life of GM CEO Mary Barra." *Wall Street Journal Magazine*, April 25, 2016. https://www.wsj.com/articles/a-day-in-the-life-of-gm-ceo-mary-barra-1461601044.

Ruiz, Rebecca R., and Danielle Ivory. "Documents Show General Motors Kept Silent on Fatal Crashes." *New York Times*, July 15, 2014. https://www.nytimes.com/2014/07/16/business/documents-show-general-motors-kept-silent-on-fatal-crashes.html.

Trop, Jaclyn. "Changing of the Guard in a Traditionally Male Industry." *New York Times*, December 10, 2013. https://www.nytimes.com/2013/12/11/business/changing-of-the-guard-in-a-traditionally-male-industry.html.

Vlasic, Bill. "G.M. Acquires Strobe, Start-Up Focused on Driverless Technology." *New York Times*, October 9, 2017. https://www.nytimes.com/2017/10/09/business/general-motors-driverless.html.

——. "New G.M. Chief Is Company Woman, Born to It." *New York Times*, December 10, 2013. https://www.nytimes.com/2013/12/11/business/gm-names-first-female-chief-executive.html.

帝王はヘッドホンを持たない——ドレーのビーツ対モンスターケーブル

Barrett, Paul. "Betrayed by Dre?" *Bloomberg Businessweek*, June 22, 2015. https://www.bloomberg.com/news/features/2015-06-22/beatrayed-by-dre-.

Biddle, Sam. "Beat by Dre: The Exclusive Inside Story of How Monster Lost the World." Gizmodo (blog), February 7, 2013. https://gizmodo.com/beat-by-dre-the-exclusive-inside-story-of-how-monster-5981823.

D'Onfro, Jillian. "Here's an Interview with the CEO Who Missed Out on the $3.2

Billion Apple-Beats Deal." *Business Insider*, May 11, 2014. https://www.businessinsider.com/monster-misses-in-apple-beats-acquisition-2014-5.
Eglash, Joanne. "Head Monster Is Mad About Music." *Cal Poly*, 2005.
Evangelista, Benny. "'Head Monster's' Winning Ways/Engineer Spins High-End Cable Wire Idea into Industry-Leading Company." *San Francisco Chronicle*, November 8, 2004. https://www.sfgate.com/bayarea/article/Head-Monster-s-winning-ways-Engineer-spins-2637224.php.
Farquhar, Peter. "How Kevin Lee Got On with Winning Life after Leaving Beats before It Was Sold to Apple for $3.3 Billion." *Business Insider Australia*, July 1, 2015. https://www.businessinsider.com.au/how-kevin-lee-got-on-with-winning-life-after-leaving-beats-before-it-was-sold-to-apple-for-3-3-billion-2015-7.〔現在はアクセス不能〕
Guttenberg, Steve. "Monster Cable." Sound & Vision, July 3, 2012. https://www.soundandvision.com/content/monster-cable.
Hirahara, Naomi. *Distinguished Asian American Business Leaders*. Westport, CT: Greenwood, 2003.
Kessler, Michelle. "Is Monster Cable Worth It?" *USA Today*, January 16, 2005. https://usatoday30.usatoday.com/money/industries/technology/2005-01-16-monster-sidebar_x.htm.
――. "Monster Move Puts Name on Marquee." *USA Today*, January 16, 2005. http://usatoday30.usatoday.com/money/industries/technology/2005-01-16-monster-usat_x.htm.
"Monster CEO: Beats 'Duped' Me." *USA Today*, January 7, 2015. Accessed May 1, 2020. https://www.youtube.com/watch?v=b_h_S3uf4Yw.
Russell, Melia. "A Monster Fall: How the Company behind Beats Lost Its Way." *San Francisco Chronicle*, October 5, 2018. https://www.sfchronicle.com/business/article/A-Monster-fall-How-the-company-behind-Beats-lost-13283411.php.
Stevens, Cindy Loffler. "Monster's Noel Lee—Down to the Cable." It Is Innovation, November 1, 2010. https://web.archive.org/web/20130928151817/http://www.ce.org/i3/VisionArchiveList/VisionArchive/2010/November/Monster%E2%80%99s-Noel-Lee%E2%80%94Down-to-the-Cable.aspx.
Wilkinson, Scott. "Monster Founder Noel Lee Gets Geeky About Cables." Secrets of Home Theater and High Fidelity, October 12, 2012. https://web.archive.org/web/20130403064901/http://www.hometheaterhifi.com/video-coverage/video-coverage/onster-founder-noel-lee-gets-geeky-about-cables.html.

抜け道を飛ぶ――サウスウエスト航空対すべての人

Economy, Peter. "17 Powerfully Inspiring Quotes from Southwest Airlines Founder Herb Kelleher." Inc.com, January 4, 2019. https://www.inc.com/peter-

economy/17-powerfully-inspiring-quotes-from-southwest-airlines-founder-herb-kelleher.html.

——. "Southwest Airlines Bans Peanuts (but Your Trained Service Miniature Horse Is OK)." Inc.com, August 24, 2018. https://www.inc.com/peter-economy/southwest-airlines-bans-peanuts-but-your-trained-service-miniature-horse-is-ok.html.

Freiberg, Kevin, and Jackie Freiberg. *Nuts! Southwest Airlines' Crazy Recipe for Business and Personal Success*. New York: Broadway Books, 1998.

Guinto, Joseph. "Southwest Airlines' CEO Gary C. Kelly Sets the Carrier's New Course." *D Magazine*, December 2007. Accessed May 21, 2020. https://www.dmagazine.com/publications/d-ceo/2007/december/southwest-airlines-ceo-gary-c-kelly-sets-the-carriers-new-course/.

——. "Southwest Airlines Co-Founder Rollin King Dies, Also Has Many Regrets." *D Magazine*, June 27, 2014. https://www.dmagazine.com/front burner/2014/06/southwest-airlines-co-founder-rollin-king-dies-also-has-many-regrets/.

Labich, Kenneth. "Is Herb Kelleher America's Best CEO?" *Fortune*, May 2, 1994. https://money.cnn.com/magazines/fortune/fortune_archive/1994/05/02/79246/index.htm.

Maxon, Terry. "Southwest Airlines Co-Founder Rollin King Passes Away." *Dallas Morning News*, June 27, 2014. https://www.dallasnews.com/business/airlines/2014/06/27/southwest-airlines-co-founder-rollin-king-passes-away/.

McLeod, Lisa Earle. "How P&G, Southwest, and Google Learned to Sell with Noble Purpose." *Fast Company*, November 29, 2012. https://www.fastcompany.com/3003452/how-pg-southwest-and-google-learned-sell-noble-purpose.

Moskowitz, P. E. "Original Disruptor Southwest Airlines Survives on Ruthless Business Savvy." Skift, September 5, 2018. https://skift.com/2018/09/05/original-disruptor-southwest-airlines-survives-on-ruthless-business-savvy/.

Rifkin, Glenn. "Herb Kelleher, Whose Southwest Airlines Reshaped the Industry, Dies at 87." *New York Times*, January 3, 2019. https://www.nytimes.com/2019/01/03/obituaries/herb-kelleher-whose-southwest-airlines-reshaped-the-industry-dies-at-87.html.

"Voices of San Antonio: Herb Kelleher." 2018. https://www.youtube.com/watch?v=7b9BBa_X5aI&t=8m19s.

Wang, Christine. "The Effect of a Low Cost Carrier in the Airline Industry." Thesis, Northwestern University, June 6, 2005. https://mmss.wcas.northwestern.edu/thesis/articles/get/548/Wang2005.pdf.

Welles, Edward O. "Captain Marvel: How Southwest's Herb Kelleher Keeps Loyalty Sky High." Inc.com, January 1, 1992. https://www.inc.com/magazine/19920101/3870.html.

衝動買いをする——リリアン・ヴァーノンのカタログ

Mehnert, Ute. "Lillian Vernon." Immigrant Entrepreneurship: German-American Business Biographies, 1720 to the Present, June 8, 2011. http://www.immigrantentrepreneurship.org/entry.php?rec=72.

Neistat, Casey, and Van Neistat. "Monogram: The Lillian Vernon Story." 2003. https://www.youtube.com/watch?v=bNRIVJFFpbY.

Povich, Lynn. "Lillian Vernon, Creator of a Bustling Catalog Business, Dies at 88." *New York Times*, December 14, 2015. https://www.nytimes.com/2015/12/15/business/lillian-vernon-creator-of-a-bustling-catalog-business-dies-at-88.html.

Vernon, Lillian. "Branding: The Power of Personality." Kauffman Entrepreneurs, October 8, 2001. https://www.entrepreneurship.org/articles/2001/10/branding-the-power-of-personality.

—. *An Eye for Winners: How I Built One of America's Greatest Direct-Mail Businesses*. New York: Harper Business, 1996.

天までとどけ——クライスラービル対 40 ウォールストリート

Bascomb, Neal. *Higher: A Historic Race to the Sky and the Making of a City*. Kindle. New York: Broadway Books, 2003.

"Building Activity on Lexington Av." *New York Times*, March 4, 1928.

Cuozzo, Steve. "Inside the Chrysler Building's Storied Past—and Uncertain Future." *New York Post*, March 8, 2019. https://nypost.com/2019/03/07/inside-the-chrysler-buildings-storied-past-and-uncertain-future/.

Maher, James. "The Chrysler Building History and Photography." James Maher Photography (blog), March 4, 2016. https://www.jamesmaherphotography.com/new-york-historical-articles/chrysler-building/.

Spellen, Suzanne. "Walkabout: William H. Reynolds." Brownstoner (blog), April 29, 2010. https://www.brownstoner.com/brooklyn-life/walkabout-trump/.

人それぞれ——ヘレナ・ルビンスタイン

Bennett, James. "Helena Rubinstein." Cosmetics and Skin. Accessed July 28, 2020. https://cosmeticsandskin.com/companies/helena-rubinstein.php.

Fabe, Maxene. *Beauty Millionaire: The Life of Helena Rubinstein*. New York: Crowell, 1972.

Kenny, Brian. "How Helena Rubinstein Used Tall Tales to Turn Cosmetics into a Luxury Brand." *Cold Call*, March 14, 2019. Accessed July 25, 2020. http://hbswk.hbs.edu/item/how-helena-rubinstein-used-tall-tales-to-turn-cosmetics-into-a-luxury-brand.

O'Higgins, Patrick. *Madame: An Intimate Biography of Helena Rubinstein*. 1st ed.

New York: Viking Press, 1971.
Rubinstein, Helena. *My Life for Beauty*. Sydney: Bodley Head, 1965.

レーズンの苦しみ——サンメイド対レーズン・マフィア

Bromwich, Jonah Engel. "The Raisin Situation." *New York Times*, April 27, 2019. https://www.nytimes.com/2019/04/27/style/sun-maid-raisin-industry.html.
Woeste, Victoria Saker. "How Growing Raisins Became Highly Dangerous Work." *Washington Post*, May 17, 2019. https://www.washingtonpost.com/outlook/2019/05/17/how-growing-raisins-became-highly-dangerous-work/.

熱狂的な信奉者を作り出す——パタゴニア

Balch, Oliver. "Patagonia Founder Yvon Chouinard: 'Denying Climate Change Is Evil.'" *Guardian*, May 10, 2019. https://www.theguardian.com/world/2019/may/10/yvon-chouinard-patagonia-founder-denying-climate-change-is-evil.
Chouinard, Yvon. *Let My People Go Surfing: The Education of a Reluctant Businessman*. Kindle. New York: Penguin Books, 2016.（『新版　社員をサーフィンに行かせよう——パタゴニア経営のすべて』ダイヤモンド社　イヴォン・シュイナード著　井口耕二訳　2017 年）
——. "A Letter from Our Founder, Yvon Chouinard." 1% for the Planet, April 22, 2020. https://www.onepercentfortheplanet.org/stories/a-letter-from-yvon-chouinard.
Sierra Club. "Sierra Club Announces 2018 Award Winners." October 1, 2018. https://www.sierraclub.org/press-releases/2018/10/sierra-club-announces-2018-award-winners.

パーティーによる宣伝——ブラウニー・ワイズ対タッパーウェア

"Brownie Wise." PBS American Experience. Accessed July 6, 2020. https://www.pbs.org/wgbh/americanexperience/features/tupperware-wise/.
Doll, Jen. "How a Single Mom Created a Plastic Food-Storage Empire." *Mental Floss*, June 6, 2017. https://www.mentalfloss.com/article/59687/how-single-mom-created-plastic-food-storage-empire.
Kealing, Bob. *Life of the Party: The Remarkable Story of How Brownie Wise Built, and Lost, a Tupperware Party Empire*. Kindle. New York: Crown Archetype, 2016.
——. *Tupperware Unsealed: The Inside Story of Brownie Wise, Earl Tupper, and the Home Party Pioneers*. Gainesville: University Press of Florida, 2008.
"Success and Money." PBS American Experience. Accessed July 6, 2020. https://www.pbs.org/wgbh/americanexperience/features/tupperware-success/.
"Tupperware Unsealed: The Story of Brownie Wise." 2008. https://www.youtube.com/watch?v=KfqkUGNVHlw.
"Women, Wishes, and Wonder." PBS American Experience. Accessed July 6, 2020.

https://www.pbs.org/wgbh/americanexperience/features/tupperware-wishes/.

心と胃袋をつかむ——ケロッグのコーンフレーク

Cavendish, Richard. "The Battle of the Cornflakes." History Today, February 2006. https://www.historytoday.com/archive/battle-cornflakes.

Folsom, Burton W. "Will Kellogg: King of Corn Flakes." Foundation for Economic Education (blog), April 1, 1998. https://fee.org/articles/will-kellogg-king-of-corn-flakes/.

"A Historical Overview." Kellogg's. Accessed July 19, 2020. http://www.kellogghistory.com/history.html.

Markel, Howard. *The Kelloggs: The Battling Brothers of Battle Creek*. Kindle. New York: Pantheon Books, 2017.

——. "The Secret Ingredient in Kellogg's Corn Flakes Is Seventh-Day Adventism." *Smithsonian Magazine*, July 28, 2017. https://www.smithsonianmag.com/history/secret-ingredient-kelloggs-corn-flakes-seventh-day-adventism-180964247/.

Pruitt, Sarah. "How an Accidental Invention Changed What Americans Eat for Breakfast." History, August 2, 2019. https://www.history.com/news/cereal-breakfast-origins-kellogg.

"W. K. Kellogg Is Honored; Senator Davis Praises Battle Creek Manufacturer on Anniversary." *New York Times*, April 28, 1931.

持てるもので走る——アディダス

Adi & Käthe Dassler Memorial Foundation. "Chronicle and Biography of Adi Dassler & Käthe Dassler." Accessed June 16, 2020. https://www.adidassler.org/en/life-and-work/chronicle.

Bracken, Haley. "Was Jesse Owens Snubbed by Adolf Hitler at the Berlin Olympics?" *Encyclopaedia Britannica*. Accessed June 15, 2020. https://www.britannica.com/story/was-jesse-owens-snubbed-by-adolf-hitler-at-the-berlin-olympics.

Inside Athletics Shop. "History of Athletics Spikes." Accessed June 14, 2020. https://spikes.insideathletics.com.au/history-of-athletics-spikes/.

Mental Itch. "The History of Running Shoes." Accessed June 17, 2020. https://mentalitch.com/the-history-of-running-shoes/.

Smit, Barbara. *Sneaker Wars: The Enemy Brothers Who Founded Adidas and Puma and the Family Feud That Forever Changed the Business of Sports*. New York: Ecco, 2008.

宣伝を止めるな——リグレー対景気後退

Bales, Jack. "Wrigley Jr. & Veeck Sr." WrigleyIvy.com (blog), March 23, 2013. http://wrigleyivy.com/wrigley-jr-veeck-sr/.

Castle, George, and David Fletcher. "William Wrigley Jr." Society for American Baseball Research. Accessed June 10, 2020. https://sabr.org/node/27463.

"The Chewing Gum Trust." *New York Times*, May 1, 1889.

Clayman, Andrew. "Wm. Wrigley Jr. Company, Est. 1891." Made in Chicago Museum. Accessed June 10, 2020. https://www.madeinchicagomuseum.com/single-post/wrigley/.

Mannering, Mitchell. "The Sign of the Spear: The Story of William Wrigley, Who Made Spearmint Gum Famous." *National Magazine*, 1912.

Mathews, Jennifer P. *Chicle: The Chewing Gum of the Americas, from the Ancient Maya to William Wrigley*. Tucson: University of Arizona Press, 2009.

McKinney, Megan. "The Wrigleys of Wrigley City." *Classic Chicago Magazine*, August 27, 2017. https://www.classicchicagomagazine.com/the-wrigleys -of-wrigley-city/.

Nix, Elizabeth. "Chew on This: The History of Gum." History, February 13, 2015. https://www.history.com/news/chew-on-this-the-history-of-gum.

"William Wrigley Dies at Age of 70." *New York Times*. January 27, 1932. https://nyti.ms/2ZCmCMQ.

レベルアップ——任天堂がアメリカを制覇する

Alt, Matt. "The Designer of the NES Dishes the Dirt on Nintendo's Early Days." Kotaku (blog), July 7, 2020. Accessed August 22, 2020. https://kotaku.com/the-designer-of-the-nes-dishes-the-dirt-on-nintendos-ea-1844296906.

Ashcraft, Brian. "'Nintendo' Probably Doesn't Mean What You Think It Does." Kotaku (blog), August 3, 2017. https://kotaku.com/nintendo-probably-doesnt-mean-what-you-think-it-does-5649625.

——. "The Nintendo They've Tried to Forget: Gambling, Gangsters, and Love Hotels." Kotaku (blog), March 22, 2011. https://kotaku.com/the-nintendo-theyve-tried-to-forget-gambling-gangster-5784314.

Cifaldi, Frank. "In Their Words: Remembering the Launch of the Nintendo Entertainment System." IGN (blog), October 19, 2015. https://www.ign.com/articles/2015/10/19/in-their-words-remembering-the-launch-of-the-nintendo-entertainment-system.

——. "Sad But True: We Can't Prove When Super Mario Bros. Came Out." Gamasutra (blog), March 28, 2012. https://www.gamasutra.com/view/feature/167392/sad_but_true_we_cant_prove_when_.php.

Kleinfield, N. R. "Video Games Industry Comes down to Earth." *New York Times*, October 17, 1983. https://www.nytimes.com/1983/10/17/business/video-games-industry-comes-down-to-earth.html.

Kohler, Chris. "Oct. 18, 1985: Nintendo Entertainment System Launches." *Wired*, October 18, 2010. https://www.wired.com/2010/10/1018nintendo-nes-launches/.

——. "Sept. 23, 1889: Success Is in the Cards for Nintendo." *Wired*, September 23, 2010. https://www.wired.com/2010/09/0923nintendo-founded/.

"Mario Myths with Mr Miyamoto." Nintendo UK, 2015. https://www.youtube.com/watch?v=uu2DnTd3dEo.

Nintendo Co., Ltd. "Company History." Accessed June 19, 2020. https://www.nintendo.co.jp/corporate/en/history/index.html.

Nintendo of Europe GmbH. "Nintendo History." Accessed June 19, 2020. https://www.nintendo.co.uk/Corporate/Nintendo-History/Nintendo-History-625945.html.

O'Kane, Sean. "7 Things I Learned from the Designer of the NES." The Verge (blog), October 18, 2015. https://www.theverge.com/2015/10/18/9554885/nintendo-entertainment-system-famicom-history-masayuki-uemura.

Oxford, Nadia. "Ten Facts about the Great Video Game Crash of '83." IGN (blog), September 21, 2011. https://www.ign.com/articles/2011/09/21/ten-facts-about-the-great-video-game-crash-of-83.

Park, Gene. "Mario Makers Reflect on 35 Years and the Evolution of Gaming's Most Iconic Jump." *Washington Post*, September 14, 2020. https://www.washingtonpost.com/video-games/2020/09/14/mario-nintendo-creators-miyamoto-koizumi-tezuka-motokura/.

Picard, Martin. "The Foundation of Geemu: A Brief History of Early Japanese Video Games." *Game Studies* 13, no. 2 (December 2013). http://gamestudies.org/1302/articles/picard.

Pollack, Andrew. "Gunpei Yokoi, Chief Designer of Game Boy, Is Dead at 56." *New York Times*, October 9, 1997. https://www.nytimes.com/1997/10/09/business/gunpei-yokoi-chief-designer-of-game-boy-is-dead-at-56.html.

——. "Seeking a Turnaround with Souped-Up Machines and a Few New Games." *New York Times*, August 26, 1996. https://www.nytimes.com/1996/08/26/business/seeking-a-turnaround-with-souped-up-machines-and-a-few-new-games.html.

Ryan, Jeff. *Super Mario: How Nintendo Conquered America*. Kindle. New York: Portfolio/Penguin, 2011.

Sheff, David. *Game Over: How Nintendo Conquered the World*. Kindle. New York: Vintage, 1994.

ビジネスの兵法《へいほう》
孫子に学ぶ経営の神髄

2023年2月20日　初版印刷
2023年2月25日　初版発行

＊

著　者　デイヴィッド・ブラウン
訳　者　月《つき》沢《さわ》李《り》歌《か》子《こ》
発行者　早　川　　浩

＊

印刷所　精文堂印刷株式会社
製本所　大口製本印刷株式会社

＊

発行所　株式会社　早川書房
東京都千代田区神田多町2—2
電話　03-3252-3111
振替　00160-3-47799
https://www.hayakawa-online.co.jp
定価はカバーに表示してあります
ISBN978-4-15-210214-0　C0034
Printed and bound in Japan
乱丁・落丁本は小社制作部宛お送り下さい。
送料小社負担にてお取りかえいたします。